詳細MAP 周辺図 P6-7

ケルントナー通り

ウィーン国立歌劇場からシュテファン寺院へ
伸びる旧市街でもっとも賑やかな繁華街。
王室御用達店にデパート、有名ブティックもたくさん。
通りのほとんどが歩行者天国なので散策しやすい。

シュテファン寺院 P60
ゴシック様式の大教会。地下はハプスブルク家歴代君主の内臓が入った壺があるカタコンベ

アイーダ Aida
が目印の開放的なカフェ

ニック HUMANIC
ナブルでサイズも豊富

ビパ BIPA
ジナルコスメが人気

ー Salamander
通りに2店舗あり

ーリーズ
ner Stories
ンド。日本未上陸

マルコポーロ Marc O'Polo

ハースハウス Haas-Haus
建築家のハンス・ホラインが設計したガラス張りの建物

ブヘラ Bucherer
スイスのルツェルンで創業した時計メーカー

エスターライヒッシェ・

ky Boži Před Týnem
P190

ヤコブ教会
stel Sv. Jakuba Většího
232年建造。聖ヤコブ
がつかんだと伝わる、
棒の腕の骨がある。

市民会館
Obecní Dům
P159

パリス P227 H

H グランド・ホテル・ボヘミア P227

ツェルトナー通り Celetná

S ポハートカ P178

火薬塔
Prašná brána
P189

ウンゲルト
Ungeld
ティーン教会裏の中庭は中世外国の商人がここで通行税を支払った。現在はボタニクス(→P191)などショップやカフェに。

石の鐘が角に
れている。

黒い聖母の家
Dům U Černé Matky Boží
P189

C グランド・カフェ・オリエント P169
S クビスタ P175

スロヴァンスキードゥーム
Slovanský Dům
大木のある中庭が美しい宮殿で、ショッピングセンターになっている。

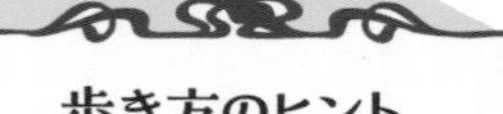

スタヴォフスケー劇場
Stavovské Divadlo
モーツァルトがオペラ『ドン・ジョヴァンニ』の初演をした劇場。

ナ・プシーコピェ通り Na Příkopě

歩き方のヒント

歴代王が戴冠パレードを行った「王の道」を歩こう。起点となるのはⓂB線Náměstí Republiky駅から徒歩2分の火薬塔。ツェルトナー通りを進むとみどころが集結した旧市街広場へ出る。旧市庁舎の前を通り、曲がりくねった細いカレル通りを歩けば旧市街側の橋塔へ到着。

王の道とは?
旧市街の火薬塔からカレル橋を渡りプラハ城まで続く約2.5kmの道は、15世紀から約380年間、歴代の王が戴冠パレードを行ってきた繁栄を物語る道。

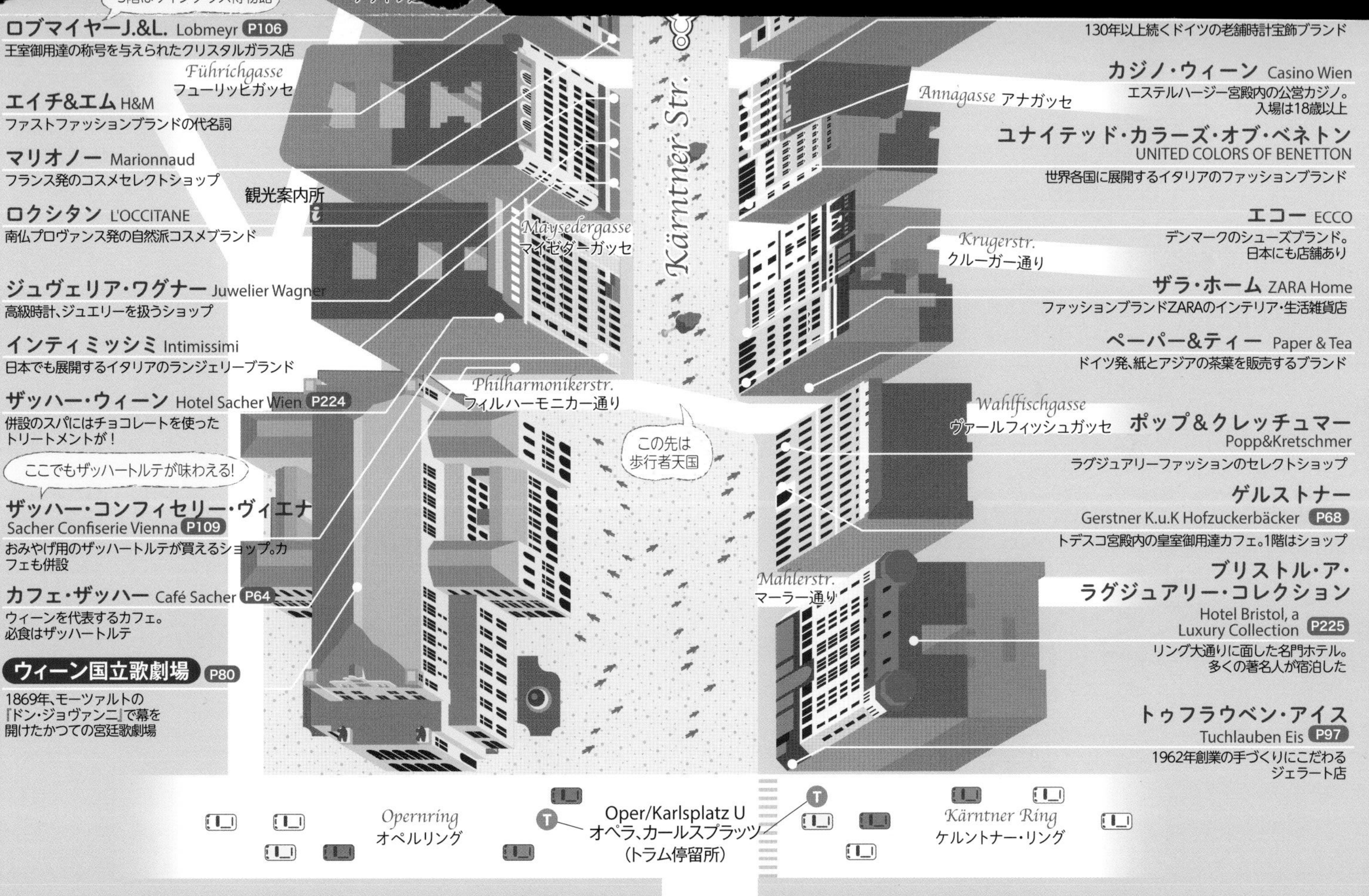
3階はワイングラス博物館
ロブマイヤーJ.&L. Lobmeyr P106
王室御用達の称号を与えられたクリスタルガラス店
Führichgasse
フューリッヒガッセ
エイチ&エム H&M
ファストファッションブランドの代名詞
マリオノー Marionnaud
フランス発のコスメセレクトショップ
観光案内所
ロクシタン L'OCCITANE
南仏プロヴァンス発の自然派コスメブランド
Maysedergasse
マイゼダーガッセ
ジュヴェリア・ワグナー Juwelier Wagner
高級時計、ジュエリーを扱うショップ
インティミッシミ Intimissimi
日本でも展開するイタリアのランジェリーブランド
ザッハー・ウィーン Hotel Sacher Wien P224
併設のスパにはチョコレートを使ったトリートメントが！
ここでもザッハートルテが味わえる！
ザッハー・コンフィセリー・ヴィエナ
Sacher Confiserie Vienna P109
おみやげ用のザッハートルテが買えるショップ。カフェも併設
カフェ・ザッハー Café Sacher P64
ウィーンを代表するカフェ。
必食はザッハートルテ
ウィーン国立歌劇場 P80
1869年、モーツァルトの『ドン・ジョヴァンニ』で幕を開けたかつての宮廷歌劇場
Kärntner Str.
Philharmonikerstr.
フィルハーモニカー通り
この先は歩行者天国
130年以上続くドイツの老舗時計宝飾ブランド
カジノ・ウィーン Casino Wien
エステルハージー宮殿内の公営カジノ。入場は18歳以上
Annagasse アナガッセ
ユナイテッド・カラーズ・オブ・ベネトン
UNITED COLORS OF BENETTON
世界各国に展開するイタリアのファッションブランド
エコー ECCO
デンマークのシューズブランド。日本にも店舗あり
Krugerstr.
クルーガー通り
ザラ・ホーム ZARA Home
ファッションブランドZARAのインテリア・生活雑貨店
ペーパー&ティー Paper & Tea
ドイツ発、紙とアジアの茶葉を販売するブランド
Wahlfischgasse
ヴァールフィッシュガッセ
ポップ&クレッチュマー
Popp&Kretschmer
ラグジュアリーファッションのセレクトショップ
ゲルストナー
Gerstner K.u.K Hofzuckerbäcker P68
トデスコ宮殿内の皇室御用達カフェ。1階はショップ
Mahlerstr.
マーラー通り
ブリストル・ア・ラグジュアリー・コレクション
Hotel Bristol, a Luxury Collection P225
リング大通りに面した名門ホテル。多くの著名人が宿泊した
トゥフラウベン・アイス
Tuchlauben Eis P97
1962年創業の手づくりにこだわるジェラート店
Opernring
オペルリング
Oper/Karlsplatz U
オペラ、カールスプラッツ
（トラム停留所）
Kärntner Ring
ケルントナー・リング

プラハ旧市街おさんぽMAP

周辺図P16-17

ヴルタヴァ川東岸に広がるプラハの旧市街。
14世紀に神聖ローマ帝国の首都として繁栄し、
現在も往時の街並みが見られる。
入り組んだ路地が多く、
迷いながらそぞろ歩きも楽しい。

プラハ装飾芸術美術館
Uměleckoprůmyslové museum v Praze
ボヘミアガラスなど工芸品を展示。おしゃれなカフェも併設。

旧新…
Staro…
Synag…
沈み…
建て…
ロッ…
ナゴ…

フランツ・カフカの生…
Kafkův dům
P189

カプロヴァ通り Kaprova

クレメンティヌム
Klementinum
P189

橋の中央に立つ聖ヤン・ネポムツキー像は足元のレリーフに触れると幸運が訪れると言われる。

カレル橋
Karlův Most
P152

クジジョヴニツカー通り Křižovnická

カレル通り Karlova

リリオヴァー通り Liliová

聖サルヴァトール教会
Kostel Nejsv. Salvátora
P161

旧市街側の橋塔
Staroměstská monstecká věž
P153

アンネスカー通り Anenská

ジークム…
イトの像…
Socha z…
Sigmun…
建物か…
た心理…
の像。…
ルキー…

スメタナ博物館
Muzeum Bedřicha Smetany
音楽家スメタナが住んでいた家。楽器やタクトを展示。

天文学者のヨハネス・ケプラーが住んでいた建物。中世のプラハは天文学者が集まっていた。

ベツレヘム礼…
Betlémská ka…
教会の腐敗を…
たヤン・フス…
説教した礼…

Österreichische Werkstätten
オーストリアの美術家が作る工芸品を販売
スワロフスキー SWAROVSKI
日本でもお馴染みのクリスタルガラスブランド
ランツ Lanz
オーストリアの伝統衣装を扱うショップ
スウォッチ Swatch
スイスで設立した腕時計ブランド
チーズ&モア バイ・ヘンリー・ウィリフ
Cheese & More by Henri Willig
オランダ生まれのゴーダチーズを専門とする直営店
ユナイテッド・カラーズ・オブ・ベネトン
UNITED COLORS OF BENETTON
ケルントナー通りに2店舗ある
ミュールバウアー(→P121)など
ハイセンスなショップが並ぶ
レイバン Ray-Ban
世界的に有名はアイウェアのブランド
ジルサンダー JIL SANDER
イタリアのミラノを拠点するハイブランド
オー・ヴィエナ Oh Vienna
ウィーンみやげが揃う便利なショップ
ボス BOSS
メンズファッションを扱うドイツの高級ブランド
ウォルフォード Wolford
オーストリアのブレゲンツで設立した
レッグウェアブランド
カプツィナー教会
マンゴ MANGO
スペイン発のファストファッションブランド
スワロフスキー SWAROVSKI P121
オーストリアのチロル地方で創業した
クリスタルジュエリーブランド
シュテファンスプラッツ
Kärntnerdurchgang
ケルントナードゥルヒガング
Weihburggasse
ヴァイブルクガッセ
Kupferschmiedgasse
クプファーシュミードガッセ
Seilergasse
ザイラーガッセ
ドンナーの泉
Donnergasse
ドナーガッセ
Marco d'Aviano Gasse
マルコ・ダヴィアーノガッセ
Tegetthoffstr.
Himmelpfortgasse
ヒンメルプフォルトガッセ
Johannesgasse
ヨハネスガッセ
ケルントナー通り
アップル Apple
販売、修理などを行うAppleの直営店
グスタフ・クリムト・
エキジビション
Gustav Klimt Exhibition
クリムト関連のグッズを扱うショップ
スルカ Sluka
皇室御用達の老舗カフェ。
奥の豪華絢爛な内装もみどころ
シュテッフル Steffl
ウィーンで最も有名なデパートで、モーツァルト
最期の家。最上階はスカイレストラン
モーツァルト伝説
MYTHOS MOZART P85
モーツァルトをテーマにした没入型
デジタルアートミュージアム
カフェ・コンディトライ・ハイナー Café Konditorei Heiner
居心地のいい老舗カフェ。旧市街に2店舗あり
ノルドゼー Nordsee
シーフードのファストフード店。
旧市街に3店舗あり
ピーク&クロッペンブルク
Peek&Cloppenburg
ドイツに本店を置く、アパレルのデパート
リチュアルズ Rituals
オランダ生まれのコスメブランド。日本未上陸
ハインドル Heindl
ウィーン発祥のチョコレート店。
モーツァルトやシシィのチョコも
マルタ騎士団教会 Malteserkirche
13世紀からの歴史がある教会。騎士団の赤い旗が目印
メール&フェスラー Mayr & Fessler

カフカの像
Socha Franze Kafky
空っぽな自分の上に乗るカフカ。存在を無視され続けてきたユダヤ人の歴史を象徴している。
ーゴーグ
vá
ga
るように
れたヨー
最古のシ
グ。
パジージュスカー通り Pařížská
R ミンツォヴナ P165
ゴルツ・キンスキー宮殿
Palác Golz-Kinských
P190
Chrám M
聖ミクラーシュ教会
Chrám sv. Mikuláše
P161
ヤン・フスの像
Pomník mistra Jana Husa
没後500年に建てられた宗教界改革者、ヤン・フスの像。
家
旧市街広場
Staroměstské Náměstí
P189
旧市庁舎（入口）
Staroměstská Radnice
P190
i 観光案内所
石の鐘の家
Dům U Kamenného Zvonu
P190
鳴らない
はめ込ま
天文時計
Pražský orloj
P190
C カフェ・モーツァルト P189
小広場の井戸
Kašna na Malém náměstí
ルネサンス様式の手彫り格子で保護された井戸が置かれた広場。職人たちの作業場だった。
一分の家
Dům U Minuty
だまし絵が施されたルネッサンス様式。カフカが幼少期を過ごした家。
黄金の井戸亭
Dům U Zlaté studně
建物内の井戸に黄金が隠されていたという伝説がある。現在はホテルに。
ウ・ズラテホ・ティグラ
U Zlatého Tygra
“黄金のトラ亭”という意味のホスポダ。最高品質のピルスナー・ウルケルが飲めると評判で、ハヴェル元大統領も訪れる。
S ハヴリーク・アポテカ P187
S フラチュキ・ウ・クルテチュカ P178
ムント・フロ
像
avěšeného
da Freuda
らぶら下がっ
学者フロイト
ダビット・チェ
の作品。
ハヴェルスカー市場
Havelské tržiště
P184
礼拝堂
ple
を糾弾し
ズが自ら
拝堂。
リティールシスカー通り Rytířská

ダウンロード
方法は
袋とじへ!

せかたび

ウィーン・プラハ

Wien & Praha

完全Map

S ショップ　C カフェ　E エンタメ
R レストラン　F ファーストフード　H ホテル

ウィーン全体図
A
B
C
1
2
3
4
カーレンベルクの丘、レオポルツベックへ
ベートーヴェンの散歩道
Beethovengang
P127
ルドルフスホーフ P128
ベートーヴェン博物館
Beethoven Museum
P127
ハイリゲンシュタット
Heiligenstadt
ハイリゲンシュテッター公園
Heiligenstädter Park
P127
グリンツィング
Grinzing
ツム・マルティン・セップ
P128
グリンツィング墓地
Friedhof Wien Grinzing
ヴォルフ
P129
フアガッスル・フーバー
P129
ジーヴェリンガー通り
Cobenzlgasse
Himmelstr.
Sandgasse
Grinzinger Str.
Grinzinger Allee
Hohe Warte
Agnesgasse
Hameaustr.
Höhenstr.
Neustift am Walde
Friedhof Neustift am Walde
Krottenbachstr.
Daringerg.
Sieveringer Str.
Ruthgasse
Oberdöbling
Weinberggasse
シュピッテラウ焼却場
Müllverbrennungsanlage Spittelau
P78
Pyrkergasse
Pötzleinsdorfer Str.
Pötzleinsdorfer Schloßpark
Felix-Dahn-Str.
Krottenbachstr.
Hartäcker-str.
Döblinger Friedhof
Hans Richter Gasse
Peter-Jordan-Str.
Döblinger Hauptstr.
Döblinger Gtl.
Billrothstr.
Neuwaldegger Str.
ゲルストホーフ
Gersthof
Gersthofer Str.
Bastieng.
Türkenschanzpark
Hasenauer str.
Sternwartestr.
Weimarerstr.
Gymnasium-str.
Währinger Park
Nußdorfer Straße
ウィーン・フランツ・ヨーゼフ駅
Wien Franz-Josefs Bhf.
Dornbacher Str.
Czartoryskig.
Erndtg.
Alseggerstr.
Gersthof
ヘアナルス区
HERNALS
ヴェーリング区
WÄHRING
Alszeile
Hernalser Friedhof
Gersthofer Str.
Währinger Str.
Gentzg.
Währinger Straße-Volksoper
Kreuzgasse
Dornbacher Str.
Hernalser Haupt-Str.
Oberwiedenstr.
Hernals
カフェ・ワイ
フォルクスオーパー
Volksoper P81
Rosensteing.
Kalvarienbergg.
Michelbeuern-AKH
Allg. Krankenhaus
Sandleiteng.
Seeböckg.
Wattgasse
Jörgerstr.
Währinger Gtl.
Savoyenstr.
Wilhelminenstr.
Geblerg.
Alser Straße
ヴォティーフ教会
Votivkirche
Schotten
オッタクリング区
OTTAKRING
Gallizinstr.
Johan Staud Str.
Ottakringer Friedhof
OttakringerStr.
Neulerchenferder Str.
Hernalser Gtl.
U6
Ottakring
Josefstädter Straße
Josefstädter Str.
Rathaus
Thalia str.
Maroltingergasse
Possingergasse
Koppstr.
Thaliastraße
Lerchenfelder Str.
国会議事堂
Parlament
Flötzersteig
Herbststr.
Gablenzgasse
Neustiftgasse
Kendlerstraße
Volkstheater
フレッツァー通り
Burggasse
ミュージアム・クォーター・ウィーン
Burggasse-Stadthalle
Museumsquar
Friedhof Baumgarten
Breitenseer Str.
Neubad gürtel
Westbahnstr.
U3
家具博物館
Möbelmuseum Wien
P102
Mariahilfer Str.
ペンツィング区
PENZING
ザンクト・ペルテン、リンツ、ザルツブルクへ
Hütteldorfer Straße
Hütteldorfer Str.
Neubaugasse
Heinrich Collin Str.
Breitensee
Johnstraße
Schweglerstraße
Kettenbrückengasse
Ameisg.
Johnstr.
ウィーン西駅
Wien Westbahnhof
Westbahnhof
Zieglergasse
Felberstr.
Hütteldorf
Penzing
Linzer Str.
カー
Pilgram
Mariahilfer Str.
Unter Sankt Veit
オーストリア・ウィーン技術博物館
Linzer Str.
Gumpendorfer Straße
ウィーン川
Wienfluss
地下鉄4号線
マルガレーテ
MARGARET
U4
Haidikgasse
Hietzinger Kai
Braunschweiggasse
Hietzing (Tiergarten)
皇室馬車博物館
Kaiserliche Wagenburg
P53,102
Sechshauser Str.
Margaretengürtel
カフェ・ドムマイヤー
Schönbrunner
Schönbrunn
オーストリア・トレンド・パークホテル・シェーンブルン
シェーンブルン宮殿
Schloss Schönbrunn
P52
Meidling Hauptstraße
Schloßstr.
Linke Wienzeile
Längenfeldgasse
Arndtstr.
Margaretengürtel
Reinprechtsdorfer Str.
U6
P53 大温室
Palmenhaus
シェーンブルン宮殿前のクリスマス&ニューイヤーマーケット
Kultur- und Weihnachtsmarkt
Neujahrsmarkt Schloss Schönbrunn
P117
シェーンブルン宮殿オランジェリー
Orangerie Schönbrunn
P83
Lainzer Str.
P53 動物園
Tiergarten
Böckhgasse
Matzleinsdorfer Pl.
マイドリング区
MEIDLING
ヴィーナー・ノイシュタット、グラーツ、フィラッハへ
グロリエッテ
P53 Gloriette
フィラデルフィアブリュッケ/マイドリング駅へ

ウィーン周辺図
クロスターノイブルク
Klosterneuburg
レオポルツベルク
Leopoldsberg P127
P127 カーレンベルクの丘
Kahlenberg
ヌスドルフ
Nussdolf
トルム P101
ウィーンの森
ドナウタワー
Donauturm
ホーフブルク
(王宮)
中央墓地
Zentralfriedhof P84
ブダペストへ
ウィーン国際空港
Flughafen Wien-Schwechat
5km
ドナウツェントルム(空港バス発着所)へ
Wien Floridsdorf Bahnhof
Floridsdorf
地下鉄6号線
Neue Donau
ブリギッテナウ区
BRIGITTENAU
フロリツドルフ区
FLORIDSDORF
Handelskai
Dersdner Straße
Traisengasse
ドナウ公園
Donaupark
Alte Donau
メリア・ヴィエナ
Melia Vienna
Kaisermühlen-VIC
Donauinsel
アウガルテン
Augarten
アウガルテン宮殿
ムート
MuTh
新ドナウ川
Neue Donau
ドナウ川 Donau
ドナウシュタット区
DONAUSTADT
Stadlau
Vorgartenstn Straße
プラーターシュテルン駅
Praterstern
Messe-Prater
Ausstellungsstr.
大観覧車
メッセセンター
Krieau
Taborstrstraße
Schottenring
Nestroyplatz
Schwedenplatz
シュテファン寺院
Stubentor
Wien Mitte
Landstraße
市立公園
Stadtpark
Rochusgasse
プラーター公園
Prater
リリプトバーン
ハウプト通り Hauptallee
Stadion
Donaustadtbrücke
地下鉄2号線
Donaumarina
Lobau
Praterkai
Karlsplatz
オーストリア・トレンド・ホテル・サボイエン
Kardinal-Nagl-Platz
路面電車博物館
レオポルトシュタット区
LEOPOLDSTADT
Fasangarden
ウィーン中心図 P4~5
Rennweg
Taubstummengasse
ベルヴェデーレ上宮
Oberes Belvedere
P72,105
Schlachthausgasse
地下鉄3号線
Quartier Belvedere
Erdberg
ウィーン国際バスターミナル
St. Marx
Schweizer Park
21世紀館
Gasometer
ザンクト・マルクス墓地 P85
Friedhof St.Marx
ウィーン中央駅
Wien Hauptbahnhof
Arsenal
Zippererstraße
Haidestr.
ジメリング区
SIMMERING
地下鉄1号線
中央墓地へ
ウィーン国際空港へ
Erdberger Lände
Simmeringer Lände
Handelskai
500m
D
E
F
1
2
3
4

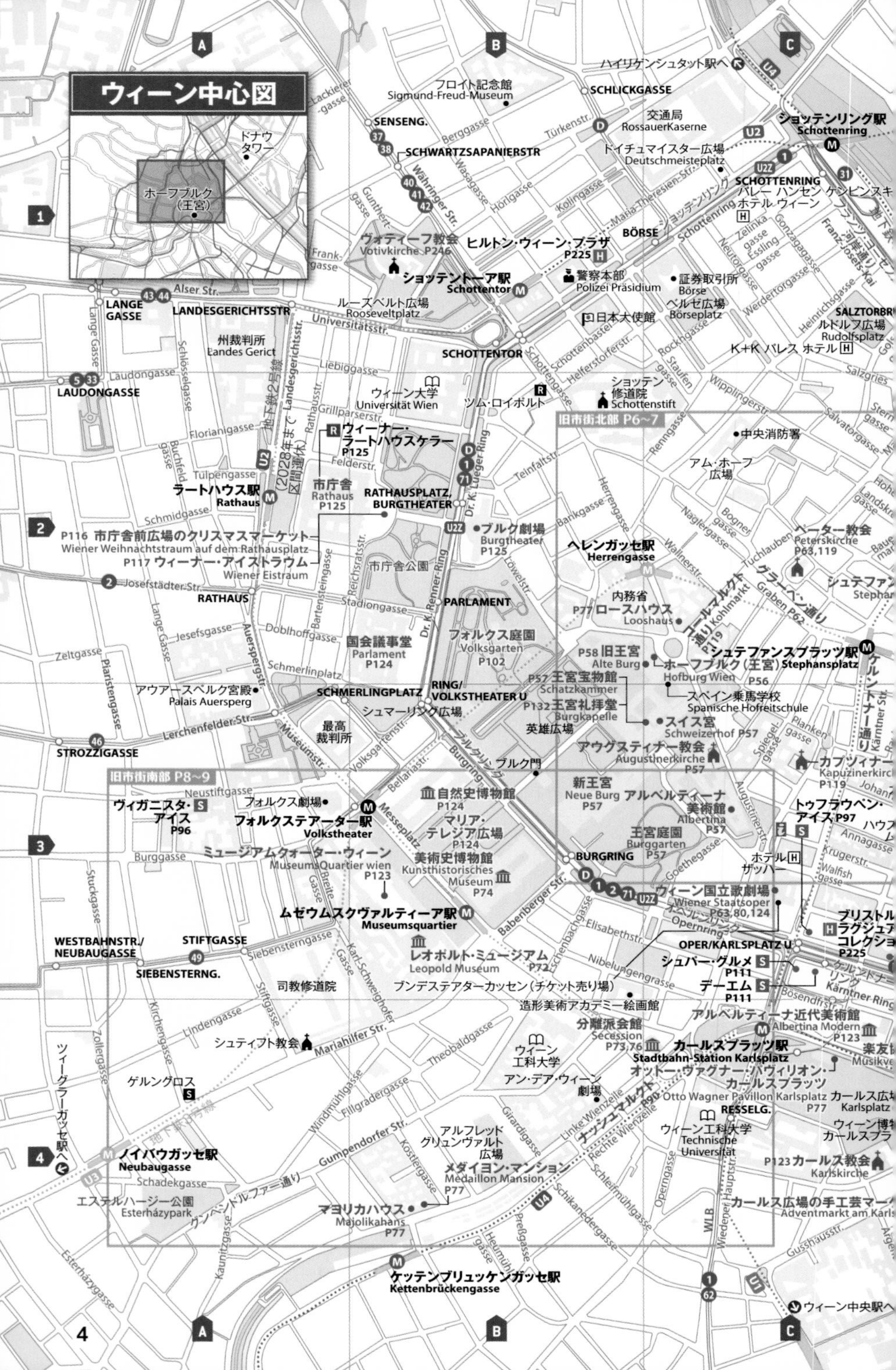
ウィーン中心図
ドナウタワー
ホーフブルク（王宮）
A
B
C
1
2
3
4
ハイリゲンシュタット駅へ
U4
フロイト記念館
Sigmund-Freud-Museum
SCHLICKGASSE
Lackierergasse
SENSENG.
37
38
SCHWARTZSAPANIERSTR
交通局
RossauerKaserne
Türkenstr.
Berggasse
ショッテンリング駅
Schottenring
U2
ドイチュマイスター広場
Deutschmeisteplatz
U2Z
SCHOTTENRING
31
Maria-Theresien-Str.
ショッテンリング
パレー ハンセン ケンピンスキ ホテル ウィーン
40
41
42
Währinger Str.
Wasagasse
Hörlgasse
Kolingasse
Guntherгasse
BÖRSE
Schottenring
Zelinkagasse
Esslinggasse
Neutorgasse
Gonzagagasse
Franz-Josefs-Kai
ヴォティーフ教会
Votivkirche P246
ヒルトン・ウィーン・プラザ
P225
Frankgasse
ショッテントーア駅
Schottentor
警察本部
Polizei Präsidium
証券取引所
Börse
Werdertorgasse
Heinrichsgasse
SALZTORBR
ルドルフ広場
Rudolfsplatz
Alser Str.
43
44
LANGE GASSE
LANDESGERICHTSSTR
ルーズベルト広場
Rooseveltplatz
Universitätsstr.
ベルゼ広場
Börseplatz
日本大使館
K+K パレス ホテル
州裁判所
Landes Gericht
Lange Gasse
Schlösselgasse
SCHOTTENTOR
Schottenbastei
Helferstorferstr.
Schottengasse
Rockhgasse
Staufengasse
Wipplingerstr.
Salzgries
5
33
Laudongasse
LAUDONGASSE
Liebiggasse
ウィーン大学
Universität Wien
ツム・ロイボルト
ショッテン修道院
Schottenstift
Salvatorgasse
Grillparzerstr.
Rathausstr.
地下鉄2号線（2028年まで区間運休）
Landesgerichtsstr.
ウィーナー・ラートハウスケラー
P125
旧市街北部 P6〜7
Renngasse
中央消防署
Florianigasse
Buchfeldgasse
U2
Felderstr.
D
1
71
Teinfaltstr.
Dr. K. Lueger Ring
Tulpengasse
ラートハウス駅
Rathaus
市庁舎
Rathaus
P125
RATHAUSPLATZ, BURGTHEATER
アム・ホーフ広場
Herrengasse
Schmidgasse
Bankgasse
Naglergasse
Bognergasse
ブルク劇場
Burgtheater
P125
ヘレンガッセ駅
Herrengasse
Tuchlauben
ペーター教会
Peterskirche
P63,119
P116 市庁舎前広場のクリスマスマーケット
Wiener Weihnachtstraum auf dem Rathausplatz
P117 ウィーナー・アイストラウム
Wiener Eistraum
Reichsratsstr.
市庁舎公園
Bartensteingasse
Löwelstr.
Wallnerstr.
コールマルクト通り
Kohlmarkt
P119
グラーベン通り
Graben P62
シュテファン
2
Josefstädter Str.
RATHAUS
Stadiongasse
PARLAMENT
内務省
P77 ロースハウス
Looshaus
Lange Gasse
Jesefsgasse
Doblhoffgasse
国会議事堂
Parlament
P124
フォルクス庭園
Volksgarten
P102
Dr. K. Renner-Ring
Auerspergstr.
Zeltgasse
Piaristengasse
P58 旧王宮
Alte Burg
ホーフブルク（王宮）
Hofburg Wien
P56
シュテファンスプラッツ駅
Stephansplatz
Schmerlinplatz
ケルントナー通り
Kärntner Str.
アウアースペルク宮殿
Palais Auersperg
SCHMERLINGPLATZ
RING/VOLKSTHEATER U
P57 王宮宝物館
Schatzkammer
スペイン乗馬学校
Spanische Hofreitschule
P132 王宮礼拝堂
Burgkapelle
シュマーリング広場
スイス宮
Schweizerhof P57
Lerchenfelder Str.
最高裁判所
英雄広場
Plankengasse
Spiegelgasse
46
STROZZIGASSE
Museumstr.
Volksgartenstr.
ブルクリング
Burgring
アウグスティナー教会
Augustinerkirche
P57
カプツィナー
Kapuzinerkirche
P119
ブルク門
Bellariastr.
旧市街南部 P8〜9
Neustiftgasse
新王宮
Neue Burg
P57
アルベルティーナ美術館
Albertina
P57
Augustinerstr.
ヴィガニスタ・アイス
P96
フォルクス劇場
フォルクステアーター駅
Volkstheater
自然史博物館
P124
Messeplatz
トゥフラウベン・アイス
P97
Johannesgasse
マリア・テレジア広場
P124
Annagasse
王宮庭園
Burggarten
P57
Burggasse
ミュージアムクォーター・ウィーン
MuseumsQuartier wien
P123
美術史博物館
Kunsthistorisches Museum
P74
BURGRING
ホテル ザッハー
Krugerstr.
Walfischgasse
Breite Gasse
Stuckgasse
D
1
2
71
U2Z
ウィーン国立歌劇場
Wiener Staatsoper
P63,80,124
オペルンリング
Opernring
Goethegasse
ムゼウムスクヴァルティーア駅
Museumsquartier
Babenberger Str.
ブリストル ラグジュアリー コレクション
P225
Elisabethstr.
WESTBAHNSTR./ NEUBAUGASSE
STIFTGASSE
49
Siebensterngasse
レオポルト・ミュージアム
Leopold Museum
P72
Schillerplatz
Eschenbachgasse
OPER/KARLSPLATZ U
シュバーグルメ
P111
ケルントナーリング
Kärntner Ring
SIEBENSTERNG.
Karl-Schweighofer-Gasse
Nibelungengasse
デーエム
P111
司教修道院
ブンデステアターカッセン（チケット売り場）
Bösendorferstr.
造形美術アカデミー絵画館
Lindengasse
Kirchengasse
Stiftgasse
分離派会館
Secession
P73,76
アルベルティーナ近代美術館
Albertina Modern
P123
楽友協
Musikverein
シュティフト教会
Mariahilfer Str.
Theobaldgasse
ウィーン工科大学
カールスプラッツ駅
Stadtbahn-Station Karlsplatz
Zollergasse
ゲルングロス
アン・デア・ウィーン劇場
オットー・ヴァグナー・パヴィリオン・カールスプラッツ
Otto Wagner Pavillon Karlsplatz
P77
カールス広場
Karlsplatz
ツィーグラーガッセ駅へ
地下鉄3号線
Windmühlgasse
Fillgradergasse
ナッシュマルクト
P90
Linke Wienzeile
Rechte Wienzeile
RESSELG.
ウィーン博物
カールスプラ
アルフレッド・グリュンヴァルト広場
Girardigasse
ウィーン工科大学
Technische Universität
ノイバウガッセ駅
Neubaugasse
U3
Gumpendorfer Str.
Schadekgasse
メダイヨン・マンション
Medaillon Mansion
P77
P123 カールス教会
Karlskirche
エステルハージー公園
Esterházypark
グンペンドルファー通り
Kostergasse
U4
Schikanedergasse
Schleifmühlgasse
Operngasse
カールス広場の手工芸マー
Adventmarkt am Karls
マヨリカハウス
Majolikahaus
P77
Kaunitzgasse
Heumühlgasse
Preßgasse
WLB
Wiedner Hauptstr.
Gusshausstr.
Esterházygasse
ケッテンブリュッケンガッセ駅
Kettenbrückengasse
1
62
ウィーン中央駅へ

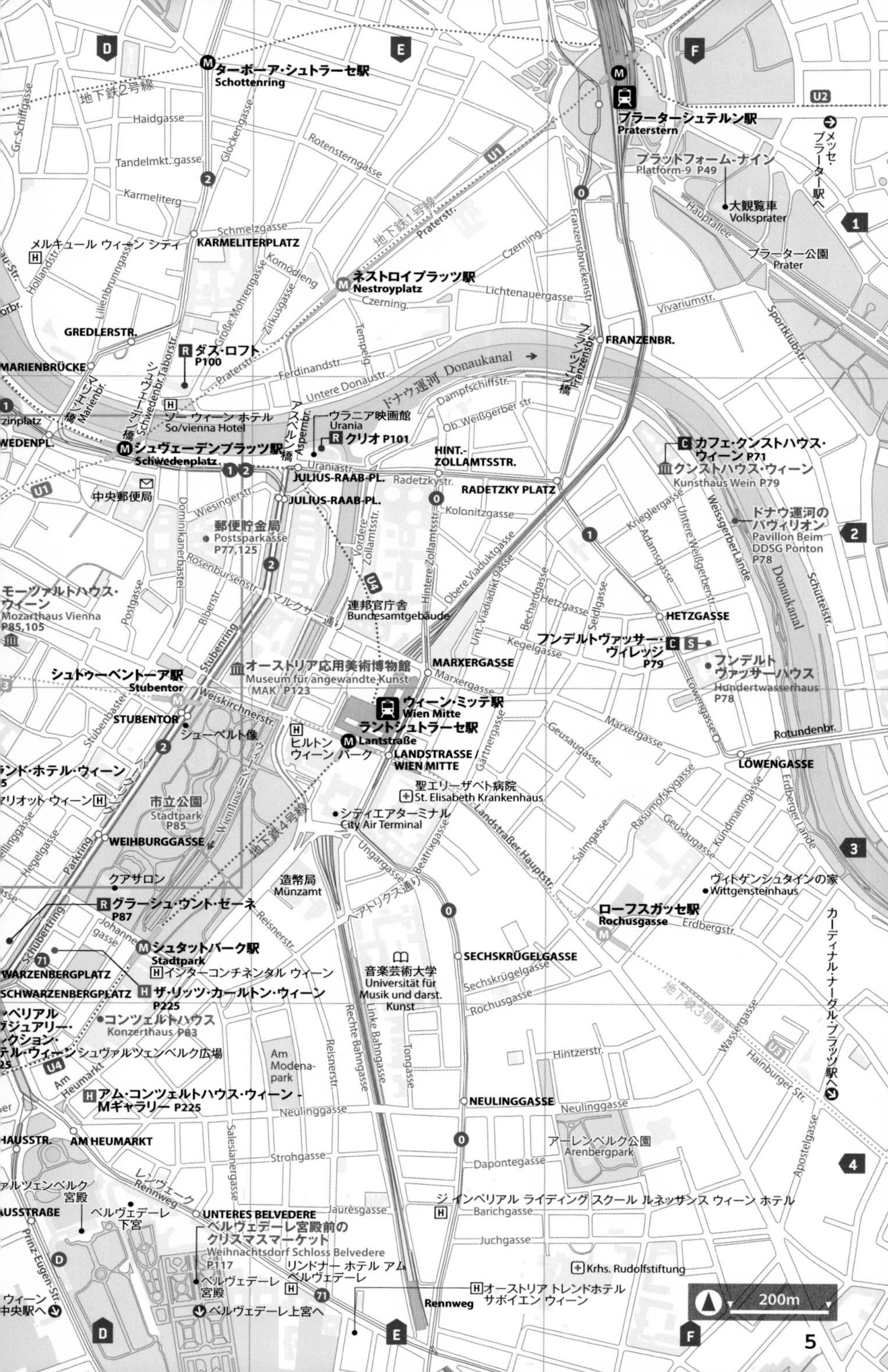

ターボーア・シュトラーセ駅
Schottenring
地下鉄2号線
プラーターシュテルン駅
Praterstern
プラットフォーム-ナイン
Platform-9 P49
メッセ・プラーター駅へ
大観覧車
Volksprater
プラーター公園
Prater
メルキュール ウィーン シティ
KARMELITERPLATZ
ネストロイプラッツ駅
Nestroyplatz
地下鉄1号線
GREDLERSTR.
FRANZENBR.
ダス・ロフト
P100
MARIENBRÜCKE
ドナウ運河 Donaukanal
ソー ウィーン ホテル
So/vienna Hotel
ウラニア映画館
Urania
クリオ P101
シュヴェーデンプラッツ駅
Schwedenplatz
HINT.-ZOLLAMTSSTR.
RADETZKY PLATZ
JULIUS-RAAB-PL.
中央郵便局
カフェ・クンストハウス・ウィーン P71
クンストハウス・ウィーン
Kunsthaus Wein P79
ドナウ運河のパヴィリオン
Pavillon Beim DDSG Ponton
P78
郵便貯金局
Postsparkasse
P77,125
モーツァルトハウス・ウィーン
Mozarthaus Vienna
P85,105
連邦官庁舎
Bundesamtgebäude
HETZGASSE
フンデルトヴァッサー・ヴィレッジ
P79
フンデルトヴァッサーハウス
Hundertwasserhaus
P78
オーストリア応用美術博物館
Museum für angewandte Kunst
(MAK) P123
シュトゥーベントーア駅
Stubentor
MARXERGASSE
STUBENTOR
ウィーン・ミッテ駅
Wien Mitte
ラントシュトラーセ駅
Lantstraße
シューベルト像
ヒルトン ウィーン パーク
LANDSTRASSE / WIEN MITTE
LÖWENGASSE
ランド・ホテル・ウィーン
マリオット ウィーン
市立公園
Stadtpark
P85
聖エリーザベト病院
St. Elisabeth Krankenhaus
シティエアターミナル
City Air Terminal
WEIHBURGGASSE
地下鉄4号線
クアサロン
造幣局
Münzamt
ヴィトゲンシュタインの家
Wittgensteinhaus
グラーシュ・ウント・ゼーネ
P87
ローフスガッセ駅
Rochusgasse
カーディナル・ナーグル・プラッツ駅へ
シュタットパーク駅
Stadtpark
SECHSKRÜGELGASSE
インターコンチネンタル ウィーン
音楽芸術大学
Universität für Musik und darst. Kunst
SCHWARZENBERGPLATZ
ザ・リッツ・カールトン・ウィーン
P225
コンツェルトハウス
Konzerthaus P83
シュヴァルツェンベルク広場
地下鉄3号線
Am Modena-park
アム・コンツェルトハウス・ウィーン - Mギャラリー P225
NEULINGGASSE
AM HEUMARKT
アーレンベルク公園
Arenbergpark
ベルヴェデーレ下宮
UNTERES BELVEDERE
ジ インペリアル ライディング スクール ルネッサンス ウィーン ホテル
ベルヴェデーレ宮殿前のクリスマスマーケット
Weihnachtsdorf Schloss Belvedere
P117
リンドナー ホテル アム ベルヴェデーレ
ベルヴェデーレ宮殿
Krhs. Rudolfstiftung
オーストリア トレンドホテル サボイエン ウィーン
ウィーン中央駅へ
ベルヴェデーレ上宮へ
Rennweg
200m

旧市街北部
フラーターシュテルン駅
P6〜7
P8〜9
ウィーン・ミッテ駅
中央消防署
Feuerwehr Zeutrale
ユーデン広場
Judenplatz
アム・ホーフ広場
Am Hof
アム・ホーフ教会
Kirche am Hof
ビアラディス
ベッカライ・アルトゥア・グリム P95
オーフェンロッホ P86
エンゲル薬局
Engel Apotheke P77
ゲッサー・ビアクリニック
ツェントラル P66
ヨーゼフ・ブロート P95
ツム・シュヴァルツェン・カメール P69,108
カフェ・コルフ
エスターハージーケラー P98
ローズウッド・ウィーン P225
ペーター教会
Peterskirche P63,119
ヴィーナー・ショコラーデ・ケーニッヒ・レシャンツ P109
ヘレンガッセ駅
Herrengasse
P110 ユリウス・マインル
ノルトゼー P93
ツア・シュヴェービッシェン・ユングフラウ P106
ヴァイン・ウント・コー P98
ウィーナー・ザイフェ P121
セント・チャールズ・ストア・ヴィエナ P120
内務省
B.M.F. Inneres
デメル P65,105
ペスト記念柱
Pestsäule P62,119
P77 ロースハウス
Looshaus
旧王宮ミュージアムショップ P103
P58,75 銀器コレクション
Silberkammer
P58 シシィ・ミュージアム
Sisi Museum
P59 皇帝の部屋（カイザーアパートメント）
Kaiserappartements
P58,62 旧王宮
Alte Burg
ミヒャエル広場
Michaelerpl.
ホーフブルク（王宮）
Hofburg P56
P69 ツェスニエフスキー
トーマス・サボ
シュテファンスプラッツ
Stephansplatz
P107 アウガルテン
エスターライヒッシェ・ヴェルクシュテッテン
P67 ハヴェルカ
ローデン・プランクル
フォルクステアーター駅へ
ミュールバウアー P121
アメリカン・バー P77
スペイン乗馬学校
Spanische Hofreitschule P246
マリア・シュトランスキー P107
A.E. ケッヒェルト P107
英雄広場
Heldenplatz
P57,75 王宮宝物館
Schatzkammer
スイス宮
Schweizerhof P57
ヨーゼフス広場
Josefspl.
ケットナー
モーツァルト伝説
MYTHOS MOZART P85,119
P132 王宮礼拝堂
Burgkapelle
ヨーゼフ像
Josef Denkmal
オーストリア・トレンド・ホテル・ヨーロッパ・ウィーン P225
カフェ・コンディトライ・
P57 国立図書館（プルンクザール）
Österreichische Nationalbibliothek,Prunksaal
ホルツオーフェンベッカライ・グラッガー&シー P94
アンバサダー
ノイヤー・マルクト
Neuer Markt
P57 アウグスティナー教会
Augustinerkirche
カプツィナー教会
Kapuzinerkirche P119
旧市街南部 P8〜9
新王宮
Neue Burg P57,63
演劇博物館
P246 Theater Museum
スワロフスキー P121
フライ・ヴィレ
P57 エフェソス博物館
Ephesos Museum
アルベルティーナ美術館
Albertina P57
ロブマイヤー P106
P57 オーストリア歴史館
Haus der Geschichte Österreich
パルメンハウス P119
戦争とファシズムへの戒めの記念碑
フーリッヒ
マルタ騎士団教会
Malteserkirche
音楽アカ
Konser-
P57 世界博物館
Weltmuseum
ルベッラ
P57 中世武器博物館
Hofjagd- und Rüstkammer
王宮庭園
Burggarten P57
インフォメーションセンター
P57 古楽器博物館
Sammlung Alter Musikinstrumente
ビッツィンガー P92
モーツァルト P67
BURGRING
ザッハー・ウィーン P224
カフェ・ザッハー P64
ザッハー・コンフィセリー・ヴィエナ
モーツァルト像
Mozart Denkmal
ハイディ・ホーテン・コレクション P247
ウィーン国立歌劇場
Wiener Staatsoper P63,80,124
ゲルストナー P68,103
カールスプラッツ駅へ
Renngasse
ティーファー・グラーベン
Tiefer Graben
Salvatorgasse
Wipplinger
Jordang.
Kurrentgasse
Herrengasse
Bankgasse
ナーグラー通り
ボーグナー通り
Bognergasse
Naglergasse
Haarhof
Tuchlauben
Brandstätte
Wallnerstr.
Kohlmarkt P119
コールマルクト通り
グラーベン通り
Graben P62
Jasomirgott S
Habsburgergasse
Bräunerstr.
Stallburgg.
シュピーゲル通り
ザイラー通り
Seilergasse
ドロテア通り
Dorotheergasse
Kupferschmiedg.
Plankengasse
ケルントナー通り
Augustinerstr.
Johannesga
Führichgasse
Kärntner Str. P121
Annagasse
Krugerstr.
Goethegasse

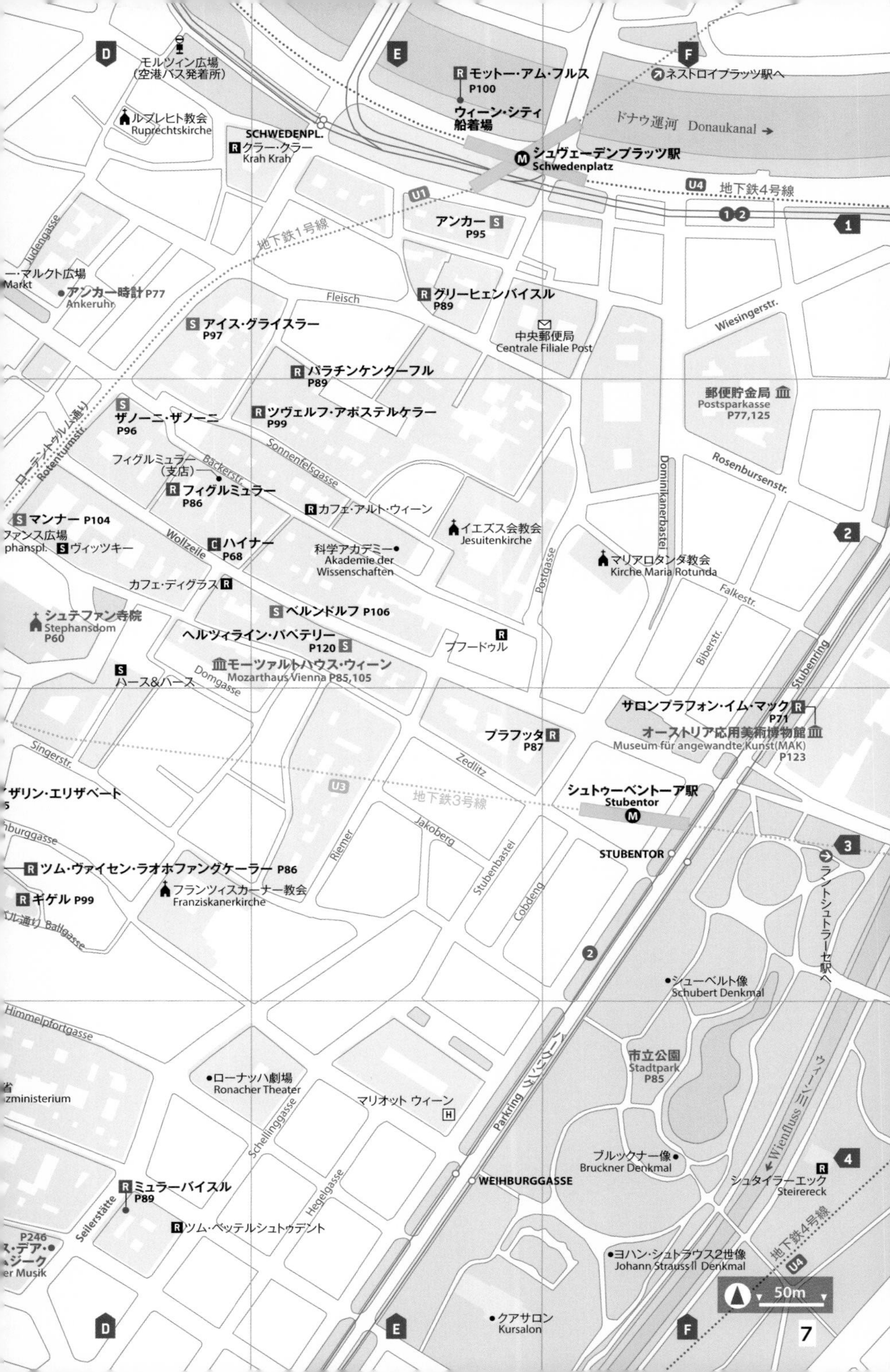

モルツィン広場
（空港バス発着所）
ルプレヒト教会
Ruprechtskirche
SCHWEDENPL.
クラー・クラー
Krah Krah
モットー・アム・フルス
P100
ウィーン・シティ
船着場
ネストロイプラッツ駅へ
ドナウ運河 Donaukanal
シュヴェーデンプラッツ駅
Schwedenplatz
地下鉄4号線
地下鉄1号線
アンカー
P95
アンカー時計 P77
Ankeruhr
Fleisch
グリーヒェンバイスル
P89
アイス・グライスラー
P97
中央郵便局
Centrale Filiale Post
Wiesingerstr.
パラチンケンクーフル
P89
郵便貯金局
Postsparkasse
P77,125
ザノーニ・ザノーニ
P96
ツヴェルフ・アポステルケラー
P99
Sonnenfelsgasse
Rotenturmstr.
ローテントゥルム通り
フィグルミュラー
（支店）
Bäckerstr.
フィグルミュラー
P86
Dominikanerbastei
Rosenbursenstr.
カフェ・アルト・ウィーン
マンナー P104
ヴィッツキー
Wollzeile
ハイナー
P68
イエズス会教会
Jesuitenkirche
科学アカデミー
Akademie der
Wissenschaften
マリアロタンダ教会
Kirche Maria Rotunda
Postgasse
カフェ・ディグラス
Falkestr.
シュテファン寺院
Stephansdom
P60
ベルンドルフ P106
ヘルツィライン・パペテリー
P120
プフードゥル
Biberstr.
モーツァルトハウス・ウィーン
Mozarthaus Vienna P85,105
ハース&ハース
Domgasse
Stubenring
サロンプラフォン・イム・マック
P71
オーストリア応用美術博物館
Museum für angewandte Kunst(MAK)
P123
プラフッタ
P87
Singerstr.
Zedlitz
地下鉄3号線
シュトゥーベントーア駅
Stubentor
Jakoberg
Riemer
STUBENTOR
ツム・ヴァイセン・ラオホファングケーラー P86
ギゲル P99
フランツィスカーナー教会
Franziskanerkirche
Stubenbastei
Cobdeng
ランドシュトラーセ駅へ
シューベルト像
Schubert Denkmal
Himmelpfortgasse
市立公園
Stadtpark
P85
ローナッハ劇場
Ronacher Theater
マリオット ウィーン
Schellinggasse
Parking
Wienfluss
ブルックナー像
Bruckner Denkmal
シュタイラーエック
Steirereck
WEIHBURGGASSE
ミュラーバイスル
P89
Seilerstätte
Hegelgasse
ツム・ベッテルシュトゥデント
P246
ヨハン・シュトラウス2世像
Johann Strauss II Denkmal
地下鉄4号線
50m
クアサロン
Kursalon

旧市街南部
ブラーターシュテルン駅
P6〜7
ウィーン・ミッテ駅
P8〜9
ノイシュティフトガッセ Neustiftgasse
Fassziehergasse
Museumstraße
フォルクス劇場
Volkstheater
Volkstheater U
フォルクステアーター駅
Volkstheater
P124
自然史博物館
Naturhistorisches Museum
Museumstr.
Bellariastr.
Messeplatz
Burggasse
近代美術館
ルートヴィヒ・コレクション・ウィーン
MQポイント
P104
ミュージアムクォー
ウィーン
MuseumsQuartier W
P123
Breite Gasse
Kirchberggasse
Spittelberggasse
Schrankgasse
Stiftgasse
ホテル ギルバート
ヴィトヴェ・ボルテ
P88
アマリングバイスル
P88
K+Kホテル・マリア・テレジア
P225
Kirchengasse
Sigmundsgasse
シーブンシュター公園
Siebensternpark
Siebensterngasse
STIFTGASSE
49
SIEBENSTERNG.
Karl-Schweighofer Gasse
レオポルト・ミュージアム
Leopold Museum
P72
MQリベッレ
MQ Libelle
P123
P123 カレ
グリューネ・エアデ
P105
Mondscheingasse
Kirchengasse
Stiftgasse
Lindengasse
NH ウィーンシティ
シュティフト教会
Stiftskirche
リンデンガッセ
Mariahilfer Str.
マリアヒルファー通り
Capistrangasse
Theoba
ホテル テルミ
ゲルングロス
グラーフ&グレーフィン・フォン・ライムントホーフ
P104
Fillgradergasse
Windmühlgasse
ヴィントミュールガッセ
U3
地下鉄3号線
ノイバウガッセ駅
Neubaugasse
Nelkengasse
Barnabitengasse
Gumpendorfer Str.
ケスラーガッセ
Köstlerg
Stiegengasse
Schadekgasse
グンペンドルファー通り
Joanelligasse
メダイヨン・マンション
Medaillon Mansio
P7
マヨリカハウス
Majolikahaus
P77
Luftbadgasse
Dürergasse
デューラーガッセ
Kaunitzgasse
エステルハージー公園
Esterházypark
ナッシュマルクト蚤の市
P114
ケッテンブリュッケンガッセ
Kettenbrückeng
A
B
C
1
2
3
4

D
E
F
新王宮
Neue Burg
P57,63
アルベルティーナ美術館
Albertina
P57
フライ・ヴィレ
S
Augustinerstr.
戦争とファシズムへの
戒めの記念碑
パルメンハウス C
P119
1
ブルクリング
Burgring
テレジア広場
Theresien Platz
P124
王宮庭園
Burggarten
P57
R ビッツィンガー
P92
Hanuschgasse
BURGRING
フランツ・ヨーゼフ1世像
Kaiser Fr.Josef Denkmal
美術史博物館
Kunsthistorisches Museum
P74,105
モーツァルト像
Mozart Denkmal
Goethegasse
C カフェKHM
P70
旧市街北部 P6～7
ウィーン国立歌劇場
Wiener Staatsoper
P63,80,124
Babenberger Str.
D 1 2 71 U2Z
Opernring
Operngasse
ヘルベルト・フォン・
カラヤン広場
Herbert-von-
Karajan-Platz
M ムゼウムスクヴァルティーア駅
Museumsquartier
オペルンリング
Opernring
H
ル メリディアン ウィーン
Nibelungengasse
エリザベート通り
シュテファンスプラッツ駅へ
2
U2
地下鉄2号線（2028年まで区間運休）
シラーパーク
Schillerpark
Elisabethstr.
シラープラッツ
Nibelungengrasse
Operngasse
Rahlgasse
造形美術アカデミー絵画館
カールスプラッツ駅
Karlsplatz
M
ウィーン工科大学
Technische Universität Wien
分離派会館
Secession
P73,76
Gumpendorfer Str.
メルキュール セクション ウィーン H
U1
地下鉄1号線
3
Lehárgasse
Millöckergasse
C シュベルル
P66
Treitlstraße
S アレス・サイフェ
P91
アン・デア・ウィーン劇場
Theater an der Wien
Girardigasse
S ゲーゲンバウアー
P91
ツア・アイゼネン・ツァイト R
P91
Linke Wienzeile
ナッシュ
マルクト
Naschmarkt
P90
RESSELG.
ウィーン工科大学
Technische
Universität
ショコカンパニー S
P91
デリ R
P91
アルフレッド
グリュンヴァルト広場
Alfred-Grünwald-
Park
レヒテ・ヴィーンツァイレ
Rechte Wienzeile
Schaurhofergasse
Schleifmühlgasse
WLB
Wiedener Hauptstr.
Paniglgasse
Operngasse
ホテル
カイザーホフ
ウィーン
H
4
U4
地下鉄4号線
Schikanedergasse
Frankenberggasse
S R
ドクター・ファラフェル
P91
Mühlgasse
Preßgasse
1
62
ウィーン中央駅へ
50m
カールトン オペラ ホテル ウィーン
H
ウォンバッツ シティ ホステルズ
H ヴィエナ ナッシュマルクト
D
E
F

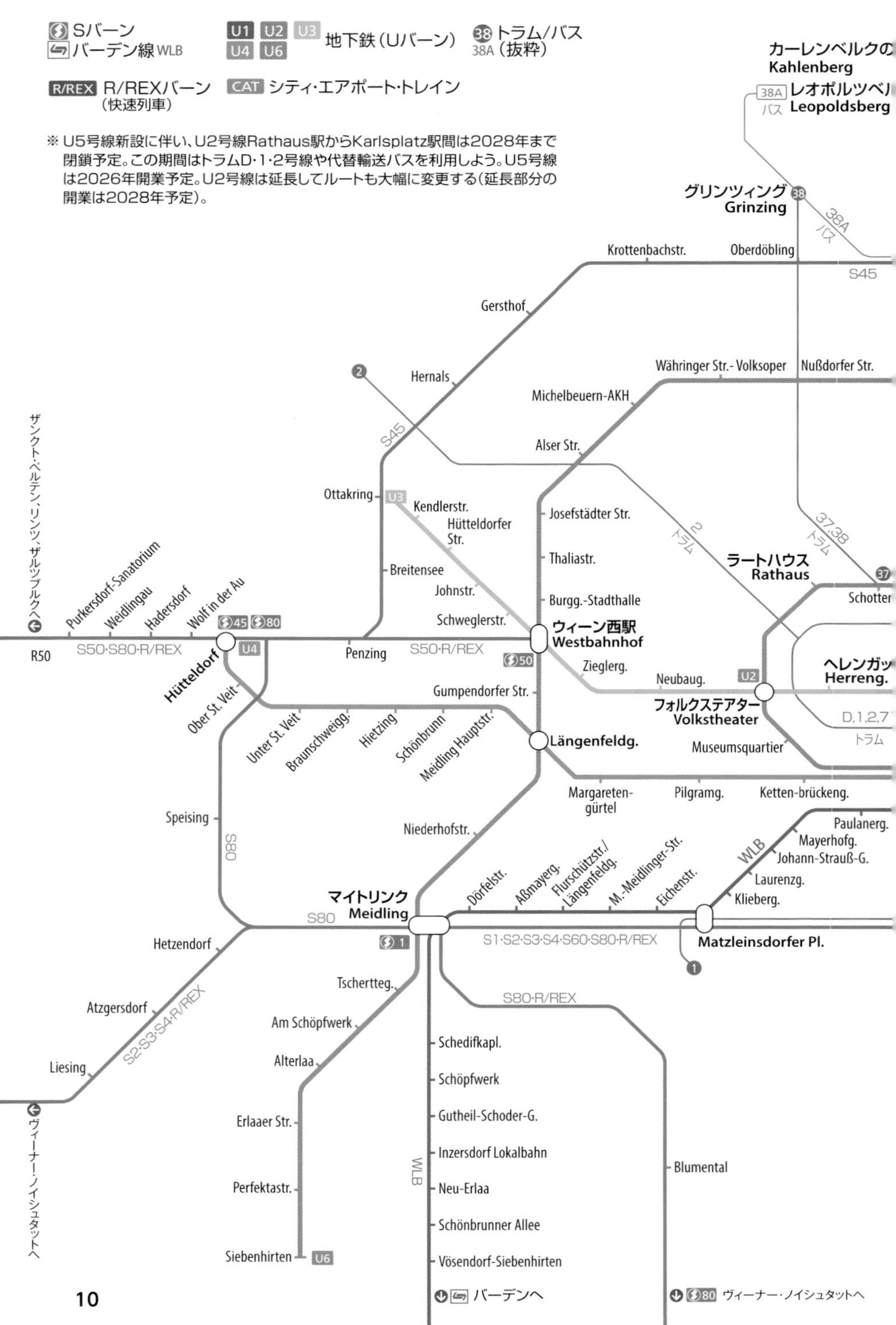

Sバーン
バーデン線 WLB
U1 U2 U3 U4 U6 地下鉄（Uバーン）
38 トラム/バス
38A（抜粋）
R/REX R/REXバーン
（快速列車）
CAT シティ・エアポート・トレイン
※ U5号線新設に伴い、U2号線Rathaus駅からKarlsplatz駅間は2028年まで閉鎖予定。この期間はトラムD・1・2号線や代替輸送バスを利用しよう。U5号線は2026年開業予定。U2号線は延長してルートも大幅に変更する（延長部分の開業は2028年予定）。
カーレンベルクの
Kahlenberg
38A バス
レオポルツベ
Leopoldsberg
グリンツィング
Grinzing
38A バス
Krottenbachstr.
Oberdöbling
S45
Gersthof
Hernals
S45
Währinger Str.- Volksoper
Nußdorfer Str.
Michelbeuern-AKH
Alser Str.
Ottakring
U3
Kendlerstr.
Hütteldorfer Str.
Josefstädter Str.
2 トラム
37,38 トラム
Thaliastr.
Breitensee
Johnstr.
ラートハウス
Rathaus
Schotter
Burgg.-Stadthalle
ザンクト・ペルテン、リンツ、ザルツブルクへ
Purkersdorf-Sanatorium
Weidlingau
Hadersdorf
Wolf in der Au
45 80
Schweglerstr.
ウィーン西駅
Westbahnhof
R50
S50·S80·R/REX
U4
Penzing
S50·R/REX
50
Hütteldorf
Zieglerg.
ヘレンガッ
Herreng.
Ober St. Veit
Neubaug.
U2
Gumpendorfer Str.
フォルクステアター
Volkstheater
D,1,2,7
トラム
Unter St. Veit
Braunschweigg.
Hietzing
Schönbrunn
Meidling Hauptstr.
Längenfeldg.
Museumsquartier
Margareten-gürtel
Pilgramg.
Ketten-brückeng.
Speising
S80
Niederhofstr.
Paulanerg.
Mayerhofg.
WLB
Johann-Strauß-G.
Dörfelstr.
Aßmayerg.
Flurschützstr./Längenfeldg.
M.-Meidlinger-Str.
Eichenstr.
Laurenzg.
Klieberg.
マイトリンク
Meidling
S80
1
Hetzendorf
S1·S2·S3·S4·S60·S80·R/REX
Matzleinsdorfer Pl.
Tschertteg.
S80·R/REX
Atzgersdorf
S2·S3·S4·R/REX
Am Schöpfwerk
Schedifkapl.
Liesing
Alterlaa
Schöpfwerk
ヴィーナー・ノイシュタットへ
Erlaaer Str.
Gutheil-Schoder-G.
Inzersdorf Lokalbahn
Blumental
WLB
Perfektastr.
Neu-Erlaa
Schönbrunner Allee
Siebenhirten
U6
Vösendorf-Siebenhirten
バーデンへ
80 ヴィーナー・ノイシュタットへ

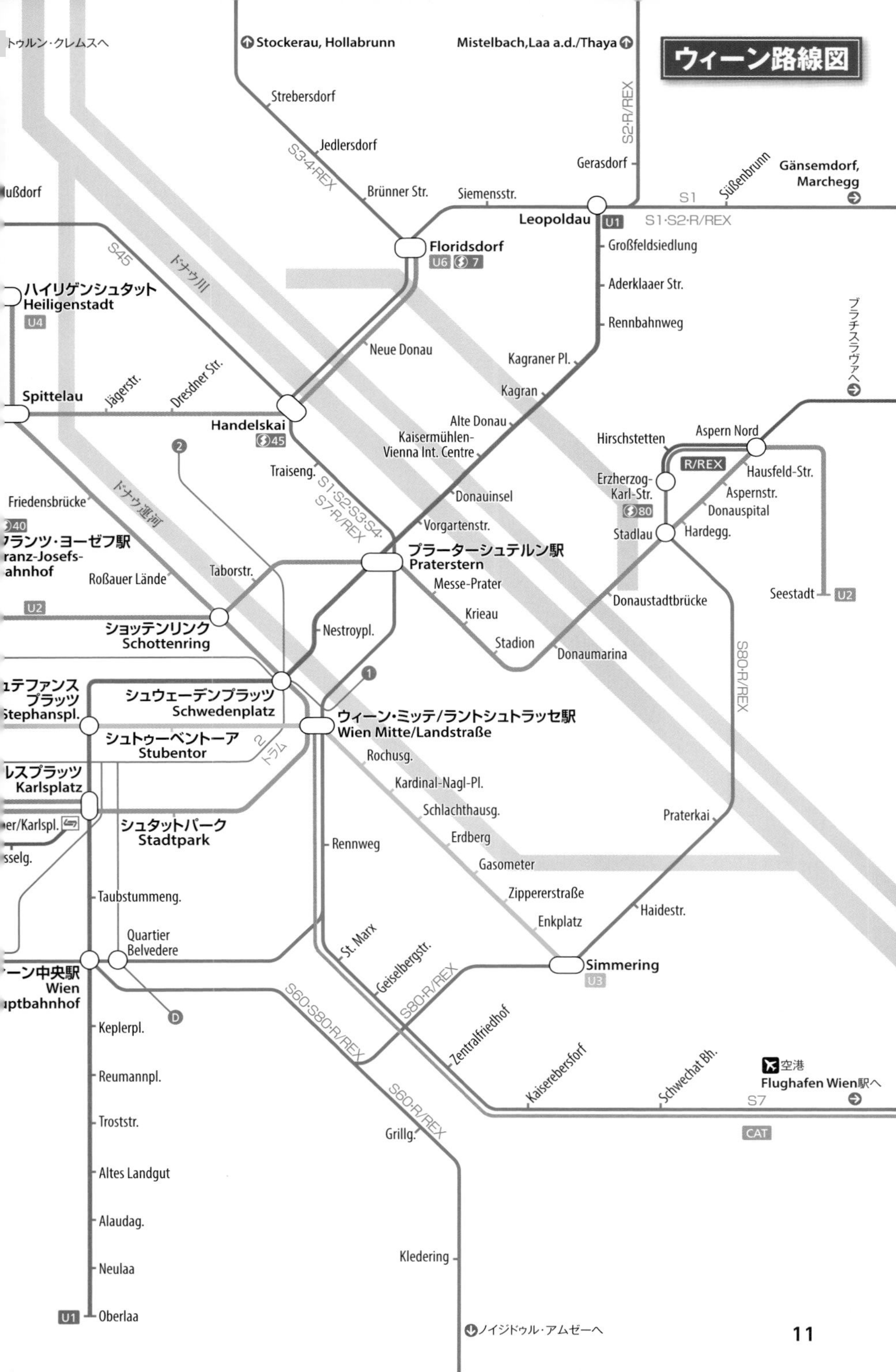
ウィーン路線図
Stockerau, Hollabrunn
Mistelbach,Laa a.d./Thaya
トゥルン・クレムスへ
Strebersdorf
Jedlersdorf
Brünner Str.
Siemensstr.
Gerasdorf
Süßenbrunn
Gänsemdorf, Marchegg
Leopoldau
Floridsdorf
Großfeldsiedlung
Aderklaaer Str.
Rennbahnweg
Kagraner Pl.
Kagran
Alte Donau
Kaisermühlen-Vienna Int. Centre
Donauinsel
Vorgartenstr.
ハイリゲンシュタット Heiligenstadt
Spittelau
Jägerstr.
Dresdner Str.
Handelskai
Neue Donau
Traiseng.
Friedensbrücke
フランツ・ヨーゼフ駅 Franz-Josefs-Bahnhof
Roßauer Lände
Taborstr.
プラーターシュテルン駅 Praterstern
Messe-Prater
Krieau
Stadion
Nestroypl.
ショッテンリンク Schottenring
シュウェーデンプラッツ Schwedenplatz
シュテファンスプラッツ Stephanspl.
シュトゥーベントーア Stubentor
カールスプラッツ Karlsplatz
シュタットパーク Stadtpark
ウィーン・ミッテ/ラントシュトラッセ駅 Wien Mitte/Landstraße
Rochusg.
Kardinal-Nagl-Pl.
Schlachthausg.
Erdberg
Gasometer
Zippererstraße
Enkplatz
Simmering
Rennweg
Taubstummeng.
Quartier Belvedere
ウィーン中央駅 Wien Hauptbahnhof
St. Marx
Geiselbergstr.
Zentralfriedhof
Kaiserebersdorf
Schwechat Bh.
空港 Flughafen Wien駅へ
Keplerpl.
Reumannpl.
Troststr.
Altes Landgut
Alaudag.
Neulaa
Oberlaa
Grillg.
Kledering
ノイジドゥル・アムゼーへ
Hirschstetten
Aspern Nord
Erzherzog-Karl-Str.
Stadlau
Hausfeld-Str.
Aspernstr.
Donauspital
Hardegg.
Donaustadtbrücke
Donaumarina
Seestadt
Praterkai
Haidestr.
ブラチスラヴァへ
ドナウ川
ドナウ運河
S45
S3·4·REX
S2·R/REX
S1
S1·S2·R/REX
S1·S2·S3·S4·S7·R/REX
S80·R/REX
S60·S80·R/REX
S60·R/REX
S7
CAT
R/REX
U1
U2
U3
U4
U6
7
40
45
80
2
1
D
トラム

ザルツブルグ中心部

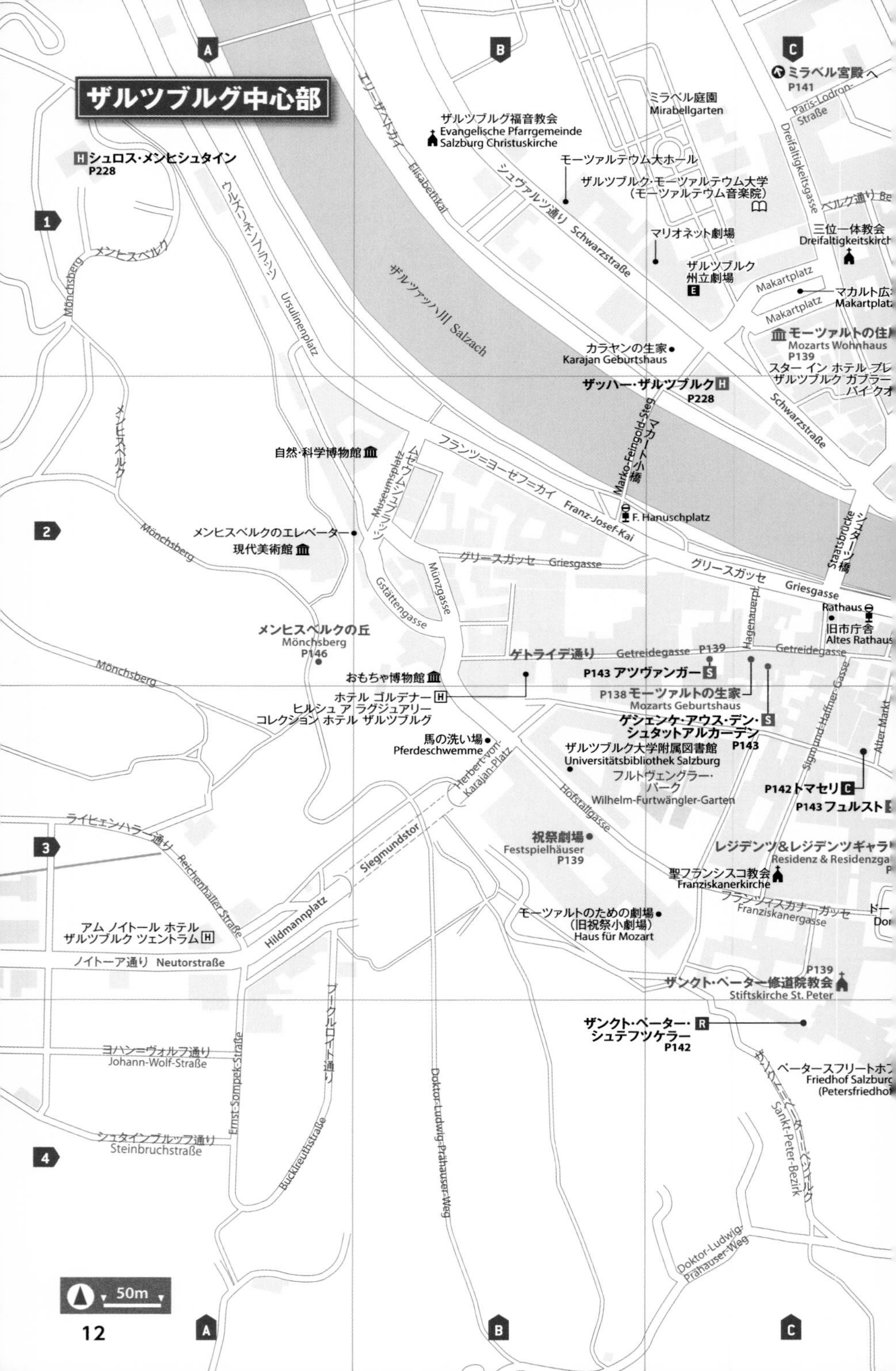

シュロス・メンヒシュタイン P228
ザルツブルグ福音教会
Evangelische Pfarrgemeinde Salzburg Christuskirche
ミラベル庭園
Mirabellgarten
ミラベル宮殿へ P141
モーツァルテウム大ホール
ザルツブルク・モーツァルテウム大学（モーツァルテウム音楽院）
マリオネット劇場
ザルツブルク州立劇場
三位一体教会
Dreifaltigkeitskirche
マカルト広場
Makartplatz
モーツァルトの住居
Mozarts Wohnhaus P139
スター イン ホテル プレミアム ザルツブルク ガブラーブロイ バイ クオリティ
カラヤンの生家
Karajan Geburtshaus
ザッハー・ザルツブルク P228
ザルツァッハ川 Salzach
マカート小橋
Marko-Feingold-Steg
自然・科学博物館
メンヒスベルクのエレベーター
現代美術館
メンヒスベルクの丘
Mönchsberg P146
おもちゃ博物館
ホテル ゴルデナー ヒルシュ ア ラグジュアリー コレクション ホテル ザルツブルグ
馬の洗い場
Pferdeschwemme
Rathaus
旧市庁舎
Altes Rathaus
ゲトライデ通り
Getreidegasse
P139
P143 アツヴァンガー
P138 モーツァルトの生家
Mozarts Geburtshaus
ゲシェンケ・アウス・デン・シュタットアルカーデン P143
ザルツブルク大学附属図書館
Universitätsbibliothek Salzburg
フルトヴェングラー・パーク
Wilhelm-Furtwängler-Garten
P142 トマセリ
P143 フルスト
祝祭劇場
Festspielhäuser P139
レジデンツ＆レジデンツギャラリー
Residenz & Residenzgalerie
聖フランシスコ教会
Franziskanerkirche
モーツァルトのための劇場（旧祝祭小劇場）
Haus für Mozart
アム ノイトール ホテル ザルツブルク ツェントラム
ザンクト・ペーター修道院教会 P139
Stiftskirche St. Peter
ザンクト・ペーター・シュテフツケラー P142
ペータースフリートホフ
Friedhof Salzburg (Petersfriedhof)
エリーザベトカイ Elisabethkai
シュヴァルツ通り Schwarzstraße
ウルズリネンプラッツ Ursulinenplatz
メンヒスベルク Mönchsberg
Paris-Lodron-Straße
Dreifaltigkeitsgasse
フランツ＝ヨーゼフ＝カイ Franz-Josef-Kai
F. Hanuschplatz
ムゼウムスプラッツ Museumsplatz
グリースガッセ Griesgasse
Münzgasse
Gstättengasse
Hagenauerpl.
シュターツ橋 Staatsbrücke
Sigmund-Haffner-Gasse
Alter Markt
Herbert-von-Karajan-Platz
Hofstallgasse
Siegmundstor
Hildmannplatz
ライヒェンハラー通り Reichenhaller Straße
ノイトーア通り Neutorstraße
フランツィスカナーガッセ Franziskanergasse
ブークルロイト通り Bucklreuthstraße
Doktor-Ludwig-Prähauser-Weg
ヨハン＝ヴォルフ通り Johann-Wolf-Straße
シュタインブルッフ通り Steinbruchstraße
Ernst-Sompek-Straße
ザンクト＝ペーター＝ベツィルク Sankt-Peter-Bezirk
50m

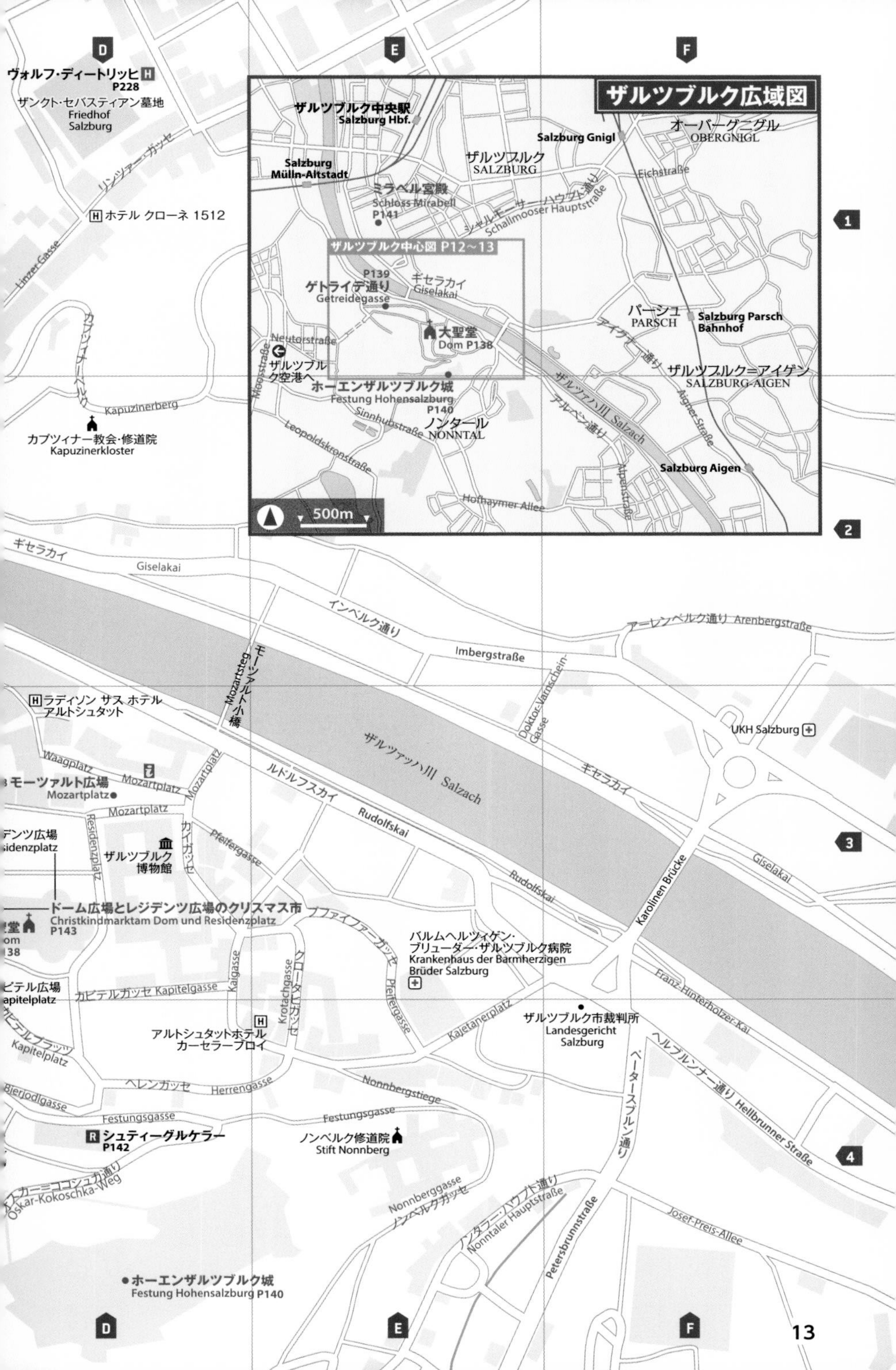
D
E
F
ヴォルフ・ディートリッヒ H
P228
ザンクト・セバスティアン墓地
Friedhof Salzburg
リンツァー・ガッセ
Linzer Gasse
H ホテル クローネ 1512
カプツィナーベルク
Kapuzinerberg
カプツィナー教会・修道院
Kapuzinerkloster
ザルツブルク広域図
ザルツブルク中央駅
Salzburg Hbf.
Salzburg Gnigl
オーバーグニグル
OBERGNIGL
Salzburg Mülln-Altstadt
ザルツブルク
SALZBURG
ミラベル宮殿
Schloss Mirabell
P141
Eichstraße
シャルモーサーハウプト通り
Schallmooser Hauptstraße
ザルツブルク中心図 P12～13
P139
ゲトライデ通り
Getreidegasse
ギセラカイ
Giselakai
大聖堂
Dom P138
Neutorstraße
ザルツブルク空港へ
Moosstraße
パーシュ
PARSCH
Salzburg Parsch Bahnhof
アイヒェー通り
ザルツブルク＝アイゲン
SALZBURG-AIGEN
ホーエンザルツブルク城
Festung Hohensalzburg
P140
Sinnhubstraße
ノンタール
NONNTAL
Leopoldskronstraße
ザルツァハ川 Salzach
アルペン通り
Aigner Straße
Alpenstraße
Salzburg Aigen
Hofhaymer Allee
500m
1
2
ギセラカイ
Giselakai
インベルク通り
Imbergstraße
アーレンベルク通り Arenbergstraße
Mozartsteg
モーツァルト小橋
Doktor-Varnschein-Gasse
UKH Salzburg
H ラディソン サス ホテル アルトシュタット
Waagplatz
モーツァルト広場
Mozartplatz
Mozartplatz
Mozartplatz
ザルツァッハ川 Salzach
ルドルフスカイ
Rudolfskai
ギセラカイ
デンツ広場
sidenzplatz
Residenzplatz
カイガッセ
Pfeifergasse
ザルツブルク博物館
3
Giselakai
Karolinen Brücke
Rudolfskai
ドーム広場とレジデンツ広場のクリスマス市
Christkindmarktam Dom und Residenzplatz
P143
聖堂
om
38
プファイファーガッセ
バルムヘルツィゲン・ブリューダー・ザルツブルク病院
Krankenhaus der Barmherzigen Brüder Salzburg
ピテル広場
apitelplatz
カピテルガッセ Kapitelgasse
Kaigasse
Krotachgasse
クロータッハガッセ
Pfeifergasse
Franz-Hinterholzer-Kai
Kajetanerplatz
ザルツブルク市裁判所
Landesgericht Salzburg
アルトシュタットホテル カーセラーブロイ
カピテルプラッツ
Kapitelplatz
ヘレンガッセ
Herrengasse
Nonnbergstiege
ヘルブルンナー通り
Hellbrunner Straße
ペータースブルン通り
Bierjodlgasse
Festungsgasse
Festungsgasse
R シュティーグルケラー
P142
ノンベルク修道院
Stift Nonnberg
4
オスカーココシュカ通り
Oskar-Kokoschka-Weg
Nonnberggasse
ノンベルクガッセ
ノンタラー・ハウプト通り
Nonntaler Hauptstraße
Petersbrunnstraße
Josef-Preis-Allee
ホーエンザルツブルク城
Festung Hohensalzburg P140
D
E
F

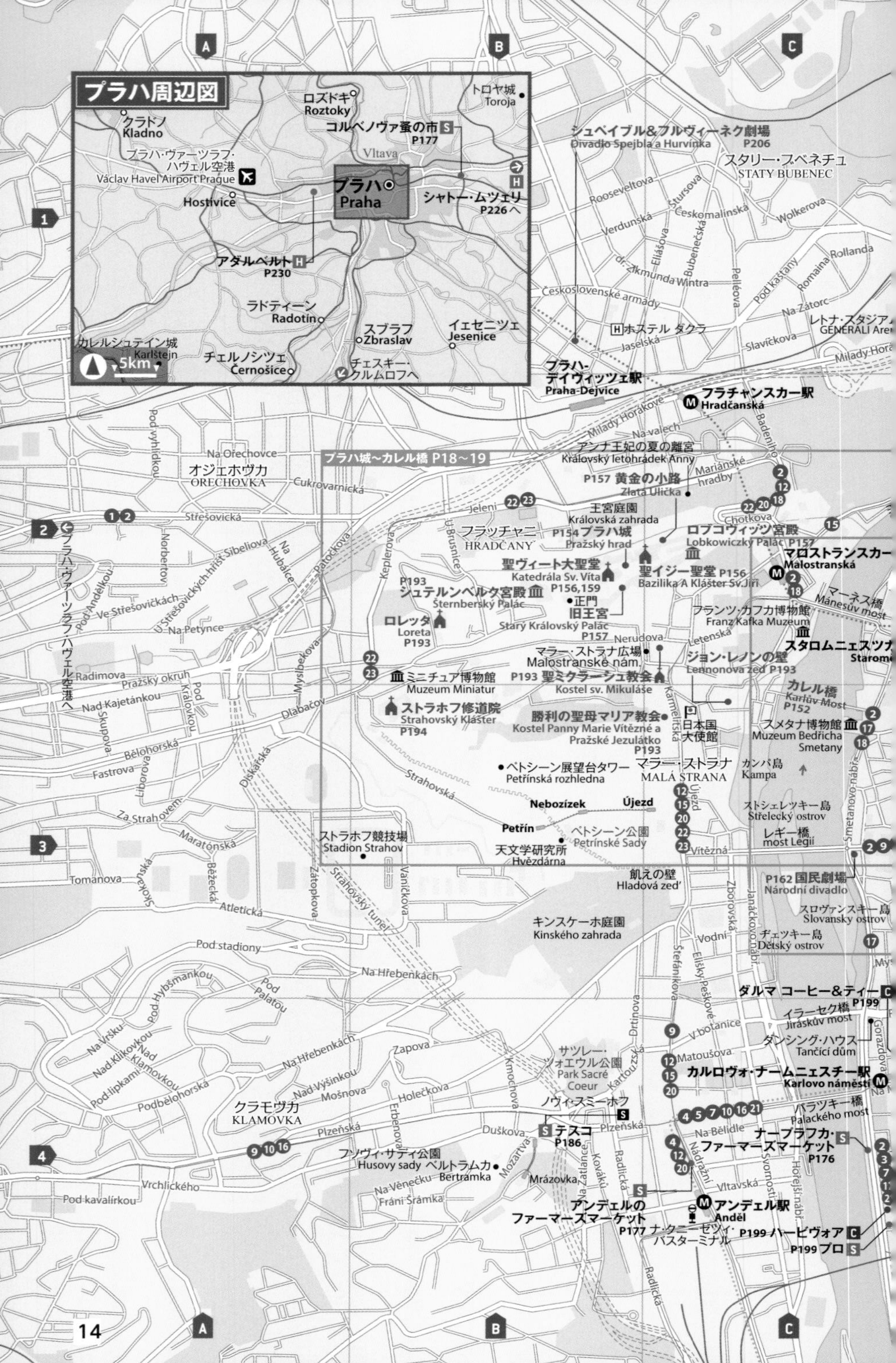

プラハ周辺図
クラドノ
Kladno
ロズドキ
Roztoky
トロヤ城
Troja
コルベノヴァ蚤の市
P177
Vltava
プラハ・ヴァーツラフ・ハヴェル空港
Václav Havel Airport Prague
Hostivice
プラハ
Praha
シャトー・ムツェリ
P226へ
アダルベルト
P230
ラドティーン
Radotín
スブラフ
Zbraslav
イェセニツェ
Jesenice
カレルシュテイン城
Karlštejn
5km
チェルノシツェ
Černošice
チェスキー・クルムロフへ
シュペイブル&フルヴィーネク劇場
Divadlo Spejbla a Hurvínka
P206
スタリー・ブベネチュ
STATY BUBENEC
ホステル ダクラ
プラハ-デイヴィッツェ駅
Praha-Dejvice
フラチャンスカー駅
Hradčanská
レトナ・スタジアム
GENERALI Arena
アンナ王妃の夏の離宮
Královský letohrádek Anny
プラハ城~カレル橋 P18~19
P157 黄金の小路
Zlatá Ulička
王宮庭園
Královská zahrada
P154 プラハ城
Pražský hrad
ロブコヴィッツ宮殿
Lobkowiczký Palác P157
フラッチャニ
HRADČANY
聖ヴィート大聖堂
Katedrála Sv. Víta
P156,159
聖イジー聖堂 P156
Bazilika A Klášter Sv. Jiří
マロストランスカー駅
Malostranská
P193
シュテルンベルク宮殿
Šternberský Palác
正門
旧王宮
Starý Královský Palác
P157
フランツ・カフカ博物館
Franz Kafka Muzeum
マーネス橋
Mánesův most
ロレッタ
Loreta
P193
スタロムニェスツカー
マラー・ストラナ広場
Malostranské nám.
ジョン・レノンの壁
Lennonova zeď P193
P193 聖ミクラーシュ教会
Kostel sv. Mikuláše
ミニチュア博物館
Muzeum Miniatur
カレル橋
Karlův Most
P152
ストラホフ修道院
Strahovský Klášter
P194
勝利の聖母マリア教会
Kostel Panny Marie Vítězné a Pražské Jezulátko
P193
日本国大使館
スメタナ博物館
Muzeum Bedřicha Smetany
ペトシーン展望台タワー
Petřínská rozhledna
マラー・ストラナ
MALÁ STRANA
カンパ島
Kampa
Nebozízek
Újezd
Petřín
ストシェレツキー島
Střelecký ostrov
ペトシーン公園
Petřínské Sady
レギー橋
most Legií
ストラホフ競技場
Stadion Strahov
天文学研究所
Hvězdárna
飢えの壁
Hladová zeď
P162 国民劇場
Národní divadlo
スロヴァンスキー島
Slovanský ostrov
キンスケーホ庭園
Kinského zahrada
チェツキー島
Dětský ostrov
オジェホヴカ
ORECHOVKA
プラハ・ヴァーツラフ・ハヴェル空港へ
ダルマ コーヒー&ティー
P199
イラーセク橋
Jiráskův most
ダンシング・ハウス
Tančící dům
サツレー・ツォエウル公園
Park Sacré Coeur
カルロヴォ・ナームニェスチー駅
Karlovo náměstí
クラモヴカ
KLAMOVKA
ノヴィ・スミーホフ
パラツキー橋
Palackého most
テスコ
P186
ナープラフカ・ファーマーズマーケット
P176
フソヴィ・サディ公園
Husovy sady
ベルトラムカ
Bertramka
Mrázovka
アンデルのファーマーズマーケット
P177
アンデル駅
Anděl
ナ・クニーゼツィ・バスターミナル
P199 ハービヴォア
P199 プロ
Na Ořechovce
Cukrovarnická
Střešovická
Jelení
Milady Horákové
Na valech
Badeniho
Mariánské hradby
Chotkova
Roosveltova
Verdunská
Šturova
Českomalínská
Wolkerova
Eliášova
Bubenečská
dr. Zikmunda Wintra
Pellèova
Pod kaštany
Romaina Rollanda
Na Zátorce
Československé armády
Jaselská
Slavíčkova
Pod vyhlídkou
Norbertov
Sibeliova
Na Hubálce
Patočkova
Keplerova
U Brusnice
Pod Andělkou
Ve Střešovičkách
Na Petynce
Radimova
Pražský okruh
Nad Kajetánkou
Skupova
Bělohorská
Fastrova
Liborova
Pod Královkou
Mysliborova
Dlabačov
Diskařská
Strahovská
Za Strahovem
Maratónská
Tomanova
Běžecká
Šlikova
Atletická
Zátopkova
Vaníčkova
Strahovský tunel
Nerudova
Letenská
Karmelitská
Újezd
Vítězná
Zborovská
Janáčkovo nábř.
Smetanovo nábř.
Vodní
Štefánikova
Elišky Peškové
V botanice
Matoušova
Pod stadiony
Na Hřebenkách
Pod Hybšmankou
Pod Palatou
Na Vršku
Nad Klikovkou
Nad Klamovkou
Pod lipkami
Podbělohorská
Zapova
Nad Výšinkou
Mošnova
Holečkova
Kmochova
Drtinova
Kartouzská
Plzeňská
Duškova
Erbenova
Mozartova
Na Zatlance
Kováků
Radlická
Na Bělidle
Nádražní
Svornosti
Hořejší nábř.
Vltavská
Na Věnečku
Fráni Šrámka
Vrchlického
Pod kavalírkou
Gorazdova

プラハ城周辺図
ティップスポルト・アレーナ
Tipsport arena
ヴィースタヴィシュチェ遊園地
Výstaviště
市立公園
Stromovka
シー・ワールド
Mořský svět
プラハ・ホレショヴィツェ駅
Praha-Holešovice zastávka
ホレショヴィッツェ
HOLEŠOVICE
U Průhonu
Přístavní
Dělnická
Libeňský most
プラハ・ブブニ駅
Praha - Bubny
サートビーズ ホステル
Tusarova
Jateční
Osadní
ヴェレトルジニー宮殿
Veletržní palác
ウルタフスカー駅
Vltavská
ヴルタヴァ川 Vltava
Bubenské nábřeží
国立技術博物館
シュトヴァニッツェ島
Ostrov Štvanice
フラーヴェク橋
Hlávkův most
シュチェファーニク橋
Štefánikův most
Invalidovna
Rohanské nábř.
ロハンスケー・ナーブジェジー
Sokolovská
地下鉄B線 Linka B
クシジーコヴァ駅
Křižíkova
ヒルトン・プラハ
P227
聖キリル聖メトディウス教会
Kostel sv. Cyrila a Metoděje
カルリーン
KARLÍN
ゴルツ・キンスキー宮殿
Palác Golz-Kinských P190
ティーン教会
Chrám Matky Boží před Týnem
P190
旧市街～新市街 P16～17
ナームニェスチー・レプブリキー駅
Náměstí Republiky
フローレンツ・バスターミナル
フロレンツ駅
Florenc
アデバ ホテル
ヴィートコフの丘の国立記念館
市民会館
Obecní Dům P159
旧市街広場
プラハ・マサリク駅
PRAHA-MASARYKOVO NÁDRAŽÍ
Hybernská
Husitská
市庁舎
Staroměstská radnice P190
ミュシャ美術館
Muchovo Muzeum P158
ムステック駅
Mustek
プラハ経済大学
Vysoká škola ekonomická v Praze
フラヴニー・ナードラジー駅
Hlavní nádraží
P197
プラハ本駅
PRAHA HLAVNÍ NÁDRAŽÍ
ライスカー庭園
Rajská Zahrada
ナーロドニー・トゥシーダ駅
Národní třída
ヴァーツラフ広場
Václavské Náměstí
プラハ国立歌劇場
Státní opera Praha P197
リーゲル公園
Riegrovy Sady
ジシコフ・テレビ塔
コートヤード バイ マリオット プラハ シティ
The Church of the Most Sacred Heart of Our Lord
ムゼウム駅
Muzeum
ミノール劇場
Divadlo Minor
P206
国立博物館
Národní muzeum
P197
イジャーク・ファーマーズマーケット
P177
ホテル トーラス
Flora
イジーホ・ス・ポヂェブラット駅
Jiřího z Poděbrad
イー・ペー・パヴロヴァ駅
I. P. Pavlova
ドヴォルザーク博物館
ナームニェスチー・ミール駅
Náměstí Míru
フロラ
FLORA
ドゥム・ボルツェラーヌ
P175
ウ・カリハ
P166
Bezručovy sady
プジーロドヴィエデツケー・ファクルティ UK植物園
チェコ警察博物館
Havlíčkovy sady
BHeroldovy sady
St. Wenceslas Church
イェゼルカ
JEZERKA
地下鉄C線 Linka C
Vršovická
200m

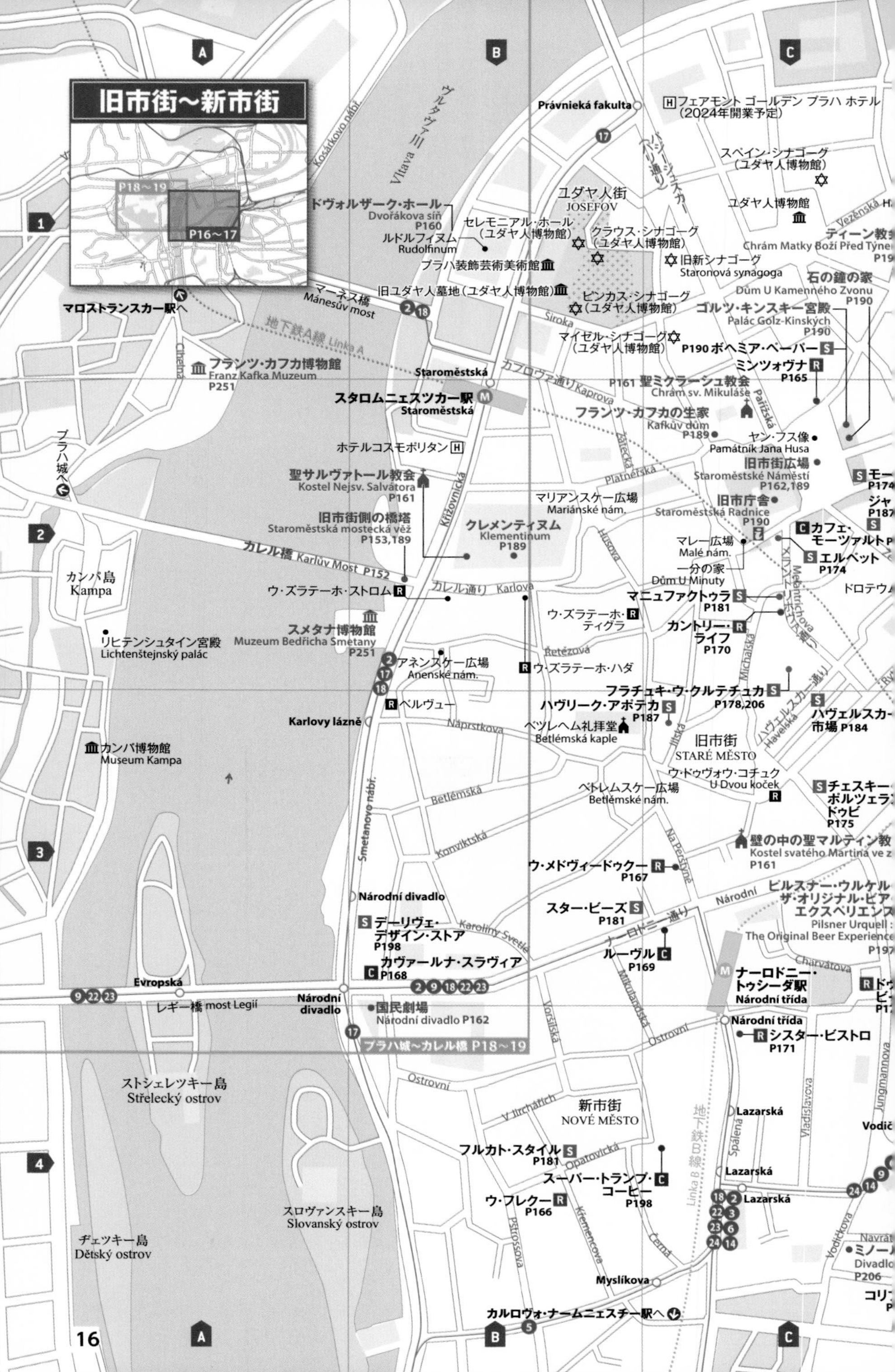

旧市街～新市街
P18～19
P16～17
プラハ城～カレル橋 P18～19
フェアモント ゴールデン プラハ ホテル（2024年開業予定）
Právnieká fakulta
ヴルタヴァ川
Vltava
Kosárkovo nábř.
ドヴォルザーク・ホール
Dvořákova síň
P160
ルドルフィヌム
Rudolfinum
セレモニアル・ホール（ユダヤ人博物館）
クラウス・シナゴーグ（ユダヤ人博物館）
ユダヤ人街
JOSEFOV
パリージュスカー通り
スペイン・シナゴーグ（ユダヤ人博物館）
ユダヤ人博物館
ティーン教会
Chrám Matky Boží Před Týnem
旧新シナゴーグ
Staronová synagoga
プラハ装飾芸術美術館
石の鐘の家
Dům U Kamenného Zvonu
P190
旧ユダヤ人墓地（ユダヤ人博物館）
ピンカス・シナゴーグ（ユダヤ人博物館）
ゴルツ・キンスキー宮殿
Palác Golz-Kinských
P190
マーネス橋
Mánesův most
マロストランスカー駅へ
地下鉄A線 Linka A
Široka
マイゼル・シナゴーグ（ユダヤ人博物館）
P190 ボヘミア・ベーパー
ミンツォヴナ
P165
フランツ・カフカ博物館
Franz Kafka Muzeum
P251
Staroměstská
カプロヴァ通り Kaprova
P161 聖ミクラーシュ教会
Chrám sv. Mikuláše
スタロムニェスツカー駅
Staroměstská
フランツ・カフカの生家
Kafkův dům
P189
Pařížská
ヤン・フス像
Památník Jana Husa
プラハ城へ
ホテルコスモポリタン
Žatecká
旧市街広場
Staroměstské Náměstí
P162,189
聖サルヴァトール教会
Kostel Nejsv. Salvátora
P161
Platnéřská
マリアンスケー広場
Mariánské nám.
旧市庁舎
Staroměstská Radnice
P190
旧市街側の橋塔
Staroměstská mostecká věž
P153,189
Křížovnická
クレメンティヌム
Klementinum
P189
カフェ・モーツァルト
カレル橋 Karlův Most P152
Husova
マレー広場
Malé nám.
エルベット
P174
一分の家
Dům U Minuty
カンパ島
Kampa
ウ・ズラテーホ・ストロム
カレル通り Karlova
マニュファクトゥラ
P181
ドロテウム
ウ・ズラテーホ・ティグラ
Melantrichova
スメタナ博物館
Muzeum Bedřicha Smetany
P251
カントリー・ライフ
P170
リヒテンシュタイン宮殿
Lichtenštejnský palác
Řetězová
アネンスケー広場
Anenské nám.
ウ・ズラテーホ・ハダ
Michalská
フラチュキ・ウ・クルテチュカ
P178,206
ベルヴュー
ハヴリーク・アポテカ
P187
ハヴェルスカー市場
P184
Karlovy lázně
Náprstkova
ベツレヘム礼拝堂
Betlémská kaple
ハヴェルスカー通り
Havelská
旧市街
STARÉ MĚSTO
カンパ博物館
Museum Kampa
Jilská
ウ・ドゥヴォウ・コチェク
U Dvou koček
ベトレムスケー広場
Betlémské nám.
Betlémská
チェスキー・ポルツェラン・ドゥビ
P175
Smetanovo nábř.
Konviktská
Na Perštýně
壁の中の聖マルティン教会
Kostel svatého Martina ve zdi
P161
ウ・メドヴィードゥクー
P167
Národní divadlo
スター・ビーズ
P181
Národní
ピルスナー・ウルケル・ザ・オリジナル・ビア・エクスペリエンス
Pilsner Urquell The Original Beer Experience
P197
デーリヴェ・デザイン・ストア
P198
Karoliny Světlé
ナーロドニー通り
ルーヴル
P169
カヴァールナ・スラヴィア
P168
Charvátova
ナーロドニー・トゥシーダ駅
Národní třída
Evropská
Národní divadlo
レギー橋 most Legií
国民劇場
Národní divadlo P162
Mikulandská
Voršilská
Ostrovní
Národní třída
シスター・ビストロ
P171
Ostrovní
ストシェレツキー島
Střelecký ostrov
V Jirchářích
新市街
NOVÉ MĚSTO
Lazarská
Spálená
Vladislavova
Jungmannova
Vodičkova
フルカト・スタイル
P181
Opatovická
Lazarská
スーパー・トランプ・コーヒー
P198
地下鉄B線 Linka B
Lazarská
ウ・フレクー
P166
Křemencova
スロヴァンスキー島
Slovanský ostrov
Pštrossova
ヂェツキー島
Dětský ostrov
Černá
ミノール
Divadlo
P206
Myslíkova
カルロヴォ・ナームニェスチー駅へ

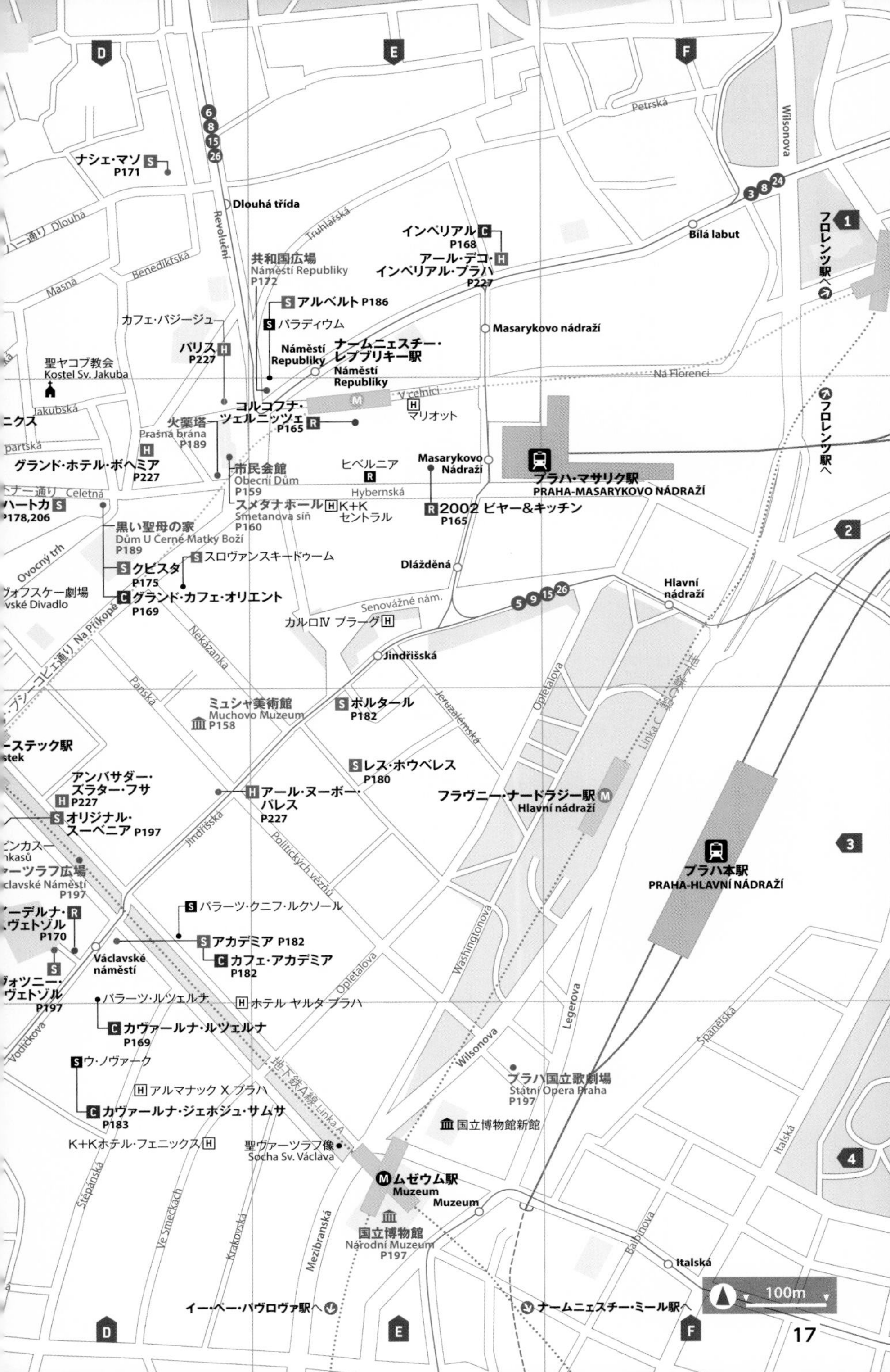

ナシェ・マソ P171
Dlouhá třída
インペリアル P168
アール・デコ・インペリアル・プラハ P227
Bílá labut
共和国広場 Náměstí Republiky P172
アルベルト P186
パラディウム
カフェ・バジージュ
パリス P227
Náměstí Republiky
ナームニェスチー・レプブリキー駅 Náměstí Republiky
Masarykovo nádraží
聖ヤコブ教会 Kostel Sv. Jakuba
コルコフナ・ツェルニッツェ P165
マリオット
火薬塔 Prašná brána P189
グランド・ホテル・ボヘミア P227
市民会館 Obecní Dům P159
ヒベルニア
Masarykovo Nádraží
プラハ・マサリク駅 PRAHA-MASARYKOVO NÁDRAŽÍ
ハートカ P178,206
スメタナホール Smetanova síň P160
K+K セントラル
2002 ビヤー&キッチン P165
黒い聖母の家 Dům U Černé Matky Boží P189
スロヴァンスキードゥーム
クビスタ P175
グランド・カフェ・オリエント P169
Dlážděná
Hlavní nádraží
カルロⅣ プラーグ
Jindřišská
ミュシャ美術館 Muchovo Muzeum P158
ポルタール P182
レス・ボウベレス P180
フラヴニー・ナードラジー駅 Hlavní nádraží
アンバサダー・ズラター・フサ P227
アール・ヌーボー・パレス P227
オリジナル・スーベニア P197
プラハ本駅 PRAHA-HLAVNÍ NÁDRAŽÍ
パラーツ・クニフ・ルクソール
アカデミア P182
カフェ・アカデミア P182
Václavské náměstí
パラーツ・ルツェルナ
ホテル ヤルタ プラハ
カヴァールナ・ルツェルナ P169
ウ・ノヴァーク
アルマナック X プラハ
カヴァールナ・ジェホシュ・サムサ P183
K+Kホテル・フェニックス
プラハ国立歌劇場 Státní Opera Praha P197
国立博物館新館
聖ヴァーツラフ像 Socha Sv. Václava
ムゼウム駅 Muzeum
Muzeum
国立博物館 Národní Muzeum P197
Italská
100m
イー・ペー・パヴロヴァ駅へ
ナームニェスチー・ミール駅へ
フロレンツ駅へ
Petrská
Wilsonova
Revoluční
Truhlářská
Dlouhá
Benediktská
Masná
Jakubská
Celetná
Hybernská
V celnici
Na Florenci
Senovážné nám.
Ovocný trh
Na Příkopě
Nekázanka
Panská
Jeruzalémská
Opletalova
Politických vězňů
Jindřišská
Washingtonova
Legerova
Wilsonova
Španělská
Italská
Vodičkova
Štěpánská
Ve Smečkách
Krakovská
Mezibranská
Balbínova
地下鉄A線 Linka A
Linka C

プラハ城～カレル橋
P18～19
P16～17
Prašný most
Městský Okruh
Uブルスニツェ
U Prašného mostu
Brusnice
イェレニー Jelení
Pražský hrad
Lumbeho zahrada
フラッチャニ
HRADČANY
U Brusnice
プラハ・ヴァーツラフ・ハヴェル空港へ
Patočkova
Park Maxe van der Stoela
Nový Svět
チェルニーンスカー
カノヴニツカー
聖ヴィート大聖
Katedrála Sv. V
P156,1
シュテルンベルク宮殿
Šternberský Palác
P193
Hládkov
Zahrada Černínského paláce
Keplerova
•正門
フラチャンスケー広場
Hradčanské nám.
ロレッタ
Loreta P193
Loretánské nám.
Loretánské
Zámecké
ホスト・レストラン
P195
Ke Hradu
ネルドヴァ通り
Úvoz
サヴォイ・プラハ
P227
Pohořelec
フラチキ・ホウバツィー・クーニュ
P180
Parléřova
Břetislavo
ミニチュア博物館
Muzeum Miniatur
KGB博物館•
クラシュテルニ・ピヴォヴァル・ストラホフ
P195
Dlabačov
ヴラシュスカー
ストラホフ修道院
Strahovský Klášter
P194
ペクロ
Vlašská
ロブコヴィツカー庭園
Lobkovická zahrada
Vaníčkova
マラー・スト
MALÁ STRA
ペトシーン展望台タワー•
Petřínská Rozhledna
P195
ストラホフスカー
Strahovská
ヴァニーチコヴァ
飢えの壁
Hladová zeď
聖ヴァヴジネツ教会
Katedrální chrám sv. Vavřince
Nebozízek
Vaníčkova
Petřín
Olympijská
•ペトシーンの丘
Petřín
ペトシーン公
Petřínské Sa
ストラホフ競技場
Stadion Strahov
天文学研究所
Hvezdárna
100m
A
B
C
1
2
3
4

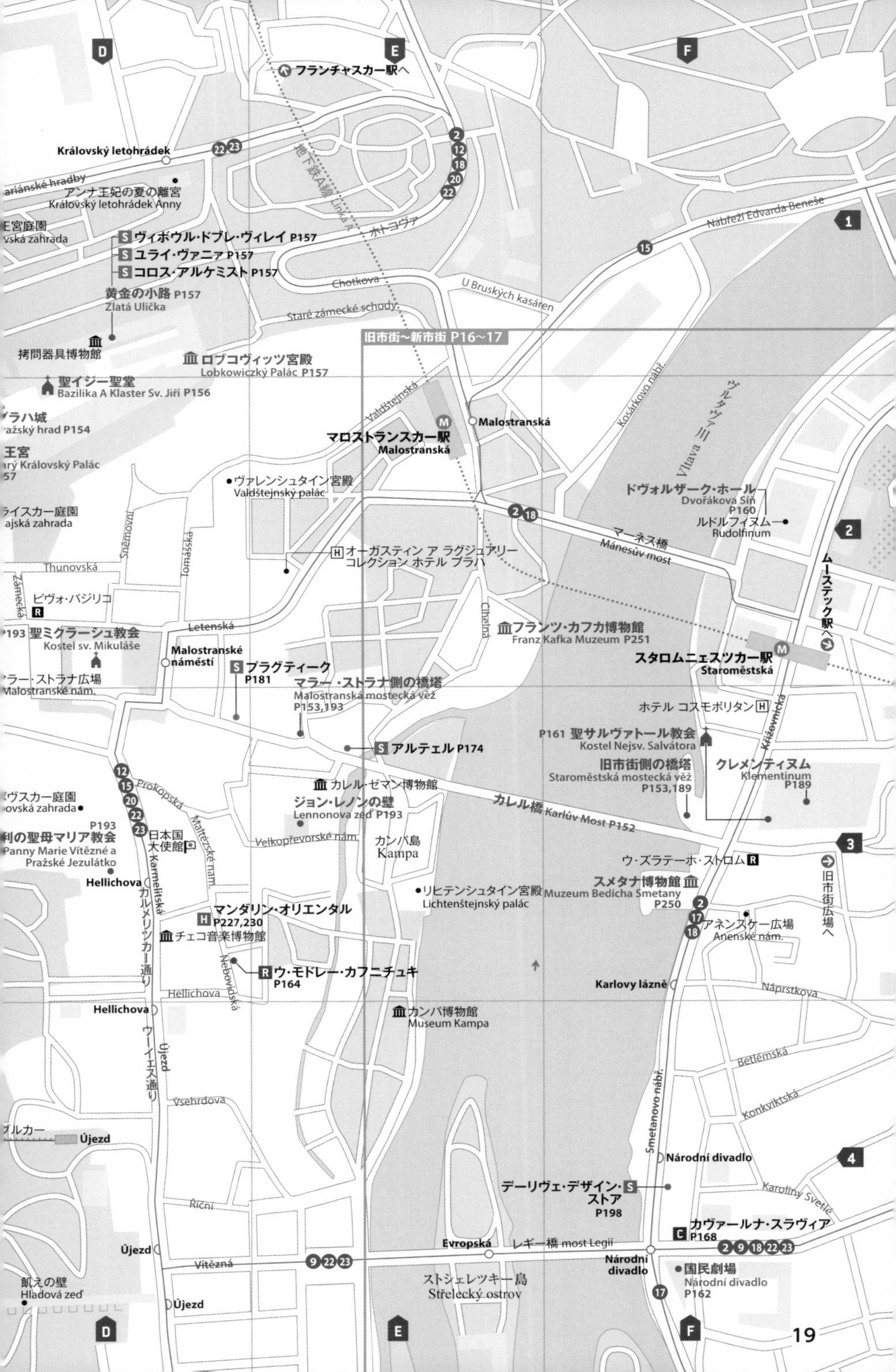

フランチャスカー駅へ
Královský letohrádek
アンナ王妃の夏の離宮
Královský letohrádek Anny
ヴィホウル・ドブレ・ヴィレイ P157
ユライ・ヴァニア P157
コロス・アルケミスト P157
黄金の小路 P157
Zlatá Ulička
拷問器具博物館
ロブコヴィッツ宮殿
Lobkowiczký Palác P157
聖イジー聖堂
Bazilika A Klaster Sv. Jiří P156
地下鉄A線 Linka A
ホトコヴァ
Chotkova
Staré zámecké schody
U Bruských kasáren
Nábřeží Edvarda Beneše
旧市街～新市街 P16～17
Malostranská
マロストランスカー駅
Malostranská
ヴァレンシュタイン宮殿
Valdštejnský palác
Valdštejnská
Kosárkovo nábř.
ヴルタヴァ川
Vltava
ドヴォルザーク・ホール
Dvořákova Síň
P160
ルドルフィヌム
Rudolfinum
マーネス橋
Mánesův most
オーガスティン ア ラグジュアリー コレクション ホテル プラハ
Thunovská
Sněmovní
Tomášská
Zámecká
ピヴォ・バジリコ
Letenská
聖ミクラーシュ教会
Kostel sv. Mikuláše
Malostranské náměstí
マラー・ストラナ広場
Malostranské nám.
フランツ・カフカ博物館
Franz Kafka Muzeum P251
Cihelná
スタロムニェスツカー駅
Staroměstská
ムーステック駅へ
プラグティーク
P181
マラー・ストラナ側の橋塔
Malostranská mostecká věž
P153,193
ホテル コスモポリタン
P161 聖サルヴァトール教会
Kostel Nejsv. Salvátora
アルテェル P174
旧市街側の橋塔
Staroměstská mostecká věž
P153,189
クレメンティヌム
Klementinum
P189
Křižovnická
カレル・ゼマン博物館
ジョン・レノンの壁
Lennonova zeď P193
カレル橋 Karlův Most P152
Prokopská
Maltézské nám.
P193
勝利の聖母マリア教会
Panny Marie Vítězné a Pražské Jezulátko
日本国大使館
Velkopřevorské nám.
カンパ島
Kampa
ウ・ズラテーホ・ストロム
旧市街広場へ
Hellichova
Karmelitská
カルメリツカー通り
リヒテンシュタイン宮殿
Lichtenštejnský palác
スメタナ博物館
Muzeum Bedřicha Smetany
P250
マンダリン・オリエンタル
P227,230
チェコ音楽博物館
アネンスケー広場
Anenské nám.
Nebovidská
ウ・モドレー・カフニチュキ
P164
Karlovy lázně
Náprstkova
Hellichova
カンパ博物館
Museum Kampa
ウーイエスド通り
Újezd
Betlémská
Všehrdova
Konkviktská
Smetanovo nábř.
Újezd
Národní divadlo
デーリヴェ・デザイン・ストア
P198
Karoliny Světlé
Říční
カヴァールナ・スラヴィア
P168
Újezd
Evropská
レギー橋 most Legií
Vítězná
Národní divadlo
国民劇場
Národní divadlo
P162
飢えの壁
Hladová zeď
ストシェレツキー島
Střelecký ostrov
Újezd

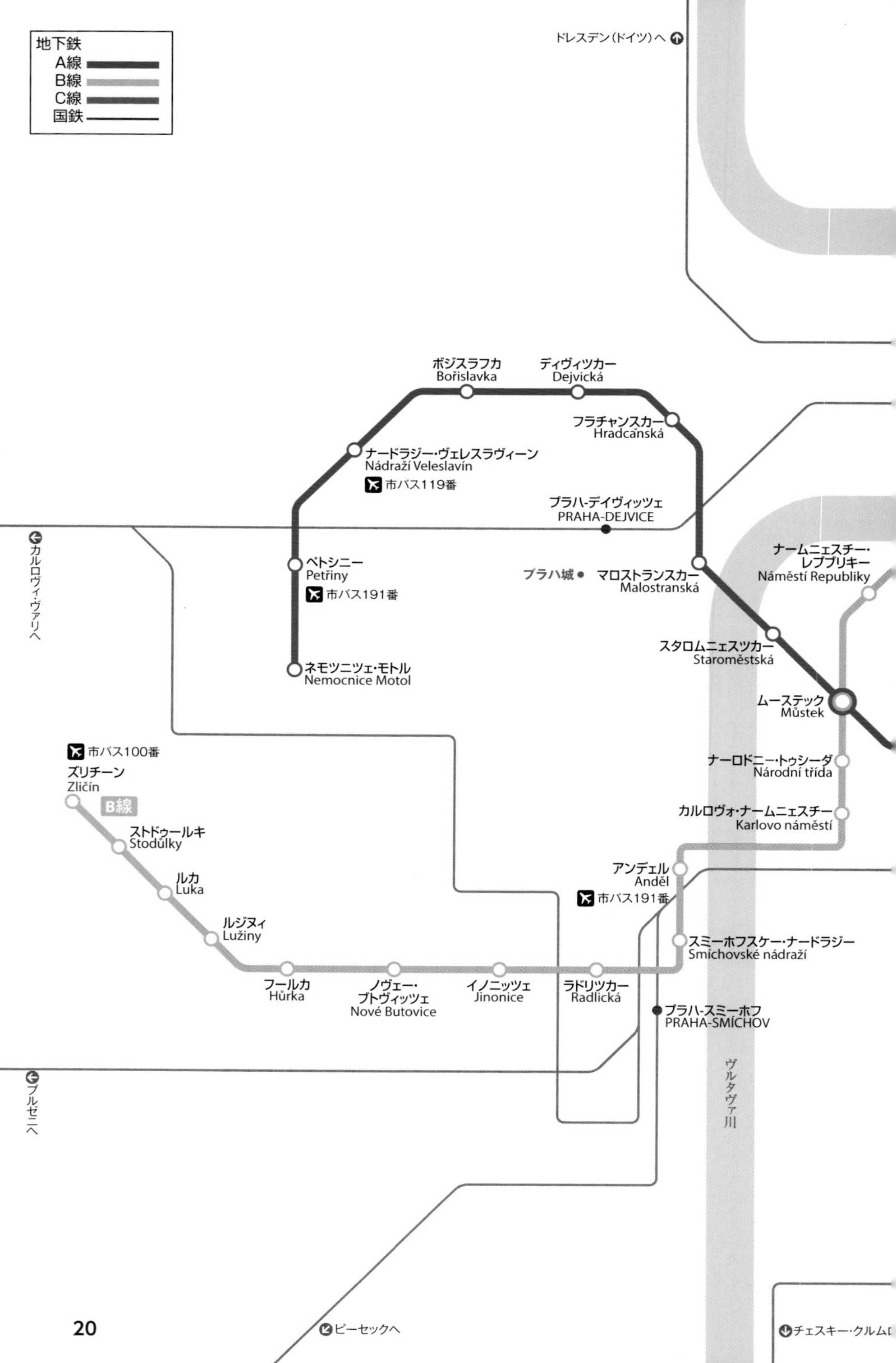
地下鉄
A線
B線
C線
国鉄
ドレスデン(ドイツ)へ
ボジスラフカ
Bořislavka
ディヴィツカー
Dejvická
フラチャンスカー
Hradčanská
ナードラジー・ヴェレスラヴィーン
Nádraží Veleslavín
市バス119番
プラハ-デイヴィッツェ
PRAHA-DEJVICE
カルロヴィ・ヴァリへ
ペトシニー
Petřiny
市バス191番
プラハ城
マロストランスカー
Malostranská
ナームニェスチー・レプブリキー
Náměstí Republiky
スタロムニェスツカー
Staroměstská
ネモツニツェ・モトル
Nemocnice Motol
ムーステック
Můstek
市バス100番
ズリチーン
Zličín
B線
ナーロドニー・トゥシーダ
Národní třída
カルロヴォ・ナームニェスチー
Karlovo náměstí
ストドゥールキ
Stodůlky
アンデェル
Anděl
市バス191番
ルカ
Luka
ルジヌィ
Lužiny
スミーホフスケー・ナードラジー
Smíchovské nádraží
フールカ
Hůrka
ノヴェー・ブトヴィッツェ
Nové Butovice
イノニッツェ
Jinonice
ラドリツカー
Radlická
プラハ-スミーホフ
PRAHA-SMÍCHOV
ヴルタヴァ川
プルゼニへ
ピーセックへ
チェスキー・クルムロ

プラハ路線図

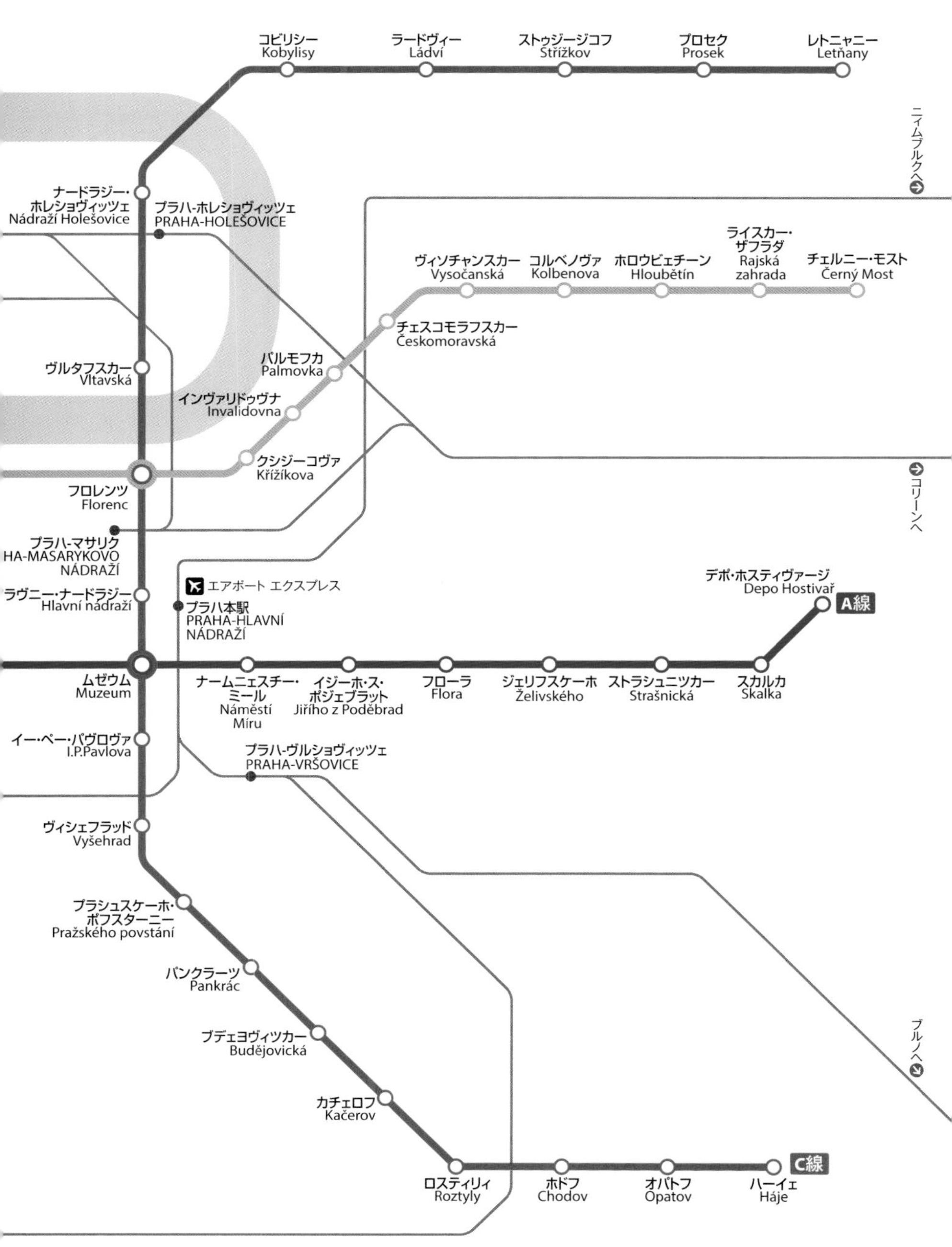

コビリシー
Kobylisy
ラードヴィー
Ládví
ストゥジージコフ
Střížkov
プロセク
Prosek
レトニャニー
Letňany
ニィムブルクへ
ナードラジー・ホレショヴィッツェ
Nádraží Holešovice
プラハ-ホレショヴィッツェ
PRAHA-HOLEŠOVICE
ライスカー・ザフラダ
Rajská zahrada
ヴィソチャンスカー
Vysočanská
コルベノヴァ
Kolbenova
ホロウビェチーン
Hloubětín
チェルニー・モスト
Černý Most
チェスコモラフスカー
Českomoravská
パルモフカ
Palmovka
ヴルタフスカー
Vltavská
インヴァリドゥヴナ
Invalidovna
クシジーコヴァ
Křížikova
コリーンへ
フロレンツ
Florenc
プラハ-マサリク
HA-MASARYKOVO NÁDRAŽÍ
エアポート エクスプレス
デポ・ホスティヴァージ
Depo Hostivař
A線
ラヴニー・ナードラジー
Hlavní nádraží
プラハ本駅
PRAHA-HLAVNÍ NÁDRAŽÍ
ムゼウム
Muzeum
ナームニェスチー・ミール
Náměstí Míru
イジーホ・ス・ポジェブラット
Jiřího z Poděbrad
フローラ
Flora
ジェリフスケーホ
Želivského
ストラシュニツカー
Strašnická
スカルカ
Skalka
イー・ペー・パヴロヴァ
I.P.Pavlova
プラハ-ヴルショヴィッツェ
PRAHA-VRŠOVICE
ヴィシェフラッド
Vyšehrad
プラシュスケーホ・ポフスターニー
Pražského povstání
パンクラーツ
Pankrác
ブデェヨヴィツカー
Budějovická
カチェロフ
Kačerov
ブルノへ
ロスティリィ
Roztyly
ホドフ
Chodov
オパトフ
Opatov
ハーイェ
Háje
C線

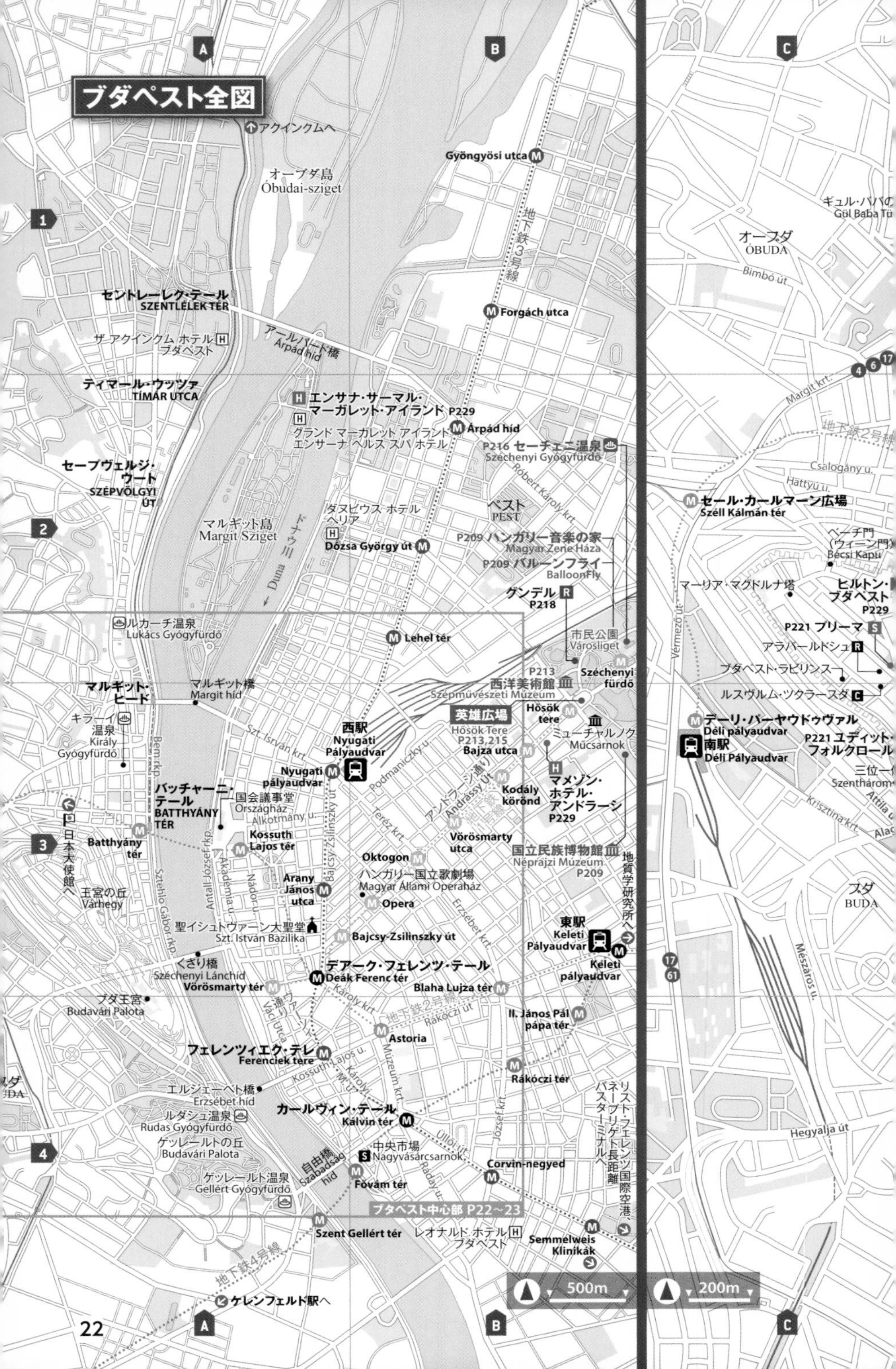
ブダペスト全図
アクインクムへ
オーブダ島
Óbudai-sziget
Gyöngyösi utca
地下鉄3号線
セントレーレク・テール
SZENTLÉLEK TÉR
Forgách utca
ザ アクインクム ホテル ブダペスト
アールパード橋
Árpád híd
ティマール・ウッツァ
TÍMÁR UTCA
エンサナ・サーマル・マーガレット・アイランド P229
グランド マーガレット アイランド エンサーナ ヘルス スパ ホテル
Árpád híd
P216 セーチェニ温泉
Széchenyi Gyógyfürdő
Róbert Károly krt.
セーブヴェルジ・ウート
SZÉPVÖLGYI ÚT
ダヌビウス ホテル ヘリア
ペスト
PEST
マルギット島
Margit Sziget
ドナウ川
Duna
Dózsa György út
P209 ハンガリー音楽の家
Magyar Zene Háza
P209 バルーンフライ
BalloonFly
グンデル P218
ルカーチ温泉
Lukács Gyógyfürdő
Lehel tér
市民公園
Városliget
P213 西洋美術館
Szépművészeti Múzeum
Széchenyi fürdő
マルギット・ヒード
マルギット橋
Margit híd
Szt. István krt.
英雄広場
Hősök Tere
P213,215
Hősök tere
ミューチャルノク
Műcsarnok
キラーイ温泉
Király Gyógyfürdő
西駅
Nyugati Pályaudvar
Nyugati pályaudvar
Podmaniczky u.
Bajza utca
Bem rkp.
バッチャーニ・テール
BATTHYÁNY TÉR
国会議事堂
Országház
Alkotmány u.
アンドラーシ通り
Andrássy út
地下鉄1号線
Kodály körönd
マメゾン・ホテル・アンドラーシ P229
日本大使館へ
Batthyány tér
Kossuth Lajos tér
Teréz krt.
Vörösmarty utca
国立民族博物館
Néprajzi Múzeum
P209
地質学研究所へ
王宮の丘
Várhegy
Antall József rkp.
Akadémia u.
Nádor u.
Arany János utca
Oktogon
ハンガリー国立歌劇場
Magyar Állami Operaház
Opera
Erzsébet krt.
東駅
Keleti Pályaudvar
Keleti pályaudvar
聖イシュトヴァーン大聖堂
Szt. István Bazilika
Bajcsy-Zsilinszky út
Sztehlo Gábor rkp.
くさり橋
Széchenyi Lánchíd
Vörösmarty tér
デアーク・フェレンツ・テール
Deák Ferenc tér
Blaha Lujza tér
ブダ王宮
Budavári Palota
ヴァーツィ通り
Váci utca
Károly krt.
地下鉄2号線
Rákóczi út
II. János Pál pápa tér
Astoria
フェレンツィエク・テレ
Ferenciek tere
Kossuth Lajos u.
Múzeum krt.
Rákóczi tér
エルジェーベト橋
Erzsébet híd
ルダシュ温泉
Rudas Gyógyfürdő
カールヴィン・テール
Kálvin tér
József krt.
リスト・フェレンツ国際空港、ネープリゲト長距離バスターミナルへ
ゲッレールトの丘
Budavári Palota
中央市場
Nagyvásárcsarnok
Üllői út
自由橋
Szabadság híd
Ráday u.
Corvin-negyed
ゲッレールト温泉
Gellért Gyógyfürdő
Fővám tér
ブダペスト中心部 P22〜23
Szent Gellért tér
レオナルド ホテル ブダペスト
Semmelweis Klinikák
地下鉄4号線
ケレンフェルド駅へ
500m
ギュル・ババの
Gül Baba Tü
オーブダ
ÓBUDA
Bimbó út
Margit krt.
地下鉄2号線
Csalogány u.
Hattyú u.
セール・カールマーン広場
Széll Kálmán tér
ベーチ門（ウィーン門）
Bécsi Kapu
マーリア・マグドルナ塔
ヒルトン・ブダペスト P229
P221 プリーマ
アラバールドシュ
ブダペスト・ラビリンス
ルスヴルム・ツクラースダ
デーリ・パーヤウドゥヴァル
Déli pályaudvar
南駅
Déli Pályaudvar
P221 ユディット・フォルクロール
三位一
Szentháróm
Krisztina krt.
Attila u.
Vérmező út
ブダ
BUDA
Mészáros u.
Hegyalja út
200m

ブダペスト中心部

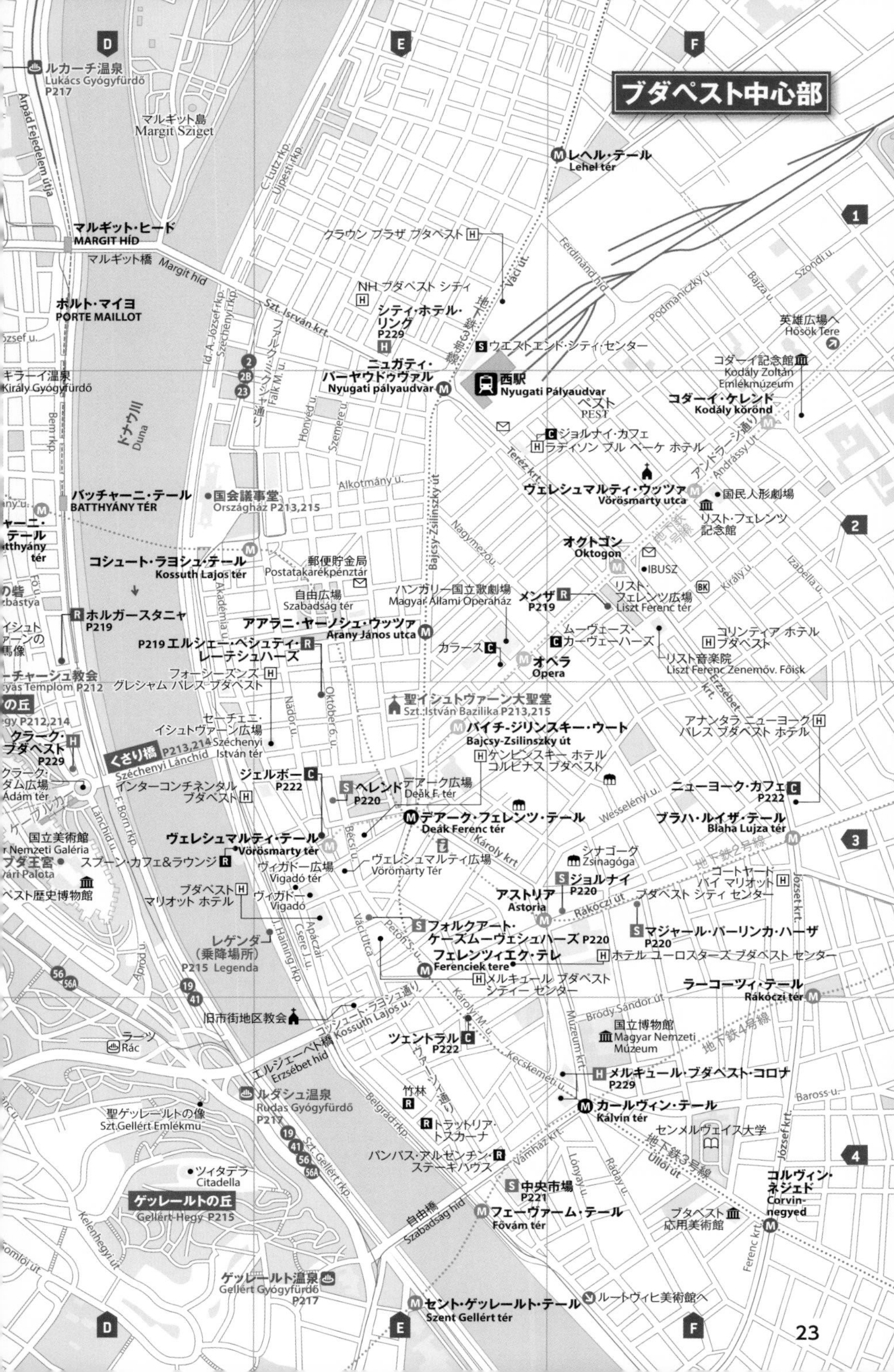

ルカーチ温泉
Lukács Gyógyfürdő
P217
マルギット島
Margit Sziget
レヘル・テール
Lehel tér
マルギット・ヒード
MARGIT HÍD
マルギット橋
クラウン プラザ ブダペスト
NH ブダペスト シティ
ポルト・マイヨ
PORTE MAILLOT
シティ・ホテル・リング
P229
ウエストエンド・シティ・センター
英雄広場へ
Hősök Tere
コダーイ記念館
Kodály Zoltán Emlékmúzeum
キラーイ温泉
Király Gyógyfürdő
ニュガティ・パーヤウドゥヴァル
Nyugati pályaudvar
西駅
Nyugati Pályaudvar
ペスト
PEST
コダーイ・ケレンド
Kodály körönd
ドナウ川
Duna
ジョルナイ・カフェ
ラディソン ブル ベーケ ホテル
アンドラーシ通り
ヴェレシュマルティ・ウッツァ
Vörösmarty utca
国民人形劇場
リスト・フェレンツ記念館
バッチャーニ・テール
BATTHYÁNY TÉR
国会議事堂
Országház P213,215
オクトゴン
Oktogon
IBUSZ
コシュート・ラヨシュ・テール
Kossuth Lajos tér
郵便貯金局
Postatakarékpénztár
自由広場
Szabadság tér
ハンガリー国立歌劇場
Magyar Állami Operaház
メンザ
P219
リスト・フェレンツ広場
Liszt Ferenc tér
ホルガースタニャ
P219
アアラニ・ヤーノシュ・ウッツァ
Arany János utca
ムーヴェース・カーヴェーハーズ
コリンティア ホテル ブダペスト
P219 エルシェー・ペシュティ・レーテシュハーズ
カラース
オペラ
Opera
リスト音楽院
Liszt Ferenc Zeneműv. Főisk
マーチャーシュ教会
Mátyás Templom P212
フォーシーズンズ グレシャム パレス ブダペスト
聖イシュトヴァーン大聖堂
Szt. István Bazilika P213,215
アナンタラ ニューヨーク パレス ブダペスト ホテル
セーチェニ・イシュトヴァーン広場
Széchenyi István tér
バイチ-ジリンスキー・ウート
Bajcsy-Zsilinszky út
クラーク・ブダペスト
P229
くさり橋
Széchenyi Lánchíd P213,214
ケンピンスキー ホテル コルビナス ブダペスト
クラーク・アーダム広場
Ádám tér
ジェルボー
P222
ヘレンド
P220
デアーク広場
Deák F. tér
インターコンチネンタル ブダペスト
ニューヨーク・カフェ
P222
デアーク・フェレンツ・テール
Deák Ferenc tér
ブラハ・ルイザ・テール
Blaha Lujza tér
国立美術館
Nemzeti Galéria
ヴェレシュマルティ・テール
Vörösmarty tér
シナゴーグ
Zsinagóga
ブダ王宮
Budavári Palota
スプーン・カフェ&ラウンジ
ヴィガドー広場
Vigadó tér
ヴェレシュマルティ広場
Vörömarty Tér
地下鉄2号線
ブダペスト歴史博物館
ブダペスト マリオット ホテル
ヴィガドー
Vigadó
ジョルナイ
P220
コートヤード バイ マリオット
アストリア
Astoria
ブダペスト シティ センター
レゲンダ(乗降場所)
P215 Legenda
フォルクアート・ケーズムーヴェシュハーズ P220
マジャール・パーリンカ・ハーザ
P220
フェレンツィエク・テレ
Ferenciek tere
ホテル ユーロスターズ ブダペスト センター
メルキュール ブダペスト シティー センター
ラーコーツィ・テール
Rákóczi tér
旧市街地区教会
コッシュート・ラヨシュ通り
国立博物館
Magyar Nemzeti Múzeum
地下鉄4号線
ラーツ
Rác
ツェントラル
P222
エルジェーベト橋
Erzsébet híd
ルダシュ温泉
Rudas Gyógyfürdő
P217
メルキュール・ブダペスト・コロナ
P229
聖ゲッレールトの像
Szt.Gellért Emlékmű
竹林
カールヴィン・テール
Kálvin tér
トラットリア・トスカーナ
センメルヴェイス大学
地下鉄3号線
パンパス・アルゼンチン・ステーキハウス
ツィタデラ
Citadella
中央市場
P221
コルヴィン・ネジェド
Corvin-negyed
ゲッレールトの丘
Gellért-Hegy P215
自由橋
Szabadság híd
フェーヴァーム・テール
Fővám tér
ブダペスト応用美術館
ゲッレールト温泉
Gellért Gyógyfürdő
P217
セント・ゲッレールト・テール
Szent Gellért tér
ルートヴィヒ美術館へ

せかたび こんな本！

はじめてウィーン、プラハを訪れる人も、新しい発見をしたいリピーターも
「せかたび」一冊あれば、充実した旅になること間違いなし！

01 “本当に使える”モデルコース集

➡王道+テーマ別でアレンジ自在

周遊コース(→P38)とじっくり各都市を巡りたい人のためにテーマ別モデルコース(→P50, 136, 150, 210)を用意しました！

02 観光スポットは星付きで紹介

➡行くべき観光スポットがすぐわかる！

限られた時間でも、見るべきものは逃したくない！ ★を参考に行き先を検討しよう！

★★★…絶対行くべき
★★…時間があれば行きたい
★…興味があれば行きたい

03 「定番」「オススメ」をマーク化

➡行くべきところがひと目でわかる

レストランやショップは、人気の定番店はもちろん、特徴のある編集部オススメ店も！

…各都市を代表する有名店

オススメ！ …編集部のオススメ店

04 詳細折りこみイラストマップ付

➡注目エリアを“見て”楽しむ

表紙裏の折りこみMAPに注目！ 街のメインストリートから、観光の拠点となるエリアまで。

05 「まとめ」インデックスが超便利

➡掲載物件を一覧・比較

巻末には掲載物件のインデックス(→P246)を収録。営業時間から地図位置までひと目で確認。

06 電子書籍付き

➡スマホにダウンロードでも持ち歩ける

本書の電子書籍版が無料でダウンロードできる！ スマホで持ち歩けば街歩きに便利。

ダウンロードの仕方は
袋とじをチェック！

〔マークの見方〕

- 交…**交通**　駅や広場など、街歩きの基点となる場所などからのアクセス方法と所要時間の目安
- 住…**所在地**
- ☎…**電話番号**
- ⏲…**営業・開館時間**　時期により変更の可能性あり
- 休…**定休日**
- 料…**料金**　大人1名分を表示。ホテルの場合は、1泊1室あたりの室料　時期や季節により変動あり。
- 客室数…**客室数**　ホテル・宿泊施設の総客室数
- URL…**ホームページアドレス**　https://は省略
- 日…**日本語対応可のスタッフがいる**
- 英…**英語対応可のスタッフがいる**
- 日…**日本語メニューあり**
- 英…**英語メニューあり**
- 予…**予約が必要、または予約することが望ましい**
- カード…**クレジットカード利用不可**　利用可の場合も、特定のカード以外は使用できない場合もある
- …**ドレスコードあり**　レストランでフォーマルな服装を義務付けていることを示す。一般に男性はネクタイ着用、女性はそれに準じた服装が望ましいとされているが、店により異なる
- 問合先…**日本での問合先**

●本誌掲載の記事やデータは、特記のない限り2023年2～5月現在のものです。その後の移転、閉店、料金改定などにより、記載の内容が変更になることや、臨時休業等で利用できない場合があります。
●各種データを含めた掲載内容の正確性には万全を期しておりますが、おでかけの際には電話などで事前に確認・予約されることをおすすめいたします。また、各種料金には別途サービス税などが加算される場合があります。
●本書に掲載された内容による損害等は、弊社では補償致しかねますので、あらかじめご了承くださいますようお願いいたします。
●休みは曜日ごとに決まっている定休日のみを記載しています。年末年始、クリスマス、イースターなどの国の祝祭日は原則として省略しています。

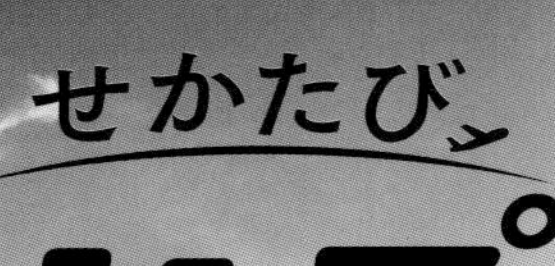

ウィーン・プラハ

Wien & Praha

Gute Reise!

グーテ ライゼ　素敵な旅を!

せかたび

ウィーン・プラハ

wien・praha

早分かり

Contents

プラハを代表する名所のカレル橋

世界がひろがる！Column

行くべき場所

★Central Europe Area Map★

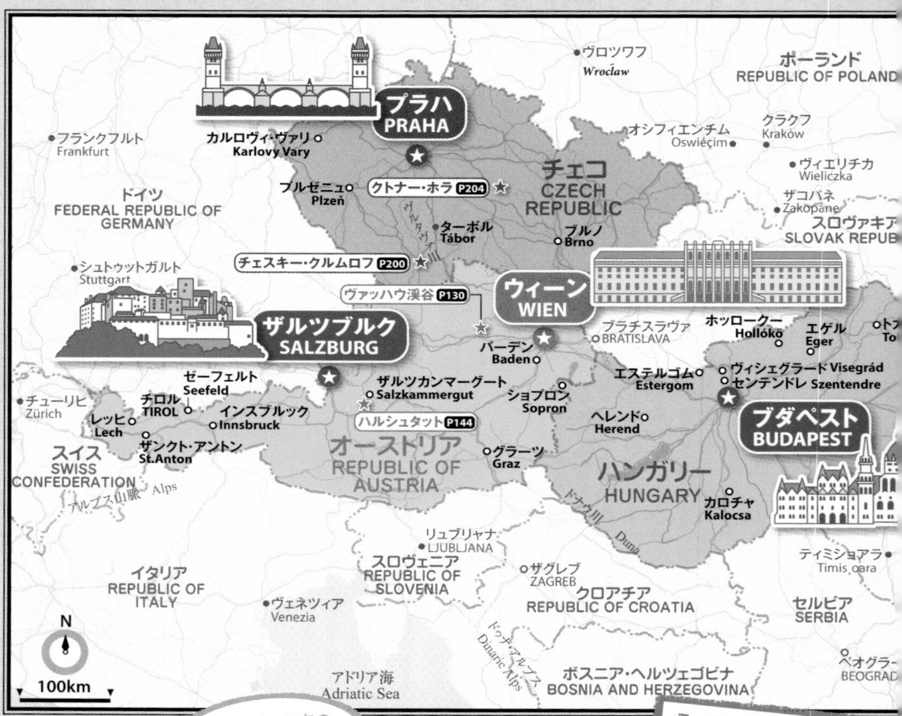

ヴロツワフ
Wrocław
ポーランド
REPUBLIC OF POLAND
プラハ
PRAHA
フランクフルト
Frankfurt
カルロヴィ・ヴァリ
Karlovy Vary
オシフィエンチム
Oświęcim
クラクフ
Kraków
ヴィエリチカ
Wieliczka
チェコ
CZECH REPUBLIC
プルゼニュ
Plzeň
クトナー・ホラ P204
ザコパネ
Zakopane
ドイツ
FEDERAL REPUBLIC OF GERMANY
ヴルタヴァ川
ターボル
Tábor
ブルノ
Brno
スロヴァキア
SLOVAK REPUB
チェスキー・クルムロフ P200
シュトゥットガルト
Stuttgart
ヴァッハウ渓谷 P130
ウィーン
WIEN
ザルツブルク
SALZBURG
ブラチスラヴァ
BRATISLAVA
ホッローケー
Hollókő
エゲル
Eger
バーデン
Baden
ゼーフェルト
Seefeld
ザルツカンマーグート
Salzkammergut
エステルゴム
Estergom
ヴィシェグラード Visegrád
センテンドレ Szentendre
チューリヒ
Zürich
チロル
TIROL
インスブルック
Innsbruck
ショプロン
Sopron
ブダペスト
BUDAPEST
レッヒ
Lech
ハルシュタット P144
ヘレンド
Herend
ザンクト・アントン
St.Anton
オーストリア
REPUBLIC OF AUSTRIA
グラーツ
Graz
スイス
SWISS CONFEDERATION
ハンガリー
HUNGARY
アルプス山脈 Alps
ドナウ川
Duna
カロチャ
Kalocsa
リュブリャナ
LJUBLJANA
スロヴェニア
REPUBLIC OF SLOVENIA
ティミショアラ
Timis oara
ザグレブ
ZAGREB
イタリア
REPUBLIC OF ITALY
クロアチア
REPUBLIC OF CROATIA
セルビア
SERBIA
ヴェネツィア
Venezia
ディナル・アルプス
Dinaric Alps
ベオグラード
BEOGRAD
N
100km
アドリア海
Adriatic Sea
ボスニア・ヘルツェゴビナ
BOSNIA AND HERZEGOVINA

ハプスブルク家の帝国として栄えた街

ウィーン ●Wien

13世紀にハプスブルク王朝の都として繁栄し、17世紀以降は華麗な宮廷文化も開花。街の中心部となる旧市街とその周辺は往時の姿を留める建物が立ち並ぶ。

→P47

↑旧市街の通りの先に見えるホーフブルク（王宮）

少し遠くへ
ヴァッハウ渓谷 → P130

モーツァルトゆかりの地。映画の舞台にも

ザルツブルク ●Salzburg

ウィーンから西へ300km。作曲家モーツァルトが生まれた街で生家や住居は一般公開されている。映画『サウンド・オブ・ミュージック』の舞台でもある。

→P133

↑中世の城塞、ホーエンザルツブルク城がそびえる

少し遠くへ
ハルシュタット → P144

©Tourismus Salzburg, Foto: Breitegger Günter

をチェック！

ヨーロッパ大陸のほぼ中央に位置する、
中欧3国のオーストリア、チェコ、ハンガリー。
首都のウィーン、プラハ、ブダペストをはじめ、
ひと足延ばして訪れたい街も！

ライナ
INE

ニア
ANIA

超大事なことだけまとめ

オーストリア

通貨とレート ※1

€1=155円

物価の目安

- ミネラルウォーター(500mℓ) €0.55
- タクシー運賃 €3.80～
- 生ビール(グラス1杯) €4.52～

時差 ※2

-8時間

フライト

14時間15分
(東京から/直行便)

チェコ

通貨とレート ※1

1Kč=6.5円

物価の目安

- ミネラルウォーター(500mℓ) 25Kč～
- タクシー運賃 60Kč～
- 生ビール(グラス1杯) 55Kč～

時差 ※2

-8時間

フライト

16時間40分～
(東京から/乗り継ぎ)

ハンガリー

通貨とレート ※1

1Ft=0.40円

物価の目安

- ミネラルウォーター(500mℓ) 180Ft～
- タクシー運賃 1100Ft～
- 生ビール(グラス1杯) 800Ft～

時差 ※2

-8時間

フライト

15時間50分～
(東京から/乗り継ぎ)

※1 レートは2023年6現在
※2 日本が正午なら3国ともに同日午前4時。ただし、3月最終日曜～10月最終日曜まではサマータイムが実施され、時差は-7時間

中世の街並みが
そのまま残る"百塔の街"

プラハ ●Praha

14世紀、皇帝カレル4世によって帝国最大の都となる。さまざまな建築様式の建物が残り、教会などの尖塔が多いことから"百塔の街"とよばれる。

→P147

↑ライトアップされた旧市街広場の建築群

少し遠くへ

チェスキー・クルムロフ → P200
クトナー・ホラ → P204

"ドナウの真珠"で知られる
温泉都市

ブダペスト ●Budapest

アジア系騎馬民族をルーツとするハンガリーの首都。ドナウ川を境にブダとペストに分かれ、その美しい風景から"ドナウの真珠""東欧のパリ"と称される。

→P207

↑さまざまな建築様式が混ざり合う国会議事堂

プランニングにも役立つ 中欧3都市

出発前に知っておきたい基本情報をまとめてチェック。

❏公用語

オーストリア

公用語はドイツ語だが、中心都市や観光地であればたいてい英語が通じる。

チェコ

公用語はチェコ語。プラハでは中心地のレストランやカフェにたいてい英語メニューがあり、店員も英語を話す。

ハンガリー

公用語はハンガリー(マジャル)語。西エリアではドイツ語も通じるが、東エリアはほぼハンガリー語。主要観光都市では英語が通じる。

❏ビザ

3国とも滞在日数の合計(過去180日に遡る)が90日以内の観光の場合、ビザは不要。2024年から渡航認証制度「ETIAS(エティアス)」の運用を開始する予定(→P232)。

❏シェンゲン協定

協定加盟国間は同一国内移動と同様、税関審査は不要。日本など協定加盟国以外から入国する場合は、最初に到着した協定加盟国空港で入国手続きを行えばいい(→P233)。

❏ベストシーズン

春から秋にかけての5～9月がベスト。8月は30℃を超える日もあるが、湿気が少ないので比較的過ごしやすい。音楽祭などのイベントや冬のクリスマス・マーケットの時期など、季節ごとの楽しみもある。

❏チップ

3国とも習慣あり。金額の目安はP243を参照。レストランでは、テーブルに置いて行くのではなく、スタッフがテーブルまで会計をしに来ることが多いので、その際に端数を切り上げて渡すのがスマート。

❏治安

3国とも比較的治安はよい。ただし、観光スポットなど人の多いところでは、観光客を狙ったスリや置き引きもあるので、荷物から目を離さないようにしたい。食事中も同様でテーブルに置いたスマートフォンにも注意を。警官と偽って財布やパスポート盗む犯罪も発生しているので気をつけよう。暗い夜道を1人で歩くなども、避けたほうがいい。

❏免税

購入する商品には付加価値税が課せられる。EU圏外からの旅行者は所定の条件を満たし、手続きをすると払い戻しが受けられる。ウィーン国際空港は免税手続きがデジタル化され、自動端末機で免税書類のバーコードを読み取らせる(→P234)。

➡ウィーン国際空港の自動端末機

❏観光施設の入場チケット

ウィーンのシェーンブルン宮殿、ブダペストの国会議事堂など、人気観光施設はオンラインでチケットを事前購入できる。待ち時間の短縮にもなるので活用しよう。また、美術史博物館やベルヴェデーレ上宮など美術館もオンラインでチケット購入が可能。

❏お得なツーリストカード

各都市では観光客に向けたツーリストカードを販売している。市内交通機関が乗り放題、観光施設の入場が無料または割引が定番で、なかには提携レストランやショップでの特典があるカードも。詳しくは各都市の「知っておきたいこと」でチェック。

⬆どのツーリストカードもオンライン購入が可能

旅の基本情報

文化や言葉の違い、都市間の移動も確認して旅に備えよう。

❑街なかのトイレ

街なかに公衆トイレはあるものの、基本的に有料。ウィーン€0.50程度、プラハ10～20Kč、ブダペスト200Ftくらい。レストランや美術館は無料で使えるところが多い。

❑滞在日数の目安

周遊する都市にもよるが、じっくり観光するなら各都市とも2日はほしい。加えて時差の都合により、往路に1日、復路に2日かかるため往復に3日必要となるので、8日は欲しいところ。まずは訪れたい都市とどれくらいの日数がかかるか計画をたててみよう。

⬆滞在中は市内交通機関を利用して効率よく回ろう

❑都市・街の移動

ウィーン、プラハ、ブダペスト間は飛行機、長距離バス、鉄道で移動(詳細は→P240中欧移動のコツ参照)。ザルツブルクへはバスや鉄道、そのほかの小さな街は長距離バスが一般的。長距離バスはユーロラインズやフリックス・バス(→P241)など。このほか、シャトルバスも走っており、8席程度のワゴン車だが、宿泊先まで送迎を行っている会社も。

シャトルバス

CK Shuttle URL www.ckshuttle.cz
Bean Shuttle URL www.beanshuttle.com/jp/

⬆オーストリア国鉄ÖBBのCityjet(近距離、中距離の高速列車)

⬆ヨーロッパ各国を走る格安長距離バスのフリックス・バス

主な都市間の移動時間

ウィーン ⇄ プラハ
- 飛行機 … 約50分
- 鉄道 … 4時間～
- バス … 4時間15分～

ウィーン ⇄ ザルツブルク
- 鉄道 … 2時間25分～
- バス … 2時間30分～

ウィーン ⇄ チェスキー・クルムロフ
- バス … 3時間10分～
- シャトルバス … 3時間30分～

ザルツブルク ⇄ ハルシュタット
- ポストバス乗り継ぎ … 2時間～

ザルツブルク ⇄ チェスキー・クルムロフ
- バス … 3時間10分

ハルシュタット ⇄ チェスキー・クルムロフ
- シャトルバス … 3時間～

プラハ ⇄ ブダペスト
- 飛行機 … 約1時間
- 鉄道 … 7時間～
- バス … 7時間～

プラハ ⇄ チェスキー・クルムロフ
- バス … 2時間50分～

プラハ ⇄ クトナー・ホラ
- 鉄道 … 50分～

プラハ ⇄ ザルツブルク
- 鉄道 … 5時間30分～
- バス … 6時間～

プラハ ⇄ ハルシュタット
- シャトルバス … 5時間～

ブダペスト ⇄ ウィーン
- 飛行機 … 約45分
- 鉄道 … 2時間～
- バス … 4時間～

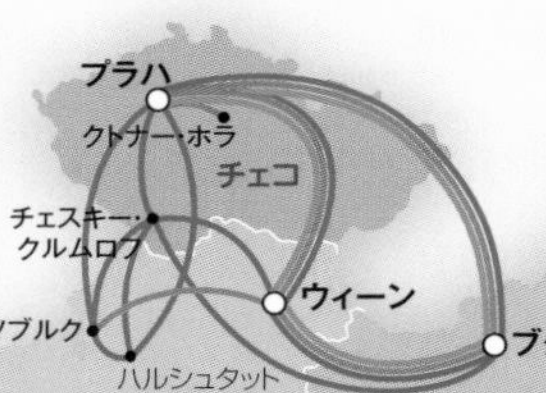

ひと目で確認!

ウィーン
ザルツブルク
プラハ
ブダペストの

1日まるごとあそび尽くす!

みどころ

歴史の舞台となった名所をめぐり、美術館でアート鑑賞……。
4都市それぞれの魅力を知って、旅をもっと楽しく!

ウィーン　ザルツブルク　プラハ　ブダペスト

□ シェーンブルン宮殿
●Schloss Schönbrunn

マリア・テレジアの命により改築が行われた離宮。庭園や宮殿内を見学できる。

季節の花がきれい!

ココで! シェーンブルン宮殿 → P52

□ ホーフブルク(王宮)
●Hofburg

ハプスブルク家の歴代皇帝が暮らした広大な宮殿群。旧王宮は特に必見。

ココで! ホーフブルク(王宮) → P56

□ シュテファン寺院
●Stephansdom

ウィーンを象徴するゴシック様式の大教会。南北の塔に上って眺望も楽しめる。

旧市街の象徴!

ココで! シュテファン寺院 → P60

□ ウィーン国立歌劇場
●Wiener Staatsoper

宮廷オペラ座として幕を開けた。オペラ鑑賞のほか、ガイドツアーも催行。

ココで! ウィーン国立歌劇場 → P80

□ 美術史博物館
●Kunsthistorisches Museum

ブリューゲルやフェルメールなどハプスブルク家歴代君主のコレクションを展示。

ココで! 美術史博物館 → P74

カフェも素敵!

□ ベルヴェデーレ上宮
●Oberes Belvedere

クリムトやシーレなど世紀末芸術を展示する美術館。庭園もすばらしい。

ココで! ベルヴェデーレ上宮 → P72

□ 分離派会館
●Secession

分離派の活動拠点。地下展示室にあるクリムトが描いた壁画がみどころ。

ココで! 分離派会館 → P76

□ 中央墓地
●Zentralfriedhof

ベートーヴェンやヨハン・シュトラウスなど、著名な音楽家が眠っている。

ココで! 中央墓地 → P84

□ クンストハウス・ウィーン
●Kunsthaus Wien

フンデルトヴァッサー設計の美術館。斬新なデザインのカフェも併設している。

ココで! クンストハウス・ウィーン → P79

□ ベートーヴェンの散歩道
●Beethovengang

ベートーヴェンが散策しながら曲の着想を得た、自然豊かな散策道。

ココで! ベートーヴェンの散歩道 → P127

□ ヴァッハウ渓谷
●Wachau

大河ドナウのメルクからクレムス一帯に広がる景勝地。クルーズ船から楽しめる。

ココで! ヴァッハウ渓谷 → P130

渓谷美に癒やされる!

□ ホーエンザルツブツク城
●Festung Hohensalzburg

丘にそびえる中世の城塞。ザルツブルクの街を一望できる眺望のよさも魅力。

ココで! ホーエンザルツブツク城 → P140

1 シェーンブルン宮殿

2 シュテファン寺院

3 プラハ城とカレル橋

カレル橋
●Karlův Most

1357年に着工したプラハ最古の橋。橋の両端に30体の聖像彫刻が並ぶ。

ココで!
カレル橋 → P152

プラハ城
●Pražský Hrad

歴代のボヘミア王の居城。敷地内には教会や旧王宮などみどころが多い。

ココで!
プラハ城 → P154

くさり橋
●Széhenyi Lánchíd

ドナウ川に架かるブダペストを象徴する橋。ライトアップも美しい。

ココで!
くさり橋 → P213

聖ヴィート大聖堂
●Kathedrála Sv. Víta

プラハ城内にある、ゴシック様式の大聖堂。ミュシャのステンドグラスが有名。

ココで!
聖ヴィート大聖堂 → P156

旧市街広場
●Staroměstské Náměstí

さまざまな建築様式の建物が立ち並ぶ、旧市街の一大観光スポット。

ココで!
旧市街広場 → P189

王宮の丘
●Várhegy

ブダ王宮や教会などみどころが集まった、ブダペスト観光のハイライト。

ココで!
王宮の丘 → P212

旧市庁舎
●Staroměstská Radnice

旧市街広場にあり、塔からの眺め、天文時計の仕掛けが見もの。

仕掛けは毎正時

ココで!
旧市庁舎 → P190

ミュシャ美術館
●Muchovo Muzeum

チェコでもっとも有名な画家、アルフォンス・ミュシャの美術館。

ココで!
ミュシャ美術館 → P158

国会議事堂
●Országház

ドナウ川沿いに立つ、壮麗な国会議事堂。ガイドツアーで見学できる。

ココで!
国会議事堂 → P213

ストラホフ修道院
●Strahovský Klášter

現在はフレスコ天井画が美しいふたつの間からなる図書館となっている。

ココで!
ストラホフ修道院 → P194

チェスキー・クルムロフ城
●Státní hrada Zámek Český Krumlov

13世紀に建てられ、6世紀にわたり増改築を繰り返した貴族の城。

ココで!
チェスキー・クルムロフ城 → P201

セーチェニ温泉
●Széchenyi Gyógyfürdő

市民の憩いの場でもある、ヨーロッパ最大規模の温泉施設。夜の温泉プールも賑わう。

ココで!
セーチェニ温泉 → P216

リフレッシュ♪

ひと目で確認！

肉料理からスイーツまで

ウィーン プラハ ブダペストの おいしいもの

内陸に位置する3都市のメインディッシュは肉料理が大定番。
19〜20世紀初頭に花咲いたカフェ文化は現在でも体感できる。

ウィーン　プラハ　ブダペスト

ウィーナー・シュニッツェル
● Wiener Schnitzel

仔牛または豚肉を薄く叩いて、パン粉をまぶして揚げ焼きした大定番料理。

ココで!
ツム・ヴァイセン・ラオホファングケーラー → P86

ターフェルシュピッツ
● Tafelspitz

牛ランプ肉と野菜をじっくり煮込み、ソースを付けて食べる伝統料理。

ココで!
プラフッタ → P87

オーストリアワイン
● Österreich Wein

地下貯蔵庫を利用したワイン居酒屋「ワインケラー」や「ホイリゲ」で味わえる。

ココで!
ヴァイン・ウント・コー → P98

ズッペ
● Suppe

ウィーンのスープはコンソメがベース。具は小麦粉団子や細切りクレープなど。

ココで!
グリーヒェンバイスル → P89

カイザーシュマーレン
● Kaiserschmarrn

プラムジャムで食べる一口大のパンケーキ。フランツ・ヨーゼフ1世の好物。

おやつ系クレープ

ココで!
パラチンケンクーフル → P89

ザッハートルテ
● Sachertorte

チョコレートケーキの王様。発祥のカフェ・ザッハーと王室御用達のデメルが有名。

ココで!
カフェ・ザッハー → P64

本場の味を堪能♪

パラチンケン
● Palatschinken

ハンガリー由来とされるウィーン風クレープ。アプリコットジャムで食べるのが定番。

ココで!
パラチンケンクーフル → P89

アプフェルシュトゥルーデル
● Apfelstrudel

リンゴやシナモンなどのフィリングを薄い生地で巻いて焼いた伝統菓子。

ココで!
モーツァルト → P67

カフェ
● Kaffeehäuser

生活の一部ともいえるウィーンのカフェ文化。2011年にユネスコ無形文化遺産に登録。

ココで!
ツェントラル → P66

バイスル
● Beisl

大衆食堂のこと。お手ごろ価格と地元の人が集まるアットホームな雰囲気を楽しもう。

ココで!
ミュラーバイスル → P89

ホイリゲ
● Heuriger

主に自家製ワインを提供するワイン居酒屋。ウィーンの森に点在する。

ココで!
ツム・マルティン・セップ → P128

ナッシュマルクト
● Naschmarkt

野菜やフルーツ、チーズなどの専門店が並ぶ屋外市場。レストランやカフェも多い。

ココで!
ナッシュマルクト → P90

1 シュニッツェル

2 グヤーシュ（3カ国共通）

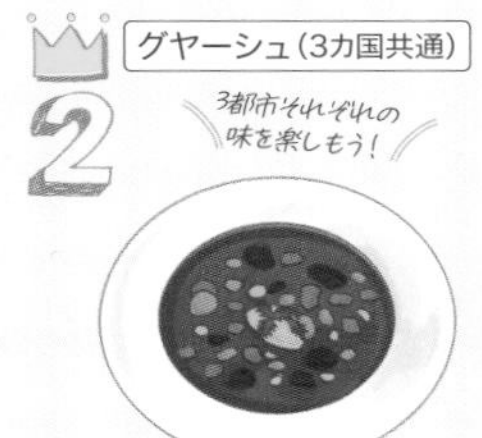

3都市それぞれの味を楽しもう！

3 老舗カフェ（3カ国共通）

ペチェナー・カフナ
● Pečená kachna

ローストした鴨肉料理。パリパリに焼き上げたり、こってりソースをかけたり。

ソースも美味！

ココで！ ウ・モドレー・カフニチュキ → P164

ヴェプショヴィー・コレノ
● Vepřové koleno

豚ひざ肉のロースト。ボリューミーなチェコの名物肉料理といえばコレ。

ココで！ ミンツォヴナ → P165

グヤーシュ
● Gulyásleves

牛肉と野菜をパプリカ粉で風味付けした、ハンガリーが起源といわれるスープ。

ココで！ メンザ → P219

スヴィチコヴァー・ナ・スメタニェ
● Svíčková na smetaně

野菜や香辛料と一緒に蒸した牛肉のサワークリーム添え。

ココで！ ミンツォヴナ、コルコフナ・ツェルニッツェ → P165

グラーシュ
● Goulash

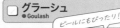

牛肉をパプリカや香辛料で煮込んだ濃厚肉料理。付け合わせはダンプリング。

ビールにもぴったり！

ココで！ 2002 ビヤー&キッチン → P165

リバマーイ（フォアグラ）
● Libamáj

ハンガリーはフォアグラが名産。日本には持って帰れないので現地で味わおう。

ココで！ グンデル → P218

フレビーチェク
● Chlebíček

気軽に食べられるチェコ版オープンサンド。野菜にハム、卵など具材はいろいろ。

ココで！ シスターズ・ビストロ → P171

モダンにアレンジ！

トゥルデルニーク
● Trdelník

生地を筒に巻いて回転させながら焼く。砂糖やシナモンなどをまぶせば完成。

ココで！ 旧市街屋台 → P173

パプリカチキン
● Paprikás csirke

鶏肉をパプリカとサワークリームのソースで煮込んだハンガリー料理の定番。

ココで！ グンデル → P218

ホスポダ&ピヴニッツェ
● Hospoda & Pivnice

ホスポダ（居酒屋）、ピヴニッツェ（ビアホール）で、昼も夜もビールで乾杯♪

ココで！ ウ・カリハ → P166

カヴァールナ（カフェ）
● Kavárna

プラハのカフェはアール・デコなど、歴史を感じる建築スタイルが特徴。

ココで！ グランド・カフェ・オリエント → P169

トカイワイン
● Tokaji bor

世界三大貴腐ワインのひとつ。糖度が高いので食前酒・食後酒として味わいたい。

華やかな香り！

ココで！ グンデル → P218

ひと目で確認!

ウィーン プラハ ブダペストの おかいもの

とっておきのおみやげ探し!

ウィーンは陶磁器やガラス、プラハは素朴でかわいいおもちゃ、ブダペストは民芸品や貴腐ワインなど、気になるおみやげがたくさん!

ウィーン　プラハ　ブダペスト

シシィグッズ

皇妃エリザベートのグッズはお菓子から雑貨までたくさん。お気に入りを探そう。

ココで! 旧王宮ミュージアムショップ → P103

スミレの砂糖漬け

スミレの花が好きなエリザベートのために作られた砂糖漬け。パッケージも素敵。

ココで! ゲルストナー → P103

ミュージアムグッズ

美術館併設のミュージアムショップは、アートグッズの宝庫!

ココで! 美術史博物館、ベルヴェデーレ上宮 → P105

音楽グッズ

音楽の都ウィーンには、モーツァルトをモチーフにしたグッズが多い。

ココで! モーツァルトハウス・ウィーン → P105

プチ・ポワン

宮廷発祥の伝統刺繍

マリア・テレジア時代に発展した刺繍工芸。バッグやブローチなどいろいろ。

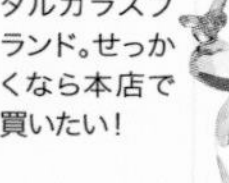

ココで! マリア・シュトランスキー → P107

スワロフスキー

Swarovski

オーストリアが誇るクリスタルガラスブランド。せっかくなら本店で買いたい!

ココで! スワロフスキー → P121

ウィーン雑貨

オリジナルのグリーティングカード、天然オイルや植物エキス配合の石けんもぜひ。

ココで! ヘルツィライン・パペテリー → P120
ウィーナー・ザイフェ → P121

陶磁器&クリスタルガラス

王室直属窯の陶磁器やクリスタルガラス製品。一生モノを探して。

ココで! アウガルテン → P107
ロブマイヤー → P106

白ワイン

生産量80%以上が白ワイン。世界的にシェアは少ないが、品質の良さは申し分なし!

ココで! ヴァイン・ウント・コー → P113

チョコレート

チョコレートは甘いモノが好きな皇帝や貴族に愛されたスイーツのひとつ。

ココで! ウィーナー・ショコラーデ・ケーニッヒ・レシャンツ → P109

パッケージもかわいい♪

蚤の市

陶器、手工芸品などさまざまなアイテムが並ぶ。掘り出しモノを探そう。

ココで! ナッシュマルクト蚤の市 → P114

ユリウス・マインル

Julius Meinl

1862年創業の老舗高級スーパー。オリジナルのコーヒー豆やジャムがおすすめ。

ココで! ユリウス・マインル → P110

1 シシィグッズ

美貌の
皇妃エリザベートの
グッズはたくさん!

2 アートグッズ

3 チェコのおもちゃ

子ども用の
雑貨も欲しくなる
かわいさ♡

木製おもちゃ

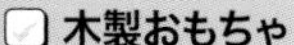

動物や絵本のキャラクターをモチーフにした素朴なおもちゃにほっこり。

ココで! フラチキ・ホウパツィー・クーニュ → P180

クルテクグッズ

みんなのアイドル、モグラのクルテクのグッズはあれもこれも欲しくなる!

ココで! フラチュキ・ウ・クルテチュカ → P178

陶磁器

ハンガリーを代表する陶磁器ブランドといえば、ヘレンドとジョルナイ。

ココで! ヘレンド、ジョルナイ → P220

ボヘミアングラス

細やかなレースカットが美しすぎる! 少し奮発してお持ち帰り♪

ココで! エルペット → P174

チェコビーズ

やさしい風合いのチェコビーズはアクセサリーやランプビーズもぜひ。

ココで! スター・ビーズ → P181

パプリカ粉

ハンガリー料理に欠かせないパプリカ。グヤーシュなどを自宅で再現してみよう。

ココで! 中央市場 → P221

ミュシャグッズ

画家アルフォンス・ミュシャの作品モチーフのグッズはおみやげにぴったり。

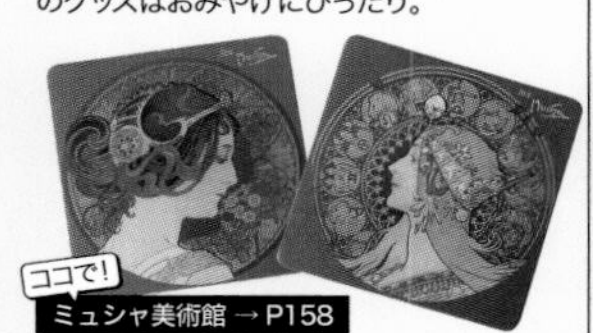

ココで! ミュシャ美術館 → P158

天然コスメ

ハーブや薬草などを用いたオーガニックコスメ。コスメ好きはマストバイ!

ココで! ハヴリーク・アポテカ → P187

お酒

トカイの貴腐ワイン、蒸留酒のパーリンカ、薬酒のウニクムも要チェック!

ココで! マジャール・パーリンカ・ハーザ → P220
プリーマ → P221

ハヴェルスカー市場
●Havelské tržiště

旧市街にある屋台街。かわいい雑貨やチェコ産ハチミツなど気になるものばかり。

ココで! ハヴェルスカー市場 → P184

ビール

ビール消費量世界一をいわれるチェコ。大定番はピルスナー・ウルケル。

ココで! テスコ、アルベルト → P186

民芸品

注目は花や植物をモチーフとしたカロチャ刺繍。ハンドメイドの温もりを感じる。

ココで! ユディット・フォルクロール → P221

6泊8日

周遊モデルコース

Day 1～3

ブダペスト～プラハ 世界遺産のふたつの都を散策！

日本から乗り継ぎ便でブダペストへ。夜着となるので初日はディナーで終了。2日目はブダペスト市内観光。午前はブダ王宮、午後はペスト地区で温泉を満喫。3日目は午前の飛行機でブダペストからプラハへ。旧市街広場、カレル橋を渡り、プラハ城を観光。

ブダペストの王宮の丘に威風堂々と立つブダ王宮 →P212

プラハ城の聖ヴィート大聖堂にはミュシャのステンドグラスが →P156・159

ブダペストの象徴・くさり橋は必見

ペスト地区から眺めるくさり橋と王宮の丘 →P212・213

ヨーロッパ最大規模の温泉施設、セーチェニ温泉 →P216

プラハは素朴でかわいいおもちゃがたくさん →P180

プラハのシンボル、カレル橋とプラハ城のベストショット →P152・154

聖像をじっくり見てみよう！

旧市街広場に立つティーン教会とゴルツ・キンスキー宮殿 →P190

本場のチェコビールと伝統料理に舌鼓♪

チェコ名物のひとつ、豚ひざ肉のロースト（ウ・カリハ）→P166

Day1

18:00以降 リスト・フェレンツ国際空港着

乗り継ぎ便で最短約15時間50分、到着時刻は18時以降。ホテルはペスト地区のドナウ川沿い。

19:00 カフェレストランでディナー

明日に備えて早めにディナー。ハンガリー料理を楽しんで。➡P218

Choice!

- ●メンザ ➡P219
  レトロな雰囲気のおしゃれカフェ。
- ●エルシェー・ペシュティ・レーテシュハーズ ➡P219
  伝統料理のレーテシュ専門店。

Day2

9:00 王宮の丘を散策

ブダ王宮、マーチャーシュ教会、漁夫の砦はマスト！ ➡P212

バスで約16分

13:00 ペスト地区へ

メトロ1号線またはアンドラーシ通りを歩いて英雄広場へ。➡P213

徒歩8分

16:00 セーチェニ温泉で極楽

温泉を利用するなら水着を持参しよう。➡P216

Day3

早朝 飛行機でプラハへ

ブダペストとプラハ間の飛行機はLCC（格安航空会社）がある。

10:00 旧市街広場と周辺を散策

さまざまな建築様式と迷路のような路地を歩こう。➡P188

徒歩4分

13:00 ハヴェルスカー市場でお買物

工芸品やおもちゃなどいろいろ。➡P184

徒歩25分

14:00 カレル橋を渡りプラハ城へ

プラハ観光のハイライト。城内はみどころたくさん。➡P152,154

18:00 ピヴニッツェでディナー

ビアホールでピヴォ（ビール）片手に乾杯！ ➡P166

Choice!

- ●ウ・カリハ ➡P166
  昔ながらのビアホールの趣が残る。
- ●ウ・フレクー ➡P166
  チェコで最も古いピヴニッツェ。
- ●ウ・メドヴィードゥクー ➡P167
  有名な銘柄のビール、ブドヴァルが飲める。

6泊8日

周遊モデルコース

Day 4~5

チェスキー・クルムロフ~ザルツブルク おとぎの国とモーツァルトの街へ

4日目はプラハからひと足のばしてチェスキー・クルムロフへ。お城の見学や、城外を自由気ままに歩いて古都を満喫。翌日はモーツァルトの生まれ故郷、オーストリアのザルツブルクまでバスで移動。旧市街や中世の城塞、ホーエンザルツブルク城、ミラベル宮殿をめぐろう。

タイムトリップ気分を
味わって
展望塔から
ザルツブルクの
街を一望しよう!

チェスキー・クルムロフ城の仮面大広間 →P201

中世の趣が残るチェスキー・クルムロフの旧市街 →P200

雰囲気のいいレストランでグリル料理はいかが(クルチマ・シャトラヴァ) →P203

街を見下ろす要塞、ホーエンザルツブルク城 →P140

装飾看板が素敵なザルツブルクのゲトライデ通り →P139

塔からの眺めは見逃せない!
可愛い雑貨はおみやげにぴったり!

チェスキー・クルムロフ城の塔からは街をぐるっと見渡せる→P201

チェスキー・クルムロフはエゴン・シーレゆかりの地でもある→P202

ジンジャークッキーや文具をおみやげに→P203

ザルツブルクのミラベル宮殿は庭園にも訪れたい→P141

修道院内の岩をくり抜いたレストラン、ザンクト・ペーター・シュテフツケラー→P142

Day4

8:00 プラハからバスで移動

利用するバスはRegioJet。バス停はナ・クニーゼツィー・バスターミナル。 →MAP:P14C4

↓ バスで約2時間50分

10:50 チェスキー・クルムロフ到着

旧市街に近いバスターミナル →MAP:P200 に到着。

12:00 旧市街でランチ

観光案内所近くのクルチマ・シャトラヴァでランチ。→P203

↓ 徒歩15分

13:30 チェスキー・クルムロフ城へ

城内はガイドツアーで見学。塔に上って街を眺めよう。→P201

↓ 徒歩15分

15:00 旧市街をそぞろ歩く

エゴン・シーレ・アートセンターにも立ち寄ってみて。→P202

Day5

8:00 オーストリアのザルツブルクへ

利用するのはBean Shuttle。ホテルまで直接来てくれる。

↓ バスで約3時間10分

11:00 ザルツブルク到着

降車場はザルツブルク中央駅か近くのバス停。→MAP:P13E1

↓ トロリーバスで約10分

13:00 旧市街と新市街を散策

市内散策は徒歩でOK。→P138~141

↓ 徒歩3~10分

19:30 老舗レストランでディナー

ザンクト・ペーター・シュテフツケラーでは、19時30分からモーツァルト演奏ディナーあり(要予約)。→P142

6泊8日

Day 6~7

ウィーン
旅の最終地は芸術の都・ウィーン！

ザルツブルクから電車で最終地、ウィーンへ。旧市街の散策や、世界遺産のシェーンブルン宮殿にも行ってみよう。夜はワインケラーでオーストリアワインを堪能。最終日はカフェで優雅にモーニングをして旅は終了！

ハプスブルク家の歴史を物語るホーフブルク（王宮）→P56

旧市街に立つシュテファン寺院。塔に上ってみよう→P60

必食スイーツといえば、チョコレートの王様・ザッハートルテ→P64

伝統料理のひとつ、プラフッタのターフェルシュピッツ→P87

シェーンブルン宮殿は庭園にみどころが点在→P53

蔵書は約20万冊にも及ぶ、国立図書館（プルンクザール）→P57

Day6

8:00 ザルツブルクから電車で移動

ザルツブルク中央駅から1時間に1～2便出ている。

↓電車で約2時間25分

10:30 ウィーンに到着

ウィーン中央駅に到着。

12:00 旧市街をおさんぽ

ランチやショッピングも楽しもう。 ➡P118,120

Lunch choice!

- ●**フィグルミュラー** ➡P86
  ビッグサイズのシュニッツェル。
- ●**プラフッタ** ➡P87
  ターフェルシュピッツの名店。
- ●**グラーシュ・ウント・ゼーネ** ➡P87
  リンク通りのグラーシュレストラン。

↓地下鉄で約20分

15:00 シェーンブルン宮殿へ

時間があればグロリエッテなど庭園も散策しよう。 ➡P52

↓地下鉄で約20分

18:00 ワインケラーでディナー

オーストリアのワイン居酒屋で、料理とワインを堪能! ➡P98

Choice!

- ●**ヴァイン・ウント・コー** ➡P98
  ワインショップ併設のモダンな店。
- ●**エスターハージーケラー** ➡P98
  大貴族エスターハージー家ゆかりの一軒。
- ●**ツヴェルフ・アポステルケラー** ➡P99
  築650年以上の建物地下にある。

Day7

8:00 カフェ・ザッハーで優雅にモーニング

豪華な朝食はチョコレートケーキ付き! ➡P64

↓ウィーン・ミッテ駅からCATで約16分

10:30 ウィーン国際空港へ

空港は混雑することが多いので、早めに行動を。
空港内ではおみやげも買える。
日本に到着するのは翌日朝8時50分頃。

雑貨やスイーツもウィーンならではのおしゃれ感!

お菓子のマンナー、自然派石けんのウィーナー・ザイフェなど選び放題! →P104・121

マリア・テレジアのセンスが光る夏の宮殿

ハプスブルク家の夏の離宮、シェーンブルン宮殿 →P52

ワインケラーでオーストリアワインを味わおう →P98

パッキング上手で
楽しい旅を♪

★荷物のすべて★

3カ国周遊の長旅は、
事前準備が大事！
持参したほうがいい靴や衣類、
あると便利なあれこれ、
パッキングのコツもまとめて紹介。

スーツケースサイズ

3カ国周遊は最低でも6泊8日は欲しいところ。スーツケースは60～80Lくらいがおすすめ。航空会社ごとの個数・重量制限などの詳細はP232参照。

行きのパッキング

ホテルに着いてから使うものはスーツケースへ。荷物の仕分けにはジッパー付きの袋を活用しよう。帰りのおみやげ用に空間に余裕を持たせて。

★衣類

春 3～5月
春の気配は感じられるがまだ気温は低く、朝晩は冷え込むので、防寒着は必須。本格的な春は5月。

夏 6～8月
観光のベストシーズン。30℃前後の暑い日もあるが、湿度が低いため朝晩や日陰では肌寒く感じることも。

秋 9～11月
9月に入ると気温が下がりはじめる。長袖のほかに上着があったほうがいい。11月は一気に冷え込む。

冬 12～2月
プラハは凍てつく寒さが続く。気温はマイナスになることも。滑りにくい靴や厚手のコートなどを持参。

＋
オールシーズンあると便利

パーカー
夏でも朝晩は冷えるので、羽織物は1枚あると安心。飛行機内でも重宝する。

サングラス
夏場は日本と同じく日差しが強い時があるので、手荷物で持っておきたい。

帽子
夏は紫外線と熱中症防止に、冬は防寒として季節に合わせた帽子を用意したい。

★コスメ

旅行中は外にいることが多いので、紫外線を浴びる量も増えがち。特に夏は日照時間も長いので注意。

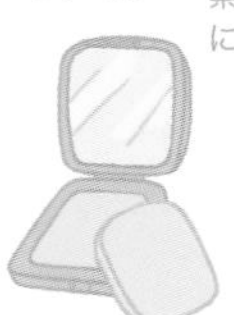

夏場はSPF値の高いものをこまめに塗り直したい。冬は乾燥対策に。

スティックタイプ(固形)の口紅やリップクリームは機内持ち込みもOK。

★シューズ

かさばるので必要最低限の数にしたい。3カ国とも地下鉄やトラム移動が基本なので、履き慣れた靴が絶対。

観光は長時間歩くことも多い。スニーカーなどの履き慣れた靴を用意しよう。

ドレスコードのある高級レストランで食事するなら、必ずパンプスを用意して。

意外と気づかない！あると便利なもの

□筆記用具	タクシー利用時には住所を現地語で書くことも
□エコバッグ	3カ国ともスーパーのレジ袋は有料なので、持参したい
□延長コード	ホテルのコンセントの数が少ない場合に
□携帯スリッパ	ホテルでは用意がないところも多い。機内でも役立つ
□ジッパー付き袋	液体物のおみやげなどを持ち帰る時に
□マスキングテープ	食べかけのおやつに封をしたり、雑貨類をまとめたり
□付箋	ガイドブックの行きたい店をチェックするのに便利
□ウェットティッシュ	汗拭き、トイレ、レストランなどで重宝する

帰りのパッキング

スペース確保も兼ねて、おみやげに買ったビン類は衣類で包むと緩衝材になって◎。自分用のコスメなど箱入り商品は開封して隙間へ入れるのも手。

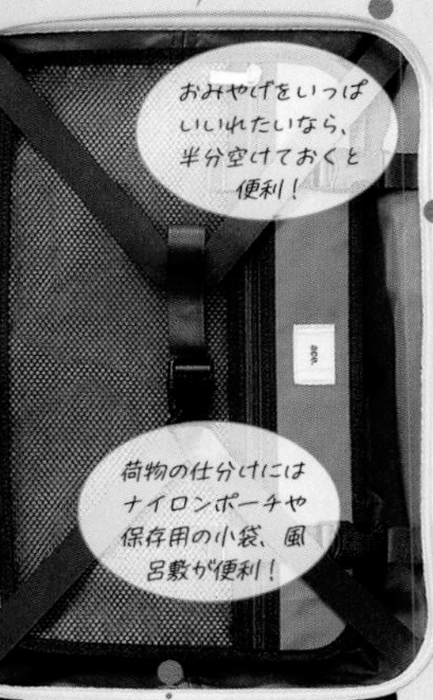

おみやげをいっぱいいれたいなら、半分空けておくと便利！
荷物の仕分けにはナイロンポーチや保存用の小袋、風呂敷が便利！

★スーツケースに入れる食品

食品はアルコールなどの液体類はもちろん、ジャムやはちみつなども機内手荷物で持ち込めない。

ワインは気泡緩衝材があると安心。免税範囲に注意(→P235)。

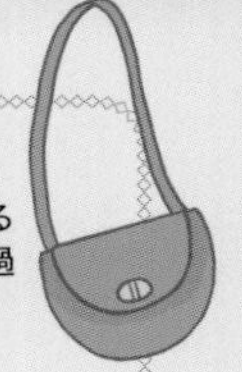

瓶詰め食料品は衣類で包み、スーツケース内で動かないように梱包。心配な人は気泡緩衝材やジッパー付き袋を持参しよう。

★コスメもスーツケースへ

コスメ類も、固形のリップは機内へ持ち込めるが、化粧水やクリームはNG。香水は免税範囲に注意(→P235)。

ハンドクリームは液体物に分類。固形石けんは基本的には液体物ではない。

★チョコや調味料など食品もスーツケースへ

チョコレートのように、つぶれやすい箱入り食品などはスーツケースの上方に入れて持ち運ぼう。重いもののそばには入れないこと。

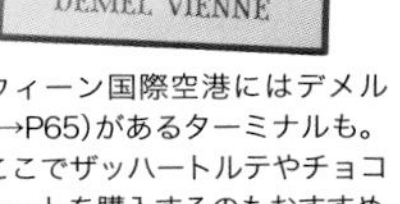

ウィーン国際空港にはデメル(→P65)があるターミナルも。ここでザッハートルテやチョコレートを購入するのもおすすめ。

★手荷物のこと

手荷物で機内に持ち込めるもの一覧。機内で快適に過ごすために必ずチェック！

◎マスト　○あると便利　△必要ならば

◎	パスポート
◎	航空券(または引換券)
◎	旅行関連書類(日程表、予約関連書類など)
◎	お金(日本円・ユーロ)
◎	クレジットカード
◎	海外旅行保険の控え
◎	スマートフォン(スマートフォン充電器)
○	カメラ(予備バッテリー、SDカード)
○	筆記用具
○	ガイドブック
○	上着
○	マスク
○	耳栓
○	ポケットWi-Fi
○	歯ブラシ、歯磨き粉
△	ハンドクリーム
△	化粧水
△	コンタクトケース、保存液
△	モバイルバッテリー

※液体物は100㎖以下の個々の容器に入れて1ℓ以下の透明ジッパー付き袋に入れること

ホテルにたいていあるもの・ないもの

ある
- ☐バスタオル
- ☐石けん
- ☐シャンプー
- ☐ドライヤー

ない
- ☐寝巻き
- ☐スリッパ
- ☐歯ブラシ、歯磨き粉
- ☐変圧器

※ホテルのランクにより異なる

写真提供：エース株式会社

旅ドキを一発検索

★シーズンカレンダー★

日本と同様、3カ国もシーズンによって四季折々の顔を見せる。
気になるイベントなどをここでチェックして、旅行プランを立てるときの参考にしよう。

旅の目的となるBIGイベント

ニューイヤー・コンサート…1/1

ウィーンの楽友協会で開催するウィーン・フィルハーモニー管弦楽団の演奏会。プラハ、ブダペストでも開かれる、音楽ファン憧れの大イベント。

モーツァルト週間…1月下旬～2月上旬

モーツァルトの誕生日前後に、ザルツブルクの祝賀会場やモーツァルトの住居などでコンサートが開催される音楽フェスティバル。

プラハの春音楽祭…5月中旬～6月上旬頃

1946年から続くヨーロッパで最も有名なクラシックの国際音楽祭。オープニングはスメタナの代表曲『わが祖国』。市民会館のスメタナホールをはじめ、市内各所で演奏を披露する。

ザルツブルク音楽祭…7月中旬～8月下旬

ザルツブルクで開催するモーツァルトを記念したクラシック音楽の祭典。世界的名指揮者とベルリン・フィルハーモニー管弦楽団の演奏が楽しめる。

クリスマスマーケット…11月中旬～12月下旬

ヨーロッパの冬の風物詩。街の広場に市場が開かれ、クリスマスの装飾品やグルメ屋台が軒を連ねる。ツリーやイルミネーションもきれい。

観光のベストシーズン

3カ国とも春から秋にかけての5～9月がベストシーズン。8月は30℃を超える日もあるが、日本に比べて湿気が少ないので、比較的過ごしやすい。

観光地なら英語でOK

各国とも、都市部の主要な観光施設、レストラン、ショップでは英語が通じることが多い。地方都市やローカル向けの店などは通じないこともある。

イースター、クリスマス時期は注意

イースター前の金曜から連休になるので、店は休業。クリスマス前後もほとんどの美術館やレストラン、ショップが休みになるので、訪れる際には注意が必要。

冬の寒さ対策は万全に

3ヵ国とも11月から冬本番となる。寒さが増し、雪がちらつく日も。最も寒くなるのは2月。手袋やコート、足元を温めるなど防寒対策はしっかりと。

月	祝日・イベント	平均降水量(mm)	平均気温(℃)
1月	●1月1日 新年[3カ国共通] ●1月1日 チェコ独立記念日[チェコ] スロヴァキアとチェコが分かれ独立した日 ●1月6日 三聖王祭[オーストリア]	42.1mm 20.0mm 31.0mm 59.7mm	ウィーン 0.8℃ プラハ -0.8℃ ブダペスト 0.0℃ 東京 5.4℃
2月	2月8日★ ヴィーナー・オーパンバル[ウィーン] ウィーン国立歌劇場で開かれるヨーロッパで格式高い舞踏会	37.7mm 17.3mm 31.0mm 56.5mm	2.3℃ 0.3℃ 2.0℃ 6.1℃
3月	●3月15日 独立記念日[ハンガリー] オーストリア帝国からの独立戦争(革命)が始まった日 ●3月31日★ 復活祭[3カ国共通] キリストの復活を祝うイースター。翌月曜も休み	52.1mm 28.6mm 31.9mm 116.0mm	4.0℃ 6.1℃ 6.5℃ 9.4℃
4月	●4月1日★ 復活祭の翌月曜[3カ国共通]	41.8mm 27.0mm 34.5mm 133.7mm	11.3℃ 9.1℃ 12.4℃ 14.3℃
5月	●5月1日 メーデー[3カ国共通] 労働者の日。大抵の店は休業に ●5月8日 解放記念日[チェコ] ●5月19日★ 聖霊降臨祭[3カ国共通] キリストの復活祭から50日目の日曜日 ●5月20日★ 聖霊降臨祭月曜[3カ国共通] ●5月30日★ 聖体節[3カ国共通] カトリック教会の大祭のひとつ	79.9mm 60.4mm 66.2mm 139.7mm	15.8℃ 13.4℃ 16.9℃ 18.8℃
6月	―	70.4mm 70.7mm 65.5mm 167.8mm	19.6℃ 16.8℃ 20.7℃ 21.9℃
7月	●7月5日 聖キリルと聖メトディウスの日[チェコ] ●7月6日 ヤン・フスの日[チェコ] 宗教改革者のヤン・フスの命日	78.2mm 76.2mm 73.6mm 156.2mm	21.4℃ 18.7℃ 22.5℃ 25.7℃
8月	●8月15日 聖母被昇天祭[オーストリア] 聖母マリアが天にあげられた日 ●8月20日 聖イシュトヴァーンの日(建国記念日)[ハンガリー] ブダペストでセレモニーを開催	66.0mm 65.9mm 58.8 mm 154.7mm	20.9℃ 18.5℃ 22.2℃ 26.9℃
9月	●9月28日 チェコ国家の日[チェコ] チェコの守護聖人、ヴァーツラフ1世が暗殺された日	64.5mm 38.8mm 51.4mm 224.9mm	15.7℃ 13.9℃ 16.9℃ 23.3℃
10月	●10月23日 革命記念日[ハンガリー] 式典や花火が打ち上げられる ●10月26日 ナショナルデー[オーストリア] ウィーン市内各所でイベントを開催 ●10月28日 チェコスロヴァキア独立記念日[チェコ] ハプスブルク帝国からの独立を宣言した日	47.0mm 33.8mm 44.1mm 234.8mm	10.5℃ 8.7℃ 11.4℃ 18.0℃
11月	●11月1日 万聖節[オーストリア・ハンガリー] 全ての聖人を祝福する日。諸聖人の日ともいう ●11月17日 自由と民主主義闘争記念日[チェコ] 共産党支配から民主化革命を起こした日	45.9mm 28.5mm 46.8mm 96.3mm	5.8℃ 3.8℃ 5.9℃ 12.5℃
12月	●12月8日 聖母受胎日[オーストリア] ●12月25日 クリスマス[3カ国共通] チェコ、ハンガリーは24・26日も休みに ●12月26日 聖シュテファン祭[オーストリア]	46.4mm 25.3mm 38.5mm 57.9mm	1.5℃ 0.3℃ 0.9℃ 7.7℃

平均気温(℃) -5 0 10 20 30
平均降水量(mm) 0 100 200 300 400

上記の祝祭日、イベントの日程は2023年7月～2024年6月のものです。
●が祝日。★は年によって日にちが変動します。
※気温と降水量は理科年表を参考に作成しています。

WIEN

Contents

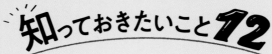

知ってておきたいこと12

#ウィーン編

はじめてでもリピーターでも、知っておくとウィーン観光がもっと楽しくなる
お役立ち情報をピックアップ！

01 耳より

エリアを把握しよう

ドナウ運河の右岸に位置するウィーン。リンクシュトラッセ（通称リンク）の内側にある旧市街を中心に広がる。古くからの建物が並ぶリンク内側、豪華な宮殿が立つリンク沿い、その外側を郊外と考えるとわかりやすい。

➡トラムが走るリンク通り

●旧市街

旧市街で最も賑わうのはシュテファン寺院周辺。歴代皇帝の居城、ホーフブルク（王宮）は旧市街最大のみどころ。歩行者天国もあり散策が楽しい。

●リンク周辺

旧市街を囲む、リンクシュトラッセ（通称リンク）。リンク沿いには博物館や市庁舎が立ち並び、周辺はアートの複合施設、世紀末建築などもある。

リンクRingとは？

ウィーン中心部はかつて城壁で囲まれていたが、19世紀に取り壊されその跡地が環状道路にありリンクとよばれるようになった。旧市街をぐるりと囲む1周約4km、端から端まで歩いて30分ほど。

●ウィーンの森（ハイリゲンシュタット）

ウィーン市北東部に広がる緑豊かな丘陵地帯。ベートーヴェンゆかりの地、ハイリゲンシュタットやホイリゲが多いグリンツィングが有名。

●郊外

世界遺産のシェーンブルン宮殿、名画を展示するベルヴェデーレ上宮、音楽家が眠る中央墓地など。地下鉄やトラムで気軽に行ける。

観光にお得なウィーンカード

公共交通機関が乗り放題、美術館や博物館への入場割引が付いたお得なカード。さらにショップやレストランまでさまざまな特典を受けられるクーポン付き。ウィーン市内の観光案内所、地下鉄の主要駅で購入できるほか、公式サイトからオンライン購入も可能。アプリもある。

ウィーンカード
URL www.viennacitycard.at
料 24時間€17、48時間€25、72時間€29

シェーンブルン宮殿の混雑回避法

ハプスブルク家の夏の離宮、シェーンブルン宮殿はウィーン随一の観光名所で最も混雑する。長時間並ぶことなくスムーズに観光するには、開館と同時に訪れる、またはオンラインでチケットを事前購入をすること。

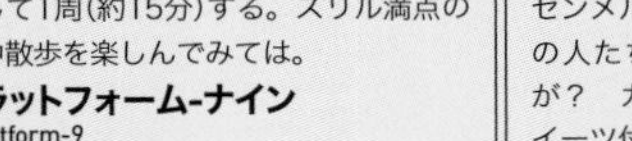

新しいスポットに注目

プラーター公園にある世界最古の現役観覧車。ゴンドラの代わりに壁も天井もないガラス張りの床の上に立ち、命綱を装着して1周(約15分)する。スリル満点の空中散歩を楽しんでみては。

プラットフォーム-ナイン
●Platform-9
郊外 **MAP：P5F1**
交 Ⓤ1線Praterstern駅から徒歩5分 住 Riesenradplatz 1 ☎01-729-5430 時 14〜20時 休 月〜金曜 料 €89〜(要予約) ※通常のゴンドラは 時 9時〜23時45分(時期により異なる) 休 なし 料 €13.50

©Wiener Riesenrad

カフェで朝食♪

ウィーンでは朝7、8時から営業するカフェが多く、朝食を提供している。定番はオーストリア発祥の丸いパン、カイザーゼンメル、クロワッサン、ゆで卵。地元の人たちに交じってモーニングはいかが？　カフェ・ザッハー(→P64)ではスイーツ付きの豪華な朝食を用意。

街なかの無料水飲み場

ウィーンの水道水はアルプスの湧き水を使用しているため、そのまま飲むことができる。街のいたるところに水飲み場が設置され、いつでも喉を潤せる。ペットボトルを持参しよう！

激レアな国民的ソーダ

オーストリアで圧倒的人気を誇る、アルムドゥードゥラーAlmdudlerというハーブ入りソーダ。国内で消費されるため、他国ではほぼ見ることはないレアなドリンク。スーパーでは1本€1.50／500mℓくらいで販売。

街中なかに体重計!?

街を歩いていると体重計を見かける。これは体重を気にしていたエリザベートの名残なのだとか。1回20¢、体重チェックしてみよう！

シェア自転車でラクラク移動

街中には自転車専用レーンが整備されているのでサイクリングも楽しめる。自転車シェアリングのスタンドが市内200カ所に設置されているので、アプリから事前登録すればスマホを使って利用できる。

ウィーンモバイル・ラード
●WienMobil Rad
URL www.wienerlinien.at/wienmobil/rad
料 30分€0.60

観光案内所を利用しよう

観光に関する質問やチケットの購入は旧市街の観光案内所へ。ウィーン国立歌劇場のすぐ近くで立地もよく、気軽に立ち寄れる。

旧市街インフォメーションセンター
旧市街 **MAP：P6C4**
住 Albertinaplatz
☎01-24555 時 9〜18時 休 なし

お店の定休日は日曜

スーパーやショップは日曜、祝日はほぼ閉まっている。夜遅くまで営業している店も少ない(レストランやカフェ、バーを除く)ので、食料品の調達やおみやげ購入の際は注意しよう。万一おみやげを買い忘れても、ウィーン国際空港にはショップがたくさんあるので安心。

あいさつは「グリュースゴット」

オーストリアにおけるドイツ語での「こんにちは」は「Grüß Gott(グリュースゴット)」。若い人や親しい仲で使う、くだけた感じだと「Servus(ゼアヴス)」。レストランやショップに行った際に、笑顔で言ってみよう。

ウィーン……テーマ別

モデルコース

超定番に音楽とグルメに
フォーカスしたモデルコースをご紹介。
自分なりにアレンジするのもよし！

⬆旧市街に立つ、ゴシック様式のシュテファン寺院

テーマ1 ウィーンのテッパンを制覇する2日間

必見スポットを効率よくめぐる2日間の王道コース。1日目は徒歩で、2日目は交通機関を利用。

Day1

Start

9:00 ホーフブルクの旧王宮を見学
シシィ・ミュージアムや皇帝の部屋。見学には2時間みておきたい。(➡ P58)

▼ 徒歩3分

12:00 デメルで軽めのランチ
スイーツのほかデニッシュやバゲットサンドなど軽食もあり。(➡ P65)

▼ 徒歩7分

13:30 シュテファン寺院へ
エレベーター付きの北塔に上ってウィーンの街を一望しよう。(➡ P60)

▼ 徒歩すぐ

14:30 ケルントナー通りをそぞろ歩き
旧市街随一の繁華街でショッピングタイム♪(➡P121)

▼ 徒歩すぐ

15:30 カフェ・ザッハーで休憩
必食はザッハートルテ。無糖ホイップクリームと一緒に。(➡ P64)

▼ 徒歩10分

19:00 ツヴェルフ・アポステルケラーでディナー
地下にある雰囲気のいいワインケラー。(➡ P99)

⬇コールマルクト通りへ続く、皇帝一家が暮らした旧王宮のミヒャエル門

Day2

8:30 シェーンブルン宮殿をじっくり見学
皇室馬車博物館やグロリエッテにも訪れてみたい。(➡ P52)

▼ 地下鉄＋徒歩で30分

12:00 フィグルミュラーでランチ
名物の超特大シュニッツェルをいただきます。(➡ P86)

▼ トラム＋徒歩で25分

13:30 ベルヴェデーレ上宮で絵画鑑賞
クリムトの『接吻』は必見。庭園も歩いてみよう。(➡ P72)

▼ トラム＋徒歩で15分

15:00 美術史博物館へ
珠玉の名画揃い。館内の美しすぎるカフェで休憩も。(➡ P74)

▼ 徒歩10分

19:00 ヴィトヴェ・ボルテで伝統料理ディナー
1778年創業の老舗バイスル。料理はボリューミー。(➡ P88)

Goal

⬇フィグルミュラーのシュニッツェルは直径約30cm！

⬇美術史博物館にある「カフェKHM」(→P70)。休憩せずとも見ておきたい

←カフェ・ザッハーの豪華な朝食セット

テーマ2 ウィーン的 グルメ満喫な1日

伝統料理やスイーツを味わって、食料品屋外市場を散策して…。朝から晩までグルメ三昧！

9:00 カフェ・ザッハーで朝食
Start
ウィーンを代表する名門カフェで優雅に朝食を。(→P64)

▼徒歩9分

10:00 ユリウス・マインルでお買物
オリジナルのコーヒーやジャム、チョコレートがおすすめ。(→P110)

▼地下鉄＋徒歩で11分

11:00 食の台所・ナッシュマルクトへ
テイクアウトグルメやおみやげぴったりな商品もあり。(→P90)

▼地下鉄＋徒歩で9分

13:00 ツェスニエフスキーでさくっとランチ
ウィーンのおやつの定番、カナッペ。さくっと食べられる (→P69)

▼徒歩8分

15:00 ゲルストナーでスイーツタイム
豪華絢爛な店内も必見！シシィゆかりのお菓子も買える。(→P68・103)

▼徒歩12分

19:00 プラフッタでディナー
ターフェルシュピッツの名店。スープも絶品！(→P87)
Goal

←宮殿を利用したゲルストナーの3階カフェスペース

→シシィの名を冠したトルテもある

↓ネオ・ルネッサンス様式のウィーン国立歌劇場

テーマ3 音楽をとことん楽しむ1日

音楽の都ウィーンならでは。午後はベートーヴェンゆかりのハイリゲンシュタット(→P126)もおすすめ。

9:30 ウィーン国立歌劇場へ
Start
見学ツアーをチェックして、開催していれば参加しよう。(→P80)

▼徒歩6分

©MYTHOS MOZART

10:00 新スポットのモーツァルト伝説
音楽の世界に没入できる体験型ミュージアム。(→P85)

▼徒歩5分

11:00 モーツァルトハウス・ウィーンへ
名曲を生んだモーツァルトの住居で直筆の楽譜を見よう。(→P85)

▼徒歩10分

13:00 市立公園でのんびり
ヨハン・シュトラウス2世像など音楽家の像が点在。(→P85)

▼トラム+徒歩で45分

14:30 楽士たちが眠る中央墓地
目指すはベートーヴェンなどが眠る名誉区32A。(→P84)

▼トラム+徒歩で45分程度

20:30 クラシックコンサートに参加
ほぼ毎日どこかの会場でコンサートが行われている。(→P82)
Goal

↓シェーンブルン宮殿オランジェリー(→P83)では室内アンサンブルを開催

Schloss Schönbrunn

ハプスブルク家が残した美の遺産

シェーンブルン宮殿で歴史さんぽ

Read me!

17世紀後半、女帝マリア・テレジアの命により改築が行われ完成した夏の離宮。絢爛豪華な宮殿と美しい庭園はユネスコの世界遺産にも登録されている。

往時の繁栄を今に伝える

シェーンブルン宮殿

●Schloss Schönbrunn ★★★

「フランスのヴェルサイユ宮殿に匹敵する宮殿を」という時の皇帝レオポルト1世の命により1696年着工。建設は一時中断されたが、マリア・テレジアの時代に大規模な改築が行われ、1749年、バロックとロココの様式をもつ美しい宮殿が完成した。

郊外 **MAP：P2B4**

図Ⓜ4線Schönbrunn駅から徒歩7分
住Schön-brunner Schlossstr. 47 ☎01-811130
時8時30分～17時30分(11～3月は～17時) 休なし
料各施設により異なる

広い園内を移動するなら

シェーンブルナー・パノラマバーン

園内を約50分かけて1周するミニトレイン。停留所は宮殿正面、ヒーツィング門、動物園/大温室、グロリエッテなど。時3～10月の10時10分～18時の間、30分間隔で運行 料€9(1日乗り放題)。

フィアカー(馬車) 庭園内を走る4人乗りの観光馬車。高台にあるグロリエッテには行かない。
時4～10月の9時～17時30分 料約30分€85

外壁の色は"シェーンブルン・イエロー"とよばれる明るい黄色

シェーンブルン History

前身は14世紀にクロスターノイブルク修道院が所有していた施設で、カッターブルクとよばれていた。

- **1569年** ハプスブルク家の所有となる
- **1642年** 離宮建設。全施設の呼称がシェーンブルンとなる
- **1693年** 新宮殿設計
- **1700年** 中央棟完成
- **1745年頃～70年代** マリア・テレジアが増改築・大規模な造園事業に取り組む
- **1819年** ロココ装飾が排除され、外観が簡略化される
- **1918年** ハプスブルク家からオーストリア政府の所有となる
- **1996年** ユネスコ世界遺産に登録

シェーンブルン宮殿 みどころCHECK

カラフルな花々が見られるのは5月～10月中旬ごろ

A 庭園 Schlosspark Schönbrunn

総面積約1.7㎢の広大なバロック庭園。敷地内には幾何学模様の花壇やシェーンブルンの語源となった「シェーナー・ブルンネン(美しの泉)」、並木道、彫像などがある。

B 大温室 Palmenhaus

ユーゲントシュティール建築のガラス張りの温室。フランツ・ヨーゼフ1世の命により1882年に建設。熱帯地方などの植物を栽培。

図宮殿から徒歩8分
⏲10～18時(10～4月は～17時)
㊡なし ㊒€7

↑温室内は3つの気候帯に分かれている

↓建物の中央上部には帝国の象徴、鷲の石像が

C グロリエッテ Gloriette

プロイセン勝利を祝して1775年に建てられた列柱回廊の記念碑。高台に立ち、宮殿やウィーン市内を一望できる展望テラスがある。カフェを併設。

図宮殿から徒歩20分
⏲9時30分～17時30分(7・8月は～18時30分、9月～10月下旬は～17時、10月下旬～11月上旬は～16時)
㊡11月上旬～3月 ㊒€5

↑展望テラスからの眺め

D 動物園 Tiergarten

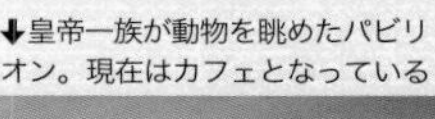

1752年にフランツ1世が創設した世界最古の動物園。パビリオンから放射状に獣舎を配置する造りで約700種の動物を飼育。

↓皇帝一族が動物を眺めたパビリオン。現在はカフェとなっている

図宮殿から徒歩10分
☎01-87792940
⏲9時～18時30分(2月は～17時、3・10月は～17時30分、11～1月は～16時30分) ㊡なし ㊒€26

E 皇室馬車博物館 Kaiserliche Wagenburg

婚礼や葬儀用の馬車、エリザベートやマリア・テレジアが乗ったソリ馬車など、皇帝一家が使用した馬車を数多く展示している。

図宮殿から徒歩3分 ☎01-525244702
⏲9～17時(1月中旬～3月中旬は10～16時)
㊡なし ㊒€12

↓エリザベートが着用したドレス(→P102)も展示

宮殿内を大解剖！

宮殿内には1441室もの部屋があり、一般公開されているのは皇帝の寝室やサロン、広間など40室。見学所要時間は1〜2時間。

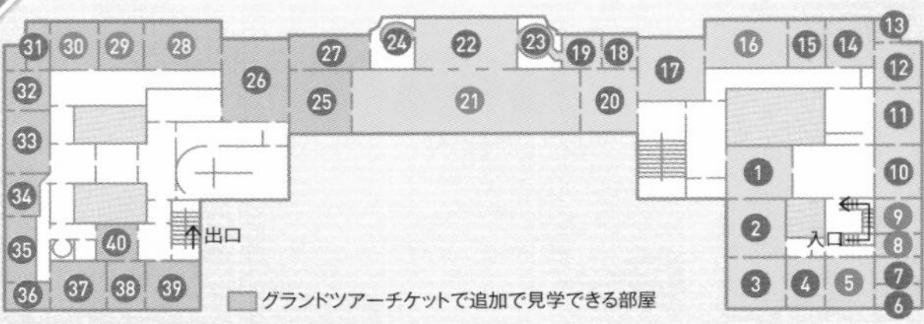

鑑賞ガイド

チケットについて

全40室のうち22室を見学できる「インペリアルツアー」と全室見学できる「グランドツアー」から選ぶ。ツアーといっても日本語オーディオガイドの解説。また、入場券に書かれた時間にならないと見学できない。
㊙インペリアルツアー€22、グランドツアー€26

お得なチケット

シェーンブルン宮殿のグランドツアーと旧王宮、家具博物館の入場がセットのシシィ・チケットSisi Ticket(㊙€40、1年間有効)が便利。繁忙期は入場するのに1時間以上待つこともある宮殿に並ばずに入れる。

部屋番号一覧

1 近衛兵の間
2 ビリヤードの間
3 クルミの間
4 フランツ・ヨーゼフ1世の執務室
5 フランツ・ヨーゼフ1世の寝室
6 西側テラスの小部屋
7 階段の小部屋
8 化粧室
9 フランツ・ヨーゼフ1世とエリザベートの共同の寝室
10 皇后のサロン
11 マリー・アントワネットの部屋
12 子供部屋
13 朝食用の小部屋
14 黄色の間
15 バルコンの間
16 鏡の間
17 18 19 ローザの間
20 ランタンの部屋
21 大ギャラリー
22 小ギャラリー
23 中国の丸い部屋
24 楕円の中国風の小部屋
25 カルッセルの間
26 式典の間
27 乗馬の間
28 青い中国の間
29 漆の間
30 ナポレオンの部屋
31 陶磁器の間
32 百万の間
33 ゴブランの間
34 ゾフィー大公妃の書斎
35 赤の間
36 東側テラスの小部屋
37 寝室
38 フランツ・カールの書斎
39 フランツ・カールのサロン
40 狩猟の間

5 フランツ・ヨーゼフ1世の寝室

Schlafzimmer Franz Josephs

鉄製のベッドと洗面台、祈祷台が置かれ、皇帝のものとは思えない簡素な寝室。1916年11月21日、86歳の皇帝はこのベッドで息を引き取った。

ベッド脇の絵は皇帝の死から24時間後に描かれた、死せる皇帝の肖像。

8 化粧室

Toilettezimmer

皇妃エリザベートは、この部屋で毎日2時間以上かけて髪の手入れをしたり、体型維持のために体操を行っていた。

部屋には体重計もあり、毎日体重を測っていた。

16 鏡の間

Spiegelsaal

マリア・テレジア時代の行事用サロン。1762年、6歳のモーツァルトはここで初めての御前演奏を行った。演奏後にはマリア・テレジアの膝に飛び乗り、キスをしたという。

9 フランツ・ヨーゼフ1世とエリザベートの共同の寝室

Gemeinsames Schlafzimmer

フランツ・ヨーゼフ1世とエリザベートの婚礼時に用意された皇帝夫妻の寝室。共同で使用したのは結婚後の数年間のみ。

©Schloss Schönbrunn Kuitur-und Betriebsges.m.b.H / Julius Silver

21 大ギャラリー
Große Galerie

皇室主催の舞踏会やレセプションに使用された長さ43m、幅10mの大広間。1814年のウィーン会議や、1961年のアメリカとソ連の東西首脳会談の舞台となった。

天井のフレスコ画は平和、帝国の繁栄、戦争をテーマにした、グレゴリオ・グリエルミの大作。

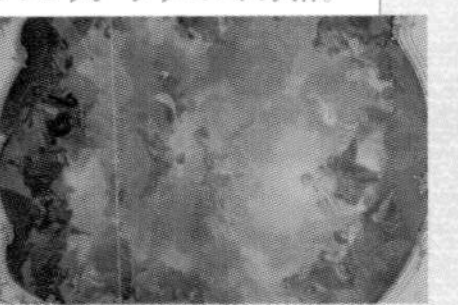

29 漆の間
Vieux-Laque-Zimmer

フランツ1世の死後、マリア・テレジアが夫との思い出の部屋に改装。北京製黒漆のプレートが壁一面を覆う。フランツ1世の肖像画もある。

28 青い中国の間
Blauer Chinesischer Salon

中国製の稲わら紙で装飾された謁見用広間。1918年、皇帝カール1世はここで権力を放棄する声明書に署名。ハプスブルク王朝の歴史に終止符が打たれた。

30 ナポレオンの部屋
Napoleonzimmer

もとはマリア・テレジアの寝室だった部屋。1805年と1809年のウィーン占領の際、彼が寝室として使用した。

Hofburg

歴代皇帝が暮らした巨大宮殿群

ホーフブルク(王宮)を探検!

Read me!

13世紀から20世紀初頭にかけて、ハプスブルク家歴代皇帝が暮らした宮殿。増改築を繰り返した結果、"都市のなかの都市"といわれるほど巨大な宮殿へと変貌と遂げた。

トルコ戦争の英雄、オイゲン公騎馬像が立つ新王宮

←双頭の鷲の紋章を掲げる旧王宮の帝国官房宮

↑旧王宮の一部、ミヒャエル宮はコールマルクト通りの先にある

大帝国の歴史はここにあり!

ホーフブルク(王宮)

●Hofburg ★★★

建設が始まったのは13世紀ごろから。ハプスブルク家の繁栄とともに増改築され、床面積24万㎡、新旧3つの宮殿合わせて2600の部屋があり、約5000人もの人々が暮らしていた。

旧市街 MAP:P6A3

図Ⓜ3線Herrengasse駅から徒歩3分

ホーフブルク(王宮) History

前身はチェコ王オットカル2世によって1275年ごろに建てられた城塞で、カストルム・ヴィーネンシスとよばれた。

1278年	ルドルフ1世がオットカルを破り、ウィーンへ移る
1296年	王宮礼拝堂建設
1339年	アウグスティナー教会建設
1552年	スイス門建設
1558年	旧王宮をルネッサンス様式に改築
1575年	アマリエ宮建設
1680年	レオポルト翼建設
1723年	王立図書館建設
1730年	執務室翼建設
1781年	アルベルティーナ建設
1823年	王宮庭園、フォルクス庭園整備
1893年	ミヒャエル宮建設
1913年	新王宮建設
1946年	レオポルト翼がオーストリア大統領府となる

ホーフブルク(王宮) みどころCHECK

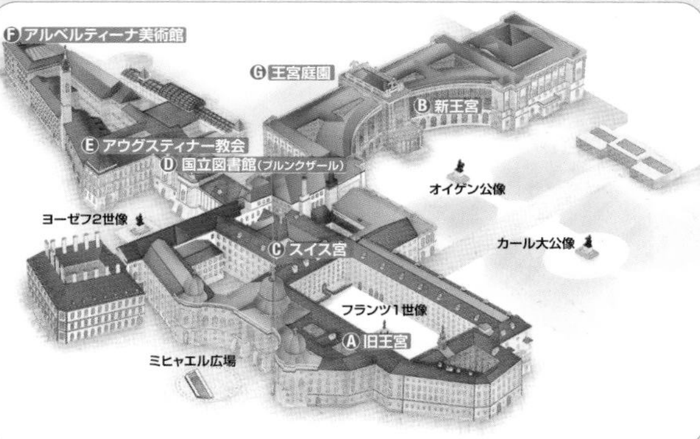

➡フランツ1世像が立つ旧王宮の中庭

A 旧王宮 Alte Burg

多くの歴代皇帝が住居とした部分で、現在は皇帝フランツ・ヨーゼフ1世と皇妃エリザベートの部屋が公開されている。

MAP：P6A3

詳しくは→P58

⬆フェルディナント大公の居城となる予定だった

B 新王宮 Neue Burg

1879年に建設を開始したが、王朝終焉のため完成は一部のみとなった。現在は複数の博物館として利用されている。

MAP：P6A4

エフェソス博物館/オーストリア歴史館
⏲10～18時
㊡月曜 ㊑€9

世界博物館/中世武器博物館/古楽器博物館
⏲10～18時(火曜は～21時) ㊡水曜 ㊑€16

➡1552年に完成したスイス門

C スイス宮 Schweizerhof

ホーフブルク最古の宮殿、かつてスイスの傭兵が警護に当たった。王宮宝物館と王宮礼拝堂(→P132)が入っている。

MAP：P6A3

王宮宝物館
☎01-525240
⏲9時～17時30分
㊡火曜 ㊑€14(美術史博物館とのコンビチケット€24)

⬆神聖ローマ帝国の帝冠

D 国立図書館(プルンクザール) Österreichische Nationalbibliothek, Prunksaal

1723年、カール6世の命により建設された王宮書庫。歴代皇帝やオイゲン公の蔵書約20万冊を保管している。

MAP：P6B3

☎01-53410394 ⏲10～18時(木曜は～21時) ㊡10～5月の月曜 ㊑€10

⬆バロック様式のホールが素晴らしい

⬇レンブラントやダ・ヴィンチの作品も

F アルベルティーナ美術館 Albertina

マリア・テレジアの娘マリア・クリスティーナの夫アルベルト公が収集した美術作品など約100万点を収蔵。デューラーの作品は必見。

MAP：P6B4

☎01-534830 ⏲10～18時(水・金曜は～21時) ㊡なし ㊑€18.90

G 王宮庭園 Burggarten

1819年、ナポレオン軍が破壊した城壁の跡地に皇帝フランツ1世が整備させた庭園。モーツァルト像もここに。

MAP：P6A4

⏲6～22時(11～3月は7時～17時30分)
㊡なし ㊑無料

⬇パルメンハウス(→P119)がある

➡地下には一族の心臓を安置する納骨堂がある

E アウグスティナー教会 Augustinerkirche

創建は14世紀。17世紀以降は祝典やミサを行う宮廷教会となり、ハプスブルク家の結婚式が行われた。

MAP：P6B3

☎01-5337099 ⏲7時30分～17時30分(火・木曜は～19時15分、土・日曜は9時～19時30分)
※ミサ時は見学不可
㊡なし ㊑無料

旧王宮内を大解剖！

旧王宮内は3つのミュージアムとして一般公開されている。ハプスブルク家の暮らしをのぞいてみよう。

部屋番号一覧

❶謁見者ホール
❷謁見室
❸会議室
❹執務室
❺皇帝の寝室
❻大サロン
❼喫煙の間
❽皇后の居間兼寝室
❾化粧室兼体育室
❿浴室とベルグルの部屋
⓫皇妃の大サロン
⓬小サロン
⓭⓮大控えの間
⓯赤いサロン
⓰ディナールーム

皇帝の生活の場であり、帝国統治の心臓部でもあったのが旧王宮。16世紀にアマリエ宮、18世紀に帝国官房宮、19世紀にミヒャエル宮が完成した。現在は皇帝フランツ・ヨーゼフ1世と皇妃エリザベートの居住空間が保存され、王室の食卓を飾った銀宮廷器コレクションなどとともに一般公開されている。

☎01-5337570 ⏲9〜17時 ㊡なし
㊕€16(3館共通。シェーンブルン宮殿、家具博物館とのコンビチケット€40)

鑑賞ガイド

順路は銀器コレクション→シシィ・ミュージアム→皇帝の部屋と決まっている。日本語オーディオガイド付き。かなり見応えがあるので最低2時間はみておきたい。

レオポルト翼
スイス宮
フランツ1世像
シシィ・ミュージアム
執務室翼
皇帝の部屋
アマリエ宮
ミヒャエル宮
スペイン乗馬学校
ミヒャエル広場
銀器コレクション

銀器コレクション
Silberkammer

ハプスブルク家が所有していた金器、銀器、磁器など約7000点のテーブルウェアが並ぶ。展示品のなかには、国賓を迎える公式ディナー用のものや、エリザベートが船旅で使用したもの、マリア・テレジア時代のものもある。
※2023年5月現在休館中。再開は2026年予定

⬆1838年にミラノで製作したセンターピース。ブロンズに金メッキを施している

©SKB/Alexander Eugen Koller

⬇体型維持のために、シシィはこのアヒルのガラ絞りを使って牛肉などを絞り、その肉汁のみを摂取した

⬆英国ヴィクトリア女王からフランツ・ヨーゼフ1世に贈られたクリーム容器のセット

⬇等身大立像や記念コインを展示している「シシィ伝説」の部屋

©Österreich Werbung/Cross Media Redaktion

シシィ・ミュージアム
Sisi Museum

シシィの愛称で親しまれる皇妃エリザベートの生涯をたどる博物館。「シシィ伝説」「宮廷生活」「死」など、部屋ごとにテーマが設けられており、数々の遺品や彫像などで彼女の波乱に満ちた人生を紹介している。

⬆ダイヤモンドの星を付けたシシィの肖像画も飾られている

⬅「宮廷生活」にある婚礼前夜の送別会で着用したドレスのレプリカ（手前）

©Österreich Werbung/Cross Media Redaktion

皇帝の部屋(カイザーアパートメント)
Kaiserappartements

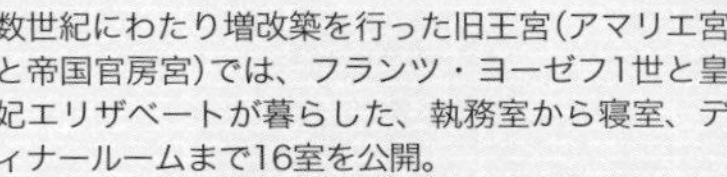

数世紀にわたり増改築を行った旧王宮(アマリエ宮と帝国官房宮)では、フランツ・ヨーゼフ1世と皇妃エリザベートが暮らした、執務室から寝室、ディナールームまで16室を公開。

©Österreich Werbung, Photographer: Gerhard Trumler

4 執務室
Arbeitszimmer

皇帝は一日の大半をここで過ごし執務にあたった。壁には皇帝が最も愛した、長い髪をほどいたシシィの肖像画がある。

©Österreich Werbung, Photographer: Gerhard Trumler

5 皇帝の寝室
Schlafzimmer

鉄製のベッドと洗面台が置かれた部屋から、質素な生活ぶりがうかがえる。皇帝は午前4時30分に起床していた。

©SKB/Alexander Eugen Koller

6 大サロン
Großer Salon

皇帝が客人などを招いた部屋で、壁と同じ赤いダマスト布を張った家具が置かれる。騎士団の正装である金羊毛マントを着た皇帝の肖像画も見られる。

吊り輪もあり!

©Österreich Werbung, Photographer: Gerhard Trumler

9 化粧室兼体育室
Turn-und Toilettezimmer

絶世の美女と謳われたシシィ愛用の化粧台や日課とした美容体操の器具が置かれている。シシィは身長173cm、体重50kgで、4人の子どもを出産したあとも50cmのウエストを保っていた。

シシィは月に1度、卵黄とコニャックで髪を洗ったという

←マリア・テレジアの委嘱によりヨハン・ベルグルが描いた

10 浴室とベルグルの部屋
Badezimmer und Berglzimmer

シシィの要望で造られた王宮内で初めての浴室。そこから続く2室は壁一面にエキゾチックな風景画が描かれている。

11 皇妃の大サロン
Großer Salon der Kaiserin

皇妃が来客と接したサロンで、壁には彼女が憧れた異国の風景画が掲げられている。皇帝夫妻は時々、ここで朝食を共にした。

©Österreich Werbung, Photographer: Gerhard Trumler

→ナプキンの独特な折り方はオーストリアの秘伝。現在も2人の女性のみが継承。

15 赤いサロン
Roter Salon

王朝末期、皇帝のレセプションの間とされた部屋。フランス国王ルイ16世とマリー・アントワネット夫妻が兄ヨーゼフ2世にプレゼントした赤いゴブラン織が飾られている。

16 ディナールーム
Speisesaal

皇帝一家の食事室で、往時のディナーセットが再現されている。通常10品ほどのコースを45分で済ませるのが習わしだった。

Stephansdom

モザイク屋根が美しいウィーンの象徴

シュテファン寺院から街を一望!

Read me!

旧市街のマストスポットといえば、「シュテッフェル」の愛称で親しまれるシュテファン寺院。ウィーンの象徴的存在でもある寺院で、ゴシック建築の内部をじっくり見学。

ゴシック建築の荘厳な寺院

シュテファン寺院

●Stephansdom ★★★

1147年に小さなロマネスク教会として建設。14世紀にルドルフ4世の命で大々的に改築され、ゴシック様式の大教会となった。正面の塔と入口は13世紀の建造部分が残されている。

旧市街 MAP:P7D2

図Ⓤ1・3線Stephansplatz駅からすぐ
住Stephansplatz 3 ☎01-515523054
時6～22時(日曜、祝日は7時～)。有料エリアは場所により異なる
休なし 料カタコンベガイド€6、ドームガイド€6、北塔€6、南塔€5.50、共通パス(カタコンベ、ドーム、北塔、南塔)€20

寺院の外にも注目

寺院内部を見学したら、外側も歩いて回ってみよう。モーツァルトの葬儀場などみどころがある。

歯痛のイエスキリスト

酔っ払いの男が「受難のキリスト」を見て「歯痛のキリスト」とからかった。その後、その男は歯痛に苦しめられたことからこの名が付いた。

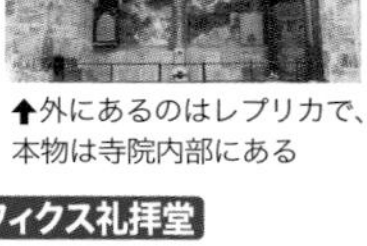

↑外にあるのはレプリカで、本物は寺院内部にある

クルツィフィクス礼拝堂

モーツァルトの葬儀が行われた小さな礼拝堂。十字架の下に「この場所で1791年12月6日にモーツァルトの葬儀を行った」と書かれたプレートがある。

←モーツァルトはシュテファン寺院で結婚式を挙げている

みどころCHECK

寺院内部は後方と左右側廊は無料で、身廊や主祭壇付近は有料。みやげ店もあるので立ち寄ってみよう。

A 寺院内部

荘厳な主祭壇(写真)や祭壇画、説教壇などみどころは多彩。入口左側に見学窓口があるので、間近で見学したい人はここでチケットを購入しよう。

ヴィーナー・ノイシュタット祭壇

主祭壇を正面に見て左側にある二重扉の両開き祭壇。オーストリアに現存するこの作りの祭壇のなかで、最も古いひとつ。

←72人の聖人が描かれている

↓見学チケット窓口の近くにある

↓ガイドツアーなので北塔付近にある入口に集合

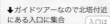

カタコンベ(地下墓所)

ハプスブルク家歴代皇帝の心臓以外の内臓が入った壺と、約2000体のペスト犠牲者の骨が納められている。

説教壇

1510～1515年にかけて作られたゴシック様式の説教壇。石灰砂岩の精巧な装飾は大変貴重とされている。柱の下には説教壇を作った建築家のアントン・ピルグラムが顔を出しているが、アントン作ではないともいわれる。

↓息子であるマクシミリアン1世の意思によりこの場所に置かれた

フリードリヒ3世の墓碑

主祭壇の正面右に置かれた大理石の墓碑。フリードリヒ3世は、ウィーンを司教座に格上げしたひとりで、1452年に神聖ローマ帝国皇帝として戴冠した。

B 北塔

高さ68.3m。展望台までは寺院内部からエレベーターで上れる。ウィーンの街並みはもちろん、ハプスブルク家の紋章、双頭の鷲のモザイク屋根も見られる。

C 南塔

1359年に完成した全長137mの塔。343段のらせん階段を上り、72mの展望台へ。北塔より高いので、眺望も抜群。

↑南塔への入口は寺院外、正面から右へ進み「TOWER/TURM」と書かれた場所。

ウィーン随一の眺望スポット

Night View

歴史的建造物が光り輝く！

きらめく ウィーンの夜景スポット

Read me!

旧市街や周辺に立つ歴史的建物は夜になるとライトアップされ、昼間とは違う幻想的な姿に。特にきれいな時間は、空が青く染まる昼と夜の境目！日没時間をチェックしよう。

美しい歩行者天国の通り

グラーベン通りとペスト記念柱

●Graben / Pestsäule ★★

ローマ時代に堀があった場所で、12世紀末に埋め立てて造られたウィーンで最初の歩行者天国。通りの中央には皇帝レオポルト1世によるペスト終息の記念柱が立つ。→P119

鑑賞Point

通りを歩き、旧市街のクラシカルな雰囲気を楽しみながら鑑賞しよう。

↑クリスマス時期は通りに装飾が施され、より輝きが増す

©Österreich Werbung/Julius Silver

旧王宮

●Alte Burg ★

スイス宮、アマリエ宮、ミヒャエル宮からなる旧王宮。旧市街に最も近いのが、高さ50mのドームが印象的なネオ・バロック様式のミヒャエル宮。門をくぐり、中庭にも行ってみよう。→P58

ドームを照らす幻想的な光

©Österreich Werbung/Julius Silver

鑑賞Point

ミヒャエル広場からの眺めは宮殿正面全体が見えて迫力大。コールマルクト通りからも絵になる。

©Österreich Werbung/Julius Silver

さまざまな建築様式が合わさる

新王宮

●Neue Burg ★

20世紀初頭のハプスブルク王朝末期に建造した最も新しい宮殿。ホーフブルク(王宮)は7世紀に渡り増築が続いた。トルコ戦争の英雄、オイゲン公像が威風堂々と立つ。→P57

鑑賞Point
バルコニーは古代ローマ、柱はギリシアコリント式など光に照らされるそれぞれをじっくり見たい。

荘厳なバロック装飾の教会

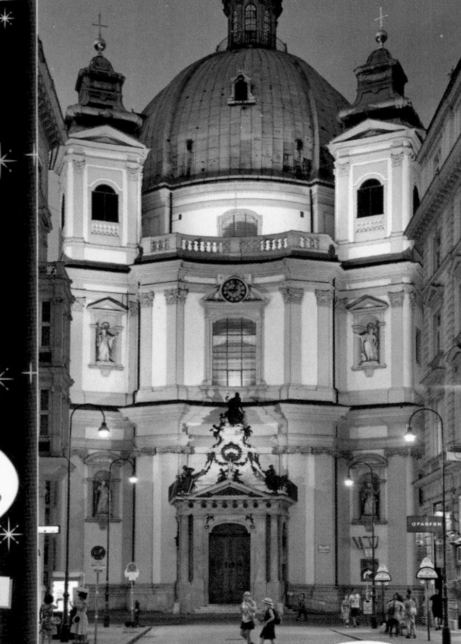

ウィーン国立歌劇場

●Wiener Staatsoper ★

1869年に宮廷オペラ座として開演した、世界最高峰のオペラ劇場のひとつ。ネオ・ルネッサンス様式の絢爛豪華な建物はどの角度から見ても荘厳さが現れるように設計されている。→P80

鑑賞Point
リンク通りから見た姿。ぐるっと回ってスケールの大きさを感じよう。

オペラの殿堂は夜も優美

©Österreich Werbung/Julius Silver

ペーター教会

●Perterskirche ★

グラーベン通りのペスト記念柱の近くに突如現れる巨大ドーム屋根。ここは9世紀創建のウィーンで2番目に古い教会。内部のフレスコ画も必見。
→P119

鑑賞Point
旧市街の建物の間に見える外観。ライトアップされた夜は幻想的。

ウィーンスイーツの大本命

2大カフェでザッハートルテを食べたい

Read me!

チョコレートをふんだんに使ったザッハートルテは"チョコレートの王様"と称されるほど有名。ウィーン発祥のこのケーキを味わえる、2つの歴史ある名店へ訪れてみよう。

クリーム
滑らかな無糖ホイップクリーム

チョコレート
濃厚な甘さと香り。表面はグラサージュ(糖衣)で覆われている

ジャム
甘酸っぱいアプリコットジャム。チョコと絶妙にマッチする

スポンジ
しっとり食感。クリームと合わせて食べるとさらに◎

€8.90
オリジナル・ザッハートルテ
Original Sachertorte
チョコレートスポンジの間にある3層のアプリコットジャムが特徴。

定番

ザッハートルテ発祥の老舗

カフェ・ザッハー

●Café Sacher

1832年に当時16歳の見習いシェフ、フランツ・ザッハーが考案したザッハートルテが瞬く間に評判となった、ウィーンを代表するカフェ。深紅の絨毯やシャンデリア、絵画が高級感を漂わせる。

旧市街 **MAP:P6C4**

図Ⓤ1・2・4線Karlsplatz駅から徒歩5分
㊟Philharmoniker Str. 4
☎01-514561053 ⏲8〜20時
㊡なし

←かつては上流階級の社交場だった。現在では多くの観光客で賑わう

↑入口右側の部屋。シシィの肖像画が見える

名店の味を楽しんで♪

食事&カフェメニューはコチラ

←定番のメランジェ€6.90はモカに泡立てたミルクを混ぜたもの

←朝食セットのアンナ・ザッハー€45。スモークサーモンやハム、チーズ、パンなど。チョコレートケーキ付き

→モカ(ブラックコーヒー)に無糖ホイップクリームを加えた、アインシュペンナー€6.90

皇室御用達のコンディトライ

デメル ●Demel

オススメ！

かつてはハプスブルク家専門のベーカリーで、フランツ・ヨーゼフ1世とエリザベート夫妻も通っていた。店内は19世紀のカフェハウスを彷彿とさせる優雅な造りで、ショップも併設(→P105)。

旧市街 MAP:P6B2

図Ⓤ3線Herrengasse駅から徒歩3分
住Kohlmarkt 14
☎01-53517170 ⏲10〜19時 休なし 英 英

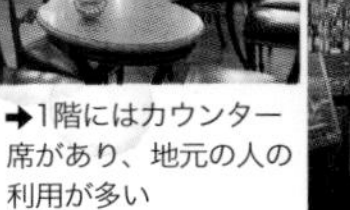

↑客席は1、2階に。2階はゆったり過ごせる雰囲気

→1階にはカウンター席があり、地元の人の利用が多い

クリーム
無糖ホイップクリーム。やや濃厚

チョコレート
グラサージュをかけている。少し甘めだが、コクがある

€6.90
(無糖ホイップクリーム付き€7.50)

デメルズ・ザッハートルテ
Demels Sachertorte
スポンジの上にアプリコットジャムが塗られている。甘さはやや抑えめ。

ジャム
アプリコットジャムは表面のチョコとスポンジの間だけ

スポンジ
ふんわり食感。生クリームと合わさるとふんわり度が増す

ケーキの注文

ショーケースから選び、メモ(注文票)をもらう。席に着いたらそれをテーブル担当のスタッフに渡す。飲み物はその時に注文する。

\ 食事&カフェメニューはコチラ /

→デメルの代表作、ヘーゼルナッツクリームのチョコレートケーキ、アンナ・トルテ€6.90

↑小腹が空いた時にちょうどいい、デニッシュ生地のバニラシュネッケ€3.90

+Plus! **ザッハートルテの歴史**

ウィーンを代表するトルテ。その裏には「ザッハートルテ戦争」と呼ばれる事件が…

当初は門外不出のレシピで、ホテル・ザッハーのみで提供されていたザッハートルテ。1930年代に経営難に陥り、資金繰りのため、デメルにトルテの販売を譲渡した。しかしその後、商標をめぐる提訴へと発展。1962年に「両店での販売を認めるが、オリジナルを名乗れるのはザッハー」という判決で決着した。これを「ザッハートルテ戦争」とよばれる事件として騒がれた。

←デメルのザッハートルテは三角の板チョコが。「エドワード(フランツ・ザッハーの息子)による正真正銘のザッハートルテ」と刻印

→カフェ・ザッハーのザッハートルテ。「HOTEL SACHER WIEN」と刻印された丸い板チョコが

Cafe

カフェ文化発祥の地

ウィーンの老舗カフェ案内

Read me!

多くの芸術家や文化人が足繁く通ったウィーンの老舗カフェをご紹介。熱い討論が交わされたり、くつろいだりしたであろう風格漂う空間で、コーヒーの香りに包まれよう。

⬆ビリヤード台、手前に新聞が置かれている

➡分離派会館から徒歩すぐ。芸術家たちの制作の場でもあった

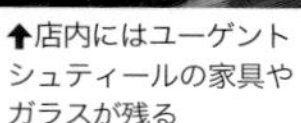

⬆店内にはユーゲントシュティールの家具やガラスが残る

© Österreich Werbung/Harald Eisenberger

古き良きノスタルジックな空間へ

シュペルル ●Café Sperl

店内は1880年の創業時の雰囲気をそのまま残す。入口正面にある番台のようなカウンターに主人が座り、左手にテーブル席、右手には伝統的なカフェに欠かせないビリヤード台が置かれる。

リンク周辺 **MAP:P9D3**

図Ⓤ2線Museumsquartier駅から徒歩5分
住Gumpendorfer Str.11
☎01-5864158 ⏲7～22時(日曜は10～20時)
休7・8月の日曜 英 英

名物スイーツ

定番

⬆シュペルルシュニッテ€4.70。店オリジナルのチョコレートケーキ

文化人に愛された宮殿内のカフェ

ツェントラル ●Café Central

オススメ!

1876年にフェルステル宮殿の一部を利用してオープン。ウィーンの文化を活性化させた各分野の代表的人物が常連だった。各種ドリンクのほか、25種ほど揃う自家製ケーキ€5.90も人気。

旧市街 **MAP:P6A1**

図Ⓤ3線Herrengasse駅から徒歩3分
住Ecke Harrengasse/Strauchgasse
☎01-533376324
⏲8～21時(日曜、祝日は10時～) 休なし 英 英

⬅いくつも連なるアーチ型の天井と大理石の柱が壮麗

➡常連だった作家、アルテンベルクの人形

⬅オレンジ風味のスポンジにダークチョコをコーティングした、ツェントラルトルテ€5.90

名物トルテ

⬅パンと茹で卵、ドリンクの朝食セット€8～

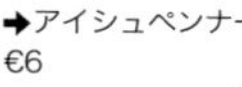

➡アイシュペンナー€6

⬇レトロな雰囲気漂うドロテア小路にある

©Österreich Werbung/Harald-Eisenberger

名物蒸しパン

⬆芸術家たちに愛されたブフテルン(写真右)1個€2.30。販売は月〜土曜の20時から

©Österreich Werbung/Harald Eisenberger

⬅店内には新聞や古いポスター、常連の芸術家から贈られた作品があふれる

創業から変わらぬ伝説的なカフェ

ハヴェルカ

●Café Hawelka

1939年創業のカフェ。開店当初から一度も改装を行っていない店内はユーゲントシュティール様式で統一され、かつて芸術家やジャーナリストが集い熱く語った時代を彷彿とさせる。

旧市街 **MAP:P6C3**

図Ⓤ1・3線Stephansplatz駅から徒歩3分
㊍Dorotheegasse 6
☎01-5128230
⏲8〜24時(金・土曜は〜翌1時、日曜は9〜20時) ㊡なし 英 英

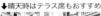

⬇晴天時はテラス席もおすすめ

⬅ピスタチオムースのモーツァルトトルテ€6.30

名物トルテ

名作映画に登場した有名店

モーツァルト

●Café Mozart

ウィーンを舞台とした映画『第三の男』に登場したことで有名になった、1794年創業のカフェ。ウィーン国立歌劇場から近く、公演前後に訪れる人も多い。メニューの一部に日本語があるので利用しやすい。

旧市街 **MAP:P6C4**

図Ⓤ1・2・4線Karlsplatz駅から徒歩3分
㊍Albertinaplatz 2
☎01-24100200 ⏲8〜23時
㊡なし 英 日 英

➡カフェ・マリアテレジア€8.80はオレンジリキュール入り

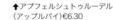

⬆アプフェルシュトゥルーデル(アップルパイ)€6.30

⬆天井が高く開放的。シャンデリアなどインテリアも豪華

+Plus! **ウィーンのコーヒーあれこれ**

1685年に皇帝の許可を受けて誕生したといわれるウィーンのカフェ。日本とメニューの呼び方が異なるので、指差し注文がベター。

モカ/シュヴァルツァー
Mocca/Schwarzer
濃く苦いブラックコーヒー。大はグロッサーGrosser、小はクライナーKleiner

メランジェ
Melange
モカと泡立てたミルクを1対1で混ぜたもの。ウィーンっ子に人気

アインシュペンナー
Einspänner
熱いモカにホイップクリームを入れ、粉砂糖をかけたもの

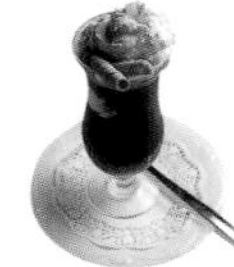

ヴィーナー・アイスカフェ
Wiener Eiskaffee
冷たいモカにバニラアイスと生クリームを入れた夏に最適な飲み物

旧市街散策の休憩にぴったり!

ウィーンのおやつを体験

Read me!

観光途中におやつが食べたい!甘いものならカフェ・コンディトライ(カフェスペースを備えた洋菓子専門店)、食事系ならカナッペの有名店へ。ウィーンではこれが定番です。

ゲルストナートルテ €5.50
Gerstner Torte
チョコレート生地とチョコレートクリームを何層にも重ねたゲルストナーを代表するトルテのひとつ

シシィトルテ €5.50
Sisi Torte
上面にカシス入りのマジパン、スグリジャムを挟んだチョコレートケーキ

カーディナルシュニッテ €5.50
Kardinalschnitte
ふわふわのメレンゲ生地にバニラクリームをたっぷり挟んだ、伝統的なケーキ

➡ウィーン国立歌劇場から近い、1861年建造のトデスコ宮殿を利用

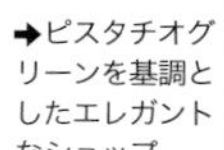

➡ピスタチオグリーンを基調としたエレガントなショップ

シシィも訪れた歴史あるカフェ

ゲルストナー

●Gerstner K.u.K Hofzuckerbäcker

定番

1847年から続く王室御用達のコンディトライ。1階がショップでカフェは2・3階。かつての宮殿を使用した店内は柱や天井の装飾、シャンデリアが豪華絢爛な宮廷文化を今に伝える。

旧市街 **MAP:P6C4**

図Ⓤ1・2・4線Karlsplatz駅から徒歩1分
住Kärntner Str. 51
☎01-5261361
⏲10〜23時
休なし 英 英

スイーツ

ハプスブルク帝国の繁栄とともに誕生したウィーンのケーキ。ドイツ語で「トルテ(切り分けて食べるケーキ)」とよばれ、種類も多い。

⬇家族経営のコンディトライ。マジパン細工も並ぶ

昔ながらのスイーツにほっこり

ハイナー

カスタメ

●K.u.K. Hofzuckerbäcker L.Heiner

1840年創業、王室御用達の証である双頭の鷲の紋章を掲げる。ショーケースには伝統的なケーキが並び、懐かしさを感じさせる。ケルントナー通り(MAP:P6C3)にも店舗あり。

旧市街 **MAP:P7D2**

図Ⓤ1・3線Stephansplatz駅から徒歩5分
住Wollzeile 9
☎01-5122343
⏲9〜19時
(日曜、祝日は10時〜)
休なし 英 英

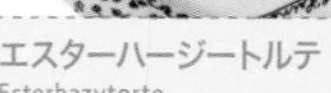

エスターハージートルテ €4.70
Esterhazytorte
クルミ入りスポンジ×バニラクリーム。表面にエスターハージー貴族の紋章入り

ハウストルテ €4.70
Haustorte
チョコレートのスポンジとミルクチョコレートクリームが層になっている

クレームシュニッテ €4.30
Cremeschnitte
サクサクのパイ生地にバニラクリームをサンドした、軽い食感のケーキ

カスタニエン・シュニッテ €4.50
Kastanien Schnitte
チョコレートスポンジの上にマロンペーストとホイップクリーム

€1.75
ブラッドソーセージとザワークラウト
Blunze Sauerkraut
豚の血入りソーセージ。ザワークラウトをのせている

€1.75
マッシュルームとチャイブ
Champignon
マッシュルームのペーストと玉ネギの香りに近いハーブ

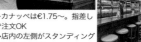

€3.20
小エビ
Garnelen
小エビたっぷり、さっぱりテイストの贅沢カナッペ

€1.75
スパイシーミート
Scharfer Fleischsalat
ハムと豆のカナッペ。チリペッパーのほどよい辛さが◎

€1.75
カレー味のタマゴ
Curry Ei
ゆで卵をカレーで絡め、アサツキをトッピング

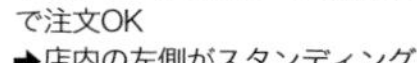

⬆カナッペは€1.75～。指差しで注文OK
➡店内の左側がスタンディング&カウンター席

創業400年を超えるデリカテッセン

ツム・シュヴァルツェン・カメール

オススメ！

●Zum Schwarzen Kameel

「黒らくだ」を意味するデリカテッセン&レストランで、ベートーヴェンも贔屓にしていた。店内のバーカウンターや立ち飲みスペースでワインと一緒に味わいたい。

旧市街 **MAP：P6B2**
図Ⓤ1・3線Stephansplatz駅から徒歩5分
住Bognergasse 5
☎01-5338125
時8～24時(デリカテッセンは～20時) 休なし 英英

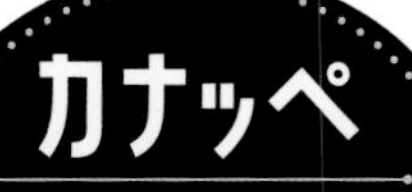

カナッペ

パンの上にさまざまな具材をのせるオープンサンド。ドイツ語でBrötchen(ブレートヘェン)。ウィーンの人気軽食で、カフェのメニューでも見かける。

デリカテッセンもチェック！

1618年、香辛料などの輸入食材店としてスタート。現在ではワインやビネガー、ジャム、チョコレート(→P108)なども販売。

⬅キュヴェワイン€11.90～、リースニング€34.80などオーストリア産ワインが揃う

⬅ポーランドの移民が始めた創業100年を超す老舗

ウィーンっ子に愛されるカナッペ専門店

ツェスニェフスキー

定番

●Trzesniewski

ウィーン市内に11店舗あるカナッペ専門店。ライ麦パンにさまざまな具材がのったカナッペは25種類程度。1/8ℓのミニジョッキビール€1.40と合わせて食べるのがツウ。

旧市街 **MAP：P6C2**
図Ⓤ1・3線Stephansplatz駅から徒歩1分
住Dorotheergasse 1
☎01-5123291
時8時30分～19時30分(土曜は9～18時、日曜は10～17時)
休なし 英英

€1.70
スモークサーモン
Räucherlachs Auf Krengervais
西洋ワサビとクリームチーズの上にスモークサーモン

€1.70
ターフェルシュピッツ
Tafelspitz Mit Kren Und Gurke
キュウリ、牛肉、卵。ベートーヴェン生誕250年記念のもの

€1.70
卵とキュウリ
Gurke Mit Ei
キュウリペーストの上にスライスしたゆで卵

€1.70
トマト
Tomate
トマトの酸味がほどよい。ライ麦パンとの相性も◎

€1.70
ビーツとレンズ豆
Linse mit Roter Rübe
レンズ豆のペースト。真ん中に鮮やかなビーツが

装飾美にうっとり！

美的空間♡ミュージアムカフェ

Read me!

美術館はアート鑑賞だけじゃない！併設するカフェやレストランにも注目を。豪華絢爛な装飾にアーティストの世界観が広がる斬新なデザインなど、食事と空間も楽しんで♪

ここが美しい！

大理石の柱と幾何学模様の床からなる壮麗な空間。2階から見下ろしてみよう。

Kunsthistorisches Museum in Wien Österreich Werbung/Sebastian Burziwal

美術史博物館 P74

想像を絶する美しさにため息！

カフェKHM ●Café KHM

吹き抜けの天井や美しい壁装飾など重厚感あふれる豪華な造りは「世界で最も美しいカフェ」と言われるほど。ケーキは約15種類揃う。利用できるのは美術館入館者のみ。

リンク周辺 MAP：P9D1

図Ⓤ2・3線Volkstheater駅から徒歩5分
住Maria-Theresien-Platz 1
☎050-8761001
時10時～17時30分(木曜は～20時30分)
休なし(9～5月は月曜) 英 英

定番

←チョコスポンジとクリームと重ね、ピスタチオでコーディングしたモーツァルトボンベ €6.10

➡アプフェルシュトゥルーデル€8.30とアインシュペナー€5.90

⬆ドーム型の天井はいたるところに美しい装飾が施されている

オーストリア応用美術博物館(MAK) P123

美しき格天井のレストラン

サロンプラフォン・イム・マック

●SalonPlafond im MAK

19世紀後半に建造されたオーストリア応用美術博物館(MAK)の館内。290㎡もの広々としたフロアに美しいガーデンテラス席も備わる。伝統とモダンが融合したウィーン料理を提供。料理は季節によって変わる。

ここが美しい!
特徴的な天井(プラフォン)と有名デザイナーによる家具を配したモダンな内装

リンク周辺 MAP:P7F3

図Ⓤ3線Stubentor駅から徒歩2分
住Stubenring 5 ☎01-2260046
⏰10〜24時 休なし 英 英

↑スズキのグリルとキノコのテリーヌ、ほうれん草ソース添え€28

➡モッツァレラとビーツのニョッキサラダ€19

クンストハウス・ウィーン P79

カフェすべてがアートのよう!

カフェ・クンストハウス・ウィーン

オススメ!

●Café Kunst Haus Wien

自然との調和がテーマのフンデルトヴァッサー建築を体感できるカフェ。タイルやガラスを多用し、曲線と自然光に囲まれたカラフルな内装が特徴。美術館に入らなくても利用できる。夏場はテラス席がおすすめ。

リンク周辺 MAP:P5F2

図Ⓣ1・0番Radetzkyplatzから徒歩4分
住Untere Weißgerberstr. 13
☎01-3473086 ⏰10〜18時 休なし 英 英

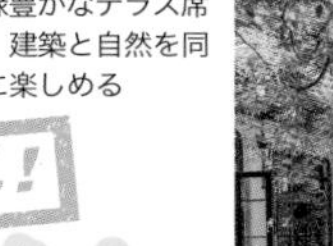

©KUNST HAUS WIEN/Paul Bauer

➡緑豊かなテラス席は、建築と自然を同時に楽しめる

ここが美しい!
タイル張りの床が曲線を描くユニークなデザイン。歩いて曲線を体感して!

➡生地はサクサク、リンゴたっぷりのアプフェルシュトゥルーデル€5.10

⬅定番のシュニッツェル€14.80

➡ほうれん草のクネーデル€12.50は、野菜たっぷりで食べ応えあり

※2023年5月末から2024年初頭まで改修工事のため閉館

ウィーンで生まれた世紀末芸術

クリムトとシーレの名画に出合う

Read me!

19世紀末のウィーンで"世紀末芸術"という芸術潮流が花開いた。その中心にいたのが画家クリムトと、彼に多大なる影響を受けた画家シーレ。2人の甘美なアートを目撃！

Profile

グスタフ・クリムト Gustav Klimt 1862～1918年

保守、伝統主義と異なる「分離派」の初代会長。彫金師の家に生まれ、若くして美術史博物館の装飾などを手がける。女性とエロスをテーマに、甘美で退廃的な絵画を発表。

『接吻』 Der Kuss 1908年 Ⓐ

当時タブーとされていた男女間の性愛が主題。金箔の背景に日本美術からの影響が見てとれる。

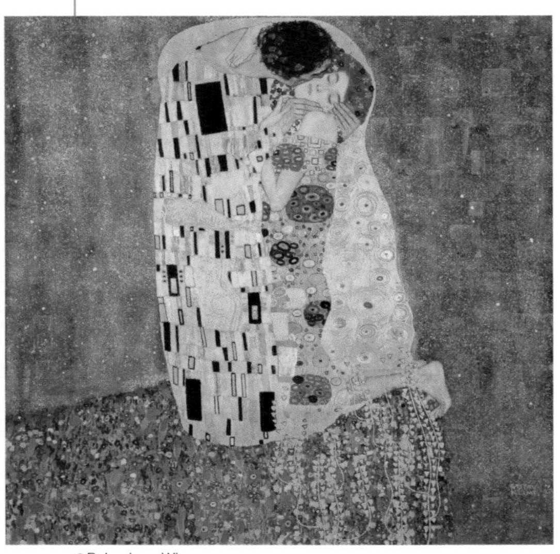

©Belvedere, Wien

『死と生』
Tod und Leben
1910～15年 Ⓑ

寄り添う人間を生、その対極に死神を描き、生と死が身近であることを表現した作品。

＼鑑賞Point！／
クリムトの作品には死や眠りを題材としたものが多い。生(性)と死は表裏一体であることを表した、クリムトの集大成ともいえる晩年作だ。

＼鑑賞Point！／
男女の衣服に用いられている美しい幾何学模様は、クリムトの代表的な技法。直線的な文様は男性性、円形の色鮮やかな文様は女性性を表しているという。

世紀末アート作品が集合

Ⓐ ベルヴェデーレ上宮

●Oberes Belvedere ★★★

ハプスブルク家に仕えた貴族オイゲン公が建てたベルヴェデーレ宮殿。上宮と下宮があり、迎賓館として使われた上宮がクリムトやシーレなど世紀末芸術を展示する絵画館になっている。見学は所要1時間30分ほど。

郊外 **MAP：P3D4**

図ⓉD番Schloss Belvedereから徒歩3分 住Prinz Eugen Str. 27 ☎01-795570 ⏱9～18時(金曜は～21時) 休なし 料上宮€15.90、下宮€13.90（特別展開催時のみ)、上宮と下宮のコンビチケット€22.90 英

⬆庭園や上宮1階にあるミュージアムショップ(→P105)もおすすめ

世界最大級のシーレコレクション

Ⓑ レオポルト・ミュージアム

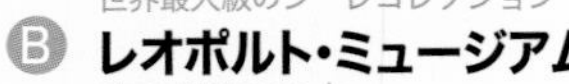

●Leopold Museum ★

アートコレクターのルドルフ・レオポルトの個人コレクションを一般公開している。注目は200点にも及ぶシーレの作品。ほか、クリムトやココシュカ、ウィーン工房による工芸品なども展示。

リンク周辺 **MAP：P8C2**

図Ⓤ2線Museumsquartier駅から徒歩2分 住Museumsplatz 1 ☎01-525700 ⏱10～18時 休火曜 料€15（美術史博物館とのコンビチケット€27)

➡屋上には2020年にオープンしたMQリベッレ(→P123)がある

©Belvedere, Wien

『ユディット』
Judith
1901年 Ⓐ

旧約聖書外典に登場する美しい女性ユディット。敵の将軍の首を切り落とした後の、妖艶で官能的な姿を描いた。

＼鑑賞Point！／
クリムトは当時ヨーロッパで流行していたジャポニズム、特に琳派の影響を受けたといわれている。縦長の構図や金箔の装飾は、屏風画の絢爛さに通じる。

Profile

エゴン・シーレ Egon Schiele 1890～1918年

16歳でウィーン美術アカデミー入学。翌年クリムトと出会い、強い影響を受ける。分離派展に出品し、高い評価を得た矢先、28歳で他界。作品は男女の裸体や死を過激な描写で表現している。

『ほおずきの実のある自画像』
Selbstbildnis mit Lampionfrüchten
1912年ごろ Ⓑ

短い生涯のなかで数多くの肖像画を描き、特に心の動きを直接表現できる自画像を好んだ。代表作のひとつ。

＼鑑賞Point！／
多様な価値観が交錯する世紀末ウィーンという時代のなか、短い生涯のうちに数多くの自画像を残した。ナルシズムの表れともいわれる。

『ベートーヴェンフリーズ』
Beethovenfries
1901~02年 Ⓒ

ベートーヴェンの『交響曲第9番』が主題になっている。3連の壁画から成る超大作。

＼鑑賞Point！／
３枚の巨大な壁画の中でも注目は、この「歓喜の歌」を歌う天使たちの壁画。誰もが知るあのベートーヴェン作曲の合唱が、今にも聞こえてくるようだ。

©Gustav Klimt, Beethovenfries: Chor der Paradiesengel und Umarmung, 1902, rechte Wand, Foto: Jorit Aust

『恋人ヴァリーの肖像』
Bildnis Wally Neuzil 1912年 Ⓑ

『ほおずきの実のある自画像』と対になっていて、お互いが見つめ合っている構図。２人はその後、離別した。

＼鑑賞Point！／
ヴァリーは、元々クリムトのモデルをしていた女性。クリムトの紹介で2人は知り合い、創作活動や私生活で影響し合う仲になったとか。

©Belvedere, Wien

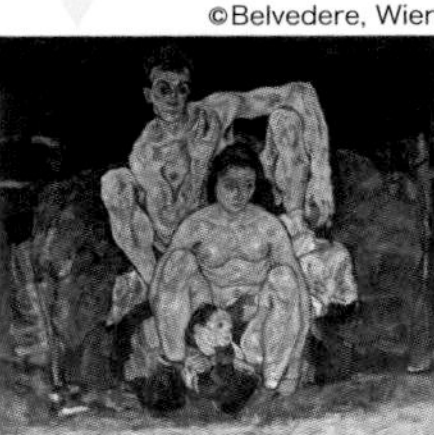

『家族』
Der Familie 1918年 Ⓐ

28歳で夭折したシーレの晩年の代表作であり、未完の作品。こちらに視線を向けているのがシーレ本人で、妻エディットの妊娠で想起された、想像上の家族のイメージを描いている。

＼鑑賞Point！／
シーレは彼の初めての子供をみごもっていた妻をスペイン風邪で失い、3日後に自身も同じ病で他界した。シーレと妻の死によりこの絵の状況は現実のものとはならなかった。

『芸術家の妻』
1918年 Ⓐ
Bildnis der Frau des Künstlers, Edith Schiele

『家族』同様、シーレが亡くなる年に描かれた晩年作。彼の妻であるエディット・シーレをモデルとした肖像画。家族のイメージを描いている。

＼鑑賞Point！／
妻のエディットをモデルに複数の作品を残しているシーレ。レオポルト・ミュージアム(→P72)には、縞模様のドレス姿の絵もあるので見比べてみよう。

©Belvedere, Wien

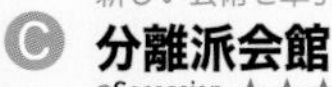

新しい芸術を牽引した分離派の拠点

Ⓒ 分離派会館
●Secession ★★★

クリムトを中心に結成されたウィーン分離派の活動拠点となる、ユーゲントシュティール様式のアートギャラリー。クリムトが描いた大壁画は地下展示室にある。

リンク周辺 MAP：P9E3 DATA→P76

← 斬新な外観にも注目したい

ヨーロッパ屈指のアートスポット

ハプスブルク家ゆかりの美術館へ

Read me!

アート好きなら美術史博物館をはじめとする、ハプスブルク家が収集した芸術作品もチェックしたい。栄華を極めたハプスブルク家だけあり、名だたる作品ばかり。

大理石を使った重厚な造り

珠玉のアートが勢揃い

美術史博物館

●Kunsthistorisches Museum ★★★

1階はギリシア、エジプトの美術品、3階は貨幣を展示。絵画は2階に集まっており、初期ネーデルラント絵画の巨匠ブリューゲルの作品群は世界一の規模を誇る。見学は2階だけで約2時間はかかる。

リンク周辺 **MAP：P9D1**

図Ⓤ2・3線Volkstheater駅から徒歩5分 住Maria-Theresien-Platz ☎01-525240 ⏲10～18時（木曜は～21時）休9～5月の月曜 料€18（＋宝物館は€24、＋レオポルト・ミュージアムは€27）

⬆階段ホールにあるクリムトが描いたエジプトとギリシアの女神の壁画

⬅建物もみどころ。フランツ・ヨーゼフ皇帝時代の19世紀に造られた

『バベルの塔』

Turmbau zu Babel

1563年

●ピーテル・ブリューゲル（父）

旧約聖書創世記に記される伝説の塔の建設場面を、建物の内部で働く人間まで細かく描いている。

『農民の婚礼』

Bauernhochzeit 1568~69年ごろ

●ピーテル・ブリューゲル（父）

ベルギー、フランドル地方の農民の婚礼式を描いた作品。緑の壁掛けの前にいるのが花嫁。花婿の姿はない。

『絵画芸術の寓意』
Die Malkunst
1665~66年ごろ
●ヨハネス・フェルメール

フェルメールの代表作のひとつ。歴史の女神クレイオがモデルとなっている。絵を描いているのはフェルメール自身。

『毛皮の女』
Helena Fourment (Das Pelzchen)
1635~40年ごろ
●ルーベンス

モデルは妻であるヘレーネ・フールモン。まるで古代ローマのヴィーナスのような肉感的な美の表現がルーベンスらしい。

『雪中の狩人（冬）』
Jäger im Schnee (Winter)
1565年ごろ
●ピーテル・ブリューゲル(父)

季節ごとの農民の生活を描いた、6枚からなるシリーズの1枚。『暗い日(早春)』と『牛群の帰り(秋)』も所蔵している。

『白いドレスの王女マルガリータ』
Infantin Margarita Teresa in weißem Kleid
1656年ごろ
●ディエゴ・ベラスケス

スペイン王フェリペ4世の娘。政略結婚相手の神聖ローマ帝国皇帝レオポルト1世のもとに送られた、5歳のマルガリータ王女の肖像画。

『皇帝マクシミリアン1世』
Kaiser Maximilian I
●デューラー　1519年ごろ

ハプスブルク家出身の神聖ローマ皇帝を描いた肖像画。晩年の皇帝を描いたもので、復活を象徴するザクロの実を手にしている。

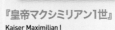

『青いドレスの王女マルガリータ』
Infantin Margarita Teresa in blauem Kleid
1659年
●ディエゴ・ベラスケス

8歳のマルガリータ。スペインのハプスブルク家からウィーンへ送られた、いわばお見合い写真のようなもの。上の絵画も同様。

歴史的にも貴重な工芸品がたくさん

王宮宝物館
●Schatzkammer ★★

オーストリア帝国と神聖ローマ帝国の帝冠や、エリザベートのブローチなど歴史ある財宝を展示。見学所要時間は約60分。

DATA→P57

➡ オーストリア帝国の帝冠

⬆ ルネッサンス様式のスイス門。この先に王宮宝物館がある

ハプスブルク家の食卓を彩った器たち

銀器コレクション
●SilberKammer ★

王宮内には15世紀頃から銀器保管室があった。ここではフェルディナント皇帝の戴冠で制作されたセンターピースから厨房で使われていたお菓子の型までコレクションは幅広い。

DATA→P58

⬆ エリザベートが体重維持のために使った器具。牛肉などを絞り、肉汁のみを摂取したといわれる

➡ 英国ヴィクトリア女王からフランツ・ヨーゼフ1世に贈られたミントン工房のデザートセット

摩訶不思議！ でも美しい！
魅惑の世紀末建築めぐり

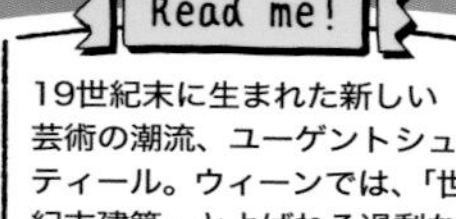

Read me!

19世紀末に生まれた新しい芸術の潮流、ユーゲントシュティール。ウィーンでは、「世紀末建築」とよばれる過剰な装飾を排した建築物に、当時の思潮を見ることができる。

DER·ZEIT·IHRE·KVNST·
DER·KVNST·IHRE·FREIHEIT·
VER·SACRVM·

↑正面には分離派のスローガンが記されている

世紀末建築がわかる
3つのキーワード

ユーゲントシュティール
Jugendstil

ドイツ語圏で「青春様式」を意味する世紀末の芸術思潮。イギリスではモダン・スタイル、フランスではアール・ヌーヴォーとよばれ、回帰主義から脱して新しい様式を生み出そうとする運動のこと。

分離派 Secession

ユーゲントシュティールをもとにドイツ語圏で生まれた、若手の芸術家たちによるグループ。ドイツのミュンヘンで始まり、ウィーンでは1897年に設立、クリムトが初代会長を務めた。

ウィーン工房
Wiener Werkstätte

分離派のメンバーであるモーザーとホフマンが創設した工房。建築、家具、ファッションなど、芸術と生活の一体を目指した総合芸術を掲げていた。

建築家Profile

ヨゼフ・マリア・オルブレヒ
Joseph Maria Olbrich
1867～1908年

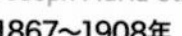

ボヘミア生まれ。ウィーン・アカデミーでヴァグナーに学んだ、分離派を代表する建築家。分離派会館の設計のほか、ドイツ・ダルムシュタットにある芸術家村の設計も手がけた。

分離派の活動拠点として建造
分離派会館 ●Secession ★★★

設計は分離派結成メンバーのオルブレヒ。「金色のキャベツ」とよばれる月桂樹のドーム屋根や動植物をモチーフにした装飾が目を引く。地下展示室にあるクリムトの壁画『ベートーヴェンフリーズ(→P73)』は必見。

リンク周辺 **MAP：P9E3**

図Ⓤ1・2・4線Karlsplatz駅から徒歩7分 住Friedrichstr.12 ☎01-5875307 ⏲10～18時 休月曜 料€12（ベートーヴェンフリーズ見学を含む）

＼ココに注目！／

金色の月桂樹の株
月桂樹の葉をかたどった透かし彫りのドーム。ウィーンっ子は「金色のキャベツ」とよんでいる

鉢を支えるカメ
入口の左右に置かれた植木鉢は小さなカメに支えられている。鉢のモザイク模様にも注目

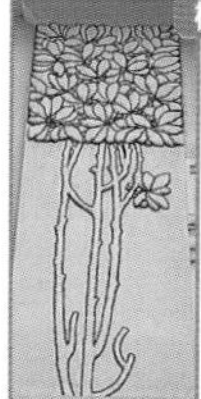

植物の群生
建物左右の側面壁に施された浮き彫りの植物紋様は、ユーゲントシュティールの特徴的なモチーフ

3人のメドゥーサ
入口上部には髪が蛇と化したメドゥーサの3つの首が並ぶ。建物の随所にギリシア神話のモチーフが見られる

逆さトカゲ
正面入口の上部に左右対称に配されたトカゲの彫刻。長い尻尾も装飾の一部として利用されている

建築家Profile

オットー・ヴァグナー Otto Wagner 1841～1918年

ウィーン郊外に生まれる。分離派には結成２年後に参加するが、ウィーン・アカデミーの教授を務め、多くの建築家に影響を与えた。後期は郵便貯金局に代表される機能美を追求した近代建築を残した。

金×グリーンアーチ屋根が目印の駅舎

オットー・ヴァグナー・パヴィリオン・カールスプラッツ

●Otto Wagner Pavillon Karlsplatz ★★

白壁に金色のヒマワリの装飾が描かれた2棟の元駅舎で、ヴァグナーが手掛けた36の市営地下鉄施設のひとつ。現在、1棟はオットー博物館、もう1棟はカフェになっている。

リンク周辺 **MAP：P4C4**

図Ⓤ1・2・4線Karlsplatz駅から徒歩1分 Karlsplatz ☎01-5058747-85177 ⏲10～13時、14～18時 ㊡11月～3月中旬 ㊕€5（第1日曜は無料）

ココに注目！
庇の裏側にまで細かい装飾が施されている

ウィーンの現代建築の先駆け

郵便貯金局

●Postsparkasse ★

光あふれるガラスの大天井や鉄筋コンクリート、アルミなどの新素材を取り入れた画期的なデザイン。外壁版を留めるボトルを装飾の一部にするなど、斬新なアイデアが満載。

旧市街 **MAP：P7F2**

図Ⓤ1・4線Schwedenplatz駅から徒歩4分 Georg-Coch-Platz 2 ☎01-53453-33088 ⏲美術館：13～18時（木曜は～20時） ㊡土・日曜、祝日 ㊕無料

←現在はウィーン応用大学の一部機能、美術館、カフェが入っている

↓住宅なので、内部の見学は不可

ココに注目！
メダルに彫られた女性の表情がそれぞれ異なり、周囲には植物が描かれている

花模様と金装飾が調和

メダイヨン・マンション＆マヨリカハウス

●Medaillon Mansion & Majolikahaus

ヴァグナーを中心とした設計チームによる集合住宅。イタリアのマヨリカ産のタイルで飾られたマヨリカハウスと、女性の顔が彫られた金のメダルが輝くメダイヨン・マンションのふたつの建物が隣り合う。

リンク周辺 **MAP：P8C4**

図Ⓤ4線Kettenbrückengasse駅から徒歩1分 Linke Wienzeile 38&40

建築家Profile

アドルフ・ロース Adolf Loos 1870～1933年

ウィーンの世紀末建築を支えた孤高の建築家。アメリカに渡り、実用的なデザインに衝撃を受け、「装飾は罪悪」と主張して分離派を激しく攻撃した。装飾を一切排除したロースハウスが代表作。

王宮と対象的なデザイン

ロースハウス

●Looshaus ★

装飾を施さない白壁や庇のない窓など、あまりのシンプルさに建設当時は街の景観を損ねると物議を醸したとか。

旧市街 **MAP：P6B2**

図Ⓤ3線Herrengasse駅から徒歩3分 Michaelerplatz 3

↓下部は店舗、上部は集合住宅

↓天井は黄褐色の、梁と柱には黒の大理石を使用

110年以上経っても斬新

アメリカン・バー

●American Bar ★

1908年、アドルフ・ロースが設計。入口を彩る星条旗のモザイク、マホガニーの天井や鏡が使われた斬新な内装で有名。

旧市街 **MAP：P6C3**

図Ⓤ1・3線Stephansplatz駅から徒歩2分 Kärntner Durchgang 10 ☎01-5123283 ⏲12時～翌4時 ㊡なし

+Plus! まだまだある！ 世紀末建築

著名な建築家の作品以外にも、さまざまなタイプの世紀末建築が見られるウィーン。散策途中にぜひ立ち寄ってみたい。

偉人たちが時を告げる

アンカー時計

●Ankeruhr ★

2つのビルの間に渡された回廊にある巨大な仕掛け時計。オイゲン公やマリア・テレジアなど、12人の偉人の像が横に移動して時を告げる。正午には12人全員が揃って行進する。

旧市街 **MAP：P7D1**

図Ⓤ1・3線Stephansplatz駅から徒歩3分 Hoher Markt 10と11の間

←人形の頭の数字が時間、上の目盛りが分を示す。写真は正午の行進の様子

天使の壁画が印象的

エンゲル薬局

●Engel Apotheke ★

↑16世紀創業の、現存するウィーン最古の薬局として知られている

1902年に建物全体を世紀末建築様式に改装。正面入口の左右には、創業以来の店のシンボルである天使がモザイク画で大胆に配され、上部も植物模様で色彩豊かに飾られている。

旧市街 **MAP：P6B1**

図Ⓤ3線Herrengasse駅から徒歩3分 Bognergasse 9

Fridensreich Hundertwasser

自然とアートが調和したサスティナブル建築

フンデルトヴァッサーの世界へ

Read me!

世紀末建築から1世紀後に活躍したウィーン生まれの芸術家フンデルトヴァッサーは、“自然との共存”をテーマに色彩豊かな建築を設計。その斬新なデザインに釘付け！

↑全体が波打つような曲線を多用している

©Österreich Werbung/Julius Silver

フリーデンスライヒ・フンデルトヴァッサー

Friedensreich Hundertwasser

1928～2000年

ウィーン生まれの芸術家。自然との共生を追求し“自然界には直線は存在しない”と、曲線や螺旋を多用した作風で建築をデザイン。日本に関する作品も多い。

©2021 Hundertwasser Archiv, Photographer: Andrew Fagan

自然と調和する持続可能な建築物

フンデルトヴァッサーハウス

●Hundertwasserhaus ★★

「想像力の赴くままに建ててください」と元ウィーン市長が依頼し、1985年に完成した公共住宅。個人の住居につき内部見学不可だが、波打つ床や壁、緑にあふれた外観はインパクト大。

リンク周辺 **MAP:P5F2**

図Ⓣ1番Hetzgasseから徒歩3分 住Kegelgasse 36-38
時休料 外観のみ見学自由

ほかにもある！ フンデルトヴァッサー建築

ゴミ焼却炉もアート！

シュピッテラウ焼却場

●Müllverbrennungsanlage Spittelau ★

環境活動家でもあったフンデルトヴァッサーが、ウィーン市の依頼で外観をデザイン。ごみの焼却熱で発電と温水供給を行う、環境に優しい施設。

郊外 **MAP:P2C2**

図Ⓤ1・4線Spittelau駅から徒歩7分 住Spittelauer Lände 45
時休料 外観のみ見学自由

↓ウィーンは持続可能な廃棄物処理を実現する都市として世界1位に選ばれた

©2021 Hundertwasser Archiv/Wörner Verlag

ドナウ運河沿いの遊歩道

ドナウ運河のパビリオン

●Pavillon Beim DDSG Ponton ★

ドナウ運河クルーズ船の依頼で作られた船着き場。フンデルトヴァッサーの世界へカラフルなゲートが出迎える。

リンク周辺 **MAP:P5F2**

図Ⓣ1番Hetzgasseから徒歩2分 住Weißgerberlände/Custozzagasse 時休料 見学自由

↓運河沿いは「フンデルトヴァッサー・プロムナード」とよばれる遊歩道

フンデルトヴァッサーの美術館

クンストハウス・ウィーン

●Kunsthaus Wien ★★★

1991年に完成したフンデルトヴァッサー設計の美術館。2・3階が常設展で自身の絵画、版画、応用美術、建築模型などが生涯を追って展示されている。4階は特別展、1階は「カフェ・クンストハウス・ウィーン(→P71)」やミュージアムショップがある。

リンク周辺 MAP:P5F2

図Ⓣ0・1番 Radetzkyplatz から徒歩5分 住 Untere Weißgerberstr. 13 ☎ 01-712-0491 ⏲ 10～18時 休 なし 料 €12 ※2023年5月末から2024年初頭まで改修工事のため閉館

➡曲線を多用した建築デザインで、木の枝が窓から外に向かって伸びている

©Eva Kelety

年代順に絵画や版画、切手や国旗も並んでいる。自身の作品コレクション数は世界最大

©KUNST HAUS WIEN,2016,Foto:Thomas Meyer

曲線を用いた床にも注目

©KUNST HAUS WIEN/Paul Bauer

廊下や階段も曲線で構成されている

© KUNST HAUS WIEN/Paul Bauer

トレードマークの曲線を使った柱。建築デザインも楽しみながら作品を鑑賞しよう

©EKUNST HAUS WIEN/ThomasMeyer

おみやげ探しと休憩に

フンデルトヴァッサー・ヴィレッジ

●Hundertwasser Village ★

元タイヤ工場をフンデルトヴァッサー自ら改修。屋根の上には巨大な森が茂る。カフェやショップがあり、建築を肌で感じられる。

リンク周辺 MAP:P5F2

図Ⓣ1番Hetzgasseから徒歩2分 住 Kegelgasse 37-39 ☎ 01-710-4116 ⏲ 9～18時 休 なし 料 入場無料

⬇中央にカフェ、周りにショップが点在

⬅フンデルトヴァッサーハウスの向いにある商業施設

⬆地下の有料トイレも遊び心いっぱい

絢爛豪華なオペラの殿堂

ウィーン国立歌劇場でオペラ鑑賞

Read me!

“音楽の都”を象徴するウィーン国立歌劇場。ハプスブルク王朝期の18世紀後半ごろから上演されはじめ、現在も9月から6月まで鑑賞できる。壮麗な建物も必見!

↑ライトアップされた夜の姿も美しい!

音楽ファン必訪!夢の舞台

ウィーン国立歌劇場

●Wiener Staatsoper ★★★

1869年、ハプスブルク家の宮廷オペラ座として、モーツァルトの『ドン・ジョヴァンニ』で幕を開けた。第二次世界大戦中に全焼し、現在見られるのは1955年に再建されたもの。シーズン中はほぼ毎日オペラとバレエが上演される。

旧市街 **MAP:P4C3**

図Ⓤ1・2・4線Karlsplatz駅から徒歩2分
住Opernring 2 ☎01-514442606

世界屈指のオペラハウスのひとつ。建物はネオ・ルネッサンス様式

↑総客席2284席。2020年からは、ウィーン交響楽団の主席指揮者を務めていたフィリップ・ジョルダンが音楽監督を務めている

MORE INFO

内部見学ツアー

舞台裏や皇帝専用席など普段見られない内部を見学できる。所要約40分。
⏲不定期(1日2〜3回催行)
料€13

オペラのライブ中継

シーズン中、ヘルベルト・フォン・カラヤン広場(MAP:P9F2)に巨大スクリーンが登場し、オペラが生中継される。観覧料は無料!

How to オペラ鑑賞

演目は日替わりが多いので、公式サイトでスケジュールを確認しよう。
チケット手配やマナーなどを覚えて夢の舞台へ！

●チケット手配

見たい演目や座席が決まっていれば早めに予約しよう。

当日券 劇場窓口、ブンデステアターカッセン

現地前売り券

ブンデステアターカッセン

●Bundestheaterkassen

図Ⓤ1・2・4線Karlsplatz駅から徒歩2分 Opernring 2
☎01-514447880 ⏰10〜18時（日曜、祝日は〜13時）休なし

日本で手配

オンライン購入か希望公演の3週間前までに郵送またはFAX

URL www.wiener-staatsoper.at

郵送先 Vienna State Opera Ticket Offices
Hanuschgasse 3, 1010 Wien, Austria/Europe

FAX +43-1-51-444-2969

立見席について

立見席は当日販売のみ。上演80分前から立見席専用窓口（Operngasse側にある「STANDING AREA」）で販売開始。人気の演目は開演3時間ほど前から並ぶことも。

●当日の流れ

当日は余裕をもって30分前には到着したい。演目のストーリーは予習しておくのもおすすめ。

開演30分前
劇場到着。開演時間に遅れると、開演まで中に入れないこともあるので注意。

25分前
クロークは劇場内に何カ所かあるので、自分の席に近いところでコートや荷物を預けよう。

20分前
劇場入口にいる案内係にチケット見せると座席を教えてもらえる。指示に従って席へ。

開演
ブザーが鳴ったら開演。上演中、素晴らしければ「ブラボー！」と叫んでも構わないが周囲の迷惑になる行動は慎もう。

幕間
ロビーでは飲み物やオードブルを購入できるので、グラス片手に休憩しよう。

終演
ステージが終わるとカーテンコールが始まるので、大きな拍手で迎えよう。

退場
クロークに預けた荷物を受け取り、宿泊先へ。終了は夜なのでタクシーを利用して帰るのが安心。

●服装

女性はワンピース、男性はジャケットとネクタイなど、会場の雰囲気にふさわしい服装を心がけよう。立見席は多少カジュアルでもOK。

●マナー

場内での写真やビデオ撮影はNG。コートや大きな荷物はクロークへ預ける、座席が内側の場合は早めに着席を。他の人の前を通るときは、お尻を向けず「ダンケ（ありがとう）！」のひとことを。

●座席と料金

11の公演ランク、座席は9つのカテゴリーと3つの立見席の料金が設定されている。舞台全体が見渡せる席が最も高く、上階や後方になるにつれ安くなる。
※下記の料金は最も高い公演（P）ランク

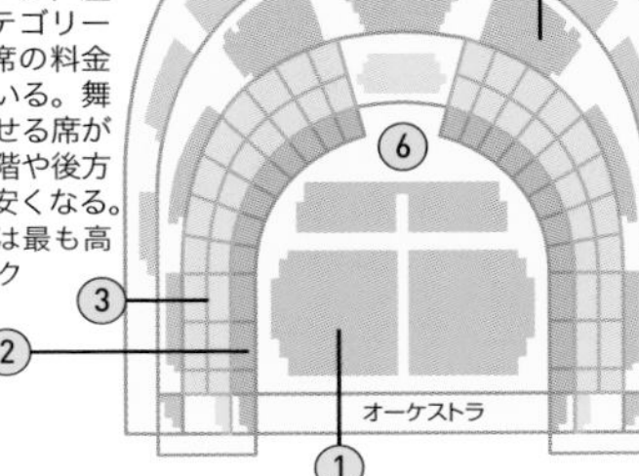

① パルケット Parkett
1階舞台正面席。18列あり、前列から€295、中列以降€200〜。

② パルテッレ・ロージェ Parterre Logen
1階ボックス席。舞台正面の前列が最も高く€295。

③ ラング・ロージェ Rang Logen
パルテッレ・ロージェ上階のボックス席。1階上がエアステン・ラング・ロージェ1.Rang Logen、その上はツヴァイテン・ラング・ロージェ2.Rang Ligen。舞台正面はミッテルロージェMittel Loge。座席位置によって€34〜295と幅広い料金設定。

④ バルコーン Balkon
ラング・ロージェの上階。舞台正面はミッテMitte、その横がハイヴミッテHalbmitte、サイテSeite、舞台袖がガンズサイテGanzsseite。ミッテの最前列で€130〜、ガンズサイテ後方で€14。

⑤ ガレリー Galerie
最上階席。正面前列で€200〜、安いのは舞台袖のガンズサイテ€18。

⑥ シュテープラッツ・パルテッレ Stehplätze Parterre
1階パルケットの後ろにある立見席。€18

⑦ シュテープラッツ・バルコーン Stehplätze Balkon
バルコーン席後ろの立見席。€13。

⑧ シュテープラッツ・ガレリー Stehplätze Galerie
ガレリー席の立見席。€15。

+Plus! **オペレッタならココで**

ウィーンでは踊りと歌が中心の歌劇「オペレッタ」も楽しめる。

オペレッタの本家

フォルクスオーパー

●Volksoper ★

フランツ・ヨーゼフ1世の即位50周年を記念して1898年に建設。ウィーン国立歌劇場に次ぐ大きさでオペレッタを中心にオペラやミュージカル、バレエも上演される。

郊外 MAP:P2C2

図Ⓤ6線Währinger Strasse-Volksoper駅から徒歩3分 Währinger Str. 78 ☎01-514443670

演奏、音響ともにトップレベル！

音楽の都でクラシックコンサートを楽しむ

Read me!

音楽の都・ウィーンでは毎日どこかの会場でコンサートが行われている。クラシック音楽は特に人気で、気軽に聴きに行けるところもたくさん！ 滞在中にぜひ一度足を運んでみよう。

↑大ホールの天井には音楽を司るギリシャ神話の神・アポロンが描かれている
© Musikverein in Vienna Österreich Werbung/Sebastian Burziwal

世界最高峰の音響設備

楽友協会

●Musikverein ★★★

ウィーン・フィルハーモニー管弦楽団の本拠地で、新年のニューイヤーコンサート会場もここ。金箔で飾られた大ホールは「黄金のホール」とよばれ、音が美しく響きわたるように設計されている。ウィーン・フィルのチケットは入手困難だが、そのほかは比較的入手しやすい。

リンク周辺 **MAP:P4C4**

図Ⓤ 1・2・4線Karlsplatz駅から徒歩4分 住Bösendorfer Str. 12 ☎01-5058190 休日曜(内部見学は不定期)

↑大ホールの座席数は1744席、立見席あり
© Musikverein in Vienna Österreich Werbung/Sebastian Burziwal

↑ウィーン交響楽団や外来オーケストラのコンサートも行われる

●チケット手配

当日券 現地前売り券
劇場内ボックス・オフィスで月～金曜9～19時(土曜は～13時、7・8月は月～金曜9～12時)、開演1時間前から

日本で手配 オンライン購入・Eメール

URL www.musikverein.at
E-mail tickets@musikverein.at

●見学ツアー

楽友協会の前売り所、または公式サイトから予約。ガイドは英語のみ。
時13時、13時45分(月～土曜、7・8月は変動あり) 料€10

♪ 豆知識

1870年、フランツ・ヨーゼフ1世の都市改造計画の一環として誕生。残響音は2.1秒と音響効果も定評あり。

➡天井装飾が美しい大ホール。ほか室内楽用(四重奏が中心)のモーツァルト・ホールなどがある

ウィーン交響楽団の本拠地

コンツェルトハウス

●Konzerthaus ★★

楽友協会と並ぶ2大演奏会場のひとつ。ウィーン交響楽団のホームグラウンドだが、クラシックのほかにジャズやポップスなどさまざまなジャンルのコンサートを開催する。館内には計5つのホールがある。

リンク周辺 **MAP:P5D4**

図Ⓤ4線Stadtpark駅から徒歩5分
住Lothringerstr. 20 ☎01-242002

●チケット手配

当日券 現地前売り券
劇場内ボックス・オフィスで月〜金曜10〜18時(土曜は〜14時、7・8月は月〜金曜10〜14時)、開演1時間前から

日本で手配 オンライン購入・Eメール

URL www.konzerthaus.at
E-mail tickets@konzerthaus.at

●見学ツアー

歴史や建築的な背景を解説してくれるガイドツアー。楽屋も見学できる。日本語ガイドは事前申し込みにて対応可能。
Ⓢ Eメールで要確認 tours@konzerthaus.at
料€6.50

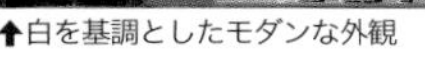
⬆白を基調としたモダンな外観

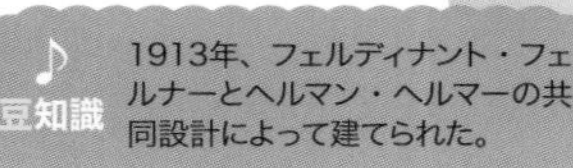
♪豆知識 1913年、フェルディナント・フェルナーとヘルマン・ヘルマーの共同設計によって建てられた。

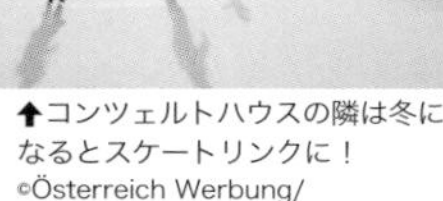
⬆コンツェルトハウスの隣は冬になるとスケートリンクに！
©Österreich Werbung/ Photographer: Lisa Eiersebner

⬆「美しき青きドナウ」など初心者でも楽しめる楽曲を披露

室内アンサンブルを披露

シェーンブルン宮殿オランジェリー

●Orangerie Schönbrunn ★

シェーンブルン宮殿の敷地内にあり、かつてモーツァルトとサリエリが競演したことでも有名。年間を通じてモーツァルトとヨハン・シュトラウス2世の楽曲が演奏される。

郊外 **MAP:P2B4**

図Ⓤ4線Schönbrunn駅から徒歩2分
住Schönbrunner Schloss Str. 47 ☎01-81250040

●チケット手配

公式サイトから。演奏は20時30分〜(クリスマス・年末は変動あり)、座席料は€45〜105。

URL www.imagevienna.com

⬅会場は宮殿の東側、マイドリング門近く

♪豆知識 オランジェリーとはオレンジなど柑橘類の植物を冬の間、室内で育てるための建物。その一部を観光客向けのコンサート会場として利用している。

+Plus! もっと気軽にコンサートを楽しもう

連日さまざまな演奏会を開催する。演目にはオペレッタやダンスなどが組み込まれ、旅行者が楽しめる内容になっている。

●モーツァルト・コンサート

開演 4〜10月の月・水・金・土曜20時15分
会場 ウィーン国立歌劇場、楽友協会、コンツェルトハウス
料金 €59〜125(フィアカー、食事付きは€370)
問合先 Winer Mozart Orchester
☎01-5057766
URL www.mozart.co.at

●シュトラウス&モーツァルト・コンサート

開演 毎日20時30分(冬期は週4回公演)
会場 クアサロン(MAP:P5D3)
料金 €65〜110(併設レストランでの食事付き€114〜)
問合先 Sound of Vienna im Kursalin Wien
☎01-5125790
URL www.soundofvienna.at

●レジデンツ・オーケストラ

開演 3〜12月毎日20時30分(2回公演の日や、月1・2回休演あり。1・2月は週3回公演)
会場 アウアースペルク宮殿(MAP:P4A3)※日により変更あり
料金 €45〜65
問合先 Winer Resldenz Orchester
☎01-8172178
URL www.wro.at

予約・座席について チケットの予約は、各会場の窓口や公式サイトで。シュテファン寺院前にはチケット売りの人たちがいるので、その人たちからも購入できる。その場合、会場やコンサート内容の確認を忘れずに。ホテルのコンシェルジュに頼むのも手。

クラシクファン必訪！

音楽家ゆかりのスポットへ

Read me!

ハプスブルク家の繁栄により宮廷文化が開花したウィーンでは多くの音楽家が活躍。モーツァルトやベートーヴェンなどとゆかりのある場所は音楽ファンならずとも訪れてみたい。

↑楽聖たちの墓がある32Aの区画

↑常に色とりどりの花が供えられているベートーヴェンの墓

各界の巨匠たちが眠る場所

中央墓地

●Zentralfriedhof ★★★

1874年にユダヤ教やプロテスタントなどの5つの墓地を集めて造られた。0から186の区画に整理されており、第2門から直進して左側にある名誉区32Aにはオーストリアで活躍した著名な音楽家が眠っている。

郊外 MAP:P3F1

図Ⓣ11・71 番 Zentral- friedhof 2. Torから徒歩4 分 ㊓Simmeringer Haupt Str. 234
☎01-53469-28405
⏲7〜19時(3・10月は〜18時、11〜2月は8〜17時、5〜8月の木曜は〜20時) ㊡なし ㊕無料

↑中央墓地の第2門
→守衛所では地図を販売。無料の地図もあり

＼墓へ行く前にCHECK／

第2門前には献花用の花やろうそくを売る店が並ぶ。花は生花のほか造花もあり。

←楽聖たちの墓に花を添えよう

→ろうそくは€3〜

名誉区32Aに眠る大音楽家たち

1 ルートヴィッヒ・ヴァン・ベートーヴェン
Ludwig Van Beethoven
［1770〜1827年］

ドイツのボンで生まれ、ウィーンでハイドンに師事。難聴に苦しむなか、ハイリゲンシュタットで『田園』を作曲。

2 フランツ・シューベルト
Franz Schubert
［1797〜1828年］

ウィーン生まれ。少年聖歌隊や王室学校で学び生涯を通じて187曲を発表。特に歌曲が多く「歌曲の王」ともいわれている。

3 ヨハン・シュトラウス(2世)
Johann Strauss
［1825〜1899年］

ウィンナー・ワルツの生みの親、ヨハン・シュトラウス1世の長男。不朽の名作『美しき青きドナウ』を世に送り出した。

4 ウォルフガング・アマデウス・モーツァルトの記念碑
Wolfgang Amadeus Mozart
［1756〜1791年］

ザルツブルク生まれ。ウィーンの宮廷楽長も務めた古典派の天才。墓はザンクト・マルクス墓地(→P85)にある。

5 ヨハネス・ブラームス
Johannes Brahms
［1833〜1897年］

ドイツ出身の新古典主義の作曲家。代表曲『ドイツ・レクイエム』のほか、交響曲や合唱曲も作曲している。

6 ヨハン・シュトラウス(1世)
Johann Strauss
［1804〜1849年］

152曲のワルツを世に生み出したウィンナー・ワルツの創始者で、ワルツの父ともよばれる。息子も音楽家。

7 ヨーゼフ・シュトラウス
Josef Strauss
［1827〜1870年］

ヨハン・シュトラウス2世の弟。ワルツのほか、民俗舞曲のポルカも作曲。代表曲は『鍛冶家のポルカ』、『天体の音楽』。

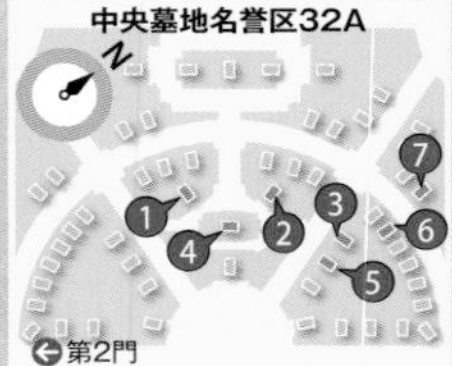

モーツァルトの体験型アトラクション

モーツァルト伝説

●MYTHOS MOZART ★★

デパート「シュテッフル」はモーツァルトが最後に暮らした家があった場所。ここに2022年オープンしたアトラクションは、映像や音楽を用いたインスタレーションで当時のウィーンとオペラの世界を体感できる。

旧市街 **MAP:P6C3**

図Ⓤ1・3線Stephansplatz駅から徒歩3分 館Kärntner Str. 19
☎01-93-056-800 ⏲10～20時(土・日曜、祝日は～18時) 休なし 料€24

⬆1500本のキャンドルと音楽に包まれた空間 ©MYTHOS MOZART

⬆シュテッフルの地下にある

⬆ウィーンの風景に囲まれながら『魔笛』の世界に浸る ©MYTHOS MOZART

モーツァルトが眠る墓地

ザンクト・マルクス墓地

●Friedhof St.Marx ★

閑静な住宅街にあり、モーツァルトの墓があることで有名。1791年12月6日、友人や家族に見送られることなくひっそりと埋葬されたという。入口正面の緩やかな坂道を上った左手に墓碑が立つ。

郊外 **MAP:P3E4**

図Ⓣ18・71番St. Marxから徒歩8分 館Leberstr. 6-8 ☎なし ⏲6時30分～20時(10～3月は～18時30分) 休なし 料無料

⬆モーツァルトの墓。正確な埋葬地がわからず、推定される場所に墓碑が立てられた

➡墓の場所を伝える看板があるのでわかりやすい

⬆黄金に輝くヨハン・シュトラウス2世の像

⬅地元の人が集う憩いの場所

ヨハン・シュトラウス2世像がシンボル

市立公園

●Stadtpark ★

ウィーン初の市立公園として1862年に完成。中央にウィーン川が流れる緑豊かな公園で、噴水や池が配置されている。散歩道にはヨハン・シュトラウス2世やワーグナー、シューベルトなど音楽家たちの像が点在。

リンク周辺 **MAP:P7F4**

図Ⓤ4線Stadtpark駅から徒歩1分、ⓉD・1・2番Weihburggasseからすぐ 館Parkring ⏲休料見学自由

『フィガロの結婚』作曲の地

モーツァルトハウス・ウィーン

●Mozarthaus Vienna ★

モーツァルトが1784年からの3年間住んでいた家。現在は博物館として公開されており、遺品や絵画の展示を通してウィーンでの暮らしや作品などを紹介する。日本語オーディオガイドあり。

郊外 **MAP:P7D2**

図Ⓤ1・3線Stephansplatz駅から徒歩5分 館Domgasse 5
☎01-5121791 ⏲10～18時
休月曜 料€12

⬅当時の暮らしを想像させる空間

⬆直筆の楽譜などが見られる

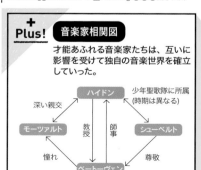

Plus! 音楽家相関図

才能あふれる音楽家たちは、互いに影響を受けて独自の音楽世界を確立していった。

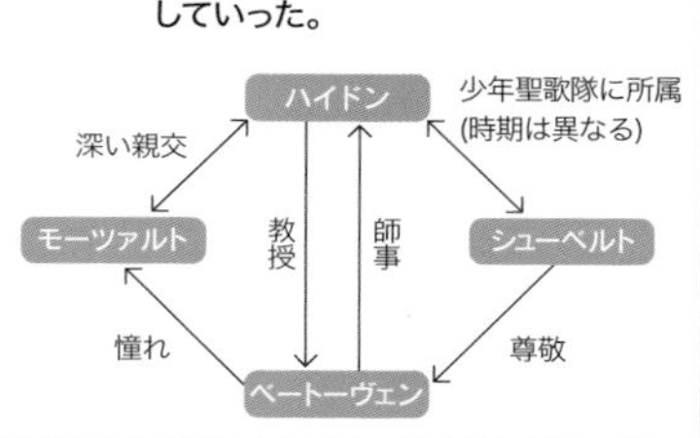

Meat dish

ボリューム満点の伝統メニュー

がっつり食べたいウィーンの肉料理

Read me!

ウィーン伝統料理の3大定番"ウィーナー・シュニッツェル"、"ターフェルシュピッツ"、"グラーシュ"はすべて肉料理。市内にある多くのレストランで食べることができる。

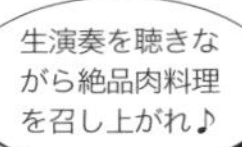

生演奏を聴きながら絶品肉料理を召し上がれ♪

新鮮な食材にこだわった料理の数々

ツム・ヴァイセン・ラオホファングケーラー

●Zum weißen Rauchfangkehrer

ウィーン周辺の農場から毎日仕入れる、新鮮食材を使った料理が定評。シュニッツェルは豚肉€23.90と仔牛肉€27.90がある。毎夜ピアノの生演奏(夏期は不定期)を披露。

旧市街 MAP:P7D3

図Ⓤ1・3線Stephansplatz駅から徒歩3分 住Weihburggasse 4 ☎01-5123471 ⏲12～24時 休なし 英英

↑シュテファン寺院が見られる席もあり

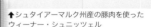

→店名は白い煙突掃除人という意味

↑シュタイアーマルク州産の豚肉を使ったウィーナー・シュニッツェル

伝統料理…①
ウィーナー・シュニッツェル
Wiener Schnitzel

ウィーン風カツレツ。薄くたたいた仔牛肉または豚肉に、パン粉をまぶしてじっくり揚げ焼きする。

超特大シュニッツェルに驚き!

フィグルミュラー

●Figlmüller

1日360～400人は訪れるという、1905年創業のウィーンで最も有名な店。名物のシュニッツェルは直径約30cm、重さ250gとビッグサイズだが、薄いのでペロリと食べられる。

旧市街

MAP:P7D2

図Ⓤ1・3線Stephansplatz駅から徒歩3分 住Wollzeile 5 ☎01-5126177 ⏲11時～21時30分LO 休なし 英英

←豚ロースのフィグルミュラー・シュニッツェル€17.90。衣はサクサクの食感。サラダ€5.90もおすすめ

←近くに支店もある

路地裏の老舗バイスル

オーフェンロッホ

●Ofenloch

旧市街の北側、昔ながらの店が軒を連ねるクレント通りで300年以上続くレストラン。伝統的なウィーン料理を堪能でき、民族衣装に身を包んだ店員が出迎えてくれる。ウィーナー・シュニッツェル€23.50。

旧市街 MAP:P6C1

図Ⓤ3線Herrengasse駅から徒歩6分 住Kurrentgasse 8 ☎01-5338844 ⏲11時30分～23時 休日曜 英英

→仔牛肉を使用している。バターの風味が豊か

↑ターフェルシュピッツ€35(1人前)。ソースは西洋ワサビ、リンゴ+ハーブクリーム

伝統料理…②
ターフェルシュピッツ
Tafelspitz

じっくり煮込んだ牛ランプ肉と野菜を、2種類のソースに付けて食べる。鍋ごと提供する店もある。

↑旨みが凝縮されたスープも絶品(スープの具は別料金€4.50)

スープも楽しめる名店の味

プラフッタ
●Plachutta

契約農家で育てられた牛肉と野菜をじっくり煮込んだスープが真鍮の鍋ごと出てくる。これを付合せのポテトや別注文のホウレン草のペーストなどとともにいただく。

旧市街 MAP:P7F3

図Ⓤ3線Stubentor駅から徒歩1分
住Wollzeile 38 ☎01-5121577
⏲11時30分～23時LO 休なし 英 英 予

↑ターフェルシュピッツは皇帝ヨーゼフ1世の好物で知られる

伝統料理…③
グラーシュ
Gulasch

ハンガリーから伝わった、パプリカソースで煮込んだシチューのような料理。メインの具材は牛肉が一般的。

→目玉焼きが添えられたフィアカーグヤーシュ(大)€9.90

↓"皇室御用達3階建て"という名のグラーシュ盛り合わせ€17.90はセンメル付き

濃厚ソースが美味な評判店

グラーシュ・ウント・ゼーネ
●Gulasch & Söhne

スタンダードなグラーシュと目玉焼きが添えられたフィアカーグラーシュがあり、大小サイズを選べる。濃厚な味わいが特徴で、オーストリアを代表するパンのセンメル€1.90と一緒に味わおう。

リンク周辺 MAP:P5D3

図Ⓤ1・2・4線Karlsplatzから徒歩5分
住Schubertring 10-12 ☎01-91880400
⏲8～24時 休なし 英 英

→リンク大通り沿い、ホテル・グランド・フェルナンド内にある

+ Plus! ハプスブルグ家のお気に入りの伝統料理

ウィーンで親しまれている料理やお菓子のなかから、ハプスブルグ家ゆかりの品を紹介。

フランツ・ヨーゼフ1世

フランツ・ヨーゼフ1世のお気に入りメニューといえば牛の煮込み料理「ターフェルシュピッツ」。欧州の各国で食べられる「クグロフ」は、彼がレーズン入りのクグロフを好んだことで、世界的に知られるようになった。「カイザーシュマーレン」は、もともと宮廷菓子職人がエリザベートのために作ったが、気に入らずに食べなかったものを皇帝フランツが代わりに食べたと言われる。

↑クグロフは中央に穴のあいた独特の型で焼き上げる

←ひと口大のパンケーキに粉砂糖をかけたカイザーシュマーレン

↓店ごとに異なるソースで味わえるターフェルシュピッツ

皇妃エリザベート(シシィ)

旅先へ持参して食事がわりに食べていたのがラスク。スミレの花が好きなエリザベートのために菓子職人が作ったというスミレの砂糖漬けも有名。

→ツム・シュヴァルツェン・カメール(→P108)のラスク

Beisl

ローカルに人気の庶民派レストラン

伝統料理はバイスルで！

Read me!

バイスルとは、オーストリアの伝統料理や家庭料理が味わえる大衆的なレストランのこと。普段着で足を運べるカジュアルな雰囲気とリーズナブルな値段が魅力的。

コレもオススメ！

シュタイリッシャー・ビオ・バックヘンデルサラート€14。たっぷりの野菜サラダにフライドチキンをトッピングしたもの

オススメ！

テラスが心地よいおしゃれな一軒

アマリングバイスル

Amerlingbeisl

ガーデンのような緑あふれるテラス席やレトロモダンなインテリアが人気。カフェやバーのみの利用も可能で、カジュアルな雰囲気のなか食事を楽しめる。

リンク周辺 MAP:P8B2

図Ⓤ2・3線Volks-theater駅から徒歩6分 ⓐStiftgasse 8 ☎01- 5261660 ⓣ17時～翌2時(土・日曜、祝日は12時～) ㊡なし 英

↓ランチにぴったりの屋外テラス席。日曜12～15時までは朝食メニューも

€17.40

ゲバッケネス・ビオ・シュニッツェル・シュヴァイン

Gebackenes Bio Schnitzel Schwein

豚肉を使ったシュニッツェル。チキンも選択可。ポテトサラダかフライドポテトが付く

€17.90

シュヴァイン スブラーテン

Schweinebraten

ローストポークにパンで作る団子(ゼンメルクヌーデル)、キャベツのサラダを添えて

↑週末は混み合うので予約をしたほうが確実

コレもオススメ！

クレープ入りの牛コンソメスープ€6.50。しっかりと塩気が利いている

歴史あるバロック風バイスル

ヴィトヴェ・ボルテ

Witwe Bolte

1778年創業の老舗。かつては娼館として使われていたといわれ、皇帝ヨーゼフ2世がお忍びで訪れたとか。ボリューム満点の伝統料理をクラシックな店内席やテラス席で味わえる。

リンク周辺 MAP:P8B2

図Ⓤ2・3 線 Volkstheater駅から徒歩 6 分 ⓐ Gutenberggasse 13 ☎ 01-5231450 ⓣ 17時30分～22時30分(土・日曜は12時～) ㊡なし

←店の入口は2つあり、Spittelbelggasse側にはテラス席が

←マーク・トウェインの間は24席ある

定番

ウィーン最古のレストラン

グリーヒェンバイスル

●Griechenbeisl

創業は1500年代。古代ローマ時代の遺構を含んだ建物内で、伝統的なウィーン料理を提供。ベートーヴェンやモーツァルトなどの直筆サインが残るマーク・トウェインの間に座りたい。

旧市街 **MAP:P7E1**

図Ⓤ1・4線Schwedenplatz駅から徒歩5分 ㊓Fleischmarkt 11
☎01-5331977 ⏲11～23時(22時LO)
㊡なし 日予

コレもオススメ!

セモリナ粉の団子入りコンソメスープ€5.20

↑壁や天井にサインがぎっしり

ベートーヴェンのサイン発見！

€23.30

ターフェルシュピッツ
Tafelspilz

長時間煮込んだ牛肉をリンゴと西洋ワサビソースまたはチャイブとよばれるネギのソースでいただく

€22.90

ターフェルシュピッツ
Tafelspitz

ローストポテト、アサツキのソース、リンゴと西洋ワサビソースが添えられた牛肉の煮込み

素朴なウィーン料理が揃う

ミュラーバイスル

●Müllerbeisl

ウィーナー・シュニッツェルなど伝統的なウィーン料理が楽しめる。定番料理をガッツリ食べたい人は、サラダにスープ、メイン、デザートがセットになったウィーンの名物料理コースを。

↑客席は200近くある。テラス席や、地下にも部屋がある

旧市街 **MAP:P7D4**

図Ⓤ4線Stadtpark駅から徒歩5分
㊓Seilerstätte 15 ☎01-5129347
⏲10時～23時30分LO ㊡なし 英日英

←緑のドアが目印

ウィーン風クレープ専門店

パラチンケンクーフル

●Palatschinkenkuchl

薄いクレープに具材を巻いたオーストリアの名物料理パラチンケンの店。野菜やチーズ、肉などを使うごはん系と、フルーツを使うデザート系、オーブンで焼く珍しいものと3タイプあり。

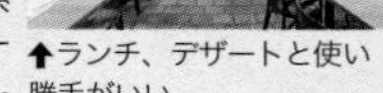

↑ランチ、デザートと使い勝手がいい

リンク周辺 **MAP:P7E1**

図Ⓤ1・3線Stephansplatz駅から徒歩5分 ㊓Grashofgasse 4
☎01-5138218 ⏲11～23時(22時LO) ㊡なし 英日

コレもオススメ!

オーストリア風パンケーキのカイザーシュマーレン€14.80(小€6.80)

€14.80

シュネーノッカル・パラチンケン
Schneeflockerl Palatschinken

2枚のパラチンケンの上にふわふわのメレンゲをのせてオーブンで焼いたもの

Plus! ウィーンのスープに注目!

ウィーンで飲まれるスープはコンソメがベースで具材はさまざま。定番から季節ものまでたくさんの種類がある。

フリターテンズッペ
Frittatensuppe
細切りにしたクレープが入ったコンソメスープ。食卓の定番。

グリースノッケルズッペ
Griesnockerlsuppe
セモリナ粉で作る団子が入ったシンプルなコンソメ味。

キュルビスズッペ
Kürbissuppe
カボチャのスープ。仕上げにカボチャオイルとタネをのせる。

レバークネーデルズッペ
Leberknödelsuppe
牛レバーの団子入り。あっさりしたコンソメが味のベース。

Naschmarkt

ウィーンっ子が集まる食の台所

ナッシュマルクトでおいしいもの探し

Read me!

分離派会館(→P76)のすぐ先に広がるウィーン最大級の食料品市場。カフェやレストランも点在するのでグルメスポットとしてもおすすめ。ウィーン観光の定番スポットだ。

ところ狭しと並ぶ商品に目移りしそう

晴れた日はカフェのテラス席が大人気

日本では見かけない野菜も！

ビタミン補給にフルーツはいかが？

新鮮な魚をその場で食べられるお店も

ハーブなども見つかる

約1km続く屋外マーケット

ナッシュマルクト

●Naschmarkt

かつては別の場所で乳製品をメインとした農産物市場だったが、1780年に現在の場所へ移った。細い路地の両側に野菜や果物、チーズにアジアや中東の食材からレストランなど120以上の店舗が立ち並ぶ。

リンク周辺 MAP:P9D4～E3

図Ⓤ4線Kettenbrückengasse駅からすぐ 住Wienzeile ⏲6～21時(土曜は～18時、レストランは～23時頃)、店舗により異なる 休なし

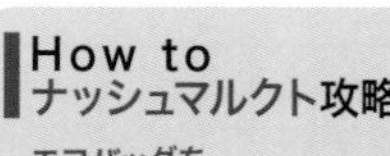

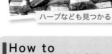

ホットドッグやピザなどの軽食も食べられる

How to ナッシュマルクト攻略

エコバッグを持参しよう

オーストリアのスーパーマーケットでは基本的にレジ袋は有料。ナッシュマルクトでもビニールなど包装は簡素。いろいろ買いたい人はエコバッグを持って行こう。

気になったら試食を

食料品が集まるエリアを歩いていると、オリーブやナッツなどの試食攻めにあうことも。気になるものがあれば遠慮せずに食べてみよう。購入の意思がなければ断ればOK。

土曜はBIOマーケットも開催

地下鉄4号線ケッテンブリュッケンガッセ駅の目の前では、毎週土曜日のみBIOマーケットを開催。生鮮食品からワインまでさまざまなBIO食材を販売している。

市場内の注目レストラン

オーストリア料理

市場で最も古いバイスル

ツア・アイゼネン・ツァイト
●Zur Eisernen Zeit

創業1916年、ナッシュマルクトの歴史を物語るバイスル。ユーゲントシュティールの当時の建物を使っている。料理は伝統的なオーストリア料理。

MAP:P9E4

Stand 316-320/C7
☎01-5870331 ⏲8～23時
㊡日曜 英英

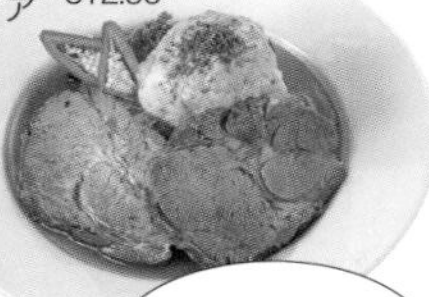

↑テラス席も用意

↓ローストポークのザワークラウトとクネーデル添え€12.50

↑自家製ビーフスープ、セモリナ粉団子のせ€3.90

伝統料理を召し上がれ！

←牛肉のシュニッツェル€15.90

↓トルコ風パイのボレッキ(写真奥)1個€3.50、3個€10.50(付け合わせのサラダは別)

カフェ

おしゃれカフェの代表格

デリ
●Deli

朝から深夜まで使えるカフェレストラン。ウィーンから中近東、中欧などさまざま料理をアレンジ。週末にはDJも登場する。

MAP:P9D4

Stand 421-436
☎01-5850823
⏲7～23時(日曜は10～21時) ㊡なし 英英

←店の看板はないので見逃さないよう注意

ファラフェル

テイクアウトもイートインも

ドクター・ファラフェル
●Dr-Falafel

中東料理の定番、ひよこ豆のコロッケ「ファラフェル」の人気店。市場内(Stand 560)にはオリーブやチーズなどの食材店もある。

MAP:P9D4

Stand 544-545 ☎ 01-676844350200
⏲8～18時 ㊡日曜 英英

↑ファラフェルは1個€0.50、6個€2.80

テイクアウトのファラフェルサンド€5.90もぜひ！

→ファラフェル4個とフムスなどがのったDr-Falafel Teller €14.60

おみやげCHECK

ビネガー

多種多彩なビネガーが集合

ゲーゲンバウアー
●Gegenbauer

↑量り売りも実施。ラベル貼りも店内で

創業1929年、フルーツや野菜から作るビネガー専門店。オーク樽で熟成させたビネガーのほか、バルサミコ酢やオイルも用意する。

MAP:P9E3

Stand 111-112l
☎01-6041088
⏲10～18時(土曜は8～17時) ㊡日曜

→(右)ルドルフ皇太子品種のアップルビネガー€9/250mℓ
(左)完熟トマトのビネガー€17/250mℓ

チョコレート

パケ買いしたくなるかわいさ

ショコカンパニー
●Schokocompany

有機原料で作るチョコレートブランド「ツォッターZotter」のチョコを揃える。多種多彩なフレーバーとパッケージのかわいさに注目。

MAP:P9E4

Stand 326-331 ☎0660-6882488
⏲10～18時(4～10月は9時30分～21時、土曜は9時～) ㊡日曜 英英

→定番の板チョコだけでも100種類以上ある

↓マジパンとかぼちゃの板チョコ€4.20

→カフェスペースではホットチョコ€4.20を味わえる

↑店内では石けんのお試しもできる

石けん

天然成分配合の手作り石けん

アレス・サイフェ
●Alles Seife

ウィーン郊外の村で2002年からスタートした有機植物油とエッセンシャルオイルで作る自然派石けんブランド。店舗はナッシュマルクトのみ。

MAP:P9E3

Stand 541
☎0664-9159910
⏲12～18時(土曜は9～17時) ㊡日曜 英

→(上)天然クリスタル塩石けん€13.80/120g
(下)エーデルワイス€12.50/120g
と石けん置き€15

←バスハーブ各€4

Take out

いつでも気軽に食べられる幸せ♪

散策のお供にファストフード

ウサギとワインボトルのオブジェが目印
WÜRSTEL BOSNA HOT DOG
ボリューム満点！
一番人気！

Read me!

朝食やランチ代わり、おやつにと気取らず手軽にいつでも食べられるのがファストフード。テイクアウトして、公園や広場でウィーンっ子に混ざって召し上がれ！

€7.20
リーゼン・ホットドッグ・ケーゼクライナー
Riesen Hotdog Käsekrainer
ジューシーなチーズが入ったソーセージのホットドッグ。肉汁が染み込んだパンはおいしさ倍増

€6
ケーゼクライナー
Käsekrainer
濃厚なチーズ入りのソーセージをスライスしたもの。お好みで西洋ワサビ、ケチャップを付けよう。パン付き

€5.10
ブラートヴルスト
Bratwurst
シンプルな焼きソーセージ。ソーセージの旨みを味わいたいならコレ。パン付き

ソーセージスタンド　定番

誰もが知る人気ソーセージスタンド

ビッツィンガー

●Bitzinger

アルベルティナー美術館前の、小さな広場にあるソーセージ専門屋台。プレーンやチリ、チーズ入りなどオーストリアでは定番のソーセージが10種類以上揃い、アツアツをそのままマスタードにつけて食べたり、パンに挟んでホットドッグに。焼き、ゆでなど調理法も選べる。

旧市街 **MAP：P6B4**

図Ⓤ1・2・4線Karlsplatz駅から徒歩5分
住Augustinerstr. 1 ☎660-8152413
時8時～翌4時（月・火曜は～翌3時）休なし 英

ビッツィンガーのメニューを攻略！

Käsekrainer
ケーゼクライナー
チーズ入りソーセージ

Klobasse
クロウバッス
ボイルソーセージ

Grillwurst
グリルヴルスト
グリルソーセージ

Currywurst
カリーヴルスト
カレー味のソーセージ

Bratwurst
ブラートヴルスト
焼きソーセージ

Waldviertler
ヴァルトフィアトラー
スモークソーセージ

Sacherwürstel
ザッハーヴルスト
細長いソーセージ2本

€6.29

フライドフィッシュ・バーガー
Küstenbackfisch-Baguette

アラスカ産スケトウダラのフライとタルタルソースのシンプルなバーガー

魚介系ファストフード

ドイツ発のファストフード

オススメ!

ノルトゼー

●Nordsee

スイス、ベルギー、チェコ、ハンガリーなどに展開する魚介専門のファストフードチェーン。魚料理が少ない内陸で、手軽にシーフードが食べられるとして人気が高い。テイクアウトはもちろん、店内でも食べられる。

旧市街 **MAP:P6B2**

図Ⓤ3線Herrengasse駅から徒歩3分
住Kohlmarkt 6 ☎01-5335966
⏲10〜21時(日曜は10〜18時) 休なし

創業は1896年よ!

↑グリルやフライなど店内用のメニューも豊富。写真奥はエビと玉子のサンド€5.30

街なかにはこんなテイクアウトも!

↑トラムKärntner Ring. Oper乗り場付近のケバブスタンド

ケバブスタンド

ウィーンで定番のB級グルメといえばケバブ。ピタパンやトルティーヤで巻いたものも。写真はケバブラップ€5.90くらい。

ココにあり!
トラム乗り場、地下鉄駅乗り場(地上)など

Noodles Box
mit Gemüse
Klein 3,90 €
Groß 5,90 €

ヌードルスタンド

ウィーンっ子はヌードルも大好き。焼きそばなどを販売するアジア系の屋台も多く、麺と一緒に寿司を販売していることもある。

ココにあり!
ⓊScwedenplatz駅の地上など

↑焼きそば、丼もの、揚げ春巻など種類豊富

←ナッシュマルクトのドクター・ファラフェル(→P91)でも焼きそばを販売

《冬限定》

焼き栗スタンド

ウィーンの冬の風物詩といえば焼き栗。例年秋くらいから街なかに登場する。屋台によってはジャガイモを使った焼きポテトやポテトパンケーキ(ハッシュポテトのようなもの)も販売。

ココにあり!
旧市街Seilergasse、
ⓊScwedenplatz駅の地上付近など

←焼き栗はHeiße Maroni(ハイセマローニ)という

←6個€2、7個€2.70程度。紙袋に入れてくれる

《暖かくなったら》

ジェラートスタンド

冬が終わり、カフェやレストランにオープンテラス席が設けられる3月くらいからジェラートスタンドも登場。年中オープンのジェラート店(→P96)も賑わう。

ココにあり!
旧市街グラーベン通りなど

→新市街にあるジェラート・ベラ・ミアの移動式スタンド

Bakery

パン好き必見！あれもこれも食べたくなる

ベーカリーで楽しむ♡焼きたてパン

Read me!

ウィーンはベーカリー(ドイツ語でBäckereiベッカライ)の宝庫！市内に何店舗も展開するチェーン店から少数精鋭のベーカリーまで、おすすめ店をピックアップしました。

€2
ビオ・バターザルツタンゲール
Bio Buttersalzstangerl
クミンと岩塩、バターを練り込んだ味わい深いスティックパン

€1.40
ビオ・モーンフリッセリ
Bio Mohnflesserl
有機小麦を使ったケシの実パン。岩塩の塩味がちょうどいい

€1.20
ビオ・ハンドゼンメル
Bio Handsemmel
オーストリアの定番パンで、手作業で仕上げる。ふっくら食感

€5.20/500g
ビオ・シュバイツァー・ディンケルブロート
Bio Schweizer Dinkelbrot
古代穀物のスペルト小麦を使用。しっかりとした小麦の味わい

←ショーケースの後ろにはイートインスペースも

↑クロワッサン€2.80などお馴染みのパンもある

薪オーブンで焼き上げるこだわりパン

ホルツオーフェンベッカライ・グラッガー＆シー

●Holzofenbäckerei Gragger & Cie

オススメ！

1997年にリンツ近郊の町でスタート。ウィーンでは珍しい釜焼きオーブンで焼き上げるベーカリー。オーガニックの小麦や全粒粉、酵母で作るパンは、外はカリカリ中はふっくら。薪の香りもいい。

旧市街 MAP:P6B3

図Ⓤ1・3線Stephansplatz駅から徒歩4分 住Spiegelgasse 23 ☎01-5130555 ⏲8〜18時 休日曜 英

€0.89
カイザーゼンメル
Kaisersemmel
手ごねで作る。ジャムを付けたり、野菜やハムを挟んで食べたい

€3.90
キュルビスケルンボルト
Kürbiskernbrot
カボチャの種をまぶした香ばしいパン。もっちり食感で食べ応えあり

€2.05
ヌスボイゲル
Nußbeugel
曲がったパンを意味する、ナッツが入ったオーストリア伝統のパン

ウィーン最古のベーカリー

ベッカライ・アルトゥア・グリム
●Bäckerei Arthur Grimm

創業1536年、ウィーン市内に4店舗を構える老舗。安くておいしいと地元の人に評判で、常連客が多い。オーストリア産の材料で作る昔ながらのパンは、店内で食べることもできる。

旧市街 **MAP:P6C1**

図Ⓤ3線Herrengasse駅から徒歩5分
㊟Kurrentgasse 10 ☎01-5331384
⏲7～18時(土曜は8～13時) ㊡日曜 英

€0.95
コルンシュピッツ
Kornspitz
小麦、ライ麦などで作る、ややハード系。ゴマやヒマワリの種をまぶしてある

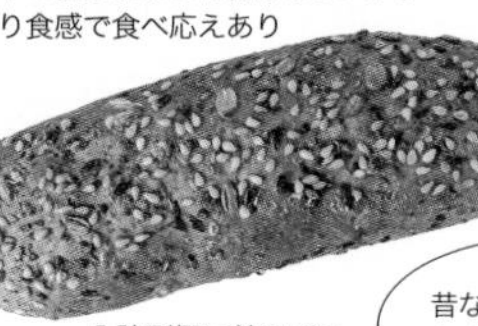

↓陳列棚に並ぶパン。奥の工房で作っている

昔ながらのパンを味わって！

€1.79
ビオ・ゾンネンブルーメン・ディンケルシュピッツ
Bio Sonnenbumen Dinkelspitz
ヒマワリの種をまぶした、健康食品としても知られるスペルト小麦のパン

€3.90
ビオ・ヌスキプフェル
Bio Nusskipferl
クルミ入りの三日月形パン。クルミもバターも、牛乳まですべてオーガニック

€3.40
ビオ・ヴァイプモーン・ブリオッシュ・ベーグル
Bio Weibmohn Brioche Bagel
白い有機ケシの実をまぶした、ほんのり甘いブリオッシュのベーグル

100%オーガニック&ハンドメイド！

ヨーゼフ・ブロート
●Joseph Brot

オーストリア産のオーガニック原料にこだわる自家製パンは、健康志向でおしゃれなウィーンっ子に愛されている。ウィーン市内に6店舗あり、カフェやビストロ、パティスリーを併設する店舗もある。

旧市街 **MAP:P6B2**

図Ⓤ3線Herrengasse駅から徒歩2分
㊟Naglergasse 9 ☎01-7102881
⏲7～19時(土曜は8～18時) ㊡日曜 英

€4.95
ビオ・シュペックシュタンゲル・ミット・ベルクケーゼ
Bio Speckstangerl mit Bergkäse
ベーコンが入ったスティックパン。ベーコンの旨みと塩味が絶妙

チェーン店のパンといえばここ

アンカー
●Anker

赤い看板が目印の1891年創業のウィーンを代表するベーカリー。主要地下鉄駅など市内に101店舗あり、種類豊富に揃うパンのほか、サンドイッチやスープ、ヨーグルトが並ぶ店舗も。

旧市街 **MAP:P7E1**

図Ⓤ1・4線Schwedenplatz駅から徒歩1分
㊟Schwedenplatz 2 ☎01-5320985
⏲5～19時 ㊡なし 英

€2.40
アプフェルターシェル
Apfeltascherl
りんごを詰めたサクサクパイ生地のおやつパン

€1.30
ゾンネンブルーメンヴェッカル
Sonnenblumenweckerl
ヒマワリの種を使ったライ麦と小麦のパン

€2.50
トプフェンゴラチェ
Topfengolatsche
トプフェン(カッテージチーズ)入りのサクサクパン

実は隠れた激戦区！

みんな大好き♡ひんやりジェラート

Read me!

ウィーンの街はジェラート店がとにかく多い。本場イタリアから受け継ぐものからヘルシー系アイスなど、店によってこだわりもさまざま。アイス片手に街歩きを楽しもう！

ヘーゼルナッツとラズベリー €3.30(ダブル)

パフェやクレープもCHECK！

ザノーニ・ザノーニはボリューム満点のパフェも人気。夏場はテラス席で優雅にパフェタイム！

イチゴクレープ €7.90
フレッシュなイチゴを大胆にのせたクレープ。下には生クリームとイチゴアイスが隠れている

フルーツパフェ €8
生クリームとバニラ、イチゴアイスの上にフルーツをたっぷりのせたゴージャスなパフェ

キャラメル €1.90(シングル)

↑フレーバーは40種類以上。ユリウス・マインル(→P110)にも店舗あり

旧市街の大型ジェラテリア

ザノーニ・ザノーニ

●Zanoni & Zanoni

イタリアンジェラートを中心にパフェやクレープ、フローズンヨーグルトなどボリューム満点のスイーツを取り揃える。暖かくなるとテラス席が出て大にぎわい。

旧市街 MAP:P7D2

図Ⓤ1・3線Stephansplatz駅から徒歩3分 住Lugeck 7
☎01-5127979 営7～24時
休1月～2月中旬 英 英

定番

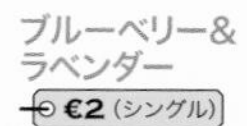

ブルーベリー&ラベンダー €2(シングル)

ケシの実とオレンジ €3.90(ダブル)

➡女性好みのかわいらしい店内。ジェラートサンド€8.50も人気

ヴィーガン姉妹によるBIOアイス

ヴィガニスタ・アイス

オススメ！

●Veganista Eis

人工甘味料や添加物を使用せず、ミルクの代わりにアーモンドやココナッツミルクを、砂糖の代わりにアガベシロップやメープルシロップを使って作る無添加のヘルシーアイス。

リンク周辺 MAP:P4A3

図Ⓤ2・3線Volkstheater駅から徒歩5分
住Neustiftgasse 23
☎01-9610845
営14～18時(金～日曜は12～22時) 休なし 英

↑こぢんまりとした店内。ウィーン市内に10店舗以上あり

←写真左は大豆&ビターチョコレートとカボチャの種€3.60(ダブル)

ラズベリーとケシの実 €3.60(ダブル)

ツォッターのチョコレート €1.80(シングル)

イチゴとマンゴー €3.60(ダブル)

体にやさしい自然な甘さ

アイス・グライスラー

●Eis Greissler

有機穀物で育てた牛のミルクなど、新鮮な食材で作る体にやさしいジェラートが大人気。これまで100種類のフレーバーを開発し、店では18種類以上を用意。

旧市街 **MAP:P7D1**

図Ⓤ1・4線 Schwedenplatz駅から徒歩4分 ㊟Rotenturmstr. 14
☎0264-742950 ⏲8〜18時
㊡冬期

老舗のアイスクリーム店

トゥフラウベン・アイス

●Tuchlauben Eis

1962年から続くジェラート&ソフトアイスの店。新鮮なミルクを使って手作りする上質なジェラートはSサイズがダブル€3.60、Mサイズはトリプル€4.30。

旧市街 **MAP:P4C3**

図ⓉD・1・2・71番Oper/Karlsplatzから徒歩すぐ
㊟Opernpassage 5 ☎01-5332553
⏲10時〜23時30分(日曜は11時〜) ㊡なし

↓ケルントナー通り入口にある

アマレナチェリーとヌガークリーム €3.60(ダブル)

ピスタチオとイチゴ €3.60(ダブル)

↑ソフトアイス€1.90〜も人気!

Plus! ジェラートの注文の仕方

ジェラート店で見かけるメニューは大抵ドイツ語なので、基本を覚えよう。

日本と同じようにまずはカップかコーンを選ぶ。次にサイズをチョイス。フレーバーは指差しでもOK!

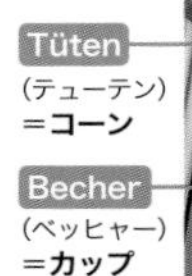
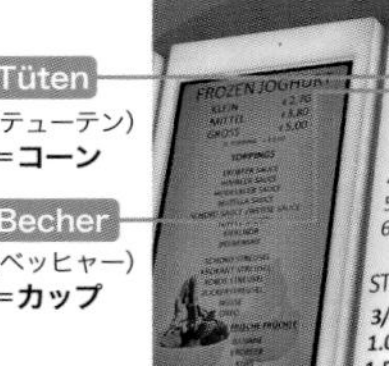

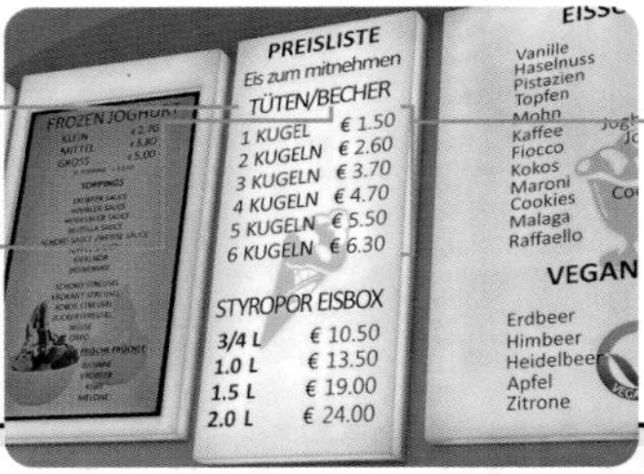

Tüten (テューテン) =コーン

Becher (ベッヒャー) =カップ

サイズ (いくつ盛るか)
1 Kugel(クーゲル) =シングル
2 Kugeln=ダブル
3 Kugeln=トリプル

Wine Restaurant

美酒と雰囲気に酔いしれる

ワインが主役のレストランへ

オーストリアワインの詳細はP112

Read me!

「ワインケラー」とよばれる地下貯蔵庫を利用したワイン居酒屋や、その年の新酒を提供するワイン居酒屋「ホイリゲ」など、ワインを楽しめるグルメスポットをご紹介。

どんなワインがある?

(左)白ワインは「オット・フィス・フィア(品種グリューナー・ヴェルトリーナー)」€27.99、(右)赤ワインは「ウマトゥム」€47.99。※参考ワイン

MENU

前菜の盛り合わせ €29

ミラノサラミ、モルタデッラ(イタリア、ボローニャのソーセージ)、プロシュート、チーズ、オリーブが入っている

↑気軽に楽しめるモダンな店内。2階はプライベートダイニング

オーストリアワインを気軽に

ヴァイン・ウント・コー

オススメ!

●Wein&Co

ウィーン市内に7店舗あるワイン専門店。1階がレストラン&ワインバーで、地下のショップにある2000種類ものワインから、料理に合うボトルを用意。月替わりのグラスワイン€5～は40種類以上。

旧市街 MAP:P6C2

図Ⓤ1・3線Stephansplatz駅から徒歩2分
住Jasomirgott Str. 3-5 ☎01-507063122
⏲9～22時(木・金曜は～24時、土曜は10～24時、祝日は11～20時、料理は12時～22時30分)
休日曜 英 英

↑気に入ったワインは地下のショップで購入できる

→料理はショーケースから選ぶスタイル

定番

1683年から続くウィーン最古のワイン居酒屋

エスターハージーケラー

●Esterhazykeller

ハンガリー出身の大貴族、エスターハージー家ゆかりの一軒。同家のワインセラーだった12世紀の建物の地下を利用し、自社ワイナリーで造るオーストリア産ワインを提供している。

旧市街 MAP:P6B2

図Ⓤ3線Herrengasse駅から徒歩3分
住Haarfof 1
☎01-5333482
⏲16～22時LO(土・日曜、祝日は11時～)
休月曜 英 英

MENU

つまみの盛り合わせ €18.90(1人前～)

ハムやチーズ、サラダなど好きな料理を選べる

←洞窟のような店内。立ち飲みのカウンターとテーブル席がある

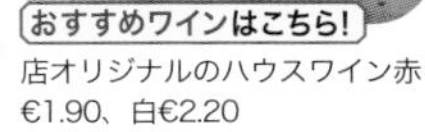

おすすめワインはこちら!

店オリジナルのハウスワイン赤€1.90、白€2.20

⬆簡素な木製家具が並ぶ店は、地元の人も手軽に立ち寄る

街なかで本場のホイリゲを体験

オススメ!

ギゲル

●Gigerl Stadtheuriger

旧市街の路地裏に突如現れる店。昼間から楽団の演奏でワイワイ盛り上がる様子は、まさに本場。ウィーンの森まで行く時間がない人は、シュテファン寺院の観光後に立ち寄ってみては。

旧市街 MAP:P7D3

図Ⓤ1·3線Stephansplatz駅から徒歩3分
住Rauhensteingasse 3 ☎01-5134431
⏲15〜24時 休日曜 英英

おすすめワインはこちら!
フルーティで軽さが売りの地元白ワイン

MENU
ギゲルズブレッド/ビーフタルタル・トースト €18.50
店の名前を冠した昔ながらのワインのつまみ兼軽食

⬅バロック様式のファサードは宮廷建築家のヒルデブランドによるもの

迷路のような雰囲気が楽しい

定番

ツヴェルフ・アポステルケラー

●Zwölf Apostelkeller

650年以上の伝統をもつ建物の地下にあるワインケラー。歴史を感じる調度品に囲まれて、気軽にワインとつまみを味わうことができる。料理は小皿料理や各種盛合せを用意。

旧市街
MAP:P7E2

図Ⓤ1・4線Schwedenplatz駅から徒歩4分
住Sonnenfelsgasse 3
☎01-5126777
⏲11〜24時 休12月24日

⬆入口で出迎えてくれるのは聖パウロ像

おすすめワインはこちら!
いろいろな味わいを楽しめるグラスワイン €5.50〜

MENU
チーズプレート €9.90(左)
グルメプレート €17.90〜(右)
チーズやハム、玉子などワインに合うつまみの盛り合わせ。手軽に注文できるうえにお得

Plus! 郷土の味覚をチェック

ウィーンから離れた地方のグルメも覚えておくと、オーストリアの食の知識が深まる。

※チロル地方…オーストリアとイタリアにまたがるアルプス地帯。州都はインスブルック

ザルツブルク
ザルツブルガー・ノッケール
Salzburger Nockerl
ふわふわのスフレ。ラズベリーやクランベリーをからめて食べる

チロル地方
チローラー・グレステル
Tiroler Gröstl
牛肉とジャガイモ、玉ネギを炒めてピリ辛に味付けしたもの

チロル地方
ケーゼシュペッツレ
Käsespätzle
チーズと小麦粉で作るチロル風すいとん。もちもちの食感

チロル地方
チローラー・クネーデルズッペ
Tiroler Knödelsuppe
ほぐしたパンに粗挽き肉などを混ぜた肉団子入りスープ

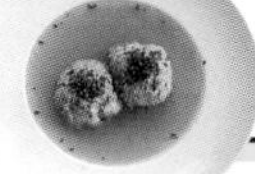

Donau View

近代的なウィーンの夜景が広がる！
ドナウビューのカフェ&レストラン

船の形をした建物のデッキにテラスが。運河の心地いい風を感じながら一杯

Read me!

市内北東を流れるドナウ運河沿いにはカフェやレストランが点在し、夜は近代的な街明かりを眺めながらお酒や食事を楽しめる。360度のパノラマビューならドナウタワーへ！

↑レストランとカフェは入口が異なる

↑(左)ジンとラズベリーのモットー・スピリッツ€8.90、(右)白ワインのムスカテラー。グラス€5.50

デッキテラスで運河の夜景を

モットー・アム・フルス
Motto Am Fluss

クルーズ船が発着する「ウィーン・シティ船着場」にある。1階はモダンなレストラン、2階はテラスが気持ちいいカフェで、夜はバーとしてにぎわう。料理はオーガニック食材を使ったヘルシー系。

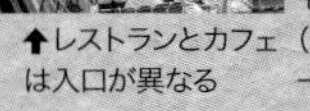

リンク周辺 MAP:P7E1

交 Ⓤ1・4線Schwedenplatz駅から徒歩2分 住 Franz Josefs kai 2 ☎01-2525510 ⏲8〜24時 休 なし 英英

↑スモークサーモン、山羊のチーズ、アボカド、スクランブルドエッグとパンの盛り合わせ€16

←(右)カリフラワーバリエーション€28 ©Mila Zytka
(左)アンガスビーフのステーキ€49。メニューは定期的に替わる ©Mila Zytka

ホテル最上階の洗練空間

ダス・ロフト
Das Loft

「ソフィテル・ヴィエナ・シュテファンドーム・ホテル」18階。フランス人建築家、ジャン・ヌーヴェルによるモダンな内装のレストラン&バーで、ガラス張りの店内から市内の夜景を一望できる。

リンク周辺 MAP:P5D2

交 Ⓤ1・4線Schwedenplatz駅から徒歩3分
住 Praterstr. 1 ☎ 01-906168110 ⏲ 朝食6時30分〜10時30分(土・日曜は7〜12時、日曜ブランチは13〜16時)、ディナー18〜22時、バー16時〜翌1時(金・土曜は〜翌2時) 休 なし 英英予

←日中はシュテファン寺院がよく見える ©Mila Zytka

↑カラフルな天井はスイス人芸術家ピピロッティ・リストの作品 © WienTourismus/ Christian Stemper

←運河越しに見える個性的な形をしたウニカ・タワーがカラフルにライトアップ

↓テラスは運河に突き出た席もある。お気に入りの場所を見つけて

おしゃれウィーンっ子御用達

クリオ

オススメ!

●Klyo

1910年建設の天文台を備えた教育施設、ウラニアに併設。運河を望むガラス張りの店内には緑があふれ、明るく爽やか。地元農家から届く新鮮な食材を使った料理をオールデイで楽しめる。

リンク周辺 **MAP:P5E2**

図Ⓣ1番Julius-Raab-Platzから徒歩2分 住Uraniastr. 1 ☎01-7105946 ⏲9～23時（木～土曜は～24時）休なし 英英

↑オーガニック牛のタルタル€14.80はトーストと一緒にどうぞ

←ボリューム満点のブリスケット・バーガー€16.80

↑（右）アペロール・プロセッコ€6.50、（左）シグネチャーカクテルのMUSE URANIA€12

→ドナウ運河に架かる橋や近代的な建物など、ウィーン市内の夜景を鑑賞できる

地上170mの回転レストラン

トルム

●Turm Restaurant

ドナウ公園に立つドナウタワー内、地上170mのウィーンで最も高所にある回転レストラン。伝統的なウィーン料理とともに、キラキラと光り輝く街の景色をゆっくり堪能したい。

郊外 **MAP:P3F1**

図Ⓤ1線 Alte Donau駅からバス20Aで2分、バス停Donauturm下車、徒歩約5分 住Donauturmstr. 4 ☎01-2633572 ⏲11時30分～15時LO、18時～22時30分LO 休なし 英英予

↓→アラカルトメニューから好みの料理を3品選べて€55

↑窓に沿ってテーブル席が並ぶ。1周約27分

→タワー入場料は別途€9（レストラン利用者料金）。展望台にも立ち寄ってみよう

ハプスブルク家、伝説の皇妃

美のカリスマ♡シシィグッズを探して…

Read me!

シシィの愛称で親しまれている、オーストリア=ハンガリー帝国の皇妃エリザベート。絶世の美女として知られ、多くの人々を魅了している。多彩なシシィグッズをチェック！

←金銀糸で刺繍を施した婚礼式用のトレーン(裳裾)。皇室馬車博物館に展示

Profile

エリザベート・アマーリエ・オイゲーニエ・フォン・ヴィッテルスバッハ

Elisabeth Amalie Eugenie von Wittelsbach

(1837〜98年)

バイエルン公爵の次女。16歳で後の皇帝フランツ・ヨーゼフ1世と結婚するが、堅苦しい宮廷生活や大公妃ゾフィーとの確執で精神を病み、皇室から逃れるように旅を重ねた。1898年スイスで暗殺される。享年60歳。

- 1837年● ドイツのバイエルン地方で生まれる
- 1853年● フランツ・ヨーゼフ1世に見初められ婚約
- 1854年● 婚礼式が行われる
- 1855年● 長女ゾフィー誕生
- 1856年● 次女ギーゼラ誕生
- 1858年● 長男ルドルフ誕生
- 1867年● オーストリア=ハンガリー帝国の女王に即位
- 1868年● 三女マリア・バレリア誕生
- 1889年● 長男ルドルフ、謎の死をとげる
- 1898年● スイスのレマン湖で無政府主義者に暗殺される

Episode 1

身長173cm、体重48kg、ウエスト50cmと誰もが羨むプロポーション。体型を維持するために宮廷内で器具を使って体操したり、乗馬や水泳なども行っていた。

Episode 2

断食をはじめミルクやオレンジだけを食べるなど極端な食事制限も行っていたが、甘いものも大好きで、チョコレートやアイスクリームを食べることもあった。

Episode 3

一番の自慢は、長く美しい髪。毎日2〜3時間かけて髪をとかし、結い上げていた。また、卵黄とコニャックでパックをして艶を保っていたという。

↑星型の髪飾りをつけたエリザベートの肖像画。宮廷画家ヴィンターハルター作(1865年)

Photo by Imagno/Getty Images

エリザベートゆかりのSpot

ハプスブルク家ゆかりの家具が並ぶ

家具博物館 ●Möbelmuseum Wien

元は皇帝一族の家具を収納する倉庫だった。シシィが使用した筆記用具や化粧机、体型維持に使用していた体重計などを展示。

郊外 MAP:P2C3

図Ⓤ3線Zieglergasse駅から徒歩3分 住Andreasgasse 7 ☎01-5243357 ⏲10〜17時 休月曜 料€13

←シシィお気に入りのブダペストにあるグドゥルー宮殿の寝室を再現

©Hofmobiliendepot

馬車を通してシシィの生涯を知る

皇室馬車博物館 ●Kaiserliche Wagenburg

シシィのお輿入り馬車や戴冠式用の馬車、彼女の棺を運んだ霊柩馬車が並ぶ。 DATA⇨P53

↑オーストリア＝ハンガリー帝国の戴冠式で使用した黄金の馬車

庭園の奥には記念像も

フォルクス庭園 ●Volksgarten

英雄広場の北西側にある庭園。庭園の奥には1907年にフランツ・ヨーゼフ1世の命で造られたシシィ像が立つ。

旧市街 MAP:P4B2

図ⓉD・1・2・71番Ring/Volkstheater Uから徒歩2分 住Volksgarten ⏲6〜22時(11〜3月は7時〜17時30分) 休なし(天候により休みの場合あり) 料無料

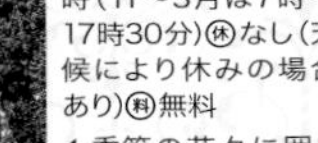

←季節の花々に囲まれた記念像

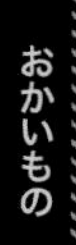

€13.50
店頭に並ぶトリュフチョコ。パッケージはシシィ、フランツ・ヨーゼフ1世から選べる
Ⓑ

€5.50
スミレの砂糖漬けが入ったホワイトチョコレート
Ⓑ

€5.90/200mℓ
オーストリアのワインメーカー「シュルンベルガー」のロゼスパークリングワイン
Ⓑ

€2.90
シシィ・ミュージアムのトートバッグ。ピンクと紫色もあり Ⓐ

€18
スミレが好きなシシィのために菓子職人が作った、スミレの花の砂糖漬け
Ⓑ

€14.90

€6.90
シシィの置物もいろいろ。好きな場所に飾ろう Ⓐ

€3.50
ドレス部分を生地で立体的にしたポストカード
Ⓐ

€34
フランツ・ヨーゼフ1世がシシィに贈った、星の髪飾りをモチーフにしたブローチ
Ⓐ

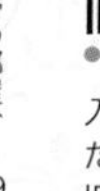

€19
星の髪飾りシリーズはヘアピンもある
Ⓐ

€7.90
やっぱり欲しくなる、みやげの定番スノードーム
Ⓐ

←皇帝の部屋（→P59）の執務室に飾られたシシィの肖像画

Shop List

Ⓐ

旧王宮ミュージアムショップ

●Alte Burg Museumshop

入口はミヒャエル宮とスイス宮に囲まれた、フランツ1世像が立つ中庭にある。旧王宮らしく、シシィグッズの豊富さは群を抜いている。

旧市街 MAP:P6A3

図Ⓤ3線Herrengasse駅から徒歩3分
住Hofburg, Michaelerkuppel
☎01-5337570
時9～17時
休なし 英

Ⓑ

ゲルストナー

オススメ！

●Gerstner K.u.K Hofzuckerbäcker

1873年に王室御用達のコンディトライ（カフェスペース）となった老舗。皇帝フランツ・ヨーゼフ1世とシシィも通ったといわれる。シシィが好きなスミレの花の砂糖漬けが人気。

⇨P68

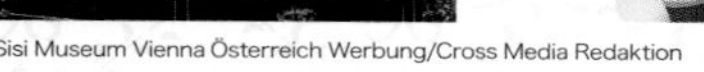

©Sisi Museum Vienna Österreich Werbung/Cross Media Redaktion

アートから音楽グッズまで

ウィーンらしいおみやげが欲しい！

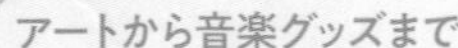

Read me!

旅の記念にウィーンの魅力がぎゅっと詰まったおみやげはいかが？ミュージアムショップや旧市街、マリアヒルファー通りのショップからとっておきのアイテムをセレクト！

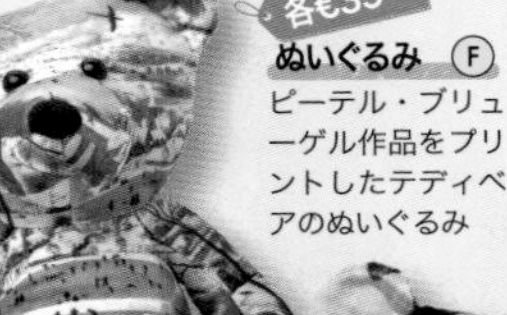

各€35～
ぬいぐるみ Ⓕ
ピーテル・ブリューゲル作品をプリントしたテディベアのぬいぐるみ

各€25
USBメモリ Ⓐ
MQの中庭にあるエンツィとよばれるベンチの形をしたUSBメモリ（32GB）

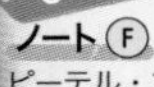

€4.95
ノート Ⓕ
ピーテル・ブリューゲルの代表作『雪中の狩人（冬）』のノート

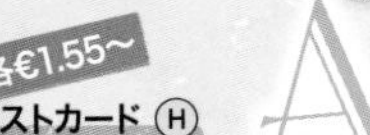

各€1.55～
ポストカード Ⓗ
左はクリムトの『水蛇1』、右はシーレの『母親と二人の子供』

Art

€89.90
石膏像 Ⓖ
ちょっと高いけれどファンなら欲しい！モーツァルトの石膏像

各€3.90
ボールペン Ⓗ
クリムトの『接吻』がモチーフ。バラマキみやげに◎

€5
マグネット Ⓖ
かわいらしい姿のモーツァルトがマグネットに

€14.90
マグカップ Ⓖ
モーツァルトの横顔が描かれたホーローマグカップ

€19.90
オルゴール Ⓖ
ピアノの形をしたオルゴール。奏でる曲は♪アイネ・クライネ・ナハトムジーク

Music

Ⓐ個性あふれるグッズ

MQポイント

●MQ Point

オリジナルグッズや輸入雑貨を扱うミュージアムショップ。ミュージアムクォーター・ウィーンの総合案内所とチケット販売のカウンターも併設している。

リンク周辺 MAP:P8C1

図Ⓤ2線Museumsquartier駅から徒歩2分 住Museumsplatz 1 ☎01-52358811731 ⏲10～19時 休なし 英

Ⓑ1890年創業の菓子ブランド

マンナー

●Manner

定番

ウエハースやチョコレートなど、オーストリアではポピュラーな製菓「マンナー」の直営店。菓子は€0.89～、グッズも多数揃う。

旧市街 MAP:P7D2

図Ⓤ1・3線Stephansplatz駅から徒歩1分 住Stephansplatz 7 ☎01-5137018 ⏲10～21時 休なし 英

Ⓒ遊び心いっぱいの雑貨

グラーフ&グレーフィン・フォン・ライムントホーフ

●Graf & Gräfin vom Raimundhof

マリアヒルファー通りから入ったライムントホーフ通りにある。個性的な雑貨やアクセサリーがたくさん。

リンク周辺 MAP:P8B3

図Ⓤ3線Neubaugasse駅から徒歩4分 住Mariahilfer Str. 45, Raimundhof Passage ☎01-5850630 ⏲11～18時 休日曜 英

Sweets

€5.50

€8.90

チョコレートバー Ⓔ
ダークチョコレート(上)とミルクチョコレート(下)

€23.50

ミルクチョコレート Ⓔ
「猫の舌」という意味のチョコレート。パッケージもかわいい

ブリキのウエハースボックスに収納!
Manner Neapolitaner
Manner

3個€3.69

全粒粉のウエハース Ⓑ
全粒粉で通常より30%砂糖をカットしたマンナーのウエハース

€5.69

3個€3.29

マンナー・スナック・ミニ Ⓑ
ヘーゼルナッツ入りのチョコとミルクを挟んだウエハース

€14.90

スミレの砂糖漬け Ⓔ
シシィが好きなスミレのお菓子。王室御用達のデメルならでは

Beauty

€13.90

シャンプー Ⓓ
香り高いローズエキス配合。自然な輝きとボリュームアップに効果的

€18.90

ボディローション Ⓓ
ヤギのミルクのボディローション。保湿効果が高く肌にも優しい

€6.90

石けん Ⓓ
ラベンダーのアロマソープ

€12.90

ポプリ Ⓓ
ラベンダーの香りが心地いい。クローゼットやピローケースに入れてリラックス

Kitchen & Interior

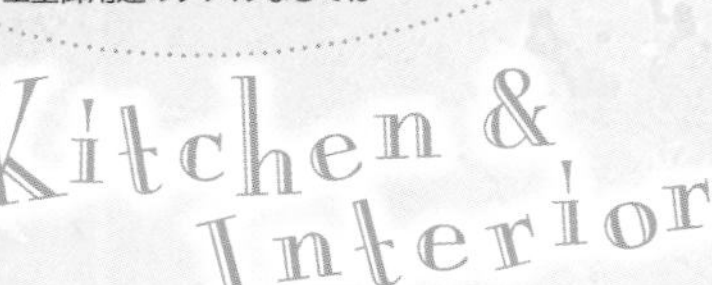

€8.90

グラス Ⓐ
オーストリアの陶器ブランド「Mäser」のホイリゲグラス

€15

トランプカード Ⓒ
金箔入りのゴージャスなトランプ

€15

アクセサリートレイ Ⓒ
パイナップルがかわいいドット柄のトレイ

Ⓓオーガニック雑貨ブランド

グリューネ・エアデ

●Grüne Erde

オススメ!

オーガニックコットンを使った洋服やリネン、バラやオリーブなど有機栽培の植物から抽出した精油で作るスキンケアなど、高品質なアイテムを揃える。

リンク周辺 MAP:P8C3

図Ⓤ2線Museumsquartier駅から徒歩1分
住Mariahilfer Str. 11
☎07615-203411
⏲10〜19時(土曜は〜18時) 休日曜 英

Ⓔ
デメル
●Demel
旧市街 MAP:P6B2
⇨P65

Ⓕ
美術史博物館
●Kunsthistorisches Museum
リンク周辺 MAP:P9D1
⇨P74

Ⓖ
モーツァルトハウス・ウィーン
●Mozarthaus Vienna
旧市街 MAP:P7D2
⇨P85

Ⓗ
ベルヴェデーレ上宮
●Oberes Belvedere
郊外 MAP:P3D4
⇨P72

気品漂うデザインに一目ぼれ

ハプスブルク家御用達の名店

Read me!

王室御用達の称号を受けたショップや宮廷発祥の手工芸店には、皇妃エリザベートが愛用したテーブルウェアや宝飾品など、上品なデザインと確かな品質のアイテムが並ぶ。

1客€169～

超技巧的なバタフライ模様を透かし彫りにしたバルーンシリーズ

1客€286～

スターシリーズは、まばゆい星を丹念に彫り込んだ人気のワイングラス

↑ガラス製品が博物館のように陳列されている

創業1823年

クリスタルグラス

芸術品級のクリスタル製品

ロブマイヤー

●J.&L.Lobmeyr

ウィーン国立歌劇場などにシャンデリアが使われているクリスタルガラスの老舗ブランド。高い品質と斬新なデザインで不動の人気を誇る。ワイングラス博物館も併設。

旧市街 **MAP:P6C4**

図Ⓤ1・3線Stephansplatz駅から徒歩5分 住Kärntner Str. 26
☎01-512050888
⏲10～18時 休日曜

創業1843年

カトラリー

美しいフォルムのカトラリー

ベルンドルフ

●Berndorf

180年の伝統を今に受け継ぐ銀製カトラリーの老舗。現在も一流ホテルやレストランで使用されている。皇妃エリザベートも愛用した特製スプーンなども並ぶ。

旧市街 **MAP:P7E2**

図Ⓤ1・3線Stephansplatz駅から徒歩5分 住Wollzeile 12
☎01-5122944
⏲10時～18時30分(土曜は～17時)
休日曜 英

€299/60本入り

カトラリーボックス「Lambada」

↓長い伝統を守り続ける店

€349/30本入り

カトラリーセット「Royal Palais」は愛され続ける伝統の形

€9.90

エリザベートモデルの砂糖まぶし用スプーン

€1240

長く使い続けたい、クッションカバー(50cm×80cm)

€23

"ウィーンの薔薇"の刺繍が施された花瓶敷き

各€30

花刺繍がポイントの食器拭き

↑グラーベン通りに店を構える

創業1814年

テーブルウェア

上品で質のよいリネンが人気

ツア・シュヴェービッシェン・ユングフラウ

●Zur Schwäbischen Jungfrau

ダマスク織や正絹のベッドリネンにテーブルウェア、タオル類など、エレガントで高品質な製品を扱う。マリア・テレジアやエリザベートも訪れたことがある。

旧市街 **MAP:P6C2**

図Ⓤ1・3線Stephansplatz駅から徒歩3分 住Graben 26 ☎01-5355356
⏲10～18時(土曜は～17時)
休日曜 英

€311
代表作、マリア・テレジアシリーズのカップ&ソーサー

€496
忘れな草が描かれたカップ&ソーサー

€288
ピーターマイヤー・ガーランドのエスプレッソカップ&ソーサー

↑ティーポット€848/1ℓ、カップ&ソーサー€229。エリザベートが使用したものと同じデザイン

創業1718年

陶磁器

ハプスブルク家直属の名窯

アウガルテン

●Augarten

ヨーロッパで2番目に古い陶磁器ブランド。マリア・テレジアの命により1744年からハプスブルク家直属窯として磁器を生産してきた。アフターサービスも万全。

旧市街 MAP:P6C3

図Ⓤ1・3線Stephansplatz駅から徒歩2分 ㊟Spiegelgasse 3
☎01-5121494 ⏲10～18時 ㊡日曜 ㊐

↑工房はアウガルテン宮殿内

創業1814年

宝飾品

シシィに贈られた星形の宝石

A.E.ケッヒェルト

●A.E. Köchert

1868年に皇帝フランツ・ヨーゼフ1世により王室御用達に指名された。皇帝が妻エリザベートのために贈った、星の髪飾り「ダイヤモンドの星」は、現在はシシィシリーズとして人気。

旧市街 MAP:P6C3

図Ⓤ1・3線Stephansplatz 駅から徒歩3分 ㊟Neuer Markt 15 ☎01-5125828
⏲10～18時(土曜は～17時) ㊡日曜

➡歴史を感じさせる建物。オーダーメイドも可能

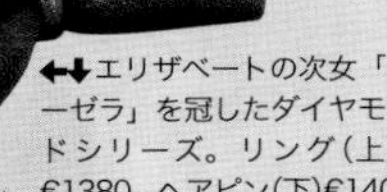

←↓エリザベートの次女「ギーゼラ」を冠したダイヤモンドシリーズ。リング(上)€1380、ヘアピン(下)€1400

€1万800
アームバンド「エリザベート」

€4400
イヤリング「ゾフィー」

「ダイヤモンドの星」は4種類あり€5800～。付属のキットを使ってブローチ、ペンダント、髪飾りにできるモデルもあり

創業1932年

プチポワン

宮廷発祥の伝統刺繍工芸

マリア・シュトランスキー

●Maria Stransky

王宮内に店を構えるウィーンの手刺繍・プチポワンの専門店。マリア・テレジア時代の刺繍工芸を伝承しており、バッグやブローチに繊細な柄が施されている。

旧市街 MAP:P6A3

図Ⓤ3線Herrengasse駅から徒歩5分
㊟Hofburg- Passage 2
☎01-5336098
⏲11～17時 ㊡土～水曜

←世界の王侯貴族たちを魅了した刺繍のハンドバッグ€615～4000(大きさや柄により値段は異なる)

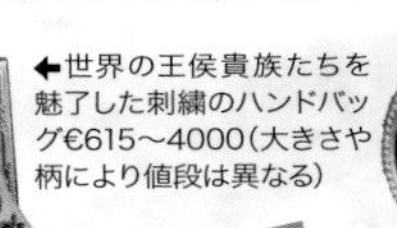

€789
使い勝手のいいハンドバッグ

€58～
黒地に花々の刺繍が印象的な手鏡

€37
ペンダントトップはおみやげにおすすめ

➡王宮内のアーケードにある小ぢんまりとした店

Chocolate

甘いもの好きを虜にする

ウィーンの愛されチョコレート

Read me!

宮廷文化が花開いたウィーンは、周辺諸国からさまざまなお菓子が伝わり、それを菓子職人が華やかな姿に変えていった。ウィーンを代表するチョコレートで甘いひと時を。

€24.50
モーツァルト・クーゲル
Mozart Kugel
マジパンとヘーゼルナッツヌガーをダークチョコでコーディング

€29.50
ヌガーチョコレート
Minikonfekt Nougat
黒らくだが描かれたボックスにミニサイズのヌガーチョコレートがぎっしり

各€4.60
チョコバー
Kameels Köstlichkeiten
カラフルなパッケージが目を引く。左からアプリコット、ヘーゼルナッツ、ウォールナッツキャラメリゼ

⬆棚に並ぶ豊富な食材。生ハムはその場でスライスしてくれる

"黒らくだ"を意味する老舗

ツム・シュヴァルツェン・カメール

●Zum Schwarzen Kameel

創業は1618年、カナッペがおいしいスタンドバーと高級レストランで知られる。デリカテッセンでもあり、チョコレートからジャムやオイル、チーズ、サラミなどが購入できる。ハプスブルク家も贔屓にした。

旧市街 **MAP:P6B2**

⇨P69

€86.90
引き出し式ソーイング
Weihnachtliche Ausziehkassette
お裁縫箱をイメージしたボックスにチョコがたくさん

マジパン、ヌガー、ピスタチオ、コーヒーなど、Liliputリリプットとよばれる種類豊富な手作りのミニサイズチョコレートをそれぞれのボックスに詰めている

€52.10
ドレッサー
Kommoden
2段引き出しのボックス。3段引き出しもある

€119.20
スーツケース
Reisekoffer
王宮やカールス教会が描かれたボックスは宝石箱のよう

⬇食べ終わったら小物入れに使いたいボックスがずらり！

€49.70
ミニブック
Minibuch
本の形をしたボックス。本棚に飾りたくなるかわいさ

個性豊かなパッケージに夢中！

アルトマン&キューネ

●Altmann & Kühne

グラーベン通りにある1928年創業のチョコレート専門店。店の内装や商品パッケージデザインは、ウィーン分離派(→P76)のメンバー、ヨーゼフ・ホフマンなどが創設したウィーン工房が手がけた。

旧市街 **MAP:P6C2**

交Ⓤ1·3線Stephansplatz駅から徒歩1分
住Graben 30 ☎ 01-5330927
時9時～18時30分(土曜は10～17時)
休日曜 英

⬆ゴージャスな装飾の店内。入って右側がショップ

€48.50
オリジナル ザッハー・トルテ
Original Sacher-Torte
直径16cm。カフェ・ザッハーのザッハートルテを自宅で

© Hotel Sacher

€41（8個入り）
オリジナル・ザッハー・ヴュルフェル
Original Sacher Würfel
オリジナル・ザッハートルテが食べやすいミニサイズに。6個入りもある

© Hotel Sacher

€19.50
ホットチョコレート
Original Sacher Trinkschokolade
クラシカルな缶に入ったホットチョコレートの粉。ミルクに溶かして

ザッハートルテをおみやげに
ザッハー・コンフィセリー・ヴィエナ
●Sacher Confiserie Vienna

ホテルザッハー・ウィーン(→P224)内、ケルントナー通り沿いにある直営ショップ。オリジナル・ザッハートルテは直径22cmから12cmまで4種。クマのキャラクター、ザッハー・ベアグッズも。カフェ「ベル・エタージュ」も併設。

旧市街 **MAP:P6C4**
図Ⓤ1・2・4線Karlsplatz駅から徒歩5分
㊟Kärntner Str. 38
☎01-514560
⏲10〜22時 ㊡なし

€13.90
ウィーナー・カッツェンツンゲ
Wiener Katzenzungen
「猫の舌」を意味するウィーン定番のチョコ。この店ではオーガニックチョコレートを使用

€13.90
ウィーンの生活
Wiener Leben
パッケージに古いウィーンの生活を描いたスティックチョコレート。モカ、ミント、ミルクオレンジの3種類

➡当時使用していたボタン棚。いまではチョコレートが並ぶ

€14.90
ヘーゼルナッツのチョコレート
Sisi Haselnusskrokant
店名の「チョコレートの王様」を表す、王冠の形がポイント。シシィを描いたパッケージも◎

€2.90
黄金のウィーンハート
Goldenes Wiener Herz
ばらまきみやげにちょうどいい1個売りのチョコレート

オススメ!

女子の心をくすぐるパッケージ
ウィーナー・ショコラーデ・ケーニッヒ・レシャンツ
●Wiener Schokolade König Leschanz

創業1840年、王宮御用達のボタン店だった建物を利用し、2004年にチョコレート店としてオープン。デメルの製菓マイスターだった店主がさまざまなチョコレートを生み出している。クラシカルなパッケージデザインも素敵。

旧市街 **MAP:P6C2**
図Ⓤ1・3線Stephansplatz駅から徒歩3分
㊟Freisingergasse 1
☎01-5333219
⏲10〜18時 ㊡日曜 英

高級派？それとも庶民派？

グルメみやげはスーパーマーケットで！

コーヒー豆！

Read me!

オーストリアのグルメみやげ探しならスーパーマーケットへ。日本では珍しい食材もあり、まとめ買いしたくなる。バラマキなら庶民派、こだわりグルメなら高級スーパーへ！

€6.90/250g

プレジデント

スタンダードなコーヒー豆。ストレートで楽しみたい人に

€10.90/250g

ウィーナー・メランジェ

100%アラビカ豆を使用。甘さと酸味がちょうどいい

€12.50/250g

キング・ハドラマウト

アラビカの深煎りブレンド。エレガントな香りで飲みやすい

各€5.90

ジャム

ユリウス・マインルオリジナル。アンズ(左)、クロスグリ(右)

€3.49

チョコレートバー

ホワイト&バニラのフレーバー

€6.99

ココアパウダー

ミルクを加えてホットチョコレートに。お菓子作りにも使える

€4.90

コーヒー缶

コーヒー豆保存用の缶。パッケージデザインもおしゃれ

€6.79

カボチャの種オイル

オリジナルブランドのカボチャオイル。サラダや卵料理におすすめ

€1.69

マスタード

オーストリアの老舗マスタードブランド。マイルドな味わいのタイプ

高級スーパー

創業1862年の老舗スーパー

ユリウス・マインル

●Julius Meinl

旧市街の中心、グラーベン通りに店を構えるウィーンを代表するスーパー。オーストリア国内から世界各国のものまで多種多様な高級食材が並び、自社ブランド製品もあり。1階にはカフェもあり、休憩に最適。

旧市街 MAP：P6B2

図Ⓤ3線Herrengasse駅から徒歩3分 住Graben 19 ☎01-5323334 ⏱8時～19時30分(土曜は9～18時) 休日曜 英

+Plus! コーヒーといえばユリウス・マインル！

もとはコーヒー豆専門店で、世界で初めてコーヒーの焙煎を始めたといわれる。ウィーン市内のカフェやレストランではここのコーヒー豆を使う店が多い。パッケージに描かれたトルコ帽子の男の子は"Meinl Mohr=マインルのムーア人"で店のシンボル。

←スーパー1階のコーヒー豆売り場。品揃えはとにかく豊富

庶民派スーパー

ヨーロッパ全域に展開する

シュパー・グルメ

●SPAR Gourmet

「安全な食品を低価格で販売」をコンセプトに、世界30カ国以上で展開する、オランダ生まれのスーパー。自社ブランドのオーガニック食品も人気。旧市街に4店、リンク周辺に6店舗あり。

リンク周辺 MAP:P4C3

図 ⓉD・1・2・71番Oper/Karlsplatz Uから徒歩2分 住 Kärntner Ring ☎01-5046382 ⏲7時30分～20時(土曜は8時30分～18時) 休日曜 英

€0.79

€0.79

ビオのエナジードリンク
オーストリアはエナジードリンクも有名。クラシック(左)、マンゴー&パッションフルーツ(右)

€4.99

ハチミツ
オーストリア産、アカシアのオーガニックハチミツ

€2.99

インスタント食品
キノコのグーラッシュとクヌーデル。電子レンジまたは鍋でカンタン便利

マジパン&ヌガークリーム

各€1.99

チョコレート
チョコレートブランド「ハインドル」のモーツァルト(左)とシシィ(右)

アプリコット風味

€0.89

バートイシュルの塩
ザルツカンマーグートの塩坑で採取した塩を使った、オーストリアブランド

各€0.99

スープの素
鍋に水とスープの素を入れるだけ。フリターテンズッペ(左)、ヌーデルズッペ(右)

€1.49

トルティーヤチップス
有機栽培のトウモロコシを使用。プライベートブランド商品

ドラッグストアもCHECK

コスメから日用雑貨まで

デーエム ●dm

オススメ!

ヨーロッパ各地に展開し、オリジナルコスメも販売するドラッグストア。安くて品揃えも抜群と地元でおなじみ。市内に40店舗以上展開。

リンク周辺 MAP:P4C3

図 Ⓣ D・1・2・71番 Oper/Karlsplatz Uから徒歩2分 住 Kärntner Ring 2 ☎01-5041343 ⏲8～19時(土曜は～17時) 休日曜 英

€2.45

dmブランドのリップスクラブ

€4.35

ドイツのオーガニックコスメ「ラヴェーラ」のハンド&ネイルクリーム

€8.95/200ml

日本でも人気の「ヴェレダ」のボディウォッシュ

Wine

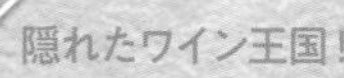

隠れたワイン王国!

オーストリアワインを楽しもう!

Read me!

オーストリアは生産量の約80%が白ワイン。昨今は赤ワインも注目されるが、どちらもほぼ国内で消費されている。高品質で手頃なワインを滞在中に、おみやげにぜひ!

©Österreich Werbung/Cross Media Redaktion

©Österreich Werbung/Diejun

↑オーストリア独自のブドウ品種もある

↑地元料理と一緒に味わいたい

←ヴァッハウ渓谷周辺はオーストリア有数のワインの産地

ワインの歴史と産地

紀元前約700年ごろ、ブルゲンラント州から始まったとされるオーストリアのブドウ栽培。1526年には貴腐ワインのトロッケンベーレンアウスレーゼ*Trockenbeerenauslese*が誕生。17世紀になると、ビール生産の増加などでワイン産業は低下するが、マリア・テレジアの時代に復活。1780年代にはフランツ・ヨーゼフ2世統治下、各農家で販売できることになった。ヨーロッパ国内でのワインシェアは少ないが、品質の良さでは他国に引けを取らない。

ニーダーエスタライヒ州 Niederösterreich

ヴァッハウ渓谷周辺のクレムスやデュルンシュタインなど。オーストリアワインの約60%が生産されている。

©Österreich Werbung/Cross Media Redaktion

シュタイヤーマルク州 Steiermark

シュタイヤーのトスカーナとよばれる南シュタイヤーマルク・ワイン街道がある。大量生産はしていない。

©Österreich Werbung/Harald Eisenberger

ブルゲンラント州 Burgenland

ハンガリーとの国境に位置するノイジードラー湖周辺。独特の気候と気温、湿度によって、上質な貴腐ワインが造られる。

©Sebastian Canaves, Photographer: Off The Path / www.off-the-path.com

ウィーン Wien

ヨーロッパ内の首都としては最大規模のブドウ畑を持ち、市外には気軽にワインを楽しめるホイリゲの町、グリンツィングがある。

©Österreich Werbung/Karl Thomas

主なブドウの品種

白 グリューナー・ヴェルトリーナー *Grüner Veltliner*
オーストリアを代表する品種で、約30%以上を占める。ドナウ川周辺が一大産地。まろやかな酸味が特徴。

白 ヴェルシュリースリング *Welschriesling*
北イタリア原産。スパークリングから貴腐ワインまで造られる。口当たりが良く、さっぱりしている。

白 リースリング *Riesling*
ドイツ原産。辛口から甘口までバランスのいい白ワインを生み出す。豚肉料理との相性がいい。

赤 ツヴァイゲルト *Zweigelt*
オーストリアで誕生した赤ワイン用の黒ブドウ品種。フルーティーな味わいが特徴。主にノイジートラー湖周辺で栽培。

赤 ブラウフレンキッシュ *Blaufränkisch*
オーストリア原産の黒ブドウ品種。長熟タイプで、ブルゲンラント州とニーダーエスタライヒ州で栽培している。

季節ごとの飲み方

7～8月	**ゲシュプリッター** *G'spritzer* 辛口ワインを炭酸で割ったもの
8月～11月初旬	**モスト** *Most* 発酵前のブドウジュース
9月～11月初旬	**シュトュルム** *Sturm* 発酵途中の甘いにごり酒
10～11月	**シュタウビガー** *Staubiger* 発酵後、漉す前のにごり酒
11～2月	**グリューヴァイン** *Glühwein* 冬の定番、ホットワイン

どこで飲めるの？

ワインケラー *Winekeller*
ワインケラーとは貯蔵庫を利用した地下にあるワイン酒場のこと。どこも雰囲気があり、ワインとチーズなどのおつまみの種類が豊富。なかにはピアノ演奏を披露する店もある。ホイリゲは夕方からオープンする店がほとんどだが、ワインケラーの場合、ランチタイムも営業しているところが多い。注文の仕方はホイリゲと同様か、通常のレストランと同じ店も。

↑ツヴェルフ・アポステルケラー(→P99)の店内

ホイリゲ *Heuriger*
「今年のワイン」と「新酒のワインを飲ませる居酒屋」ふたつを指す。1780年代からブドウ栽培農家に自家製ワインの販売を許可したことをきっかけに、農家が経営する居酒屋という現在の形になった。ウィーン市内にあるホイリゲは「シュタットホイリゲ」とよばれる。

←針葉樹で作った小枝の束は「新酒あります」を意味する

←民族衣装でお出迎えするホイリゲも

おみやげに

ウィーン市内に7店舗を構えるワイン専門店「ヴァイン・ウント・コー (→P98)」のスタッフにおすすめワインを聞きました！※すべて参考ワイン

NUSSDORF Wiener Gemischter Satz €25.95

ヌスドルフ 白
ウィーンで造られる白ワイン。フルーティーで飲みやすい。アジア料理との相性がいい。

RUDI PICHLER Grüner Veltliner 2018 €56.95

ルディー・ピヒラー 白
遅めに収穫したグリューナー・ヴェルトリーナー種。リンゴや洋ナシの香りで重め。

WOHLMUTH Ried Steinriegl 2018 €27.95

ヴォルムート 白
南部の小さな村にあり、手作業で造り続けるワイナリーの1本。フルーティーで酸味あり。

OTT FASS 4 €26.95

オット・フィス・フィア 白
グリューナー・ヴェルトリーナー種の自然派ワイン。オリーブなど前菜と一緒に飲みたい。

UMATHUM Kirschgarten 2010 €56.95

ウマトゥム 赤
ブラウフレンキッシュ種のヴィンテージワイン。重く濃い味わいで後味もしっかり。

オーストリアワインのことなら何でも聞いて！

ルーカスさん

おかいもの
エリザベート
ウィーン雑貨
王室御用達
チョコレート
スーパー&薬局
ワイン図鑑
蚤の市
クリスマスマーケット

flea market

掘り出しモノを見つけよう！

土曜の朝は蚤の市へGO♪

Read me!

ナッシュマルクト（→P90）に隣接する蚤の市。区画に沿ってさまざまなブースが並び、地元人から観光客まで多くの人が訪れる。道隣に建つ世紀末建築（→P77）もチェック。

© WienTourismus/Julius Hirtzberger

➡宝探し感覚で楽しめる。一期一会の出合いを楽しもう！

⬇区画に沿ってブースが並ぶ。周辺は19世紀後半から20世紀の装飾豊かな建物が

天使とクマの置物を発見☆

お宝が眠っているかも！？

ナッシュマルクト蚤の市

●Flohmarkt beim Naschmarkt

土曜のみ開催する蚤の市で、400件近いスタンドが並ぶ。陶器やボヘミアングラス、手工芸品、アクセサリー、古着、古本までなんでもあり。昼頃には売り切れてしまうので、朝早く行くのがおすすめ。

リンク周辺 MAP:P8C4

図Ⓤ4線 Kettenbrückengasse駅から徒歩すぐ
住Naschmarkt
☎店舗により異なる
⏲土曜6時30分〜15時（12月14・31日は〜12時）
㊡日〜金曜、12月25・26日、1月1・6日

※すべて参考商品、価格は目安

のみの市のアドバイス

注意事項

☆スリに気をつける
混雑しているので、通路やブース前など、どこでも貴重品に気を配ろう。支払い後には財布は奥に隠してカバンを閉めるなどの対策を。

☆クレジットカードは不可
カードを使える店はないので、現金を用意しておこう。

☆朝早い時間を狙う
午前中は空いていて、良い品物も見つけやすい。昼前には投げ売りを始める店も。午後は店じまいをする店も多く、よいものが残っていない場合も。

☆値下げタイムの合図
11時30分ごろからは、一律€2、3個で€5など、値段設定が変わるブースも。「ツヴァイ・オイロ！(2ユーロ！)」など、値段の呼び声が聞こえたら、交渉不要で安く買える。

☆偽物に注意
高級陶磁器を売る店も多いが、偽物と本物の見分けは素人には難しい。確実に本物を手に入れたい場合は、正規の店で購入しよう。

買い物の仕方

①商品を見せてもらう
笑顔でグリュス・ゴットなどの挨拶を。値段を聞いたら交渉してもOK。

②品質チェック
手に取って欠けやシミがないか確認。そうした不具合を理由に値引き交渉が可能な場合もある。

③交渉する
値引きはケースバイケース。まとめて買うと安くなる場合も。

④包んでもらう
袋はもらえない店が多いので、エコバッグを持参しよう。陶器類を買う予定なら緩衝材は必須。

[覚えておくと便利なドイツ語]

こんにちは
Grüß Gott（グリュス・ゴット）
これいくら？
Wie viel kostet das?
（ヴィー・フィール・コステット・ダス？）
もう少し安くしてください
Ein bisschen günstiger?
（アイン・ビスヒェン・ギュンスティガー？）
※店主によっては、英語が通じる場合もある

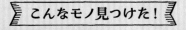

こんなモノ見つけた！

真鍮製品のブース
キャンドルスタンドや小物入れなどいろいろなアイテムが並ぶ

€5
ボタン1シート
ハプスブルク時代の貴族の紋章や女性の横顔のデザインも発見

€40
グラスセット(6客)
ボヘミアングラスは大小用途別にさまざま

食器のブース
ボヘミアングラスやグムンデン焼きなどオーストリアならではの食器類

各€2
1970年代のレトロな絵本

€10
プチポワンのポーチ

各€10
絵本の一場面を描いたテーブルプレート

各€10
エーデルワイスがモチーフのブローチやペンダントトップ

各€15
ハート型のカラフルな小物入れ

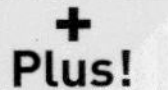

Plus! **地球に優しいリサイクルセンターへ**

ウィーン市内には大きなリサイクルセンターもある。値切りはできないものの、とにかく安い！

カーラ ●Carla

母体は「カリタスCaritas」という社会福祉団体。倉庫のような大きな建物に家具や洋服、食器などなんでも揃う。マリアヒルファー通りにポップアップストアが出ることも。

郊外 **MAP:P2C4**
図Ⓣ1・62番Johann-Strauß-Gasse駅から徒歩5分
住Mittersteig 10 ⏲9～18時(土曜は～15時)
休木・日曜

⬆建物は通りから少し入ったところにある

⬅お皿は€2程度

⬅ファッションコーナー。しっかりディスプレイもされている

冬だけのお楽しみ！幻想的な夜の賑わい

クリスマスマーケット攻略術

Read me!

ガラス細工やキャンドルなどの手工芸品からホットドリンクまで、さまざまな屋台が並ぶクリスマスマーケット。イルミネーションも施され、ファンタジーそのもの！

クリスマスマーケットは
ドイツ語で
Weihnachtstraum
ヴァイナハトトラウム　や
Christkindlmarkt
クリストキンドルマルクト
と言います。

オススメはココ

イルミネーションに注目！

市庁舎前広場のクリスマスマーケット

Wiener Weihnachtstraum auf dem Rathausplatz

100前後の屋台が並ぶ、ウィーン最大のクリスマスマーケット。幻想的なライトアップが魅力で、屋台のほかに巨大クリスマスツリーや市庁舎窓のアドベントカレンダー、併設のスケートリンクなど、楽しみがいっぱい。

リンク周辺　**MAP:P4B2**

図Ⓣ D・1・71番Rathausplatz/Burgtheaterから徒歩1分 住 Rathausplatz 時 11月中旬～12月26日の10時～21時30分（日によって時間短縮・延長あり）休 期間中なし

↑市庁舎のライトアップと広場のイルミネーションがおとぎの国のよう！

↑巨大クリスマスツリーがマーケットに華やぎを与える
© WienTourismus/Julius Hirtzberger

↓クリスマスに欠かせないキャンドルは、おみやげにもぴったり

↑ハンドメイドのかわいらしいアドベントカレンダー

How to enjoy クリスマスマーケット

マーケットの開催期間は？

11月中旬からクリスマスイヴ前後まで。場所によっては31日、なかには翌年の1月上旬まで開催するところも。時間は11時頃～21時頃で、週末は22時頃まで。

特徴は？

マリア・テレジア広場やシュテファン大聖堂前広場など、ウィーン市内15カ所以上で開催。グルメや手工芸品などの屋台が多く、レトロ風やアート風など雰囲気はさまざま。

注意することは？

夕方以降は特に混雑するので、スリには十分注意を。寒さ対策も万全に。グリューワインのカップはデポジット制なので、返却を忘れずに。

クリスマスマーケットならではの屋台をCHECK!

Glühwein
グリューワイン

シナモンやクローブなどの香辛料を入れて温めた赤ワイン。心も体もポカポカ温まる。

Lebkuchen
レープクーヘン

クリスマスマーケットの定番、スパイスとハチミツ入りのクッキー。カラフルなデコレーションも◎!

Geröstete Maroni
焼き栗

食べ歩きにぴったりの冬の屋台の風物詩。できたてを袋に入れてくれる。

©WienTourismus/Christian Stemper

Foliengirlande
オーナメント

クリスマスツリーに飾るオーナメントは定番のガラス製などバリエーション豊富。

←パンの屋台ではクラプフェン(揚げパン)などバラエティー豊かなパンが並ぶ

まだある! クリスマスマーケット

アクセスしやすい、主要観光名所近くのマーケットをピックアップ。

カールス広場の手工芸マーケット
Adventmarkt am Karlsplatz

アクセサリーや陶芸品、木工品など手工芸品をテーマにしたマーケット。有機食材で作るフード屋台も人気。

リンク周辺 MAP:P4C4

図 Ⓤ1・2・4線Karlsplatz駅から徒歩すぐ
住 Karlsplatz 時 11月中旬～12月23日の12～20時 休 期間中なし

←カールス教会前の広場で開催。手工芸&オーガニックにこだわっている
©Österreich Werbung/Harald Eisenberger

シェーンブルン宮殿前のクリスマス&ニューイヤーマーケット
Kultur-und Weihnachtsmarkt Neujahrsmarkt Schloss Schönbrunn

宮殿前に巨大なツリーが立ち、そのまわりを伝統的な手工芸品から定番屋台グルメまで約80の屋台が取り囲む。

郊外 MAP:P2B4

図 Ⓤ4 線Schönbrunn 駅から徒歩5分
住 Schloss Schönbrunn 時 11月中旬～1月上旬の10～21時(12月24日は～16時、12月25日～1月4日は～18時) 休 期間中なし

←年明けまで開催する。伝統的な工芸品が多い
©Österreich Werbung/Christian Kremser

ベルヴェデーレ宮殿前のクリスマスマーケット
Weihnachtsdorf Schloss Belvedere

ライトアップされた約40の屋台が並ぶ、華やかなマーケット。バロック様式の壮麗な宮殿を背景に、雰囲気もいい。

リンク周辺 MAP:P5D4

図 ⓉD番Schloss Belvedereから徒歩すぐ
住 Prinz Eugen-Str. 27 時 11月中旬～12月31日の11～21時(日によって時間短縮あり) 休 期間中なし

←美術館入口の反対側、大きな池がある庭園で開かれる
©Österreich Werbung/Harald Eisenberger

+Plus! 期間限定!アイススケートリンク

クリスマスが終わると、市庁舎広場前にアイススケートリンクが登場!氷の上は冷えるので、防寒対策万全で楽しもう。

ウィーンの冬の楽しみ

ウィーナー・アイストラウム
Wiener Eistraum

市庁舎前広場に期間限定で開催する野外アイススケートリンク。メインの大きなリンクから子ども用など4つのリンクが出現。ライトアップと音楽で雰囲気も満点。

リンク周辺 MAP:P4B2

図 Ⓣ D・1・71番Rathausplatz/Burgtheaterから徒歩1分 住 Rathausplatz ☎01-1090040 時 1月下旬～3月中旬の10～22時 料 4時間券€8.50(スケート靴レンタル€8 ※デポジット€50またはパスポート)、ロッカー€3(デポジット€3) 休 期間中なし

↑4つのリンク間は氷の通路で繋がっている
©Österreich Werbung, Fotograf: Wolfgang Zajc

←市庁舎前のメインリンク。疲れたらフード屋台でひと息
©Österreich Werbung,/allOver/VSL

華やかな歴史の面影が残る

旧市街

Altstadt

街グラフ

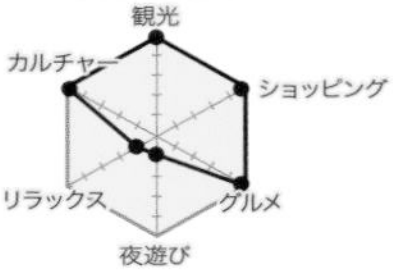

観光 / ショッピング / グルメ / 夜遊び / リラックス / カルチャー

リンクとよばれる城壁の跡地(環状道路)の内側に広がる旧市街は、シュテファン寺院やホーフブルク(王宮)をはじめ、歴史的建造物が立ち並ぶ、ウィーン観光のハイライト。

↓パルメンハウス(→P119)でカフェタイム

ACCESS

シュテファン寺院周辺はⓊ1・3号線Stephansplatz駅、旧王宮やコールマルクト通り方面ならⓊ3号線Herrengasse駅が最寄り。ウィーン国立歌劇場はⓉD・1・2・71番Oper/Karlsplatz U、新王宮ならⓉD・1・2・71番Brugringが便利。

カーレンベルクの丘
ハイリゲンシュタット
グリンツィング
ドナウタワー
ドナウ川
ココ!
プラーター公園
ホーフブルク(王宮)
ベルヴェデーレ宮殿
シェーンブルン宮殿

1.約300m続く賑やかなグラーベン通り　2.旧王宮の屋根に飾られたハプスブルク家の紋章"双頭の鷲"　3.仕掛け時計のアンカー時計は世紀末建築のひとつ　4.ベートーヴェンが暮らしていたというバル小路

おさんぽガイド

所要2時間

旧王宮前のミヒャエル広場からスタート。コールマルクト通り、グラーベン通り、そしてケルントナー通りと3大目抜き通りを歩こう。旧市街らしい雰囲気が残る小路も覗いてみて。

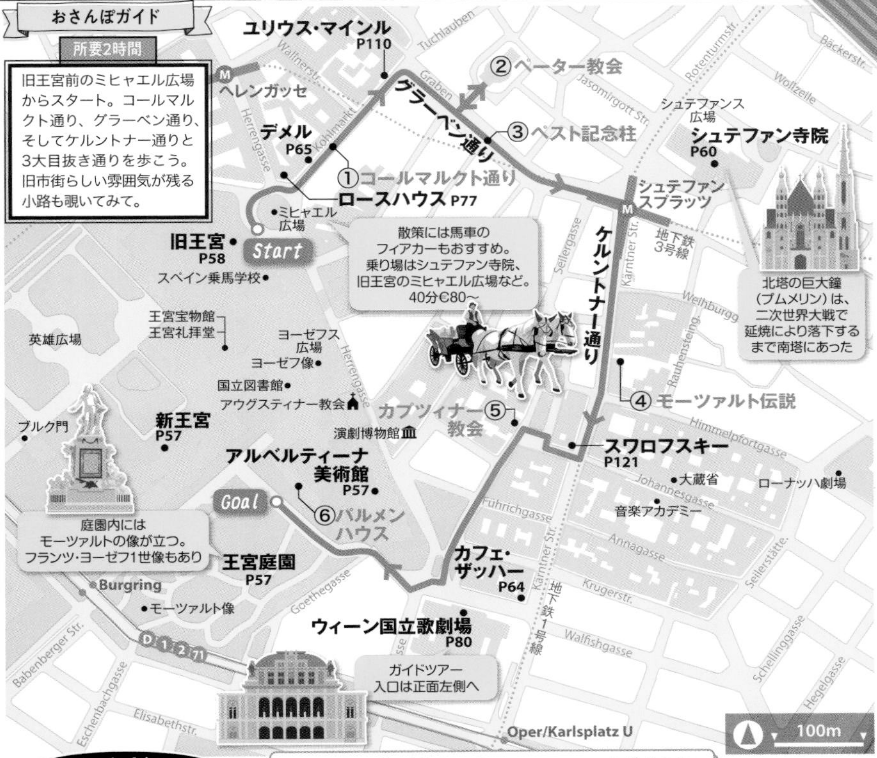

ユリウス・マインル P110
ヘレンガッセ
デメル P65
①コールマルクト通り
ロースハウス P77
ミヒャエル広場
旧王宮 P58
Start
スペイン乗馬学校
②ペーター教会
グラーベン通り
③ペスト記念柱
シュテファンス広場
シュテファン寺院 P60
シュテファンスプラッツ
地下鉄3号線
ケルントナー通り

散策には馬車のフィアカーもおすすめ。乗り場はシュテファン寺院、旧王宮のミヒャエル広場など。40分€80〜

北塔の巨大鐘（プムメリン）は、二次世界大戦で延焼により落下するまで南塔にあった

英雄広場
王宮宝物館
王宮礼拝堂
ヨーゼフス広場
ヨーゼフ像
国立図書館
アウグスティナー教会
④モーツァルト伝説
⑤カプツィナー教会
演劇博物館
ブルク門
新王宮 P57
アルベルティーナ美術館 P57
スワロフスキー P121
大蔵省
ローナッハ劇場
音楽アカデミー
Goal
⑥パルメンハウス
カフェ・ザッハー P64
王宮庭園 P57
Burgring
モーツァルト像
ウィーン国立歌劇場 P80
地下鉄1号線
Oper/Karlsplatz U
100m

庭園内にはモーツァルトの像が立つ。フランツ・ヨーゼフ1世像もあり

ガイドツアー入口は正面左側へ

主なみどころ

ホーフブルク(王宮)はP56、シュテファン寺院はP60、ウィーン国立歌劇場はP80をCheck!

①コールマルクト通り
●Kohlmarkt

旧王宮のミヒャエル門とグラーベン通りを結ぶ、約200mの短い通りで、デメル(→P65)など老舗店が並ぶ。

旧市街
MAP:P6B2
図Ⓤ3線Herrengasse駅から徒歩3分

②ペーター教会
●Peterskirche

9世紀創建のウィーンで2番目に古い教会。バロック装飾と、1708年に完成したロットマイヤーによる天井画は必見。

旧市街 MAP:P6C2
図Ⓤ1・3線Stephansplatz駅から徒歩3分 住Petersplatz ☎01-5336433 ⏲7〜20時（土・日曜、祝日は9〜21時、冬期は変動あり） 休なし 料無料

③ペスト記念柱
●Pestsäule

ペスト流行の終焉を記念して立てられた三位一体像。台座部の天使が突き落としている老婆がペストを象徴している。

旧市街 MAP:P6C2
図Ⓤ1・3線Stephansplatz駅から徒歩3分 住 Graben

④モーツァルト伝説
●MYTHOS MOZART

デパート「シュテッフル」の地下にある、音楽と映像のインスタレーションでモーツァルトの世界を体験できるアトラクション。

→P85

©MYTHOS MOZART

⑤カプツィナー教会
●Kapuzinerkirche

地下の納骨堂には皇帝10人、皇妃15人を含めた140人以上のハプスブルク一族の遺体が安置されている。

旧市街 MAP:P6C3
図Ⓤ1・3線Stephansplatz駅から徒歩5分 住Tegetthoffstr. 2 ☎01-5126853 ⏲10〜18時（木曜は9時〜、納骨堂は11〜13時） 休なし 料納骨堂€8

⑥パルメンハウス
●Palmenhaus

王宮庭園の北側、ユーゲントシュティール様式の大温室を利用したカフェ。熱帯植物の緑あふれる店内は休憩にぴったり。

旧市街
MAP:P6B4 
図ⓉD・1・2・71番Burgringから徒歩3分 住Burggarten 1 ☎01-53310333 ⏲10〜23時（土・日曜は9時〜） 休1・2月の月・火曜 英 英

旧市街は小路でお買い物♪

お買い物スポットはにぎやかな目抜き通りだけじゃない！
雰囲気のいい小路やちょっと離れた通りにも素敵なお店がたくさん。

⬇築100年以上の仕立屋だった建物を利用

カリグラフィーのグリーティングカードは€5.90

誕生日のメッセージに

メッセージタグ€0.90～。写真は"誕生日おめでとう"

古書のカバーをそのまま使ったリメイクノート各€29.90

大切に使いたい、贈りたいカード

ヘルツィライン・パペテリー

●Herzilein Papeterie

古代ヨーロッパ発祥の手書き文字「カリグラフィー」で描く、オリジナルのグリーティングカードが自慢。そのほか、包装紙にメッセージタグなど、贈り物に使いたくなるアイテムも。

旧市街 **MAP：P7E2**

図 Ⓤ1・3線Stephansplatz駅から徒歩6分 住Wollzeile 18 ☎0676-4205452 ⏲10～19時（土曜は～18時）休日曜 英

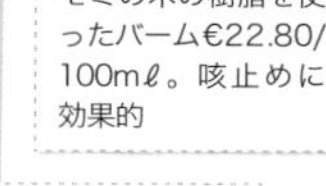

レモングラスやローズマリーなど、エッセンシャルオイル配合のルームスプレー€28.80/30mℓ

活性効果が高いベルガモットなどをブレンドしたオイル€22.80/10mℓ

モミの木の樹脂を使ったバーム€22.80/100mℓ。咳止めに効果的

ローズマリーとオレンジのシャワージェル€18.80/300mℓ

⬇2019年にオープン。本店はリンクの外にある

老舗薬局店のビオコスメ

セント・チャールズ・ストア・ヴィエナ

●Saint Charles Store Vienna

1886年創業の薬局店。ヨーロッパの伝統的なハーブ医学と現在の技術を取り入れて作る、オーガニックのオリジナルコスメが話題。エッセンシャルオイルなど、どれも高品質。

旧市街 **MAP：P6A2**

図 Ⓤ3線Herrengasse駅から徒歩2分 住Herrengasse 6-8 ☎01-8907987 ⏲10～18時30分（土曜は～18時）休日曜 英

贈り物に最適なBOX€26も。ミニソープ2個入り

ウィーンの香り€10.50は、爽やかな春の植物のよう

↑合成添加物や防腐剤を含まない体に優しい石けん

エーデルワイスの花エキスを配合したアルペンローズ€13.50

皇妃エリザベートをイメージしたフローラルの香り、シシィ・バイオレット€11.50

ハンドメイドのナチュラル石けん

ウィーナー・ザイフェ ●Wiener Seife

ココナッツオイルをベースに、植物エキスや天然オイルなどを配合した、ウィーン伝統の手作り石けんブランド。ローズやラベンダー、カモミール、さらにチョコレートなどフレグランスは70種類！

旧市街 **MAP：P6A2**

図Ⓤ３線Herrengasse駅から徒歩１分 住Herrengasse 6 ☎01-5322225 ⏲10～18時 休日曜 英

モード×カジュアルの帽子店

ミュールバウアー

●Mühlbauer

1903年から代々続く老舗帽子屋で、現在は4代目のクラウス氏が受け継いでいる。シーズンに合わせてクラシックなものからモード、カジュアルまで幅広いデザインを展開。

旧市街 **MAP：P6C3**

図Ⓤ１・３線Stephansplatz駅から徒歩3分 住Seilergasse 10 ☎01-5122241 ⏲10時～18時30分(土曜は～18時) 休日曜 英

爽やかなブルーのストローハット€295

ストローハット€240～はデザインもさまざま

ビビッドな赤がコーディネートのポイントに。€125

シーズンごとのデザインを楽しんで！

➜デザイナーのクラウスさん

Plus! 目抜き通りのマストSHOP

旧市街で最も賑わうケルントナー通り。そのなかでもクリスタルブランドのスワロフスキーはマストBUY！

キラキラ輝くクリスタル

スワロフスキー ●Swarovski

1895年にインスブルックで誕生したクリスタルガラスメーカーの直営店。3フロアからなる広々とした店内にはアクセサリーから置物、小物まで品揃え豊富。

旧市街 **MAP：P6C4**

図Ⓤ１・３線Stephansplatz駅から徒歩5分 住Kärntner Str. 24 ☎052-2451080 ⏲9～19時(土曜は～18時) 休日曜 英

↑高級感漂うラグジュアリーな雰囲気

スワロフスキーの象徴、白鳥をあしらったスマホカバー€125

ハチミツを持ったかわいいクマの置物€85

エレガントなリボンのブレスレット€215

アートからショッピングまで！

リンク周辺

旧市街を囲むリンクシュトラッセ（通称リンク）の周辺は、モダンアートの複合施設や地元民御用達のショッピングストリートまでウィーンの今を感じられるみどころが集まる。

←分離派会館（→P76）↑市立公園（→P85）

1.エンツィとよばれるユニークなベンチを置くMQ　**2.**リンク通りはトラムが走る　**3.**2020年に開館したアルベルティーナ近代美術館　**4.**ふたつの博物館の間に立つマリア・テレジア像

ACCESS

起点はミュージアム・クォーター・ウィーン（MQ）が最寄りのⓊ1・2線Museumsquartier駅。リンク沿いの見どころならトラムを利用したい。

200m
ヘレンガッセ駅
ペーター教会 P119
地下鉄3号線
オーストリア応用美術博物館⑥
シュテファン寺院 P60
シュテファンスプラッツ駅
Goal
国会議事堂 P124
フォルクス庭園 P102
①ミュージアムクォーター・ウィーン
地下鉄1号線
Kärntner Str.
シュトゥーベントール駅
Stubenring
ウィーン川
Weiskirchnerstr.
フォルクステアター駅
ホーフブルク(王宮)P56
地下鉄2号線
Bellariastr.
自然史博物館 P124
美術史博物館 P74
Messeplatz
マリア・テレジア広場 P124
クリムトのフレスコ画は必見!
市立公園 P85
中央入り口の正面にはヨハン・シュトラウス2世像が立つ
Start
ミュージアムクウォーター駅
分離派会館 P76
ウィーン国立歌劇場 P80
Seilerstätte
Schubertring Parkring
Kärntner Ring
レオポルト・ミュージアム
MQ②リベッレ
シュタットパーク駅
アルベルティーナ近代美術館⑤
③カレ
Mariahilfer Str.
マリアヒルファー通り
コンツェルトハウス P83
カールスプラッツ駅
楽友協会 P82
ナッシュマルクト P90
④カールス教会
カフェやレストランもある便利な屋外市場
教会前ではクリスマスマーケットも開催
Operngasse
Wiedner Hauptstr.
Schleifmühlgasse
Linke Wienzeile
Rechte Wienzeile

美術史博物館はP74をCheck!

おさんぽガイド

所要3時間

ミュージアムクォーター・ウィーンからショッピングストリートのマリアヒルファー通りへ。ナッシュマルクトでテイクアウトしてカールス教会前の広場や市立公園でランチもおすすめ。

主なみどころ

①ミュージアムクォーター・ウィーン
●MuseumsQuartier Wien

旧帝国厩舎を利用したモダンアートの複合施設。絵画や映像などの美術館が集まる。愛称はMQ(エムキュー)。

リンク周辺 **MAP:P8C2**

図Ⓤ2線Museumsquartier駅から徒歩2分 住Museumsplatz 1 ☎01-5235881 時休施設により異なる 料敷地内は無料、施設により異なる(共通割引チケットあり)

②MQリベッレ
●MQ Libelle

レオポルト・ミュージアム(→P72)の屋上にある展望施設。開放的なテラスから旧市街を望める。ワインや軽食も注文可能。

リンク周辺 **MAP:P8C2**

図Ⓤ2線Museumsquartier駅から徒歩1分 住Museumsplatz 1/5 ☎01-5235881 時10〜22時 休火曜、11〜3月(悪天候時は飲食店休み) 料無料

©HertaHurnaus、Libelle

③カレ
●Kare

ヨーロッパを中心に世界40カ国に展開する雑貨と家具の店。カラフルで個性的なデザインが並ぶ。

リンク周辺 **MAP:P8C3**

図Ⓤ2線Museumsquartier駅から徒歩3分 住Mariahilfer Str. 5 ☎01-5856211 時9時30分〜19時(木・金曜は〜19時30分、土曜は〜18時) 休日曜 英

④カールス教会
●Karlskirche

1739年、カール6世の命によりペスト終焉を記念して建てられた。天井のフレスコ画や祭壇画、彫刻が見事。

リンク周辺 **MAP:P4C4**

図Ⓤ1・2・4線Karlsplatz駅から徒歩4分 住Kreuzherren-gasse 1 ☎01-5046187 時9〜18時(日曜、祝日は12〜19時) 休なし 料€8

⑤アルベルティーナ近代美術館
●Albertina Modern

オーストリア人芸術家の作品をはじめ、アンディ・ウォーホール、ダミアン・ハーストなどの作品が特別展で鑑賞できる。

リンク周辺 **MAP:P4C4**

図Ⓤ1・2・4線Karlsplatz駅から徒歩3分 住Karlsplatz 5 ☎01-534-830 時10〜18時 休なし 料€14.90(アルベルティーナ美術館(→P57)とのコンビチケット€24.90)

©WienTourismus/Paul Bauer

⑥オーストリア応用美術博物館
●Museum für angewandte Kunst (MAK)

ウィーン工房デザインの家具や、ユーゲントシュティールの調度品など、美術工芸品を時代や様式ごとに展示。

リンク周辺 **MAP:P5D2**

図Ⓤ3線Stubentor駅から徒歩2分 住Stubenring 5 ☎01-711360 時10〜18時(火曜は〜21時) 休月曜 料€15(火曜の18〜21時は€7)

トラムに乗って名所めぐり

旧市街を囲む環状道路のリンクはトラム（路面電車）が走っている。
周辺には歴史的建造物をはじめ、名所がたくさん。
トラムを乗り継いでぐるっと1周してみよう！

Ⓣ D・1・2・71番Oper／Karlsplatz Uからすぐ

①ウィーン国立歌劇場 ●Wiener Staatsoper

旧市街のケルントナー通りとオペル・リンクの角に立つ、ネオ・ルネッサンス様式の歌劇場。

⬇世界最高峰のオペラ劇場と称される

→P80

リンクのトラムはこちら！

ウィーン市内を運行するⓉトラムのなかで、リンクを走るのはD・1・2・71番線。1周するトラムはないので、乗り換えが必要。乗り方は→P237でチェック。

リンクの乗り換え停留所 ※時計回りの場合

1番　Oper／Karlsplatz U〜Julius-Raab-Platz
2番　Schwedenplatz U〜Parlament
D・71番　Schwarzenbergplaz U〜Börse

トラムの停留所はこちら

リンクを走るトラム71番

⬇ フランツ・ヨーゼフ1世が開設

Ⓣ D・1・2・71番
Ring/Volkstheater Uから徒歩3分

③自然史博物館 ●Naturhistorisches Museum

マリア・テレジアの夫フランツ1世のコレクションを中心に、恐竜の化石や動物のはく製、ドナウ河畔の出土品など約4万点を収蔵。

リンク周辺　**MAP：P8C1**

Ⓐ Burgring 7 ☎01-521770 ⓗ9〜18時（水曜は〜20時）㊡火曜 ㊮€16

Ⓣ D・1・2・71番Burgringから徒歩3分

②マリア・テレジア広場
●Maria Theresien Platz

美術史博物館と自然史博物館の間に位置する広場。中央には女帝マリア・テレジアの像が立ち、威風堂々とした姿を見せる。

リンク周辺　**MAP：P9D1**

Ⓐ Maria Theresien Platz

➡ 側面にはマリア・テレジアに銀盤楽器の演奏をした幼いモーツァルト像が

⬆ 帝国を統治しながら16人の子をもうけ、国母と慕われたマリア・テレジア

Ⓣ D・1・2・71番Parlamentからすぐ

④国会議事堂 ●Parlament

1883年完成。民主主義発祥の地ギリシアにちなんだ古代ギリシア風の神殿造り。正面噴水のパラス・アテナの泉には英知の女神、アテナの像が立つ。

リンク周辺　**MAP：P4B2**

Ⓐ Dr.karl-Renner-Ring 3 ☎01-401100 ⓗ9〜19時（水曜は〜17時）※ガイドツアーは要予約、身分証明書提示あり ㊡日曜、祝日 ㊮無料

⬅ 大改修が終わり2023年1月に再オープン

Ⓣ2番Rathausplatz／Burgtheaterから徒歩3分

⑤市庁舎 ●Rathaus

高さ98mの中央塔を含む、5本の尖塔が並ぶ市庁舎。建設は1872〜83年。正面広場ではコンサートやクリスマス市など各種イベントが催される。

リンク周辺 MAP：P4A2

図Friedrich-Schmidt-Platz 1 ☎01-4000 ⓧドイツ語ガイドツアー：月・水・金曜の13時〜、当日朝8時に整理券配布（予約不可、10名より催行、会議中は中止）※英語オーディオガイド貸出しあり。要パスポート ㊡火・木・土・日曜 ㊎無料

↑ケルン大聖堂設計者、フリードリヒ・フォン・シュミットによるネオ・ゴシック建築

市庁舎地下のワインケラー

ウィーナー・ラートハウスケラー

●Wiener Rathauskeller

趣の異なる6つの部屋に分かれた、高級感漂う洗練されたワインケラー。ウィーン伝統料理とモダンな創作料理を味わえる。

☎01-4051210 ⓧ11時30分〜15時、18時〜22時LO ㊡日曜 英 英 予

↓入口は市庁舎の正面右側

↑天井の装飾がオリエンタルな騎士の間

↑館内にはクリムトと画家のフランツ・マッチュが共同で描いた天井画がある

Ⓣ2番Rathausplatz／Burgtheaterから徒歩1分

⑥ブルク劇場 ●Burgtheater

ヨーゼフ2世の時代に建てられ、1874年に現在の位置に移された。外部はネオ・バロック様式、内部はフランス・バロック様式の壮麗な造り。

リンク周辺 MAP：P4B2

図Universitätsring 2／日本語ガイドツアー：☎01-514444545 ⓧ木・金曜15時〜、土・日曜、祝日11時〜(15分前より入場券販売) ㊡月曜 ㊎€8

Ⓣ2番Julius-Raab-Platzから徒歩4分

⑦郵便貯金局

●Postparkasse

鉄筋コンクリートやアルミなどの新素材を取り入れた、画期的なデザインの世紀末建築。現在は郵便業務は行っていない。

→P77

→大学や美術館、カフェなどが入った複合施設

©Österreich Werbung/Julius Silver

Plus! 観光用トラムでぐるっと1周

通常のトラムは乗り換えが必要。ちょっと面倒と思う人は、観光トラムを利用しよう。

ヴィエナ・リンクトラムVienna Ring Tramとよばれる、リンクを周遊する観光客向けトラム。車内では液晶ディスプレイによる名所の紹介や、日本語オーディオガイドも。乗降停留所はSchwedenplatz。所要約25分、途中で乗り降りすることはできない。※2023年5月現在休業中、再開時期は要確認

黄色い車体が目印

ひと足延ばしてベートーヴェンゆかりの地へ

ウィーンの森(ハイリゲンシュタット)

街グラフ

観光 / ショッピング / グルメ / 夜遊び / リラックス / カルチャー

ウィーン郊外にはウィーンの森とよばれる
自然豊かな丘陵地帯が広がる。
その麓にあるハイリゲンシュタットはベートーヴェンゆかりの町で、
グリンツィングの町とともにホイリゲ(→P128)が点在する。

↓散歩道にはベートーヴェン像が立つ

↓ベートーヴェン博物館には遺書が展示されている

1.カーレンベルクの丘からブドウ畑とドナウ河、ウィーンの街を一望　2.散策と合わせて訪れたい、ワイン酒場のホイリゲ　3.カーレンベルクの丘に立つバロック様式の小さな教会　4.ベートーヴェンは散歩道を何度も歩いたという　5.ハイリゲンシュタットの町並み

ACCESS

- **ウィーンの森(カーレンベルクの丘)**
Ⓤ 4線Karlsplatz駅から終点Heiligenstadt駅下車。駅前からバス38A番でKahienberg下車。
- **ハイリゲンシュタット**
Ⓤ4線Karlsplatz駅、Schottenring駅から終点Heiligenstadt駅下車。駅前からバス38A番に乗車。または、Ⓤ2線Schottentor駅からⓉ D番で終点Nußdorf Beethovengang下車。
- **グリンツィング**
Ⓤ 2線SchottentorからⓉ 38番で終点Grinzing下車。
※バス38A番はⓊ 4線Heiligenstadt駅からハイリゲンシュタット、グリンツィング、カーレンベルクの丘を通る。

500m

Leopoldsberg
Höhenstraße
Kahlenberg
ウィーンの森
レオポルツベルク⑤
カーレンベルクの丘④
カーレンベルクの丘に佇むバロック様式の聖ジョセフ教会
1683年のトルコ軍によるウィーン包囲で手助けした、ウクライナのコザック隊銅像
約700haものブドウ畑が広がる。周辺にはハイキングコースも
ハイリゲンシュタット
Heiligenstädter Str.
ドナウ川
Kahlenberger Str.
Cobenzlgasse
ベートーヴェンの記念胸像。散歩道は約300m続く
③ベートーヴェンの散歩道
Nußdorf Beethovengang
Wien Nußdorf
Himmelstraße
ツム・マルティン・セップ P128
グリンツィング
ホイリゲが集まる小さな町
ベートーヴェン②博物館
マイヤー・アム・プファールプラッツ P129
Goal
ルドルフスホーフ P128
Grinzing
Grinzing
Armbrustergasse
38
Hohe Aarte
ハイリゲンシュテッター公園①
Start
37
ハイリゲンシュタット駅Ⓜ

おさんぽガイド

所要4時間

ハイリゲンシュタット駅から歩いてベートーヴェンゆかりの場所を散策。グリンツィングからバス38A番に乗車してカーレンベルクの展望台、ここから遊歩道を歩いて30分、またはバス38A番でレオポルツベルクの展望台へ。散策の最後はホイリゲでワインとウィーン料理を。

主なみどころ

ホイリゲはP128をCheck！

①ハイリゲンシュテッター公園

●Heiligenstädter Park

ハイリゲンシュタットは難聴治療のため静養に訪れたベートーヴェンゆかりの地。公園には記念像が立つ。

ウィーンの森 MAP：P2C1

図Ⓤ4線Heiligenstadt駅から徒歩15分
㊟ Heiligenstädter Park

②ベートーヴェン博物館

●Beethoven Museum

難聴を悲観したベートーヴェンが1802年10月6日に2人の弟に宛てて遺書を書いた部屋を開放している。

ウィーンの森 MAP：P2C1

図Ⓤ4線Heiligenstadt駅からⒷ38A番で5分、Armbrustergasse下車、徒歩5分
㊟Probusgasse 6 ☎0664-88950801
⏲10～13時、14～18時 ㊡月曜 ㊕€7（第1日曜は無料）

③ベートーヴェンの散歩道

●Beethovengang

交響曲第6番『田園』のモチーフとなったシューライバー川沿いの小径。ベートーヴェンの記念胸像も立つ。

ウィーンの森 MAP：P2C1

図Ⓤ4線Heiligenstadt駅からⒷ38A番で5分、Armbrustergasse下車、徒歩20分 ㊟ Beethovengang

④カーレンベルクの丘

●Kahlenberg

標高484m、眼下にブドウ畑、その先にはウィーン市街の眺望が楽しめる展望台。丘の上に教会やカフェが並ぶ。

ウィーンの森 MAP：P3E1

図Ⓤ4線Heiligenstadt駅からⒷ38A番で28分、Kahlenberg下車すぐ ㊟ Kahlenberg

⑤レオポルツベルク

●Leopoldsberg

カーレンベルクの丘からバスで2つ先にある標高425mの展望台。ドナウ運河の眺めがいい。徒歩だと30分ほど。

ウィーンの森 MAP：P3E1

図Ⓤ4線Heiligenstadt駅からⒷ38A番で28分、Leopoldsberg下車すぐ ㊟ Leopoldsberg

ホイリゲでほろ酔い気分

ウィーン市郊外の北西部。ワイン畑が広がるウィーンの森には、ホイリゲ(→P113)が点在。特にハイリゲンシュタットやグリンツィング地区に多く、散策しながらおいしいワインを楽しもう!

€21.90

マルティンプレート
肉団子、シュニッツェルなど、人気の肉の盛り合わせ

↑本日のおすすめ€5.10。レバーペースト、もやしサラダがのった黒パンのオープンサンド

おすすめのワイン
渋みとコクのある地元のローター・ワイン

↑中庭のベンチ席。民族衣装の店員が来たら、まずはドリンクをオーダーしよう

↑昼間も営業している便利なホイリゲ

素朴さと高級感が共存する有名店

ツム・マルティン・セップ

●Zum Martin Sepp

素朴だが高級感もある有名店。ワインは地酒・オーストリア・南ドイツ産など種類豊富。19時からのアコーディオン演奏が、ほろ酔い気分のお客を和ませる。中庭や窓辺の2階席もあり。

ウィーンの森 **MAP:P2C1**

図Ⓣ38番Grinzingから徒歩5分 住Gobenzlgasse34 ☎01-3203233 ⏲12～23時 休1月1～13日 英 英

↓カラフルな内装は、家庭的でぬくもりがある

フロイトも通った地元の人気店

ルドルフスホーフ

●Rudolfshof

グリンツィング駅からすぐ、鮮やかな黄色の壁が目印。ホイリゲはカフェの奥にあり、小さな噴水や花のアーチをくぐると気持ちのよい中庭がある。店の名物料理は串焼きのケバブ。

ウィーンの森 **MAP:P2C1**

図Ⓣ38番Grinzingから徒歩2分 住Cobenzlgasse 8 ☎01-32021080 ⏲9～24時 休11～3月 英 英

€20

ルドルフスペシャル
牛肉、豚肉、ターキー、レバーのミックス串焼き(内容が異なる場合あり)

→18時以降はコンビの楽団がテーブルを回る

おすすめのワイン
濃い色の赤ワインは、酸味が弱く深い味わい

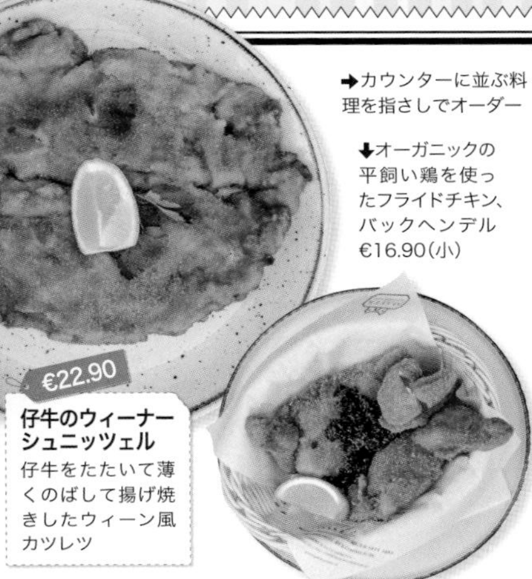

€22.90

仔牛のウィーナーシュニッツェル
仔牛をたたいて薄くのばして揚げ焼きしたウィーン風カツレツ

➡カウンターに並ぶ料理を指さしでオーダー

⬇オーガニックの平飼い鶏を使ったフライドチキン、バックヘンデル€16.90(小)

おすすめのワイン
秋一番に収穫されたブドウを使って醸造したワイン

ベートーヴェンのホイリゲ

マイヤー・アム・プファールプラッツ

●Mayer am Pfarrplatz

1683年から営業する伝説的なホイリゲ。1817年にベートーヴェンが滞在し、交響曲第9番の構想をふくらませた部屋が現在も残されている。自家製ワインはジョッキ€4.20～。

ウィーンの森 **MAP:P2C1**

図Ⓤ4線Heiligenstadt駅からⒷ38A番でFernsprechamt Heiligenstadt下車、徒歩5分 住Pfarrplatz2 ☎01-3701287 ⏲3～10月12～23時、11～4月16～23時(日曜、祝日は12～23時)休なし 英英

1609年創業のワイン醸造老舗

ヴォルフ

●Wolff

ヴォルフ一家が代々ブドウ栽培から醸造まで運営。ワインの味も確かで、数々の"ウィーナーワイン"の称号を得ている。おすすめは金賞受賞(2017年)したGru-wienerワインの王様トロッケン(ドライ)。

ウィーンの森 **MAP:P2A1**

図Ⓤ4線Spittelau駅からⒷ35A番でNeustift am Walde下車、徒歩1分 住Rathstrasse 44-46 u.50 ☎01-4402325 ⏲11時30分～24時 休11～3月の平日(クリスマスは営業) 英英

⬆ショーケースに並んだ種類豊富な肉料理とサラダは、指さしでオーダーできる

➡通り一面が醸造所兼ホイリゲ

おすすめのワイン
ポピュラーな味、グリューナーヴェルトリナー

豚肉のウィーナーシュニッツェルとポテトサラダ
豚肉にきめの細かいパン粉をつけて揚げ焼きにしたカツレツ

€12.30

€14.90

シュニッツェル
オーストリア産豚肉のシュニッツェルにサラダを添えて

おすすめのワイン
裏のブドウ畑のブドウで造った自家製ソーヴィニヨン・ブラン。グラス€3.80/125mℓ

⬇ホイリゲの地下蔵では自家製ワインが熟成を待っている

ブドウ畑を眺めながら味わう

フアガッスル・フーバー

●Fubrgassl-Huber

ホイリゲの名所、ノイシュフト・アム・ヴァルデで1720年からワイン醸造を営む。カウンターで料理を選ぶ元祖ホイリゲ方式だが、一部はメニューからの注文も可能。ブドウ畑を見渡せるテラス席がおすすめ。

ウィーンの森 **MAP:P2A1**

図Ⓤ4線Soittelau駅からⒷ35A番でNeustift am Walde下車、徒歩1分 住Neustift am Walde 68 ☎01-14401405 ⏲14～23時(金・土曜は～24時、日曜、祝日は12～22時)休なし 英

➡シュトゥーベとよばれる昔ながらの石造りの建物

Wachau

ウィーンから約80km

クルーズ船で巡る ヴァッハウ渓谷

ウィーン西部、ドナウ河流域のメルクからクレムスまでのヴァッハウ渓谷は
風光明媚な景色が広がる人気エリア。
クルーズ船に乗って『美しき青きドナウ』の世界へ出かけよう！

ブドウ畑が広がるデュルンシュタインの町

ドイツから10カ国を抜け黒海へと注ぐ全長約2800㎞の大河ドナウ。オーストリアを流れるメルクからクレムスまで約36kmに及ぶヴァッハウ渓谷は、山々に抱かれた自然環境とブドウ畑や修道院、古城など中世の面影を残す景観でユネスコの世界遺産に登録されている。毎年4月中旬から10月末にはクルーズが催行され、その景観を楽しめる。途中下車して周辺ののどかな町並みも散策したい。

Access

メルク ウィーン中央駅または西駅からメルク駅まで鉄道で約1時間。駅から船着場まで徒歩15分
クレムス ウィーン・フランツ・ヨーゼフ駅からクレムス駅まで鉄道で約1時間10分。駅から船着場まで徒歩20分
デュルンシュタイン ウィーンからはクレムスで乗り換え。クレムス駅からデュルンシュタイン駅までバスで約20分。駅から船着場まで徒歩20分

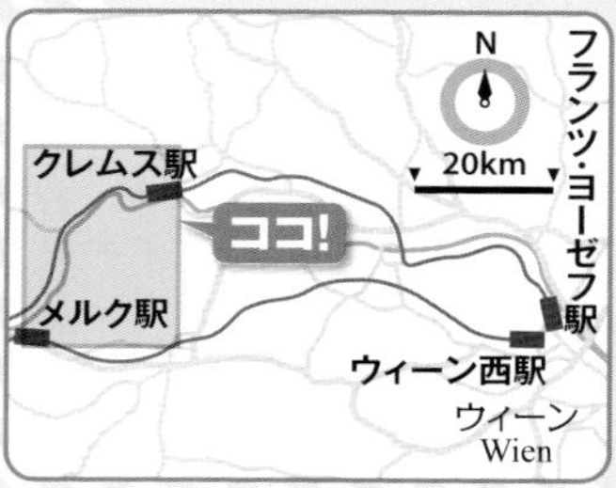

クルーズ船で渓谷くだり

START

1 川沿いにひらけた街 メルク ●Melk

←メルクとはスラブ語で"緩やかな川"を意味する

ヴァッハウ渓谷の上流に位置する、田園地帯に囲まれた小さな町。ドナウ川クルーズはここから出航するのが一般的。街道沿いにルネッサンスの面影を残す家が並ぶ。

立ち寄りSPOT

メルク修道院 ●Stift Melk ★

11世紀に創設されたベネディクト派の修道院。10万冊の蔵書をもつ図書館やバロック装飾の豪華な礼拝堂など、内部は見ごたえ十分。ドナウ川とメルクの街並みの眺望もすばらしい。

㉈メルク駅から徒歩15分 ㊟Abt-Berthold-Dietmayr-Str. 1 ☎ 02752-555232 ⏲ 9時～17時30分(11月上旬～12月下旬と3月の月～金曜は11時、13時30分、15時発のガイドツアーのみ、土・日曜は10時～16時30分の間自由見学。1・2月は11時、13時30分、15時発のガイドツアーのみ) ㊡なし ㊋€13(ガイドツアーは€16)

©Österreich Werbung/Volker Preusser

歩き方のPoint
クルーズ出発前にメルク修道院を見学しよう。見学時間はガイドツアーで約1時間。往復の時間を考慮して。

←ウンベルト・エーコの小説『薔薇の名前』の舞台となった
↓マリー・アントワネットがフランスへ輿入れした際に宿泊した

4 白ワイン産地で有名 ヴァイセンキルヘン
●Weissenkirchen

世界的に知られる白ワイン「リースリング」発祥の地。ワイナリーやワイン博物館がある。

↓中世の要塞教会の警備塔が残る小さな村

©Österreich Werbung/ Leo Himsl

5 “ヴァッハウの真珠”とよばれる デュルンシュタイン
●Dürnstein

おとぎの世界へ迷い込んだような、かわいらしい街並みが魅力。英国王が幽閉されていた城跡や修道院などがみどころ。ホイリゲをはじめ、カフェやみやげ物店もあり、散策が楽しい。

↑中世の面影が残る小さな村

立ち寄りSPOT

クーエリンガー城跡 ●Kuenringerburg ★

イギリスのリチャード獅子王が、第三次十字軍遠征の帰路に幽閉された歴史がある。現在は廃墟となっているが、渓谷の絶景が眺められる。
図船着場から徒歩30分 ⏲休料見学自由

→街を見下ろす丘の上に立つ

デュルンシュタイン修道院 ●Stift Dürnstein ★

18世紀に建てられたバロック様式の修道院。塔のテラスからはドナウ川を一望できる。
図船着場から徒歩5分 住Stift Dürnstein Nr.1 ☎02711-375 ⏲9～17時（日曜、祝日は10時～、7～9月の土曜は～20時）休11～3月 料€7.50

→国内屈指の美しさをもつバロック教会

ドナウ川
ヴァイセンキルヘン Weissenkirchen
シュピッツ Spitz
デュルンシュタイン Dürnstein
クレムス Krems
アックスバッハ・マルクト Aggsbach Markt

歩き方のPoint
レストランやショップが集まるのはハウプト通りHauptstr.。小さな町なので15分くらいで回れる。クーエリンガー城跡までは坂道なので覚悟して。

GOAL

6 渓谷の東の玄関口 クレムス
●Krems

鉄の取引で栄えた中世の雰囲気が色濃く残る町。16世紀初頭に活動した芸術画家の一派、ドナウ派の拠点となった。

←ワインの産地としても有名で、ワイナリーが点在

船から

3 盗賊騎士の伝説が残る城跡 アックシュタイン城
●Burg Aggstein

15世紀に盗賊騎士のシュレッテン・ワルターが支配し、捕虜を閉じ込めていたという逸話をもつ。

↑小高い丘の上に立つ城跡からの眺望が素晴らしい
©Österreich Werbung/ Popp-Hackner

船から

2 タマネギ型の尖塔が目印 シェーンビューエル城
●Schloss Schönbühel

メルクから約5km、川を下り始めた右岸の断崖上に立つ。城の起源は9世紀にまで遡る。

↑その美しさから「ドナウの女王」と称えられる

クルーズ船時刻表

クルーズ船は2社が運航。チケットは船着場で直接購入できる。料片道€33、往復€39

下り	B	C/B	A/B	B	B
メルク	11:00	13:45	13:50	-	16:25
シュピッツ	12:00	14:30	14:40	17:05	17:25
デュルンシュタイン	12:30	15:00	15:10	17:30	17:50
クレムス	12:50	15:25	15:30	17:55	18:10

上り	C/B	A/B	B	B	B
クレムス	10:05	10:15	13:10	15:40	15:45
デュルンシュタイン	10:40	10:50	13:40	16:10	16:20
シュピッツ	11:35	11:45	14:35	*17:00	17:20
メルク	12:55	13:20	16:20	17:30	18:50

【A】4/1～5/5と10/9～10/29【B】5/6～10/8【C】4/15～5/5と10/9～10/26＊印はシュピッツで下船後、接続バスに乗り換える

● デー・デー・エス・ゲー DDSG社
☎01-588800 URL ddsg-blue-danube.at
● ブランドナー Brandner社
☎07433-259021 URL www.brandner.at

世界がひろがる!
Column

美しい天使の歌声に酔いしれる

ウィーン少年合唱団が歌う日曜ミサ

ウィーンでオペラとともに人気なのが、ウィーン少年合唱団。"天使の歌声"と称される美しいコーラスは王宮礼拝堂の日曜ミサで聴くことができる。

1498年にマクシミリアン1世が創設した、宮廷礼拝堂専用の少年聖歌隊が前身。10歳から14歳の約100名の少年が在籍していて、アウガルテン宮殿で寮生活を送っている。合唱団は4つの組で構成され、世界各地で公演を行うなか、ウィーンでは王宮礼拝堂の日曜ミサで歌声を聴くことができる。ミサでは礼拝堂の後方最上階で歌うため、姿を見ることは難しいが、終了後、祭壇前に出てきて歌を披露してくれる。早起きして参列してみよう。

公演日
日曜

時　間
9時15分～約80分

料　金
€12、€18、€33、€43の4カテゴリー

※活動拠点となる専用ホール「ムートMuTh」(MAP:P3D2)があり、定期的にコンサートを行っている。URL muth.at

王宮礼拝堂 ●Burgkapelle

ホーフブルク最古のスイス宮内。フリードリヒ3世が1447～49年にかけて建てたゴシック様式の礼拝堂で、のちにバロック様式に改築されている。夏休み期間を除く日曜朝のミサに王宮礼拝堂楽団による演奏が行われ、そのなかにはウィーン少年合唱団も含まれる。

旧市街 **MAP：P6A3**

交Ⓤ3線Herrengasse駅から徒歩5分
住Hofburg, Schweizerhof
☎01-5339927 ⏲10～14時(金曜は～13時)
休水・木・土・日曜 料無料

⬇合唱団の歌声は後方最上階の空間から響き渡る

⬆入口は王宮宝物館の上。中庭に面した階段上の十字マークが目印

⬇幼少より堅実な教育を受けてきた少年たち。日本公演も行う

©Kunst&Kultur-ohne Grenzen/Lukas Beck

チケット手配

現地購入の場合は王宮礼拝堂の窓口で。日本から予約する場合は、下記いずれかの方法で希望日、枚数、席のカテゴリー、氏名、住所などを英語かドイツ語で送る。

当日券
王宮礼拝堂窓口で日曜8時～8時45分に先着順販売(残席分)

現地前売り
王宮礼拝堂窓口で金曜11～13時、15～17時に2日後のチケットを販売

日本で手配
オンライン購入・FAX・Eメール
URL www.hofmusikkapelle.gv.at
FAX +43-1-533992780
Email office@hofmusikkapelle.gv.at

SALZBURG

ザルツブルク

Contents

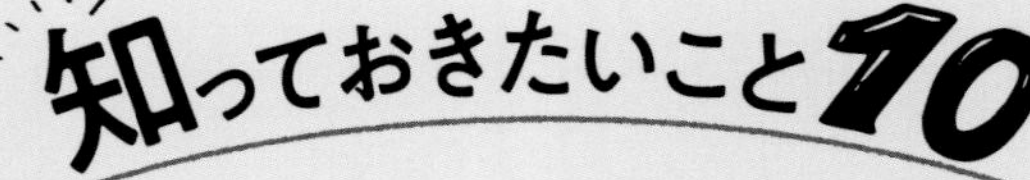

#ザルツブルク編

ウィーンから日帰りでも行ける人気の観光地。
市内交通など基本的なことはここでチェックしよう。

01 エリアを把握しよう

街は比較的コンパクトで、ザルツブルク中央駅から旧市街までは歩いて25分程度。ザルツァッハ川の北側が新市街、南は旧市街。起点となるのは旧市街のレジデンツ広場。

●旧市街
世界遺産の歴史的な街並みが広がる観光の中心地。みどころのほとんどが旧市街に集まっているので、主な観光スポットは1日あれば十分回れる。

●新市街
ザルツブルク中央駅からザルツァッハ川手前のエリア。ミラベル宮殿とモーツァルトの住居がみどころ。

02 ウィーンからのアクセスは電車

ウィーン西駅、ウィーン中央駅から私鉄Westbahnや国鉄Railjetで2時間25分〜。すべてザルツブルク中央駅に到着する。ウィーンからの飛行機は運航終了(2023年5月現在)。

03 街の概要をお勉強

ザルツブルクは「塩の城」という名前の由来をもつ。紀元前2500年頃から始まった近郊の岩塩坑から採れる塩の交易で繁栄を続けてきた。8世紀からカトリック教会の大司教が治める大司教区となり、大司教の権力と塩の採掘がもたらした経済力のおかげでハプスブルク帝国の影響を受けることなく、独自の文化が守られた。17世紀前半のヴォルフ・ディートリッヒ大司教の時代にローマの街に似せた5つの広場が造られ、宮殿やドームを次々と建設。旧市街は「北のローマ」と称され、歴史的な街並みは「ザルツブルク歴史地区」として世界遺産に登録されている。

04 市内交通について

ザルツブルク中央駅から旧市街までは電気で走るトロリーバスやバス、タクシーを利用。旧市街には観光馬車も走る。

●トロリーバス&バス ●Obus&Autobus

ザルツブルク中央駅から旧市街に向かうのは、トロリーバス1・3・5・6番とバス25番。下車する停留所は以下。

トロリーバス1番：
ハヌシュ広場Hanusch Platz(MAP:P12B2)

トロリーバス3・5・6番、バス25番：
市庁舎Rathaus(MAP:P12C2)

※旧市街からザルツブルク中央駅まではトロリーバス1番のみ、またはザルツァッハ川を渡った先にあるマカルト広場からトロリーバス1・3・5・6番、バス25番で行ける。

●タクシー ●Taxi

初乗り料金は€3.20、1kmごとに€1.40〜2が加算される。ザルツブルク中央駅から旧市街までは€8〜11程度。ただし、旧市街内部は車両の進入が禁止されている。休日や夜間は割増料金となる。

●フィアカー ●Fiaker

旧市街を走る観光馬車。乗り場はレジデンツ広場の前で予約不要。料金は20〜25分で€52程度。石畳の旧市街をゆっくりと見て回れる。

05 交通機関の乗車券は共通

トロリーバス、バスの市内交通機関は共通チケットになっていて、主要駅の自動販売機で購入する。1回券は€2.20(車内では€3と割高)、24時間券は€4.50(車内では€6.40)。街なかのキオスクでは1回券や24時間のほか、5回券などもお得に販売している。

06 市内観光は徒歩でOK

中心部の観光だけなら徒歩で十分。みどころは旧市街に集中していて、旧市街の観光案内所から新市街のミラベル宮殿まで歩いても20分かからない。旧市街には車が乗り入れない小道が多く、のんびりと散策を楽しめる。

観光案内所 モーツァルト広場
旧市街 **MAP：P13D3**
㊟Mozartplatz 5
☎0662-88987-330
⏲9〜17時(6〜9月は〜18時)
㊡1〜3月の日曜

07 お得なザルツブルクカード

有効期間内なら市内にあるほとんどの観光スポットの入場が無料、市内交通機関乗り放題、ホーエンザルツブルク城へのケーブルカーとメンヒスベルクのエスカレーターも1回乗車できるお得なカード。購入は観光案内所や主要ホテル、ザルツブルク観光局の公式サイトで。夏期(5〜10月)より冬期のほうが€3〜5安くなる。

ザルツブルクカード
URL www.salzburg.info/ja/hotels-offers/salzburg-card
㊕24時間券(夏期€30、冬期€27)、48時間券(夏期€39、冬期€35)、72時間(夏期€45、冬期€40)

08 旧市街では抜け道を活用

旧市街にはパッサージュとよばれる細い通路があり、建物のなかをくぐって向こうの通りに出られる。通路には小さなショップも立ち並んでいるので、探索気分で歩いてみよう。

09 音楽祭期間は混雑必至

7月末〜8月まで、約40日間開催される世界規模のザルツブルク音楽祭。この期間は観光シーズンと重なり、ホテルは予約でいっぱいとなるので、早めに手配を。

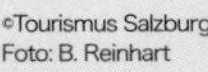
©Tourismus Salzburg, Foto: B. Reinhart

10 乗り降り自由な観光バス

観光客用に運行されているバス。10カ所の主要観光スポットをバスに乗ってめぐることができる。スポット(停留所)で自由に乗降ができ、移動に便利。日本語オーディオガイドやWi-Fiも完備。催行するのはパノラマツアーで、日本語の市内徒歩観光なども行っている。

ホップオン・ホップ・オフ-シティツアー
●Hop on Hop off-CityTour
URL www.hop-on-hop-off-bus.com/salzburg-bus-tours
乗り場 ミラベル広場
⏲10〜16時(30分間隔で運行) ㊕€27

パノラマツアー
●Panorama Tour
☎0662-8832110
URL www.panoramatours.com/en/salzburg/

テーマ別 モデルコース

ウィーンから日帰りで訪れることも可能。みどころは旧市街に集中しているので、徒歩で回れるのも魅力。

↑「モーツァルトの生家」。1756年にこの建物の3階で生まれた

テーマ1 ザルツブルクのテッパンを制覇する2日間

せっかくなら時間をかけてゆったり観光したい人向け。散策の合間にカフェで休憩、ショッピングも！

Day1

Start

10:00 大司教の居城レジデンツ&レジデンツギャラリー

大司教たちのコレクションである名画を鑑賞。➡P141

▼ 徒歩すぐ

11:00 歴史深い大聖堂へ

宝物を展示するドーム博物館もあり。
レジデンツ&レジデンツギャラリーと共通チケット。➡P138

▼ 徒歩5分

11:45 シュティーグルケラーでランチ

地ビールと伝統料理を味わえる。
テラス席は街を一望できる特等席。➡P142

▼ 徒歩＋ケーブルカーで5分

13:00 観光のハイライト ホーエンザルツブルク城

展望塔からの眺めや「黄金の間」は必見！
じっくり見学するなら1時間は必要。➡P140

▼ ケーブルカー＋徒歩で5分

14:30 ザンクト・ペーター修道院教会へ

時間があれば初期キリスト教時代のカタコンベも見学しよう。➡P139

▼ 徒歩7分

15:00 トマセリでカフェ休憩

ホームメイドのケーキとコーヒーでひと休み。テラス席もあり。➡P142

▼ 徒歩＋エレベーターで7分

16:00 絶景！メンヒスベルクの丘

エレベーターで丘の上へ。
ホーエンザルツブルク城と旧市街を一望。➡P146

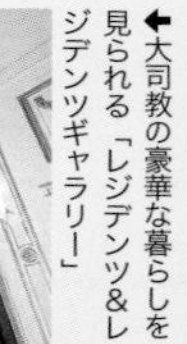

←大司教の豪華な暮らしを見られる「レジデンツ&レジデンツギャラリー」

Day2

10:00 モーツァルトの生家へ

直筆の手紙や書簡などゆかりの品々を展示する。➡P138

▼ 徒歩3分

11:00 ゲトライデ通りを散策&ショッピング

200mほどの小路にはショップやカフェがたくさん！
アンティークな看板にも注目。➡P139

▼ 徒歩6分

13:30 モーツァルトの住居を見学

200余の名曲をこの家で生み出した。日本語音声ガイドのアプリを利用して見学できる。➡P139

▼ 徒歩5分

14:30 ミラベル宮殿へ

Goal

宮殿前に広がる、噴水や花壇が配されたミラベル庭園も訪れたい。➡P141

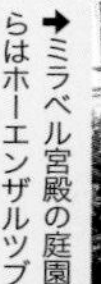

➡ミラベル宮殿の庭園からはホーエンザルツブルク城がよく見える

←旧市街のメインストリート、ゲトライデ通り

←モーツァルト広場には世界遺産のプレートがある

テーマ2 モーツァルトの足跡をたどる1日

モーツァルト生誕の地でもあるザルツブルクには、ゆかりのスポットが点在。想いを馳せながらめぐろう。

11:00 街の中心、モーツァルト広場
Start
街歩きの起点。まずはモーツァルト記念像と記念撮影！(→P138)

▼徒歩4分

11:30 荘厳な大聖堂へ
祭壇両側にあるオルガンはモーツァルトが演奏したことで知られる。(→P138)

▼徒歩8分

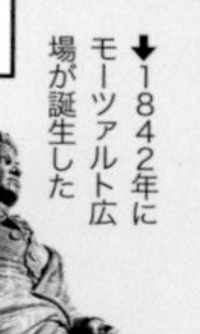

12:30 ザンクト・ペーター修道院教会を見学
若き日のモーツァルトがこの教会でも演奏をしたという。(→P139)

▼徒歩12分

14:30 モーツァルトの住居へ
直筆の楽譜展示からデジタルアーカイブ視聴までさまざま。(→P139)

▼徒歩5分

15:30 7歳まで過ごしたモーツァルトの生家
ゲトライデ通りの黄色い建物が目印。入場件はモーツァルトの住居と共通。(→P138)

▼徒歩3分

16:30 フュルストでお買い物
モーツァルトにちなんだ菓子、モーツァルト・クーゲルをおみやげに。(→P143)
Goal

↓1842年にモーツァルト広場が誕生した

↓ザルツブルクみやげの定番、モーツァルト・クーゲルは、フュルストが発祥

←ミラベル庭園のペガサスの泉と階段

テーマ3 映画『サウンド・オブ・ミュージック』の世界へ！

不朽の名作映画『サウンド・オブ・ミュージック』のロケ地をめぐる半日コース。出発前に映画を観て予習したい。

13:30 『ドレミの歌』を歌うミラベル庭園
Start
マリアと子どもたちが歌い踊る。歌のラストシーンもここ。(→P141)

▼徒歩10分

14:30 モーツァルト小橋へ
劇中では『ドレミの歌』を歌いながらピクニックに行くシーンで登場。(→MAP:P13D2)

▼徒歩10分

14:45 マリアが修業していたノンベルク修道院
マリアと大佐が挙式した修道院（実際の撮影は別で外観のみ）。(→MAP:P13E4)
内部は見学不可。

▼徒歩15分

15:00 子どもたちと通る馬の洗い場
反対側には一家が音楽祭で歌を披露した祝祭劇場のフェルゼンライトシューレも。(→MAP:P12B3)

▼徒歩＋エレベーターで6分

15:15 メンヒスベルクの丘へ
『ドレミの歌』を歌いながら丘から降りていくシーン。眺望も抜群。(→P146)
Goal

このほかにも、モーツァルト広場、レジデンツ広場(MAP:13D3)やカピテル広場(MAP:P13D3)などもロケ地として使われた。映画のシーンと重ね合わせながら歩いてみよう。

↓メンヒスベルクの丘から眺める旧市街。バロック建築群が美しい

©Tourismus Salzburg, Foto: Breitegger Günter

中世の美しい街並みを歩く
モーツァルトの街のみどころさんぽ

➡見学の入口は建物正面。建物の維持のため入口で寄付を募っている

Read me!

ザルツァッハ川を境に新市街と旧市街に分かれるザルツブルクは、音楽家・モーツァルト生誕の地。歴史を感じる街並みを楽しみつつ、モーツァルトゆかりの地をめぐろう。

⬆内部の奥行きは100m、ドーム天井は高さ71mにも達する

POINT 祭壇の両脇にあるオルガンはモーツァルトも演奏したもの

歴史深い荘厳な聖堂
大聖堂
●Dom ★★

8世紀に創建され、12世紀にドイツ圏最大のロマネスク様式の聖堂として完成した。その後、17世紀にイタリア建築に影響を受けた大司教ヴォルフ・ディートリッヒらによる大改築で、今日の姿になった。

旧市街 **MAP：P13D3**

図 レジデンツ広場からすぐ
住 Domplatz
☎ 0662-80477950
時 8～18時(1・2・11月は～17時、日曜、祝日は通年13時～)
休 なし 料 €5

POINT モーツァルトが使ったフォルテピアノの復元などゆかりの品々が並ぶ

天才音楽家の足跡をたどる
モーツァルトの生家
●Mozarts Geburtshaus ★

モーツァルトが生まれ、7歳まで過ごした家を博物館として公開。当時を再現した各部屋には、モーツァルト直筆の楽譜や書簡、幼少時に使っていた小さなヴァイオリンなどが展示されている。

旧市街 **MAP：P12C2**

図 レジデンツ広場から徒歩5分 住 Getreidegasse 9
☎ 0662-844313 時 9時～17時30分 休 なし
料 €12(住居との共通券€18.50)

➡メインストリートのゲトライデ通りに面している

観光案内所がある広場
モーツァルト広場
●Mozartplatz ★

中央にモーツァルトの像が立つ、街の中心地。かつてはミヒャエル広場とよばれていたが、1842年にモーツァルト像を立てたことから改名。像の手前には世界遺産のプレートが埋め込まれている。

旧市街 **MAP：P13D3**

図 レジデンツ広場から徒歩1分
住 Mozartplatz

⬆モーツァルトも演奏したという教会内部

⬇中庭が2つあり、教会にゆかりのレストランや聖具の店もある

ドイツ語圏内最古の修道院

ザンクト・ペーター修道院教会

●StiftskircheSt.Peter ★★★

7世紀からある修道院で、教会や小さな礼拝堂、カタコンベ、墓地などがある。最大のみどころである教会は12世紀以降に建設。敷地内の墓地には、モーツァルトの姉ナンネルやハイドンの弟ミヒャエルが眠る。

旧市街 **MAP:P12C3**

図 レジデンツ広場から徒歩5分
住 St. Peter Bezirk 1 ☎ 0662-844 5760 ⏱ 8～20時 休 なし 料 無料

POINT 崖に張り付くように造られた、初期キリスト教時代のカタコンベも見学可能。

⏱10時～12時30分、13～18時(10～4月は～17時) 休 なし 料 €2

数々の名曲が生まれた場所

モーツァルトの住居

●Mozarts Wohnhaus ★★

1773～87年までモーツァルト一家が住んだ家で、ここで200余りの名曲が作られたという。戦争で被害を受けたが、1996年に当時の建物を再現し、記念館として公開。モーツァルト愛用のピアノなどを展示。

新市街 **MAP:P12C1**

図 レジデンツ広場から徒歩10分
住 Makartplatz 8
☎ 0662-87422740
⏱ 9時～17時30分
休 なし 料 €12(生家との共通券€18.50)

➡日本語音声ガイドのアプリも利用可能

⬆旧市街の東西に延びる

旧市街の目抜き通り

ゲトライデ通り

●Getreidegasse ★★

通りの両側にカフェやショップが集まるメインストリート。通り沿いの店の看板はすべてアンティーク調で統一されている。通り沿いの建物の1階はトンネル通路になっていて、隣の通りにつながっている。

旧市街 **MAP:P12B・C2**

図 レジデンツ広場から徒歩3分

カワイイ看板がいっぱい!

Plus! 歴史ある音楽祭へ

90年以上前から開催されている世界最大の音楽祭のひとつ。ウィーン・フィルをはじめ、各国からトップオーケストラやプレイヤーが集まる。

世界中から人々が集まる音楽フェス

ザルツブルク音楽祭

●Salzburger Festspiele

正式名は「ザルツブルガー・フェストシュピーレ」。7月末～8月いっぱいまでの約40日間、旧市街の祝祭劇場を会場として開催される。演劇、オペラ、コンサートなど約150のプログラムが連日催され、20万人もの観光客で盛り上がる世界規模の音楽祭。

チケット入手方法 演目は前年の11月ごろに音楽祭事務局のウェブサイトで発表され、各演目のチケットはインターネットのほか、現地窓口でも申し込むことができる。支払いはクレジットカードや銀行振り込みなど。

URL www.salzburgerfestspiele.at
☎ 0662-8045500

祝祭劇場

●Festspielhäuser

世界最大の音楽フェスが行われる劇場。大ホール、小ホール、フェイゼンライトシューレと、3つのホールがある。フェイゼンライトシューレは岩山を削って造られたオープンエアのホールで、幻想的な音響効果を生みだす。

旧市街 **MAP:P12B3**

©Tourismus Salzburg GmbH

⬆音楽祭では大聖堂前に特設ステージが設けられる

図 レジデンツ広場から徒歩8分
住 Hofstallgasse 1
☎ 0662-80450 ■各ホールはガイドツアーで見学できる ●ガイドツアー(開始時間) ⏱ 14時(7・8月は9時、14時) 休 12月24～26日 料 €7※音楽祭期間中は休止の場合あり

Must See
Best3

豊かな時代を物語る城と宮殿

ザルツブルクの3大必見スポット

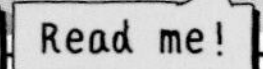

Read me!

8世紀よりカトリック教会の大司教が治める大司教区として独自の文化が守られ、塩の採掘と交易で栄えた街。歴代の大司教によって建造された絢爛豪華な城や宮殿が残る。

⬅中世の城塞としてはヨーロッパ最大の規模を誇るといわれている

高台にそびえる中世の城塞

ホーエンザルツブルク城

●Festung Hohensalzburg ★★★

ローマ教皇とドイツ王の叙任権闘争最中の1077年、ザルツブルク大司教ゲプハルトによって築城。以降700年間にわたる増改築によって18世紀半ばに現在の姿となった。みどころは黄金の間や展望塔など。

旧市街 MAP：P13D4

図 レジデンツ広場から徒歩5分、ケーブルカー乗り場からケーブルカーで1分 住 Mönchsberg 34 ☎ 0662-84243011
時 8時30分～20時(10～4月は9時30分～17時) 休 なし
料 €10.30～(ケーブルカー往復込みは €16.60)

➡見張り台からはザルツブルクの街を一望できる

見学コース 展望塔を含むオーディオガイド付きのAコース、黄金の間を含む自由見学のBコースの2種類。入場料は払えばどちらのコースも無料で参加できる。
【Aコース】かつての城壁部分や見張り塔、拷問部屋などをめぐる。40名のオーディオガイドツアー、所要約30分
【Bコース】場内最大の見どころ「黄金の間」や要塞博物館を自由に見学。じっくり見て回るなら1時間は必要

⬅大司教のギャラリーには歴代大司教の肖像画や、城の遍歴を模型で表した展示が

➡城のいたるところに色や形もさまざまなカブの紋章が刻まれている

⬆大司教の居住スペース「黄金の間」は、壁や天井に施された黄金の装飾がみどころ

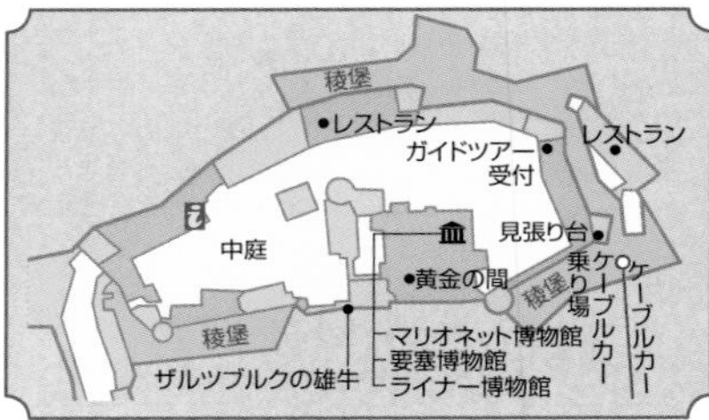

➡大司教ヴォルフ・ディートリッヒの時代に造られた謁見の間

大司教の豪華な暮らしぶりがわかる

レジデンツ&レジデンツギャラリー

●Residenz & Residenzgalerie ★★★

歴代の大司教が居を据えたバロック様式の宮殿。内部を飾る贅を凝らした装飾の数々が、大司教の世俗的権力を物語る。館内のギャラリーや、大聖堂のバルコニー、併設の博物館も共通チケットで見学可。

旧市街 **MAP:P12C3**
図 レジデンツ広場からすぐ
住 Residentzplatz 1
☎0662-80422118
(ギャラリーは0662-80422109)
時10～17時 休9～6月の火曜 料€12

➡優美な古典様式の漆喰壁が美しい白の間

レジデンツのみどころ

画廊
歴代司教の絵画コレクションを展示するスペース。当時から飾られている絵画は少ないが、科学と芸術の寓意が描かれた天井画が見事。

会議の間
政治の中心となった部屋。弱冠6歳のモーツァルトが初めての宮廷コンサートを開いた場所でもある。天井画はバロック時代の画家アルティノ・アルモンテが手がけた。

レジデンツギャラリーのみどころ

レジデンツ3階にあるギャラリーには、16～19世紀のヨーロッパ絵画のコレクションが展示されている。

『母の像』
Old Woman Praying
レンブラント/
1629-30年

『窓辺の子どもたち』
Children
at the Window
ヴァルトミュラー/
1853年

サウンド・オブ・ミュージックの舞台

ミラベル宮殿 ●Schloss Mirabell ★★★

1606年に大司教ヴォルフ・ディートリッヒが愛人のために造らせた宮殿。現在は一部が市庁舎として使われており、モーツァルトも演奏した大理石の間をはじめ、天使の階段や庭園を見学できる。

旧市街 **MAP:P13E1**
図 レジデンツ広場から徒歩15分 住 Mirabellplatz 4
☎ 0662-80720 時 8～16時（火・金曜は13時～、庭園は6時～日没）休 なし(大理石の間は土・日曜は見学不可) 料 無料

⬆『サウンド・オブ・ミュージック』で登場したペガサスの泉と階段

⬇宮殿前には花壇や彫刻が配された庭園が広がる

みどころ

天使の階段
宮殿内で唯一、焼失を免れた階段で、天使像の頭に触れると子宝に恵まれるという言い伝えが残る

大理石の間
天使の階段を上がった先にあるバロック様式の広間。現在はコンサート会場として使われている

散策の間に立ち寄るならここ
ザルツブルクの名店へようこそ!

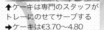

Read me!

レストランやショップが集まるのは、旧市街のゲトライデ通り(→P139)。ザンクト・ペーター修道院教会内には、世界最古の修道院レストランと伝わる注目店もあります!

↑ケーキは専門のスタッフがトレーにのせてサーブする
➡ケーキは€3.70〜4.80

カフェ
街で最も歴史ある老舗カフェ
トマセリ
●Café Tomaselli

定番

1705年創業。テラス席でホームメイドケーキを楽しめる店。2階のテラス席からはホーエンザルツブルク城も眺められる。ケーキは約40種類揃う。

旧市街 **MAP:P12C3**

図 レジデンツ広場から徒歩3分
住 Alter Markt 9 ☎ 0662-8444880
時 7〜19時(日曜、祝日は8時〜)
休 なし 英 英

➡アルターマルクト広場に面する

Gourmet
グルメ

↑泡立ちのいいオリジナルグラスで味わう地ビール€4.70

レストラン
ザルツブルク城近くのレストラン
シュティーグルケラー
●Stieglkeller

↑クルーステンブラートル€16はソースにビールを使ったローストポーク

オーストリアのビール会社直営のレストランで、地ビールと伝統料理を味わえる。ホーエンザルツブルク城へ向かう坂の中腹にあり、高台となっているテラス席からは街を一望できる。

旧市街 **MAP:P13D4**

図 レジデンツ広場から徒歩5分
住 Festungsgasse 10
☎ 0662-842681 時 11〜23時
休 なし 英 英

➡木造の狩猟小屋風の店内

↑かつてワインケラーがあった場所をレストランに改装。110年前のバロック様式

レストラン
世界最古のレストランといわれる
ザンクト・ペーター・シュテフツケラー
●St. Peter Stiftskeller

オススメ!

ザンクト・ペーター修道院教会内にある岩山をくりぬいたレストラン。創業は803年といわれ、歴史ある空間でオーストリア料理を楽しめる。ディナー時にはモーツァルトコンサートも開催(19時30分〜、€78)。カフェ利用もできる。

旧市街 **MAP:P12C4**

図 レジデンツ広場から徒歩5分 住 St. Peter Bezirk 1/4
☎ 0662-8412680 時 12〜22時 休 なし 英 英

↑名物スイーツのザルツブルガー・ノッケール€24.90

↑銀色の地に青いイラスト入りのホイルに包まれている ©Tourismus Salzburg GmbHRS

↓小さな箱入りのおみやげ用モーツァルト・クーゲルは1個€1.70

パティスリー
名物菓子をおみやげに

フュルスト
●Café Fürst

モーツァルト・クーゲルを生み出した老舗パティスリー。ガラスケースの中に自家製ケーキが並び、テイクアウトのほか店内やテラス席でも味わえる。

旧市街 MAP：P12C3

🚶レジデンツ広場から徒歩3分
🏠Brodgasse 13
☎0662-843759
🕘9～19時(日曜は10～17時)
㊡なし 英

定番

←レジデンツ広場からすぐの場所にある

Shopping ショッピング

ドライフラワー
インテリアにもアクセサリーにも

ゲシェンケ・アウス・デン・シュタットアルカーデン
●Geschenke aus den Stadtarkaden

ドライフラワーやスパイスなど、自然の植物を使ったコサージュやリース、ポプリなどを販売。商品はすべて手作りで、ギフトに喜ばれるアイテムばかり。

旧市街 MAP：P12C2

🚶レジデンツ広場から徒歩5分
🏠Getreidegasse 7 ☎0664-9503491
🕘10～18時(日曜は～17時、12月は～19時30分) ㊡1・2月の日曜 英

↑ゲトライデ通りのトンネル通路を入ったところにある

↑みやげ探しにぴったりなショップ

↗クリスマス飾りに使いたいオーナメント€5.90

名産品
ザルツブルクの名産はここで

アツヴァンガー
●R. F. Azwanger

1656年創業の老舗。オーストリア産ワインやリキュールをはじめ、近郊でとれた岩塩、お菓子などが揃っている。

旧市街 MAP：P12C2

🚶レジデンツ広場から徒歩6分
🏠Getreidegasse 15
☎0662-84339413
🕘11～18時(土・日曜は～17時)
㊡1～6月、9～11月の日曜
英

←街のメインストリートに面する

→オーストリア産白ワイン€13.50～

オススメ！
→ザルツブルクの塩€6.90

Plus!

冬のお楽しみクリスマスマーケットへ

ドーム広場とレジデンツ広場のクリスマス市
●Christkindmarktam Dom und Residenzplatz

クリスマスを心待ちにする降誕節(アドヴェント)の季節は、ザルツブルグが最も美しい時期。大聖堂に隣接する広場などで開かれるクリスマスマーケットへ出かけてみよう。

例年11月下旬～12月26日に開催されるクリスマス市。クリスマス用品などの手工芸品や、ソーセージやビールなど食べ物などの屋台が並び賑やか。大聖堂前では、毎日17時～降誕節の歌が歌われる(土・日曜は15時～もあり)。

旧市街 MAP：P12C3/13D3

🏠レジデンツ広場からすぐ🕘月～木曜10時～20時30分、金曜10～21時、土曜、祝日9～21時、日曜9時～20時30分、12月24日は9～15時、12月25・26日は11～18時

→屋台の光が賑やかな冬の風物詩

©Tourismus Salzburg GmbHRS

Hallstatt

ザルツブルクから約70km

美しい湖岸に拓けた世界遺産の街 ハルシュタット

湖水地帯のザルツカンマーグート南部、ダッハシュタイン山塊の麓に位置する湖畔の街。紀元前より塩の交易で発展し、世界最古の岩塩坑があることで知られる。湖と木造建物の美しい街並みを、のんびり散策してみよう。

↑小さな建物が山の斜面に張り付くように並んでいる

ザルツブルクの東に広がる湖水地方「ザルツカンマーグート」。平均標高が600mと高地であり、古くから王侯貴族の避暑地として人気だった。そのひとつ、南北に長いハルシュタット湖畔に広がる街。中心となるマルク広場やメインストリートのゼー通りには、ホテルやレストラン、ショップが立ち並び、世界中から訪れる観光客で賑わっている。町外れにある岩塩坑は山上にあり、そこから見下ろす湖と街の絶景は必見。

Access

ザルツブルク中央駅からポストバスでバート・イシュルまで1時間35分。途中Hallstatt Gosaumuhleで乗り換えて約40分、船着場前のhallstatt-Lahn下車。
鉄道の場合はウィーン中央駅から国鉄RailjetとREXで約3時間30分。途中、Attnang Puchheim駅で乗り換え。ハルシュタット駅は街の対岸にあり、鉄道時刻に合わせて連絡船が運航している。

Check

ハルシュタット観光案内所
MAP:P144
Seestrasse 114 ☎05-95095-30
9時30分～12時30分、13～16時
㊡冬期の土・日曜

歩き方のPoint

バスの場合、バス停から徒歩3分のケーブルカー乗り場からハルシュタット塩坑へ。鉄道の場合は街の中心、マルクト広場やカトリック教会からスタートしよう。

湖岸の町の必見スポット

←見学後は眺望抜群の展望台へ

世界最古の岩塩坑を見学

ハルシュタット塩坑 ●Salzwelten Hallstatt ★

紀元前から塩の採掘が行われていたデュルンベルク山の塩坑跡。坑内では採掘の様子や塩坑の歴史・地質について映像と展示物で紹介。すべり台やトロッコ電車などのアトラクションもある。

MAP：P144

図マルクト広場からケーブルカー乗り場まで徒歩15分
住Salzbergstr. 21 ☎06132-200-2400
時9時30分～16時（11～3月は～14時30分）
休なし 料€40（往復ケーブルカー料金含む）

約３分の空中散歩♪

↑ケーブルカーで標高838mの塩坑へ

作業服を着て見学

↑ケーブルカーの終着駅から入口までは15分ほど坂道を登る

↑塩坑の歴史がわかる映像などを見学

→全長60mのすべり台で地下に下りる！

見学記念の塩をGET！

祭壇飾りが見事な教会

カトリック教会

●Katholische Kirche Pfarrkirche Mariä Himmelfahrt ★

細い階段を登った高台にある教会。創設は15世紀末と歴史が古く、こぢんまりとした後期ゴシック様式の建物。教会の裏手には小さな納骨堂があり、無数の頭蓋骨が納められている。

MAP：P144

図マルクト広場から徒歩5分 住Kirchenweg 40 ☎06134-8279 教会：時9～18時頃（土・日曜は～17時頃、冬期は～15時30分頃）休なし 料無料　納骨堂：時10～18時（10月は～17時、11～4月は11時30分～15時30分）休11～4月の月・火曜 料€2

↑祭壇は16世紀にオーストリアの彫刻家ミヒャエル・パッハーにより作られた

街の中心にある小さな広場

マルクト広場 ●Marktplatz ★

↓街の中心にあるカラフルな建物に囲まれた広場

噴水を囲んでホテルやみやげ店、木造の古い家々が軒を連ねる。ひとつの広場に面してカトリックと新教（プロテスタント）の教会が立つという珍しい場所だ。

MAP：P144

図連絡船船着場から徒歩2分、バス停から10分

散策途中に立ち寄りたい

天然のソルトをおみやげに

ザルツコントール

●Salzkontor

ザンクト・ヴォルフガングに本店をもつ、天然の岩塩とハーブの店。バスソルトや、スパイスを配合した料理用の塩など、ザルツカンマーグートならではの塩グッズが揃う。

MAP：P144

図マルクト広場から徒歩3分 住Seestr. 116 ☎06138-3027 時10～17時（7・8月は～18時）休なし 英

↑ご当地価格で天然塩が手に入る

→オーガニックソルト€9.50

←塩キャンディ€6.90

世界がひろがる!

Column

不朽の名作のロケ地へ

『サウンド・オブ・ミュージック』の舞台へ行こう

ミラベル庭園のペガサスの泉の周りでも歌った

公開から50年以上経過した今もなお、世界中で愛され続けるミュージカル映画の金字塔『サウンド・オブ・ミュージック』。ザルツブルクは映画の舞台となった街としても知られている。名シーンがよみがえるロケ地を歩いてみよう。

➡ザルツァッハ川に架かるモーツァルト小橋(MAP：P13D2・3)も劇中に登場

『ドレミの歌』を歌ったミラベル庭園(→P141)。門の前は記念写真の定番スポット

1949年に出版されたマリア・オーガスタ・クチェラの自叙伝をもとに1965年に公開された映画。ナチス占領下のオーストリアを舞台に、ゲオルク・フォン・トラップ大佐と7人の子どもたち、家庭教師としてやってきた修道女マリアの物語。歌を通して子どもたちと心を通わせ、やがてトラップ大佐と恋に落ちる。劇中で歌われる『ドレミの歌』は日本でも大ヒットした。

⬆馬の洗い場(MAP：P12B3)はピクニックに向かう場面で登場

エレベーターを降りた先にある階段は、マリアと子どもたちが『ドレミの歌』を練習した場所

エレベーターで丘の上へ

メンヒスベルクの丘

●Mönchsberg

旧市街の南西に広がる展望スポット。丘の上には近代美術館があり、建物の前からホーエンザルツブルク城と旧市街が一望できる。

MAP：P12A2

エレベーター乗り場：図モーツァルト広場から徒歩15分 住Gstättengasse 13 ☎0662-88849700 時8～21時(月曜は～19時) 休なし 料往復€4.20(美術館とセットは€15)

⬇ザルツァッハ川が流れるザルツブルクの街並み

©Tourismus Salzburg,
Foto: Breitegger Günter

Contents

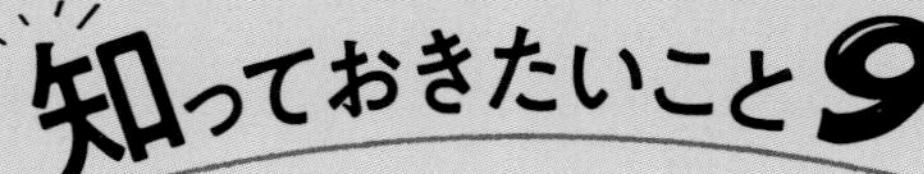

知っておきたいこと9

#プラハ編

エリアの特色からチェコビールについてまで、
知っておくとプラハ観光の快適度がUP！

01 耳より

エリアを把握しよう

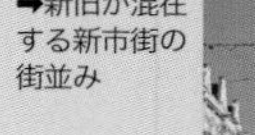

➡新旧が混在する新市街の街並み

日本ではモルダウ川の名で知られるヴルタヴァ川が街の真ん中に流れる。プラハ城がある左岸は大使館やホテルが並び、落ち着いた雰囲気。古い建物と小さなショップがひしめく右岸は観光客で賑わっている。

●旧市街

プラハ観光の拠点。旧市街広場周辺には、14〜19世紀の歴史的建造物が並び、趣たっぷり。細い小路には小さなショップが軒を連ねている。

●新市街

ヴァーツラフ広場を中心として、ホテルやショップが立ち並ぶ繁華街。ヴルタヴァ川沿い方面にはおしゃれなショップやカフェが集まっている。

●プラハ城周辺

フラッチャニHradčanyとよばれるプラハ城周辺の地区。ストラホフ修道院やロレッタなどみどころも多い。高台になっているのでビュースポットとしても人気。

●マラー・ストラナ

17〜18世紀に建てられた貴族の屋敷や教会が残るかつての城下町。広大なペトシーン公園に立つ展望塔からは、街を一望できる。

02 

観光にお得なビジターパス

市内のみどころ60カ所以上の入場料金が無料または割引になるほか、市内公共交通機関も無料になるツーリストカード。購入はインフォメーションセンターまたはオンラインで。

プラハ・ビジター・パス
URL www.praguevisitorpass.eu
料48時間2100Kč、72時間2800Kč、120時間3600Kč

旧市街インフォメーションセンター
旧市街 MAP：P16C2
住Staroměstské nám. 1
☎221-714-444
営9〜19時(月曜は11時〜、1〜3月は時間短縮)
休なし

03 

プラハ城の衛兵交替式は早めに場所取りを

衛兵交替式は人気イベントなので、ベストポジションで見たい場合は時間に余裕を持って行こう。正午12時のセレモニーでは、音楽隊の演奏も入るなど盛大に。見学中はスリに気をつけて。

04 耳より

チェコ版居酒屋&ビアホールのルール

ビールを昼でも夜でも味わえるホスポダ(居酒屋)&ピヴニッツェ(ビアホール)。着席したらドリンク、料理の順でオーダー。お会計はテーブルで、チップの目安は10%程度。観光客の多い店ではアコーディオンなどの生演奏が行われることも。曲をリクエストしたらチップを払おう。

05 耳より

プラハで見られる建築様式

さまざまな年代の建造物が残っているプラハの街は“建築博物館”といわれるほど。増改築により複数の建築様式が混ざっているものも。

●ロマネスク様式
[10世紀後半〜13世紀]
石造りの重厚な外観と小さな窓。初期は木造のヴォールト(アーチ型の半円天井)が特徴。

聖イジー教会(→P156)

●ゴシック様式
[12世紀中頃〜15世紀末]
リブヴォート(交差する骨組み)の天井、尖頭アーチとステンドグラスの装飾も見られる。

聖ヴィート大聖堂(→P156・159)

●ルネッサンス様式
[15世紀〜16世紀初頭]
イタリアで広まった古典古代文化の復興運動。なかでもスグラフィット装飾(だまし絵)技法がみどころ。

一分の家 MAP:P16C2

●バロック様式
[17世紀〜18世紀]
楕円や曲線を使った華麗な装飾。イタリアで誕生し、ヨーロッパ全土へ広まった。

聖ミクラーシュ教会(→P161・193)

●アール・ヌーヴォー様式
[19世紀末〜20世紀初頭]
花や草木をモチーフとした曲線的な装飾。鉄やガラスを利用している。

市民会館(→P159)

●キュビズム様式
[1911〜1025年]
前衛的芸術運動。斜線・斜面で構成されたチェコ独自の建築様式。

黒い聖母の家(→P189)

06 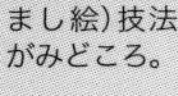

チェコビールのメニュー

ホスポダやピヴニッツェなどのビールメニューにある11°12°13°の表記はアルコール度数ではなく、麦芽含有量のこと。数字が大きいほど風味やコクが増す。

07 

眺望を楽しむには体力が必要

美しい街を一望できる展望塔が点在するプラハ。しかし、聖ヴィート大聖堂の南塔(287段)、旧市街側の橋塔(138段)など、古い建物は階段のみ。歩き回って疲れてしまう前に、元気なうちに訪れよう。

08 

斬新なアートにも注目

歴史ある建造物で知られるプラハだが、プラハ生まれの彫刻家、ダヴィット・チェルニーの作品、逆さヴァーツラフI世像(→ P169)、ダンシング・ハウス(MAP:P14C4)など近現代アートや建築もおもしろい。

09 耳より

ユダヤ人街も歩いてみよう

地下鉄A線Staroměstská駅から徒歩3分、旧市街の北側は中欧最古のユダヤ人街。フランツ・カフカが過ごした地区でもあり、新旧シナゴーグやユダヤ博物館、旧ユダヤ人墓地などが点在している。興味がある人はぜひ足を運んでみよう。

プラハ……テーマ別

モデルコース

魅力溢れるプラハを満喫するなら
2日間は欲しいところ。
チェコ雑貨好きは1DAYプランをチェック！

↓プラハ城の正門では衛兵交替式も行われる

テーマ1 プラハのテッパンを制覇する2日間

ヴルタヴァ川を挟んで東側（旧市街）と西側（プラハ城）に分けてじっくり回る、大満喫のコース。

Day1

Start

10:00 旧市街側の橋塔からプラハ城を眺める
136の階段を上った先にはカレル橋とプラハ城の絶景が！→P153

▼ 徒歩すぐ

11:00 迷宮のような旧市街を歩く
細い路地をそぞろ歩こう。
旧市庁舎の天文時計も必見。→P188

▼ 徒歩4分

14:00 グランド・カフェ・オリエントで休憩
"黒い聖母の家"の2階。螺旋階段など、キュビズム建築にうっとり。→P169

▼ 徒歩5分

15:00 ミュシャ美術館でミュシャのアートを体感
チェコを代表する画家の100点を超える作品を鑑賞。→P158

©Muchovo Muzeum

▼ 地下鉄＋徒歩で18分

18:00 ウ・カリハでチェコビールを堪能！
老舗ピヴニッツェでビール片手にチェコ料理を味わおう。→P166

▼ トラム＋徒歩で18分

20:00 ヴルタヴァ川沿いを夜景さんぽ
川沿いからプラハ城とカレル橋、時間があれば旧市街広場へ。→P162

↓旧市街側の橋塔から眺めるプラハ城とカレル橋。ライトアップされた夜も訪れてみたい

Day2

8:30 プラハ最古のカレル橋を渡る
歩行者専用橋。橋に並ぶ30体の聖像彫刻を眺めながら歩こう。→P152

▼ 徒歩20分

9:30 観光のハイライトプラハ城へ
旧王宮や大聖堂、カラフルな家が並ぶ小道など盛りだくさん。→P154

▼ 徒歩13分
※プラハ城正門から。
東門からはトラムで15分

12:00 美しすぎる図書館ストラホフ修道院へ
2つの間からなる図書館。
天井画や壁を埋め尽くす蔵書の数に驚き。→P194

▼ 徒歩すぐ

13:00 クラシュテルニ・ピヴォヴァル・ストラホフで地ビールランチ
ビール醸造所併設のレストランでランチと一緒に地ビールを。→P195

▼ 徒歩12分

14:30 ペトシーン展望台タワーへ
ストラホフ修道院から小道を通り、ペトシーン公園へ。→P195

▼ ケーブルカー＋徒歩で12分

18:00 ウ・モドレー・カフニチュキで伝統料理
ジビエ料理の高級店で鴨のローストを味わう。
店内の雰囲気も素敵。→P164

Goal

↓ストラホフ修道院「神学の間」。16世紀頃に作られた地球儀・天文儀が

→グレイビーソースたっぷりの鴨のロースト

↓クルテクやビールを使ったシャンプーなどチェコならではの雑貨が見つかる

テーマ2 チェコ雑貨が欲しい！ショップめぐりの1日

素朴で温かみのあるおもちゃや絵本、アンティーク雑貨など、ファンも多いチェコ雑貨。存分に買物を楽しんで！

10:00 旧市街でチェコ雑貨めぐり

Start

クルテクグッズ、ボヘミアングラス、自然派コスメなどいろいろ。→P174・178・180

▼徒歩10分

12:00 アルベルトでばらまきみやげ探し

大型ショッピングモールの地下2階。地下鉄駅直結でなにかと便利。→P186

▼徒歩5分

13:00 アカデミアで絵本をみつける

ヴァーツラフ広場に面した大型書店。絵本コーナーは1階。→P182

▼徒歩10分

14:00 スーパー・トランプ・コーヒーで休憩

中庭にある隠れ家カフェ。こだわりのコーヒーでブレイクタイム。→P198

▼徒歩1分

15:00 アンティーク雑貨はフルトカ・スタイル

手編みのレースや刺繍、ブローチなど掘り出しモノをみつけよう！→P181

▼徒歩7分

16:00 センス抜群、デーリヴェ・デザイン・ストア

チェコアーティストの作品を展示販売。おしゃれ&こだわり雑貨はここで。→P198

Goal

↓スーパー・トランプ・コーヒーのカプチーノとホットチョコレート

↑チェコらしいデザイン雑貨が揃う、デーリヴェ・デザイン・ストア

→旧市街広場のティーン教会。2つの尖塔の間には聖母マリア像が輝く

テーマ3 フォトジェニックな風景に出合う半日観光コース

どこを撮っても絵になる旧市街やプラハ城周辺、さらにちょっと変わったスポットまでめぐる半日コース。

9:00 旧市庁舎の時計塔へ上る

Start

エレベーターで時計塔の展望台へ。旧市街広場を見下ろす超絶景スポット。→P190

▼徒歩6分

10:00 旧市街側の橋塔へ

西側はもちろん、東側の眺めにも注目。これぞ"百塔の街"！→P153

▼徒歩20分

12:00 聖ヴィート大聖堂のステンドグラスを見学

約4万枚のガラス片を使ったミュシャのステンドグラスは色彩豊かな美しさ。→P156

▼徒歩17分

13:00 LOVE & PEACE！ジョン・レノンの壁でパチリ

愛と平和への言葉を描いたウォールアート。いつの間にかフォトスポットに。→P193

▼徒歩+トラムで18分

14:00 曲線が象徴的なダンシング・ハウス

ヴルタヴァ川沿いの斬新な姿をしたビル。内部はホテルと眺望のいいレストラン。→MAP:P14C4

Goal

→抱き合って踊っている姿に見えることから「ダンシング・ハウス」とよばれる。完成は1996年

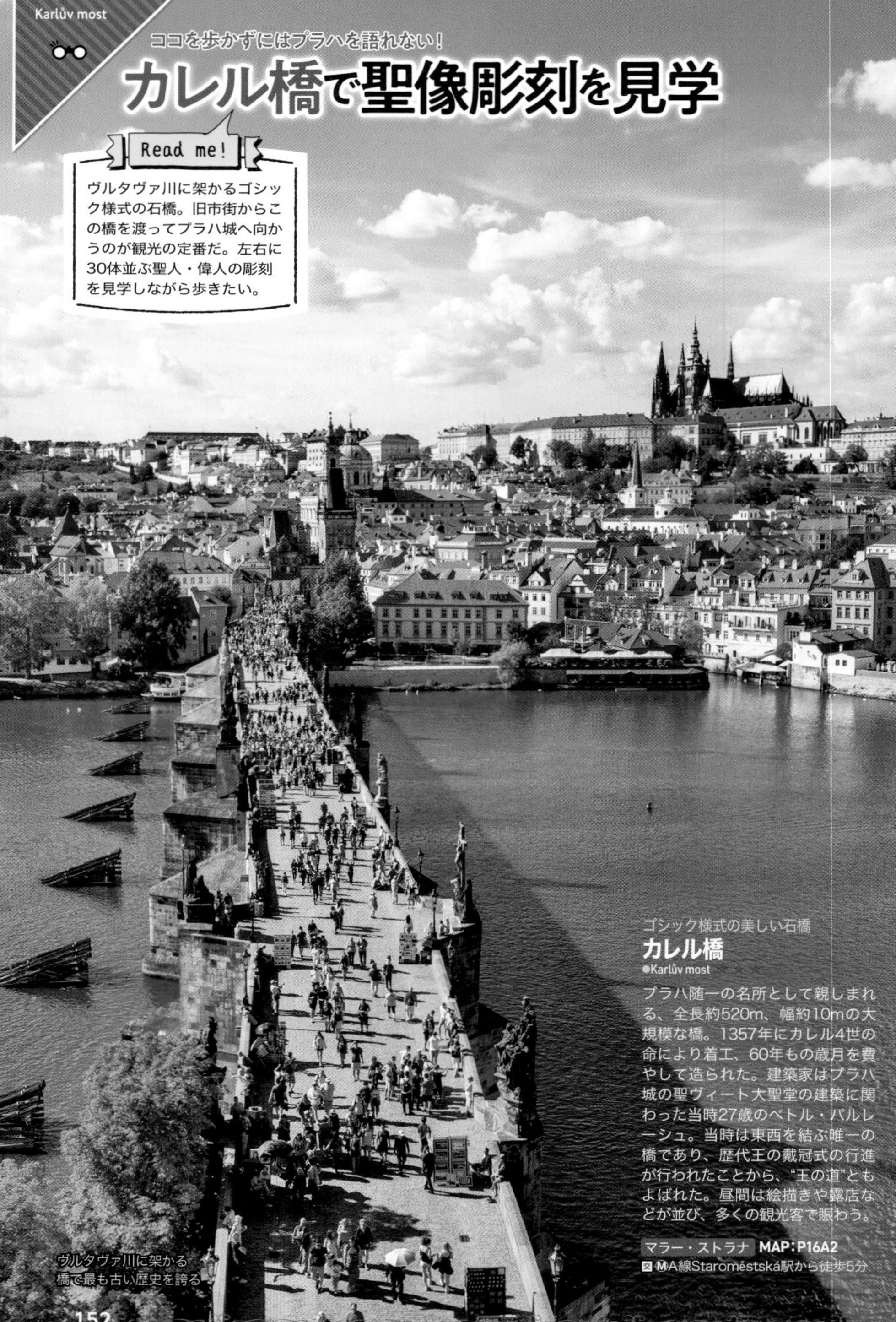

Karlův most

ココを歩かずにはプラハを語れない！

カレル橋で聖像彫刻を見学

Read me!

ヴルタヴァ川に架かるゴシック様式の石橋。旧市街からこの橋を渡ってプラハ城へ向かうのが観光の定番だ。左右に30体並ぶ聖人・偉人の彫刻を見学しながら歩きたい。

ゴシック様式の美しい石橋

カレル橋

●Karlův most

プラハ随一の名所として親しまれる、全長約520m、幅約10mの大規模な橋。1357年にカレル4世の命により着工、60年もの歳月を費やして造られた。建築家はプラハ城の聖ヴィート大聖堂の建築に関わった当時27歳のペトル・パルレーシュ。当時は東西を結ぶ唯一の橋であり、歴代王の戴冠式の行進が行われたことから、"王の道"ともよばれた。昼間は絵描きや露店などが並び、多くの観光客で賑わう。

マラー・ストラナ MAP：P16A2

図 ⓂA線Staroměstská駅から徒歩5分

ヴルタヴァ川に架かる橋で最も古い歴史を誇る

要チェックの聖像をおさえよう

14世紀以前から欄干に像があったとされるが、現在の聖人・偉人30体が完成したのは1928年のこと。ローマのサンタンジェロ城をヒントに、橋を彫刻ギャラリーにしようと整備された。
特に注目したい7体をチェックしながら歩いてみよう。

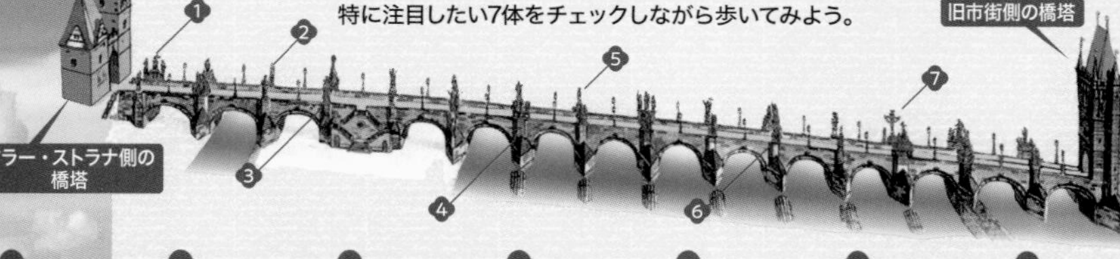

			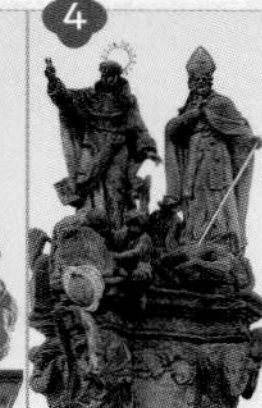			
1 聖サルバドルとコスマスとダミアン (1709年作)	2 聖フィリップ・ボーシウス (1714年作)	3 聖ルトガルディス (1710年作)	4 聖ヴィンセント (1712年作)	5 聖ヤン・ネポムツキー (1683年作)	6 聖フランシスコ・ザビエル (1711年作)	7 聖カルヴァリ (1629年作)
左が聖コスマス、右が聖ダミアン。アラビア出身の双子の医師で、無償で多くの人々を救った。円筒状の医師の帽子をかぶっている。	唯一の大理石像。13世紀に活躍したフィレンツェ出身の司祭。「聖母のしもべ会」に属し、彼の死後マリア崇拝が始まったという。	最も美しいとされるのがこの像。十字架上のキリストの傷口に、聖女ルトガルディスが口づけをしているシーン。ブロコフ作。	チェコ・バロックを代表する彫刻家・ブロコフ(1688～1731)作。日本でなじみのある聖人ではないが、繊細な表現に注目して。	カレル橋から突き落とされ殉教したという、ボヘミアの守護聖人。台座のレリーフに触れると幸運になるという言い伝えがある。	日本でもおなじみの、アジアにキリスト教を布教したイエズス会の聖人。彼が立つ台座を東洋人が支えている。ブロコフ作。	14世紀以前から十字架像があったとされる。幾度となく修復された後に、現在のブロンズ像となった。左右に聖母と聖ヨハネが立つ。

橋塔に上ってみよう

カレル橋のたもとを守る2つの橋塔は上ることができる。
橋とプラハ城の両方を望む旧市街側の塔からの景色が特におすすめ。

↑低い塔がかつて要塞として機能したユディト塔

↓プラハ城もよく見える

マラー・ストラナ側の橋塔
Malostranské monstecká věž

ロマネスク様式の低い塔は、カレル橋の前身ユディタ橋建設の際に建てられたもので、ユディト塔とよばれる。高い塔は旧市街側の橋塔をモデルに15世紀半ばに完成した。

マラー・ストラナ MAP:P19E3
図Ⓜ A線Malostranská駅から徒歩7分
☎775-400-052(代表)
⏲10～18時(4・5・9月は～19時、6～8月は～21時、12月は～20時)
㊡なし ㊙150Kč

↓カレル橋と旧市街広場方面を一望

旧市街側の橋塔
Staroměstská monstecká věž

カレル橋と同じく、ペトル・パルレーシュが手がけたゴシック様式の塔。外壁の紋章や守護聖人の聖像は、14世紀のボヘミアン・ゴシック彫刻の最高傑作として名高い。

旧市街 MAP:P16B2
図Ⓜ A線Staroměstská駅から徒歩5分
☎775-400-052(代表)
⏲10～18時(4・5・9月は～19時、6～8月は～21時、12月は～20時)
㊡なし ㊙150Kč

↓塔から見えるカレル橋。夜景(→P163)も必見

←ゴシック様式の美しさを鑑賞しよう

←旧市街側の眺め。正面にはクレメンティヌムが見える

中世ボヘミア国王の居城

プラハ城を100%楽しむ！

Read me!

現在もチェコの大統領府として機能する世界最大規模の城。敷地内には、代々の王が暮らした王宮と、宗教施設が集まり、ボヘミアの栄華を垣間見ることができる。

長きにわたり街を見守り続けている

↑上空からプラハ城を望むとその巨大さがわかる

街を見下ろすプラハのシンボル

プラハ城

●Pražský hrad ★★★

9世紀後半にプシュミスル王家によって創建され、神聖ローマ帝国の首都がプラハに遷された14世紀、カレル4世の時代にほぼ現在の姿となった。歴代のチェコの支配者が居住し、時代ごとに増築を重ねたため、さまざまな建築様式が混在し、敷地内はまるで建築博物館のようだ。聖ヴィート大聖堂や旧王宮などが最大のみどころ。

プラハ城周辺 MAP:P19D2

交ⓂA線Malostranská駅から徒歩7分、Ⓣ22・23番Pražský Hradから徒歩3分、マラー・ストラナ広場から徒歩10分 住Pražský Hrad ☎224-372-423
時6〜22時(施設内入場は11〜3月は9〜16時、4〜10月は9〜17時※施設により異なる)
休12月24日 料250Kč(聖ヴィート大聖堂・旧王宮・聖イジー教会・黄金の小路)※聖ヴィート大聖堂は正面玄関入ってすぐのネオ・ゴシックの一部までは無料。そのほかはチケットなしでも見学できるエリアあり

100%楽しむための見学アドバイス

アクセスはトラムが便利
ⓂA線Malostranská駅から徒歩7分だが、城は高台にあり行きは登り坂や階段が続くので、トラム利用がおすすめ。

プラハ城観光は半日が目安
聖ヴィート大聖堂・旧王宮・聖イジー教会・黄金の小路を見て回ると3〜4時間、そのほかのみどころを含め、じっくり見学する場合は1日を目安に。

正午の衛兵交替式は必見!
毎正時に第一の中庭で衛兵の交替式が行われるが、正午の式が最も盛大。

夜のライトアップもおすすめ
チケットブースがクローズしている夜間も敷地は開放しており、無料で入場することができる。昼とは違った雰囲気を楽しめる。

見学後には城下町散策を
プラハ城からカレル橋への一帯は城下町マラー・ストラナ。みやげ店やカフェ、レストランが点在するので、散策する時間も確保したい。ストラホフ修道院(→P194)、ペトシーン公園の展望台(→P195)も徒歩圏内。

プラハ城の必見スポット

約7万㎡の広さを誇る城内の位置関係をチェックしておこう。
ひときわ存在感があるのが、中央の聖ヴィート大聖堂だ。
トラム22・23番でアクセスする場合は北門から入場することになる。

マティアス門
第一と第二の中庭を結ぶ門。プラハにおける最初のバロック建造物

コールの噴水
1686年に制作された噴水。作者の名前にちなんでこうよばれる

ダリボルカ
15世紀建造の牢獄。スメタナ作オペラのモデル、ヴァイオリンの名手ダリボルカが投獄された

A 聖ヴィート大聖堂
B 聖イジー教会
D 黄金の小路
チケット売り場
南塔
火薬塔
北門
東門
第2の中庭
第3の中庭
正門
第1の中庭
E ロブコヴィッツ宮殿
C 旧王宮

聖ゲオルギウスの噴水
悪竜退治などの伝説で有名な聖人像。チェコ語では聖イジーとよばれる

正門
ラッチャニ広場に面する門。戦う2体の巨人像が据えられ、衛兵が常駐している

↓礼拝堂は幅50m、奥行き124mという巨大な空間

A プラハで最も重要な教会

聖ヴィート大聖堂
Kathedrála Sv. Vita

925年に建てられた円形の教会ロトンダが基礎。11世紀にロマネスク様式の大規模な教会に改修され、14世紀半ばに現在のゴシック様式への工事が始まった。完成は1929年。高さ90mの南塔からは市街地を一望できる。

プラハ城周辺 MAP:P18C2
⏲9～17時(11～3月は～16時、日曜は12時～)
※ミサの時は閉館の場合あり 休12月24日
料共通チケット(南塔は別途150Kč)

↓カレル橋の建築家ペトル・パルレーシュなど、多くの建築家が関わった

↓木造の平天井が特徴的な身廊。内陣の天井フレスコ画『天井のエルサレム』は必見

B 城で最も歴史のある建造物

聖イジー教会
Bazilika A Klášter Sv. Jiří

創建は920年。レンガ色の華やかなバロック様式のファサード(正面)と、素朴なロマネスク様式の内部をもち、ボヘミアで最も美しいロマネスク建築と称される。頻繁に行われている教会コンサートもおすすめ。

プラハ城周辺 MAP:P19D2
⏲9～17時(11～3月は～16時、日曜は12時～)
休12月24日 料共通チケット

➡後ろに見える太さが異なる2本の尖塔にも注目

⬆創健者ヴラティスラフ1世の墓

C 歴代のボヘミア王が暮らした

旧王宮
Starý Královský Palác

16世紀頃までボヘミア王が住居として使用した宮殿。時代ごとに、ロマネスク、ゴシック、ルネッサンス、バロックの装飾が加えられた。現在は大統領選挙や戴冠式などが行われている。最大のみどころはヴラティスラフ・ホール。

プラハ城周辺 **MAP：P19D2**
☎224-373-102
⏲9～17時(11～3月は～16時)
㊡10月28日、12月24日
㊎共通チケット

←ヴラティスラフ・ホールは、後期ゴシック様式特有のリブボールト天井が美しい

↓戴冠式で使われる王冠のレプリカ。本物は特別展覧会時のみ公開される

↑マリア・テレジアとフランツ・ヨーゼフ1世の肖像画

D カラフルな家が並ぶ小道

黄金の小路
Zlatá Ulička

16世紀、神聖ローマ皇帝ルドルフ2世が、錬金術師を住まわせたという伝説から名付けられた。実際には城の使用人や金細工師などが住んでいたという。15軒ほどの家が並び、ショップやギャラリーになっている。

プラハ城周辺 **MAP：P19D1**
⏲9～17時(11～3月は～16時)
㊡なし ㊎共通チケット

↑作家フランツ・カフカが1916年から1年間暮らした家は22番。今はみやげ店になっている

↓かつての暮らしに関連する展示ギャラリーも楽しい

↓毎日13時～バロック様式のホールでコンサートが行われる

E 貴族のアートコレクションを鑑賞

ロブコヴィッツ宮殿
Lobkowiczký Palác

ロブコヴィッツ家が所有する貴重な美術作品を展示。ブリューゲルの『干し草の収穫』や、ベートーヴェンの直筆の楽譜など、見応えがある。テラスからの眺めがすばらしいカフェを併設しているので、ぜひ立ち寄って。

プラハ城周辺 **MAP：P19D1**
☎233-312-925
⏲10～18時 ㊡なし ㊎290Kč

黄金の小路で買える雑貨をご紹介

カワイイおみやげがいっぱい!

No.19
ヴィボウル・ドブレ・ヴィレイ
Výbor dobré vůle
手作りの雑貨を集めた、障害者支援団体が運営するショップ。
☎224-216-883

No.17
ユライ・ヴァニア
Juraj Vanya
陶器専門店。素朴で繊細な模様がハンドペイントされている。
☎234-303-171

No.23
コロス・アルケミスト
Kolos Alchemist
手作りのチャーム付き錫製ブックマーク1個250Kčが人気。
☎224-373-569

プラハでアール・ヌーヴォーめぐり

ミュシャの世界へ

Read me!

アルフォンス・ミュシャ(チェコ語でムハと発音)は、1860年チェコに生まれ、30代の頃パリで画家・デザイナーとして成功。その後プラハに戻りたくさんの作品を手がけた。

珠玉のコレクション

ミュシャ美術館

●Muchovo Muzeum ★★★

ミュシャの作品100点以上を所蔵する美術館。ポスターや装飾パネル画、油彩画のほか、家族が保管していた下絵やスケッチなど、貴重なコレクションを公開している。ミュシャの生涯と作品を紹介する映像も上映。

新市街 **MAP:P17D3**

図ⓂA・B線Můstek駅から徒歩5分
住Kaunický palác. Panská 7
☎224-216-415(事務所)
⏱10〜18時 休なし
料280Kč

➡入口では彼の作品や生涯について知ることができる日本語のガイドブックを販売。左30 Kč、右99 Kč

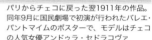

ココに注目!
パリ時代を思わせる構図だが、女性の真っ直ぐな眼差しや衣装に祖国を想う気持ちが表れている

©Muchovo Muzeum

ヒヤシンス姫
Princeszna Hyacinta

パリからチェコに戻った翌1911年の作品。同年9月に国民劇場で初演が行われたバレエ・パントマイムのポスターで、モデルはチェコの人気女優アンドゥラ・セドラコヴァ

©Muchovo Muzeum

ジスモンダ
Gismonda

ミュシャを一躍有名にした、1894〜95年の作品。パリの人気女優サラ・ベルナール主演の舞台『ジスモンダ』のポスター。たった1週間という制作期間に、繊細で美しい作品を完成させた

©Muchovo Muzeum

『スラヴ叙事詩』展ポスター
Poster for Exhibition of the Slav Epic

ミュシャが18年の歳月をかけて手がけた全20の連作『スラヴ叙事詩』の展覧会が、プラハ近郊の町ブルノで行われた際のポスター。モデルは娘のヤロスラヴァ

ミュージアムグッズをチェック!

優美なミュシャの作品モチーフのグッズをおみやげにしよう。

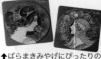

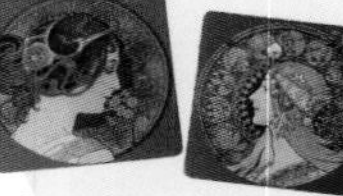

⬆ばらまきみやげにぴったりのペーパーコースター各30 Kč

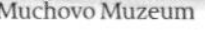

プラハ城のミュシャスポット

聖ヴィート大聖堂

●Kathedrála Sv. Vita ★★★

プラハ城にある大聖堂内のステンドグラスの一つをミュシャが手がけた。1931年の大作で、入って左側3番目にある。約4万枚のガラス片を用いた華やかな色彩と、柔らかな曲線の絵がミュシャらしく、美しい輝きを見せる。

プラハ城周辺 **MAP：P18C2**

→**P156**

↑約600年の歳月をかけて完成した、壮大なゴシック建築の大聖堂

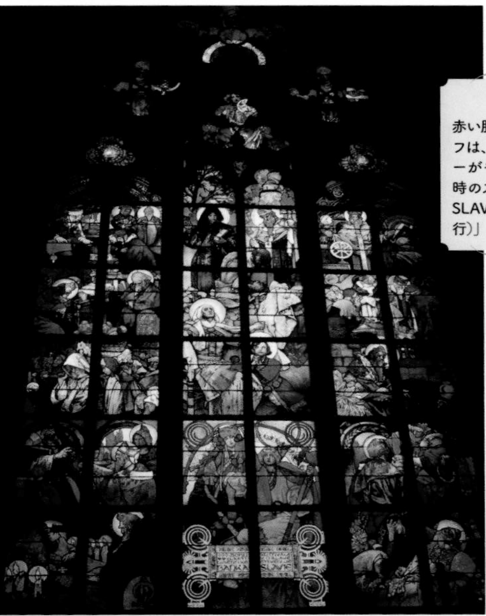

チェコの守護聖人・聖ヴァーツラフと祖母の聖リュドミラを中心に、9世紀ごろスラブ圏にキリスト教を布教した聖キリルと聖メトディウスの兄弟の生涯が描かれている

ココに注目!

赤い服を着た聖ヴァーツラフは、ミュシャの息子イジーがモデル。下部には当時のスポンサー「BANKA SLAVIE（スラブ保険銀行）」の名前も見られる

↓作品の下部にはミュシャのサインも記されている

「市長の間」は装飾から家具まですべてミュシャが担当。スラブ民族の連帯をテーマに描いた見事な天井画をはじめ、パリ時代の華やかさとは異なる色使いが特徴的

←1911年に完成した優美な建物。火薬塔のすぐ隣に立つ

ミュシャの「市長の間」は必見!

市民会館

●Obecní Dům ★★

チェコのアール・ヌーヴォー建築の骨頂と称される。最大のみどころはミュシャが内装を手がけた「市長の間」。館内はガイドツアーでのみ見学でき、音楽祭「プラハの春」の会場「スメタナホール」も回る。併設のカフェもおすすめ。

旧市街 **MAP：P17D2**

図Ⓜ B線Náměstí Republiky駅から徒歩2分 住nám. Republiky 5
☎222-002-101
時10～19時(見学ツアーは不定期開催)
休不定休 料290Kč(英語ガイド)

ココに注目!

朱雀の刺繍が印象的なカーテンも、青と濃紺を基調とした色使い。この後に描かれた『スラヴ叙事詩』を思わせる

Classic Concert

お手軽、それでいてレベルが高い！

音色に感動！ クラシックコンサート

Read me!

プラハでは、毎日いたるところでクラシックのコンサートを開催。音楽の殿堂といわれるコンサートホール、そして気軽に鑑賞できる教会へはぜひ訪れてみたい。

↓フレスコ画はチェコ生まれの画家カレル・シュピラーによるもの

壁面から天井へアーチを描いている。ステージに置かれたパイプオルガンの音が心地よくホール全体に響く作り

市民会館内→P159

プラハで最も大きいホール

スメタナホール

●Smetanova síň. ★★★

チェコ出身の作曲家、ベドジフ・スメタナを冠したプラハを代表するコンサートホールで、プラハ交響楽団の本拠地。毎年5月に開催される音楽祭「プラハの春」の会場としても知られる。旧市街 MAP：P17D2

客席数 1067席

現地前売り・当日券

劇場内のカルチャー&インフォメーションセンター Municipal House

⏲10～19時 ㊡なし

※演目によって異なるので要注意

オンライン購入

URL www.obecnidum.cz

※市民会館内には6つのホールがあるので、チケット購入の際には注意を。

↑1911年建造。ホールのほか、レストランやカフェ、バー、ショップが入る

コンサートホール

プラハを拠点とするチェコ・フィルハーモニー管弦楽団とプラハ交響楽団が有名。チケットはウェブサイトやプレイガイド、現地なら劇場窓口で。ラフな服装は控えよう。

高い天井が特徴で、ドヴォルザークも納得する音響のよさ。ステージにはパイプオルガンがあり、その両脇にも客席が

➡1876～84年にかけて建てられたネオ・ルネッサンス様式のコンサートホール

ルドルフィヌム内

"芸術家の家"を意味する建物

ドヴォルザーク・ホール

●Dvořákova síň ★

1896年、ドヴォルザークの指揮によって幕を開けた名門チェコ・フィールハーモニー管弦楽団の本拠地。G.マーラーやE.グレイクも指揮を務めた。1945年からさまざまなコンサートを開催。

旧市街 MAP：P16B1

㊋ⓂA線Staroměstská駅から徒歩1分

㊟Alšovo nábř. 12 ☎227-059-227

⏲㊮演目により異なる

客席数 約1100席

現地前売り・当日券 劇場内のボックス・オフィス

⏲10～18時(7・8月は～15時)※公演日は開演時間まで営業

㊡土・日曜 ※土・日曜公演の場合、開演2時間前にオープン

オンライン購入

URL www.ceskafilharmonie.cz

※ルドルフィヌム内には4つのホールがあるので、チケット購入の際には注意を。

この日はスメタナの『モルダウ』、ヴィヴァルディの『四季』など11曲を披露。約1時間

カレル橋の目の前にある

聖サルヴァトール教会

●Kostel Nejsv. Salvátora ★★★

クレメンティヌム(→P189)の敷地内。1578年にルネッサンス様式の教会として建てられたが、17世紀にバロック様式に改装された。ロイヤル・チェコ・オーケストラのメンバー10人前後が演奏を披露する。

⬆コンサートではオルガンの音色も聴ける

旧市街 **MAP:P16B2**

図ⓂA線Staroměstská駅から徒歩5分
住Křižovnické nám. 4 ☎222-221-339
コンサート:☎605-057-278 ⏲18時〜、20時〜(季節により異なる) 休なし 料550〜850Kč
URL www.prágueticketoffice.com

⬆12人の使徒の彫刻を配した、初期ゴシックの壮麗な教会

教会コンサート

観光客向けに有名な曲を演奏するので、気軽に楽しめる。服装は自由だが、教会ということを忘れずに。チケット購入は教会窓口で直接、またはウェブサイトから。

旧市街広場に立つ

聖ミクラーシュ教会

●Chrám sv. Mikuláše ★★

18世紀前半に建てられたバロック様式の教会。ガラス工芸の町、ハラホフから取り寄せたクリスタルガラス製の壮麗なシャンデリアや天井のフレスコ画など教会内の装飾も必見。

⬆建物側面に聖ミクラーシュの像が立つ

旧市街 **MAP:P16C2**

図ⓂA線Staroměstská駅から徒歩3分
住Staroměstské náměstí 27a ☎602-958-927
⏲10〜16時(日曜は12時〜) ※礼拝時(日曜は10〜11時、水曜は12時〜12時30分)は入場不可 休なし 料無料
コンサート:☎774-178-774 ⏲公演により異なる(18時〜が多い) 料公演により異なる(500〜600Kč程度) URL koncertyvpraze.eu

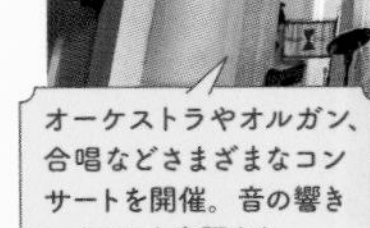

オーケストラやオルガン、合唱などさまざまなコンサートを開催。音の響きのよさにも定評あり

旧市街の路地裏にある教会。スメタナなどチェコを代表する名曲を聴くことができる

旧市街にたたずむ古い教会

壁の中の聖マルティン教会

●Kostel svatého Martina ve zdi ★

1178〜87年に建てられたプラハ最古といわれる教会。ヴァーツラフ1世統治期、旧市街建設で街の壁に教会の一部が取り込まれたため、この名で呼ばれる。ゴシック特有の天井も見られる。

⬆カレル4世の時代にロマネスク様式からゴシック様式に再建された

旧市街 **MAP:P16C3**

図ⓂB線Národní třídaから徒歩3分
住Martinská 8 ☎734-767-335
コンサート:⏲土曜の17時〜(季節により異なる) 料500〜700Kč
URL www.martinvezdi.eu

Night View

キラキラ輝く街にうっとり

ドラマチックな夜景スポット

Read me!

プラハの主要な観光スポットは夜になるとライトアップされ、日中とは違った幻想的な雰囲気が味わえる。カメラ片手に夜景撮影をしたり眺めたり、思い思いに楽しもう。

中世にタイムスリップしたような夜景

旧市街広場

Staroměstské Náměstí ★★

中世の街並みが残る旧市街観光の基点となるスポット。さまざまな様式の歴史的建築がオレンジ色の光に照らされて、暖かな雰囲気に包まれる。→P189

鑑賞Point

広場には屋台が出店していたり、カフェもあるので食事やお酒片手にゆっくり眺めるのもおすすめ。

ティーン教会のゴシック様式の外観が夜空に浮かび上がる

↑冬の風物詩、クリスマスマーケットはメルヘンそのもの

国民劇場

Národní divadlo ★

建築家J・ズィーテクの設計で1881年に完成。建物全体が光に照らされると華やかさと重厚感が増し、夜の街に映える。

旧市街 MAP:P16B4

交Ⓣ2・9・17・18・22・23番Národní divadloから徒歩1分 住Národní 223/2 時休料公演により異なる

さまざまな演目が上映されている。鑑賞を楽しんだ後は夜景を

鑑賞Point

レギー橋を走るトラムから、国民劇場やプラハ城、カレル橋などの夜景を眺める、プラハならではの楽しみ方を。

チェコ人によるチェコ人のための劇場

旧市庁舎の塔から眺める旧市街広場

時計塔から360度の夜景を堪能

16世紀に設置された天文時計。文字盤の陰影が強まり、荘厳な雰囲気をより引き立たせている

旧市庁舎
●Staroméstská Radnice ★★

旧市街広場の一角にあり、高さ69mの時計塔が備わる。毎正時、キリストの十二使徒の人形が顔を出すからくり時計は、夜も楽しめる。
→P190

鑑賞Point
旧市庁舎は展望スポットになっていて、プラハの夜景を360度のパノラマで見渡せる。

光をまとった荘厳な姿に圧倒

聖ヴィート大聖堂
●Kathedrála St.Víta ★

プラハ城内にあり、600年の歳月をかけたゴシック建築の聖堂。夜になると黄金色の輝きにつつまれて、美しい存在感を放ちだす。
→P156

鑑賞Point
カレル橋から全体を眺めた後は、プラハ城に向かって歩いてみよう。近くで見るとバラ窓や細かい装飾が強調されより壮大さを感じられる。

黄金色と夜空の色のコントラストが外観の優美さを際立たせる

旧市街橋塔からは、光の道のようなカレル橋とプラハ城を一緒に見ることができる

鑑賞Point
日没頃からカレル橋や橋塔から眺めてみよう。夕日から街路灯のオレンジ色のグラデーションごとに表情を変えるプラハ城は、息をのむほど美しい。

ヴルタヴァ川に映る夜景が魅力

プラハ城
●Pražský hrad ★★★

プラハのシンボルであり、歴代のボヘミア王の居城。小高い丘の上にあり、周りに隔てるものがないので、様々な場所や角度からプラハ城のライトアップを望むことができる。→P154

→カレル橋から望むラマー・ストラナ側の橋塔、その先にプラハ城が

Czech Republic gourmet

種類豊富でビールとも合う！

チェコの肉料理を食べたい！

Read me!

内陸に位置するチェコでは、牛肉や豚肉、鴨肉など肉料理が大定番。こってり系の味付けが多く、ビールとの相性も抜群！西ヨーロッパよりも比較的物価が安いのも嬉しい♪

ごちそうMenu

ペチェネ・カフナ（ローストダック）
Pečená kachna
540Kč

スペシャリティ料理。ローストした鴨肉にリンゴとハチミツを合わせたグレイビーソースがたっぷり。付け合わせはポテトピューレ

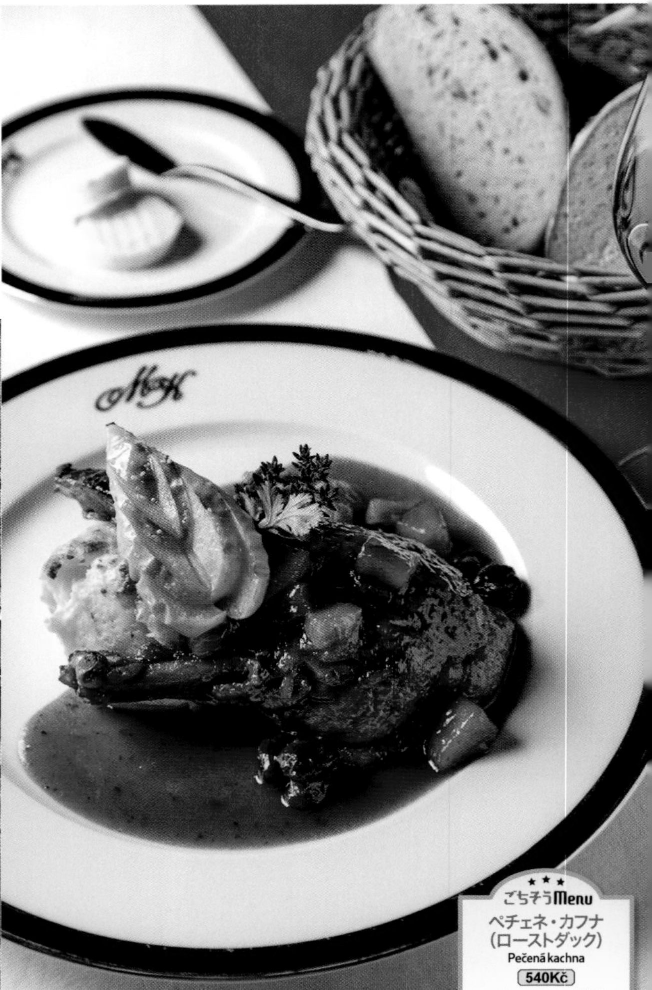

⬇1階奥にあるピンクを基調とした部屋。アンティークの暖炉や壁画が見事

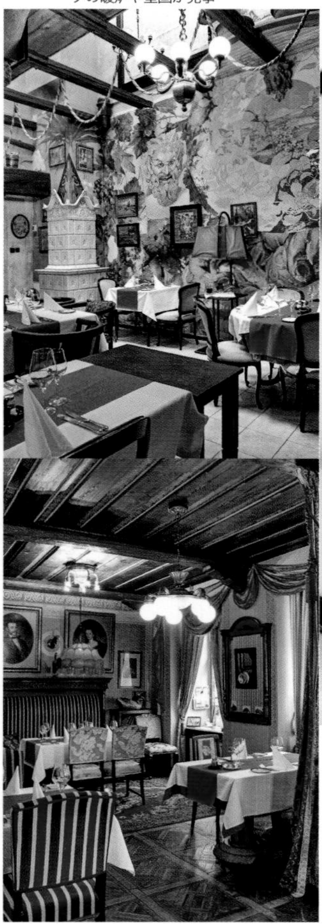

⬆ブルーの壁が落ち着いた雰囲気。テーブルごとに異なるイスを使うこだわり

鴨肉料理

定番

ジビエ料理が自慢の名店

ウ・モドレー・カフニチュキ

●U Modrě Kachničky

伝統的なチェコ料理と鴨やウサギ、イノシシなどを使ったジビエ料理が味わえる。ルネッサンス期の建物をそのまま利用した店内は、部屋ごとに異なる壁装飾とアンティーク家具が置かれ、雰囲気もいい。

マラー・ストラナ **MAP:P19D3**

交Ⓣ12・15・20・22・23番Hellichovaから徒歩2分
住Nebovidská 6 ☎257-320-308 ⏰12～23時 休なし 英英

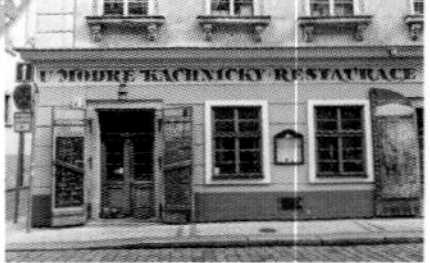

⬆水色の壁が目印

豚肉料理

かつての造幣局がレストランに

ミンツォヴナ

●Mincovna

旧市街広場のヤン・フス像の背後に位置する。1700年代に修道院、その後1857年まで造幣局だった建物を利用。観光の中心地にありながらも伝統的なチェコ料理をリーズナブルに味わえると評判。

旧市街 MAP:P16C2

図ⓂA線Staroměstská駅から徒歩4分
住Staroměstské nám. 930/7
☎727-955-669 ⏲11〜23時 休なし 英英

↑歴史を感じるシックな店構え
←店内には昔の金貨を模ったオブジェが飾られている

★★★ ごちそうMenu

ヴェプショヴィー・コレノ
Vepřové koleno
495Kč (600g)

じっくり焼いた子豚のひざ肉のロースト。肉汁にデミグラスとハチミツ、ハーブを合わせた濃いめの特製ソースがたっぷり。付け合わせは焼きムラサキ玉ねぎ

←ヴェプショヴィー・コレノのお供にピスルナー・ウルケル69Kč/500mℓ

←熟練したビールマスターが注ぐ、コゼルの黒ビール65Kč/500mℓ

鴨肉料理

共和国広場のビアレストラン

コルコフナ・ツェルニッツェ

オススメ

●Kolkovna Celnice

ピルスナービール直営のビアレストラン。19世紀半ばに金融局倉庫、そしてピルスナービール醸造所として活躍した建物を利用している。伝統的なチェコ料理とインターナショナルな料理も揃える。

新市街 MAP:P17E2

図ⓂB線Náměstí Republiky駅から徒歩1分 住V Celnici 4 ☎224-212-240 ⏲11〜24時 休なし 英英

★★★ ごちそうMenu

ペチェネー・カフナ
Pečená kachna
399Kč (1200g)

鴨肉の半羽をオーブンで焼いたボリューム満点の料理。ソースは肉汁にクミン、マヨランカのハーブを合わせている。付け合わせはポテトのダンプリングとクネドリーキ

↓店内には醸造所時代のタンクなどが飾られている

←テラス席もある

牛肉料理

名物は柔らかグラーシュ！

2002 ビヤー&キッチン

●2002 Beer & Kitchen

市民会館から徒歩2分、ホテルが並ぶ通りにある。ボリューム満点のチェコやインターナショナルの料理とブレズニャーク、クルジョヴィッツェなど種類豊富なタンクビールを用意する。

新市街 MAP:P17E2

図ⓂB線Náměstí Republiky駅から徒歩2分
住Hybernská 7/1033 ☎224-226-004
⏲10時30分〜23時30分 休なし 英英

←(左)モダンなデザインの店内。広々として中庭にテラス席もある
(右)店先にもメニューが

★★★ ごちそうMenu

ビーフ・グラーシュ
Beef Goulash
269Kč

ハンガリー料理の牛肉のシチューは、チェコでも定番。柔らかく煮込んだ牛の肩ロースに数種類のパプリカ粉を混ぜている。付け合わせはダンプリング

←ブレズニャーク 11°
29Kč/300mℓ。苦味が少なく飲みやすい

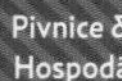

チェコはビール天国！

ホスポダ&ピヴニッツェで乾杯♪

Read me!

チェコはピルスナービール発祥の地。1人あたりのビールの年間消費量も世界一というだけあって、街なかにはピヴニッツェ（ビアホール）やホスポダ（居酒屋）がたくさん！

↑20時ごろからは楽隊の生演奏が始まり、客のざわめきも最高潮に

↑豚ひざ肉のロースト（ロースト・ポーク）、ペチェネー・コレノ745Kč。西洋ワサビやマスタードをつけて食べる

BEERはコレ

ピルスナー・ウルケル

60Kč／500mℓ

きめ細かな泡とすっきりしたのど越しが美味なチェコを代表するビール

↑下味をつけた薄切り豚肉を揚げたシュニッツェル385Kč

歴史ある老舗ピヴニッツェ

ウ・カリハ

●Hostinec U Kalicha

小説『兵士シュヴェイクの冒険』の作者ハシェクと、挿絵を描いた画家ラダが常連だった店。昔ながらのビアホールの趣が残る店内で、名物ロースト・ポークをはじめ伝統的なチェコ料理を味わえる。

新市街 **MAP:P15D4**

交ⓂC線I.P.Pavlova駅から徒歩4分
住Na Bojišti12-14 ☎296-189-600
⏲11～23時 休なし 日

↑プラハハム189Kčはパンにのせてオープンサンドにしても OK

↓グラーシュ259Kč。肉と野菜のうま味を閉じ込めた濃厚なソースが絶品

↑中世の修道院を利用した歴史ある建物

オリジナルビール1種で勝負

ウ・フレクー

●U Fleků

オススメ！

1499年創業のチェコで最も古いピヴニッツェ。併設の醸造所で造る自家製黒ビールは創業当時と変わらぬ伝統の味。伝統的なチェコ料理とここでしか飲めないビールを楽しもう。

新市街 **MAP:P16B4**

交 Ⓜ B 線 Národní třída 駅 から 徒 歩 5 分 住 Křemencova 11☎224-934-019-20 ⏲10～23時 休なし 英 英 予

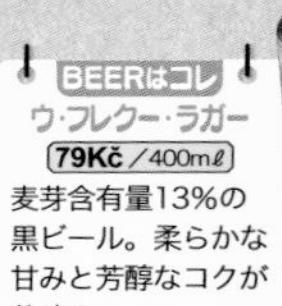

BEERはコレ

ウ・フレクー・ラガー

79Kč／400mℓ

麦芽含有量13%の黒ビール。柔らかな甘みと芳醇なコクが美味！

↑アコーディオンなどの演奏隊が客席をまわる

レアな地ビールを飲もう！

コリブカ

●Kolibka

日本語が堪能なフィリップ氏がオーナーのカフェ&ホスポダ。ミシン台を使ったテーブルなどアンティーク家具に囲まれた店内は、ギャラリースペースとしても開放している。

新市街 **MAP:P16C4**

図Ⓣ3・5・6・9・14・24番Vodičkovaから徒歩2分 住Řeznická 1891/10 ☎776-712-419 ⏲17〜23時 休なし 日英

➡ソーセージを香辛料入りの酢に漬けたウトペネツ 50Kč

⬆カマンベールチーズのオイル漬け 75Kč。ニンニク、マスタードと特製ソースが味の決め手

⬅オーナーのフィリップ氏。ビールや料理のことは気軽に聞いてみて

⬆クラフトビールもあり。カフェ利用もウェルカム

BEERはコレ

ウーニェティツェ・ピヴォ 12°

45Kč /500mℓ

ウーニェティツェ村で1710年に設立した醸造所のビール。コクと苦味のバランスがいい

⬆奥にも部屋が続き、500席を有する広々とした店内

⬆揚げパンミートソースのせ125Kč。スライスして揚げた黒パンはビールのおつまみに人気

⬆とんかつとポテトサラダ220Kč。揚げたてのカツはジューシーでやわらか

⬆チェコ料理の定番、塩とスパイスで味付けしたローストポーク199Kč

ブドヴァルを堪能しよう！

ウ・メドヴィードゥクー

●U Medvídků

ピルスナー・ウルケルと並んで有名な銘柄ブドヴァルが飲める老舗ピヴニッツェ。2階に醸造所があり、時期によってはセミダークビールや、オリジナルビールが飲めることもある。

旧市街 **MAP:P16C3**

図ⓂB線Národní třída駅から徒歩2分 住Na Perštýně 7 ☎224-221-916 ⏲11〜23時(日曜は11時30分〜22時) 休なし

BEERはコレ

ビール ブドヴァル

54Kč /500mℓ

チェコ南部の街、チェスケー・ブデェヨヴィツェのビール。フルーティな香りとキレのある味

Plus! チェコビールあれこれ

チェコで造られているビールの銘柄は400種類以上といわれる。定番の銘柄をチェックしてみよう。

ピルスナー・ウルケル
Pilsner Urquell

1842年にチェコ西部のプルゼニで誕生したピルスナービールの元祖。ホップの苦味とクリアな喉越し。

スタロプラメン
Staropramen

150年以上の歴史をもつプラハを代表する地ビールメーカー。苦みと甘みのバランス、そして泡立ちもいい。

コゼル
Kozel

黒ビールといえばコゼル！ビールを持ったヤギがシンボルで、甘みがあり、黒ビール初心者におすすめ。

ブドヴァイゼル・ブドヴァル
Budějovický Budvar

アメリカのバドワイザーを思い出すが、こちらは13世紀から醸造する本家。ホップの芳醇な香りが特徴。

Old Cafe

建築スタイルいろいろ！

レトロなカヴァールナでまったり

Read me!

プラハは19〜20世紀初頭にかけてカヴァールナ（カフェ）文化が花咲いた。歴史を彩ってきた建築様式を用いたカフェも多いので、空間や建築美を楽しみながら過ごしてみて。

天井はアール・ヌーヴォーから影響された植物模様とアール・デコの幾何学模様を取り入れたデザイン。

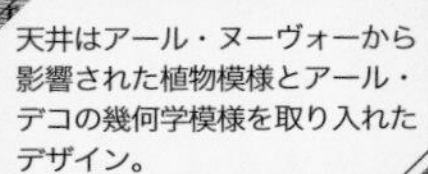

アール・デコ様式

分離派様式の美しいモザイク天井

インペリアル

●Café Imperial

1914年創業。柱や壁、天井を彩るタイルの装飾が優雅でオリエンタルな空間を演出している。朝食やプラハ散策の合間に訪れて、至福のひとときを過ごしたい。

新市街 MAP:P17E1

図ⓂB線Náměstí Requbliky駅から徒歩3分
住Na Poříčí 15 ☎246-011-440
⏲7〜23時 休なし 英

←(上)エジプト文化の影響を受けたタイル張りの柱 (下)アール・デコ・インペリアル・プラハ(→P227)に併設

↑コーヒーは銀のトレーでサーブされる

←チョコでコーティングされた、ナッツ＆ドライフルーツのインペリアルケーキ149Kč

1860年代に建てられた貴族の館の一角にあり、窓や床などにアール・デコの特徴である直線的なデザインが用いられている。

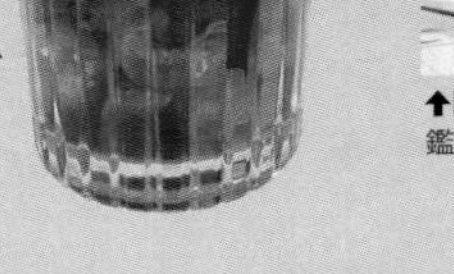

→ラム酒とチョコレートのシグニチャーカクテル、スラビア・オールド・ファションド185Kč

アール・デコ様式

芸術家たちが愛したカフェ

カヴァールナ・スラヴィア

●Kavárna Slavia

1881年にオープンし、かつては作家や演劇人たちの憩いの場だった老舗カフェ。ヴルタヴァ川を望めるロケーションで、夜はピアノの生演奏が楽しめる。食事メニューも充実。

旧市街 MAP:P16B3

図Ⓣ2・9・17・18・22・23番Národnídivadloから徒歩すぐ
住Smetanovo Nábřeží 1012/2
☎224-218-493
⏲8〜24時（土・日曜は9時〜） 休なし

↑国民劇場向かいにあるので、鑑賞後に訪れるのもおすすめ

螺旋階段やバーカウンター、コートハンガーなど、あらゆるところにスタイリッシュなキュビズムスタイルが見られる。

➡旬のくだものを使用したフルーツケーキ115Kč。写真はラズベリーのチーズタルト

⬆朝食セット265Kčも用意する

キュビズム様式

世界でも珍しいキュビズムを取り入れたカフェ

グランド・カフェ・オリエント

●Grand Café Orient

1911年にヨゼフ・ゴチャールの設計で造られた"黒い聖母の家"の2階。有名パティシエが作るケーキが評判で、キュビズムらしい形をしたエクレア65 Kčなどユニークなメニューも揃う。

オススメ!

旧市街 **MAP:P17D2**

図ⓂB線Náměstí Republiky駅から徒歩3分
住Ovocný trh 19 ☎224-224-240
⏲9～22時(土・日曜は10時～) 休なし 英

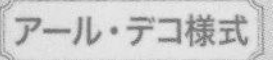

アール・デコ様式

カフカが通った老舗カフェ

ルーヴル

●Café Louvre

⬅ビリヤードホールもあり、実際に遊ぶことも可能(有料)

1902年創業のプラハ屈指の老舗カフェ。国民的作家のカフカやチャペックなど多くの著名人が通っていた。創業当時のインテリアをそのまま再現した店内は、クラシカルな雰囲気。

新市街 **MAP:P16C3**

図ⓂB線Národní třída駅から徒歩2分 住Národní 22
☎224-930-949 ⏲8時～23時30分(土・日曜は9時～) 休なし

当時の家具などを再現したクラシックさと、ピンクを基調としたモダンなアール・デコ調が融合し、上品な雰囲気に。

⬇ふんわり&しっとりした食感のカントリーチーズケーキ・ルーヴル99Kč

⬅トルココーヒー89Kčは、粉がカップに沈むのを待って上澄みを飲む

豪華な装飾や内装が施され、20世紀初頭の優雅なプラハを感じられる。

⬅チェコ版シュークリームのヴェトルニーク63Kčとカフェラテ75Kč

⬇待ち合わせ場所の定番、逆さにしたヴァーツラフⅠ世像のそば

アール・ヌーヴォー様式

パッサージュ内の隠れ家カフェ

カヴァールナ・ルツェルナ

●Kavárna Lucerna

19世紀後半建築のパッサージュ「パラーツ・ルツェルナ」内のカフェで、伝統的なコーヒーやスイーツが揃う。Wi-Fiの接続も可能でPCを開いて作業する人も見かける。

新市街 **MAP:P17D3**

図ⓂA・C線Můstek駅から徒歩3分
住Vodičkova 36 ☎224-215-495
⏲10～24時 休なし

➡窓側の席は逆さヴァーツラフⅠ世像が見える特等席

ランチタイムの強い味方！

プラハ的☆食堂&お手軽グルメ

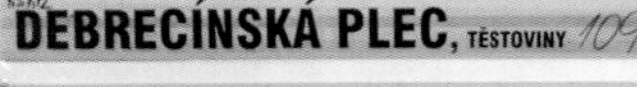

Read me!

ランチにぴったりな、プラハらしいグルメスポットといえばイーデルナ（昔ながらの大衆食堂）やフレビーチェク（オープンサンド）。最近はベジタリアンのビュッフェも人気。

↑カウンターで注文。その場で料理を受け取ったら、会計して席へ着こう

イーデルナ

地下に広がる昔ながらの食堂

イーデルナ・スヴェトゾル

●Jídelna Světozor

社会主義時代に一般的だったイーデルナは、手頃な値段でランチができると今も人気。ここはレトロな雰囲気を残す地下の食堂。日替わりメニューは129Kčとかなりリーズナブル。

↑おひとり様でも気負わずランチができる

新市街 **MAP：P17D3**

図ⓂA・B線Můstek駅から徒歩5分 住Vodičkova 791
☎721-594-723 ⏲9〜15時 休日曜 英

牛肉のディルソース 149Kč
Hovězí s koprovou omáčkou
酸味とディルの香りが良い牛肉煮込み。お店イチオシメニュー

↑イーデルナはセルフサービス形式

↑ホスポダの定番、チーズフライ116Kč。付け合わせのジャガイモもたっぷり

↑ビュッフェは39Kč/100g（16時以降は33Kč/100g）、スープは45Kč

注文方法をチェック！

❸盛り付けが終わったら、レジにある計りに皿を乗せてお会計

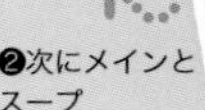

❷次にメインとスープ

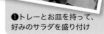

❶トレーとお皿を持って、好みのサラダを盛り付け

ビュッフェ

ヴィーガンのビュッフェ

カントリー・ライフ

●Country Life

チェコ発のオーガニック食材ブランドによるヴィーガンのビュッフェレストランで、健康志向のプラハっ子のマストスポット。料理は日替わり、週替わりのインターナショナルで、サラダが多い。

↑プラハ市内に2店舗あり

旧市街 **MAP：P16C2**

図ⓂA・B線Můstek駅から徒歩4分 住Melantrichova 15 ☎602-582-715
⏲10時30分〜18時（金曜は〜15時、日曜は11〜15時）休土曜 英

注文方法をチェック！

❶種類が多いのでいろいろ食べたければ盛りは少なめに

❷レジの前にある計りに乗せてお会計

ジャガイモのグラタン
インゲンサラダ
これで合計230Kč
大豆のコロッケ
カリフラワーのフライ

ビュッフェ

アジア、エスニック系が充実

ドゥハバ・ビーズ

●Dhaba Beas

タイ、インド、ベトナムなど世界各国のベジタリアン&ヴィーガン料理を提供する。契約農家から毎日仕入れる野菜、お米は低糖質のバスマティ米など食材にもこだわっている。

新市街 **MAP:P16C3**

図ⓂB線Národní třída駅から徒歩2分
住Purkyňova 9 ☎774-418-396
⏲11～20時（土・日曜は12～19時）休なし 英

↑29.90Kč/100g（メニューによって一品あたり追加料金あり）

←モダンな店内。おひとり様利用が多い

チーズバーガー ⊙245Kč/180g
Cheeseburger
肉厚でジューシー。噛めば肉のうま味が広がる。バターの風味豊かなバンスも◎。オーガニックのジュース55Kčや昔ながらのレシピで作るミートローフ95Kč(奥)もおすすめ

ハンバーガー

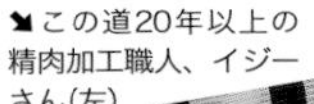

肉屋が作るグルメバーガー

ナシェ・マソ

オススメ

●Naše maso

自社牧場をもつ精肉店が経営。オーガニックのエサで飼育した良質な牛肉や豚肉を使ったサンドイッチ、ハンバーガーなどをイートインコーナーで味わえる。人気はチェコ牛のタルタル245Kč。

旧市街 **MAP:P17D1**

図Ⓣ6・8・15・26番Dlouhá třídaから徒歩1分 住Dlouhá 727/39
☎222-311-378 ⏲11～22時（金・土曜は10時～）休日曜 英

↘この道20年以上の精肉加工職人、イジーさん(左)

↓店内ではオリジナルの調味料やミルクなども販売している

フレビーチェク

写真映えもバッチリ！

シスターズ・ビストロ

●Sisters Bistro

昔ながらのフレビーチェク（オープンサンド）をモダンにアレンジしたデリカテッセン。常時20種類以上あり、美しい盛り付けに注目。パンもライ麦やバゲットなど、食材によって異なる。

新市街 **MAP:P16C4**

図ⓂB線Národní třída駅から徒歩2分 住Spálená 75/16
☎222-960-499 ⏲8～18時（土・日曜は9時～）休なし 英

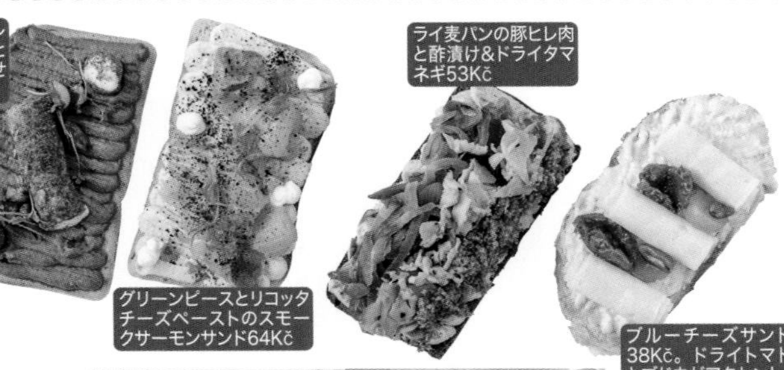

ビーツのピューレにヤギのチーズとカラメルナッツのせ57Kč

グリーンピースとリコッタチーズペーストのスモークサーモンサンド64Kč

ライ麦パンの豚ヒレ肉と酢漬け&ドライタマネギ53Kč

ブルーチーズサンド38Kč。ドライトマトとブドウがアクセント

→スイーツもいろいろ。カフェタイムにも使える

←店内はスタイリッシュ。イートインスペースは少ない

B級グルメは広場へGO！

旧市街で屋台グルメツアー

Read me!

プラハ市内にある大きな広場には屋台がたくさん。日本では見られない個性派揃いで、いろいろ食べてみたくなる。旧市街広場ならベンチもあるので、休憩ついでにいかが？

⬇共和国広場のイースター時期の屋台風景

⬆旧市街広場に並ぶ屋台。プラハハムやソーセージからドリンクまである

〈How to 屋台〉

屋台スポットはどこ？

1年中営業しているのは旧市街広場の旧市庁舎と聖ミクラーシュ教会の間。共和国広場やヴァーツラフ広場は、イースターやクリスマスなどイベント時期のみ。

旧市街広場
Staroměstské Náměstí
MAP:P16C2

共和国広場
Náměstí Republiky
MAP:P17E2

ヴァーツラフ広場
Václavské Náměstí
MAP:P17D3

量り売りもある？

プラハハムやハルシュキは量り売り。メニュー表に記載しているのは100gの値段なので注意。

ソーセージ Klobása

⬇これ1本で満足できるボリューム。うま味たっぷりのソーセージとあふれ出す肉汁は付け合わせのパンと一緒に。ビールのお供に食べたい。

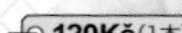

120Kč(1本)

プラハハム Pražská šunka

ジューシーでビールとの相性も◎

➡塩漬けにした豚のモモ肉の塊を串に刺し、炭火で焼く伝統的な料理でパン付きが一般的。お好みでケチャップとマスタードを付けよう。

139Kč/100g

ランゴシュ Lángos

100Kč

↓ハンガリーの屋台の定番、揚げパンはチェコでも人気。ガーリックオイルを塗った揚げパンにチーズをのせ、トマトケチャップをかける。

ボリューミーでお腹にたまる！

ハルシュキ Halušky

79Kč /100g

↓ジャガイモと小麦粉で作るニョッキのような料理。ザワークラウト、ベーコン入り。購入は100gから。

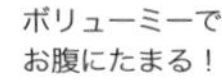

トゥルデルニーク Trdelník

90Kč

➡チェコの伝統的なおやつ。小麦粉の生地を棒に巻き付け、くるくる回しながら焼いていく。仕上げに砂糖とシナモンをまぶして完成。

トッピングもおすすめ！

トゥルデルニークはアイスや生クリーム、チョコレートのトッピングもあり！街歩きのおやつに大人気

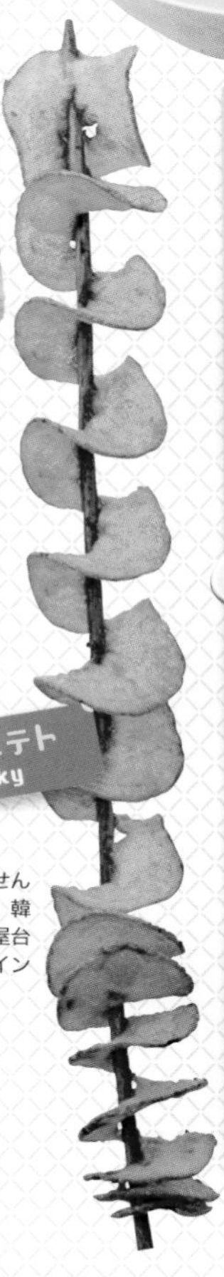

フライドポテト Hranolky

70Kč

➡ジャガイモをらせん状に切って揚げた、韓国発祥といわれる屋台グルメ。見た目のインパクトも強い。

冬の風物詩

寒い季節になると必ず登場するホットドリンク。ホットワインは赤ワインにシナモンやクローブなどのスパイスが入っているので体の芯から温まる。

ドリンク屋台もお見逃しなく

ホットワイン Svařák

90Kč

ホットアップルジュース Horká jablečná šťáva

60Kč

ブルーベリーやラズベリー入りのホットジュースもある

Local Specialty

チェコの素敵をお持ち帰り

とっておきの工芸品

Read me!

少し奮発してチェコならではの工芸品はいかが。カッティングが美しいボヘミアングラスや上品なブルーオニオンの陶器など、大切に使いたいお気に入りの逸品を探そう。

ボヘミアングラス

透明度の高さや繊細なレースカッティングは高級感抜群！

王室御用達の老舗メーカー

モーゼル

●Moser

1857年創業のボヘミアングラスの有名店。鉛を使用しない最高品質のグラスは、ヨーロッパ王宮や日本の皇室にも愛されている。独創的な色やデザインのものが多く、すべて職人の手作業。

旧市街 MAP:P16C2

図ⓂA・B線Můstek駅から徒歩5分
住Staroměstské nám. 15
☎221-890-891 ⏲10〜21時(11〜3月は〜20時、11〜3月の土・日曜は〜19時、そのほか短縮営業あり) 休祝日 英

5140Kč
香水瓶
オリエンタルな雰囲気。インテリアにもいい

9900Kč
グラス
プレート部分にも24金を使用して模様をあしらった優雅なグラス

1万5900Kč
コニャックグラス
ワインを入れるのも◎。鳥の模様は24金

2430Kč
小鉢
手のひらサイズなのでアクセサリー入れにおすすめ

↑大小さまざまなボヘミアングラスが揃う

4890Kč
シャンパングラス
細部にまで施されたカットが美しい。花モチーフのプレートがキュート

9980Kč
1万1150Kč
ポット
名匠シェフチーク氏の卓越した加工技術が光る

種類豊富！宝飾品にも注目

エルペット

●Erpet

モーゼルやエーゲルマンなど定番ブランドのボヘミアングラスのほか、名匠シェフチーク氏の作品まで揃う。トゥルノフ社のガーネットや希少なモルダバイトのアクセサリーも扱う。

旧市街 MAP:P16C2

図ⓂA・B線Můstek駅から徒歩4分 住Staroměstské nám. 27
☎224-229-755
⏲10〜23時 休なし 日 英

6290Kč〜
ガーネットのペンダントトップ
チェコの名産品でもあるガーネットを旅の思い出に

←クリスタルやガーネット製品が並ぶ広々とした店内

2万400Kč
花瓶
金細工が華やかに施された花瓶

洗練されたデザイン

アルテェル

●ARTĚL

高級なボヘミアンクリスタルの店。高い技術力に支えられた、カラフルでモダンなカットが美しい。日本へ持ち帰ることを伝えれば丁寧に梱包してくれる。

マラー・ストラナ
MAP:P19E3

図Ⓣ12・15・20・22・23番Malostranské náměstíから徒歩6分
住U Lužického semináře 7
☎251-554-008
⏲10〜18時 休火曜 英

2800Kč
ボウル
プラハで見る屋根のシルエットを描いている

↑エレガントなクリスタル製品が並ぶ

陶器

チェコならではのブルーオニオンのほか、動物や花モチーフのかわいいものも見つかる。

↑高級感漂う店内。品揃えも豊富

390Kč～
コーヒーカップ&ソーサー
カップ&ソーサーは、絵柄も価格もさまざま

伝統銘柄ブルーオニオンも取り扱う

ドゥム・ポルツェラーヌ ●Dům Porcelánu

プラハ駐在の日本人にも人気の店で、チェコの伝統銘柄、ブルーオニオン陶器の正規販売店。3階建ての店内には、カルロヴィヴァリのThun社の陶器も扱う。

新市街 **MAP:P15E4**

図ⓂC線I.P.Pavlova駅から徒歩2分 住Jugoslávská 16
☎221-505-320 ⏲9～17時(土曜は～14時) 休日曜 英

913Kč
ミュシャのデミタスカップ&ソーサー
ミュシャの絵が描かれた、おみやげにおすすめの品

5690Kč
ブルーと金の縁取りのティーセット
場面を選ばないシンプルなデザインが人気

79Kč～
アヒルのマグカップ
アヒルがかわいいマグカップは、2種類の大きさがある

619Kč
カラーオニオンの絵皿
鮮やかなカラーオニオンが珍しい。食卓が華やかになりそうな一枚

745Kč 689Kč
ニワトリの置物
表情が個性的なニワトリの置物はセットで揃えたい

有名陶器ブランドの直営店

チェスキー・ポルツェラン・ドゥビ ●Český Porcelán dubí

1729年ヨハン・D・クレッチマーがブルーオニオンの染付を始めて、そのデザインで世界に知られるようになった。近年はカラフルなオニオン模様が登場し、人気となっている。

➡青い看板が目印。ショーウィンドウにも商品が並ぶ

旧市街 **MAP:P16C3**

図ⓂB線Národni třída駅から徒歩5分 住Perlová 1
☎224-210-955
⏲9～18時(土・日曜は～13時)
休なし

キュビズムグッズ

世界的に広がった芸術の表現手法キュビズム。チェコでは絵画にとどまらず、さまざまなものに派生した。

各2650Kč
陶製の花瓶
チェコの建築家、ホフマンがデザインした作品のレプリカ。サイズ感がかわいい

1万7800Kč
真鍮の箱
シンプルながら重厚で存在感のあるデザインが美しい

各2490Kč
陶製の箱
チェコのデザイナーが手がけた立体的なジグザグ模様が個性的

チェコらしいキュビズムデザイン

クビスタ ●Kubista

カススメ!

“黒い聖母の家”の1階にあるショップ。陶器をはじめ、アクセサリーやアパレル雑貨などキュビズムデザインのアイテムがずらり。ヤナークの作品はもちろん、現代作家の作品も扱う。

旧市街 **MAP:P17D2**

図ⓂB線Náměstí Republiky駅から徒歩3分
住Ovocný trh 19
☎224-236-378 ⏲10時～18時30分 休なし 英

↑旧市街広場散策の途中に立ち寄れる

各2690Kč
陶製の花瓶
18cmの高さの一輪挿しの花瓶。花瓶だけでも存在感のあるデザイン

産直野菜からグルメや雑貨まで

ファーマーズマーケットがおもしろい！

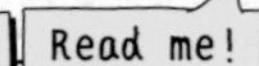

野菜やくだもの、ハムにソーセージ…。プラハ市内各地で開催しているファーマーズマーケットは新鮮な食材が手頃に買えるプラハ市民の台所。おみやげやグルメも充実！

チェコ定番の黒パンをお買い上げ♪

南ボヘミア州で造る陶芸工房のお店

自宅でガーデニング♪

ラベンダー製品はいかが？

⬆ベリーやキウイなど手作りジャムがずらっと並ぶ

土曜開催

川沿いを歩きながらお買物

ナープラフカ・ファーマーズマーケット

●Farmářské Tržiště Náplavka

ヴァルタヴァ川沿いの遊歩道で毎週土曜日のみ開催。農家から直送する旬の新鮮野菜から季節の花、手作りジャムなどさまざま。パンや惣菜はその場で食べられるので、朝食やランチにもいい。

新市街 **MAP:P14C4**

図Ⓣ2・3・7・17・21番Palackého náměstíから徒歩3分 ㊟Náplavka
☎608-099-991 ⏲土曜8～14時 ㊡日～金曜

60Kč程度/100g ハルシュキ

60Kč程度/100g ジャガイモとソーセージ

⬆1993年から続く加工肉店「PELANT」の屋台。自家製ソーセージとその場で食べられる惣菜が並ぶ

1個60Kč程度 パセリペーストのパン

⬆ロフリーク（オーソドックスなチェコのパン）やバーボフカ（クグロフ）など、食べ歩きにぴったりなパンもいろいろ。1個30Kč～

⬆保存料を使わないパセリとチーズ、オリーブオイルで作るホームメイドのペースト。瓶詰め120Kč/180g～も販売

⬆自家製ハーブシロップ30Kč/500ml～。レモンやラベンダー、シナモンなど17種類

ピクルスとチーズのオイル漬け

キノコとハチミツのお店

⬇花苗もたくさん。写真はサクラソウ

⬆丈夫に編み込まれたバスケット

⬆川沿いに店が並ぶ

農家直送の新鮮なリンゴ

⬅テイクアウト用に箱詰めしてくれる店も

200Kč程度

ラズベリージャム。ナチュラルな甘酸っぱさで、果肉もたっぷり

200Kč程

カレーや煮込み料理に使いたい、マンゴーチャツネ

⬆無添加の手作りジャムはミシュランの星付きレストランでも使われるほど。気になるフレーバーがあれば試食しよう

⬆チェコ発のラベンダー専門ショップ。コスメシリーズ「MANON」や石けんが並ぶ

⬇クローゼットや枕元に置きたいサシェは110Kč～

⬆ぽってりしたフォルムがかわいい、陶磁器工房「U Kočků」のマグカップ295Kč～

まだある！ファーマーズマーケット

共和国広場からすぐ　水～土曜開催

イジャーク・ファーマーズマーケット

●Farmářské Trhy na Jiřáku

オススメ！

中心部から少し離れた高級住宅地、ヴィノフラディ地区。イジー・ズ・ポジェブラット広場で週4回開催。売っているものも心なしかおしゃれ。

郊外　MAP:P15F3

図ⓂA線Jiřího z Poděbrad駅から徒歩2分 住Nám. Jiřího z Poděbrad ☎770-179-650 ⏲9～18時（土曜は～14時）休日～火曜

駅チカの食材市場　金曜開催

アンデェルのファーマーズマーケット

●Farmářské trhy Anděl

マラー・ストラナの南に位置する5区の地下鉄エンデェル駅前で毎週金曜開催。新鮮な野菜や肉、乳製品、くだもの、ハーブ、蜂蜜などさまざま。

郊外　MAP:P14C4

図ⓂB線Anděl駅からすぐ 住Nádražní ☎737-944-662 ⏲金曜8～20時 休土～木曜、冬季

Plus!　掘り出しモノなら蚤の市!

ガラクタからお宝まで、なんでも揃う週末限定開催の蚤の市にも注目しよう！

共和国広場からすぐ

コルベノヴァ蚤の市 ●Kolbenova Bleší Trhy

5万㎡の広大な敷地で開催するプラハ最大級の蚤の市。入場料20Kčを支払ったら敷地内へ。食器に洋服、おもちゃ、電化製品などありとあらゆる物が並ぶ。とにかく広いので、休憩しつつ回ろう。

郊外　MAP:P14B1

図ⓂB線Hloubětín駅から無料シャトルバスで15分、Ⓣ8番U Elektryから徒歩2分 住U Elektry 7 ☎777-121-387 ⏲6～14時 休月～金曜 料入場料50Kč

⬅昼過ぎには閉まるので早めに訪れたい

⬅⬆損傷や汚れがある場合もあるので、じっくり探そう

※掲載商品は参考価格です

愛すべきチェコのキャラクター
クルテクグッズが欲しい！

Krtek

Read me!

チェコで生まれたモグラのキャラクター"クルテク"。50年以上前に絵本やテレビで登場して以来、国民的アイドルとして愛されている。グッズはおみやげに欲しくなる！

クルテクのこと、知りたい！

チェコの絵本作家、ズデネック・ミレル ***Zdeněk Miler***（1921〜2011）が生み出した、モグラのキャラクター。1957年に子ども向けアニメ『もぐらとずぼん』が放映され、その後、続編とともに絵本も出版。森の中で仲間と暮らすクルテクの日常や冒険を描いている。

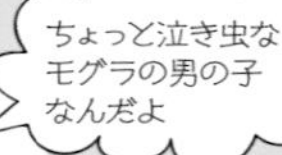

ちょっと泣き虫なモグラの男の子なんだよ

ぬいぐるみ

480Kč

ニット帽&オーバーオール姿がキュート。ぬいぐるみは種類豊富 Ⓑ

なわとび

189Kč

持ち手にクルテクが付いた縄跳び。これなら何回も跳べそう！ Ⓑ

えほん

各160Kč

チェコ語で読めなくても、絵本は見ているだけで癒やされる Ⓐ

手と足が動くよ！

かえるさん　ねずみさん　クルテクマグネット

89Kč

89Kč

120Kč

冷蔵庫に貼りたいマグネットは全キャラクター揃えたくなる！ Ⓑ

Krtek

えんぴつ

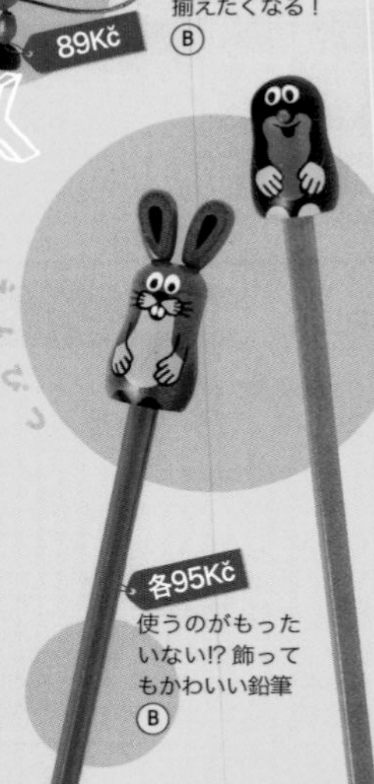

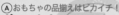

各95Kč

使うのがもったいない!? 飾ってもかわいい鉛筆 Ⓑ

Ⓐおもちゃの品揃えはピカイチ！
ポハートカ
●Pohádka

定番

黒い聖母の家の隣にあるおもちゃ専門店。2フロアからなる店内にはマリオネットや木のおもちゃなど豊富に揃う。クルテクグッズ専門の部屋は、建物正面から見て右側のドアから。

旧市街 MAP:P17D2

㉂ⓂB線Náměstí Republiky駅から徒歩5分 ㊟Celetná 32
☎224-239-469
⏲9〜19時
㊡なし 英

Ⓑクルテクグッズの宝庫！
フラチュキ・ウ・クルテチュカ
●Hračky U Krtečka

オススメ

ハヴェルスカー市場のすぐそば。「もぐらのおもちゃ」という店名通り、店内のほとんどがクルテクのグッズ。定番ものから他店では見かけないものまであり、見ているだけも楽しい。

旧市街 MAP:P16C2

㉂ⓂA・B線Můstek駅から徒歩3分
㊟Havelská 11
☎224-228-769
⏲9〜18時（土曜は10〜16時、日曜は11〜17時）㊡なし 英

220Kč
スチール製の貯金箱。鍵付きなのでお金も貯まりそう!? Ⓐ

各350Kč
手のひらにマグネットが付いたミニぬいぐるみ Ⓐ

342Kč
クルテクとねずみさんが車に乗った、チェコらしい木のおもちゃ Ⓑ

240Kč
スキーをする木製クルテク。スキー板とクルテクが前後に動く Ⓐ

120Kč
プラスチックのコップは歯ブラシの相棒になりそう Ⓑ

410Kč
おみやげの定番スノードーム。クルテクがちょっと大きい？ Ⓑ

90Kč
読書が楽しくなりそうなクルテクのブックマーク Ⓐ

165Kč
アニメーションのワンシーンが描かれたマグカップ Ⓑ

各100Kč
木製の置物と思いきや、実はスタンプ。部屋に飾ってもいい！ Ⓐ

685Kč
クルテクのマリオネット人形はチェコならでは！ Ⓑ

ほっこり、かわいい、使えるアイテム

チェコ雑貨をハント！

Read me!

チェコ雑貨はおみやげに欠かせない！どこか懐かしい木製の民芸品、ガラス加工技術を用いて作られたチェコビーズ、若手アーティストがデザインするグッズにも注目！

250Kč 乾燥きのこ用の保存バッグは小物入れにも使えそう！

400Kč オリジナルデザインのキッチングローブ

290Kč フタ付きのステンレス製カップ

440Kč きのこ狩りに必須の柳の枝のカゴバッグ。形、大きさはいろいろ

380Kč

290Kč きのこが生えたみたい!? 木製ドアストッパー

I♡きのこ。きのこ好き必訪！

レス・ホウベレス

●Les Houbele

オススメ！

チェコ人はきのこが大好きで、秋になると森へきのこ狩りに行くほど。この店のオーナー、ペトラさんとダニエラさんもそのひとり。店内にはありとあらゆるきのこグッズがずらり。

新市街 MAP:P17E3

図Ⓣ3・5・6・9・14・24番Jindřišskákから徒歩3分
住Růžová 970
☎604-288-601
⏲9〜18時 休土・日曜 英

➡ショーウィンドウにもきのこグッズが並ぶ

375Kč 木製オルゴール。木の取っ手を回すとアヒルがまわる

245Kč 木製の壁掛けは、紐を引くとクマの足と手が動く仕組み

210Kč 小説『善良な兵士シュヴェイク』に登場する兵士のぬいぐるみ

135Kč 絵本のキャラクター、黒ねこミケシュのキーホルダー

675Kč 木箱を開けるとネコが出てくる、かわいい置物

温もり溢れるおもちゃの宝箱

フラチキ・ホウパツィー・クーニュ

●Hračky Houpací Kůň

おもちゃ博物館の元館長、イヴァン氏がオーナー。木製のハンドメイドのおもちゃに、クルテクグッズやマリオネットなど、見ているだけでもワクワクするものばかり。お気に入りを探してみて。

プラハ城周辺 MAP:P18B2

図Ⓣ22・23番Pohořelecから徒歩5分
住Loretánské nám. 3
☎603-515-745
⏲12〜18時（木・日曜は11時〜） 休なし

⬅魅力的なおもちゃがズラリ！

コースターは上から幼子イエス像、ビール、トラム

チェコ名物のビールと、伝説の泥人形ゴーレムがキーホルダーに

旧市街広場のティーン教会がプリントされたトートバッグ

プラハがモチーフの雑貨

プラグティーク

●Pragtique

オススメ！

プラハ城にトラムや幼子イエス像など、プラハを象徴する名所などが、若手アーティストの手によっておしゃれ雑貨に変身！プラハの今を感じられるセンスのいいアイテムばかり。

マラー・ストラナ MAP:P19D3

図Ⓣ12・15・20・22・23番Malostranské náměstíから徒歩2分 住Mostecká 20
☎737-252-729
⏲10～20時 休なし 英

↑白が基調の店内に商品が並ぶ

細かい模様の手編みレースとチロリアンテープ

アンティークのブローチは服やバッグに付けたい

アンティーク雑貨の世界へ

フルトカ・スタイル

●Hrudka Stylle

店内にところ狭しとチェコのアンティーク雑貨が並ぶ。モーゼルのグラスやハプスブルク帝国時代の年代物なども見つかる。1点物がほとんどなので、お気に入りを見つけたら即買い！

新市街 MAP:P16B4

図ⓂB線Národní třída駅から徒歩4分
住Opatovická 7☎224-930-610
⏲10 時～17時45分 休土・日曜

※すべて参考商品

↑アイテムはバラエティー豊か

肌にやさしいデイジー(ひな菊)とアーモンドオイルの石けん

髪に輝きを与えるオリジナルのビールシャンプー

工芸品とナチュラルコスメ

マニファクトゥラ

●Manufaktura

プラハ市内に15店舗以上展開する有名店。陶器やファブリック、木のおもちゃなど民芸品のほかに、温泉や死海のミネラル、ビール、ワインを配合したオリジナルの自然派コスメも揃う。

旧市街 MAP:P16C2

図ⓂA・B線Můstek駅から徒歩5分 住Melantrichova 17
☎601-310-611 ⏲10～19時(土曜は～20時) 休なし

←店内は落ち着いた雰囲気

部屋に飾りたい、陶器製の馬の置物

→世界最小のビーズを使ったネックレス

ビーズを組み合わせたブレスレット

各49Kč～

ガラスボタン。ガラス工芸で有名なチェコならでは

※参考商品

おしゃれビーズが豊富

スター・ビーズ

●Star Beads

日本人オーナーが営むチェコビーズ専門店。ナーロドニー通りから一歩入ったアーケード内にある。オーナーデザインのアクセサリーや、チェコ人作家によるランプビーズが揃う。

旧市街 MAP:P16B3

図ⓂB線Národní třída駅から徒歩2分 住Národní třída 25
☎777-165-142
⏲11～19時(土曜は13～18時)
休日曜 日英

↑じっくり見て選びたい

絵本大国チェコで、大人もワクワク！

お気に入りの絵本探し

Read me!

チェコは絵本制作も盛ん。共産主義時代、絵本やアニメは規制が緩かったため、多くの作家が子どもたちのために素敵な絵本を制作。時代を経てもその思いは変わりません。

Shop List

Ⓐこぢんまりとした個人書店

ポルタール

●Portál

オススメ！

中世時代の建物を利用した個人経営の書店。おもに哲学書を置いていて、絵本ももちろん揃う。店内にはイスもあり、ゆっくり座り読みをする常連も見かける。

新市街 MAP:P17E3

交Ⓣ3・5・6・9・14・24番Jindřišskáから徒歩2分
住Jindřišská 30 ☎224-213-415
⏲9～18時 休土・日曜 英

Ⓑ好立地な大型書店

アカデミア

●Academia

定番

ヴァーツラフ広場とナ・プシーコピェ通りに面した2フロアからなる大型書店。児童書のコーナーは1階で、レジ周辺にはエコバックやクルテクグッズが並ぶ。

新市街 MAP:P17D3

交ⓂA・B線Můstek駅から徒歩3分
住Václavské nám.34 ☎221-403-840
⏲8時30分～20時(土曜は9時30分～19時、日曜は9時30分～18時)
休なし 英

中身CHECK

229Kč

『もぐらくんとねずみさん』
Jak Krtek uzdravil myšku
絵：Zdeněk Miler

友達のねずみさんの病気を治すためハーブを探しに冒険へ出かけるもぐらくんのお話。 Ⓐ

350Kč

『自然百科辞典』
HRAVOUKA
絵：Tereza Vostradovská

好奇心旺盛なネズミが森の中で見つけた動物や昆虫を百科事典にまとめている。 Ⓑ

149Kč

『こいぬとこねこは愉快な仲間』
POVÍDÁNÍ
絵：Josef Čapek

仔犬と仔猫が仲良く暮らすお話。チェコでは誰もが読んだことがある絵本として知られる。 Ⓑ

アカデミアはカフェもステキ！

2階の奥にはカフェもあり、本探しついでに立ち寄る人も多い。コーヒーはユリウス・マインル(→P110)のもので、ホームメイドのスイーツもある。

カフェ・アカデミア

●Cafe Academia

⏲9時～19時30分（土曜は10時～18時30分、日曜は10時～17時30分）

⬆ヴァーツラフ広場を望むテラス席もある

⬅静かな環境で居心地もいい

369Kč

『子どもと一緒に』
DĚTEM 絵：Josef Lada

国民的人気作家、ヨゼフ・ラダの絵本。
子どもの思いを詩や絵で表現している。 Ⓐ

299Kč

『ふしぎな庭』**ZAHRADA** 絵：Jiří Trnka

人形・絵本・アニメ作家のイジー・トゥルンカの作品。
5人の子どもが不思議な庭で体験するお話。 Ⓑ

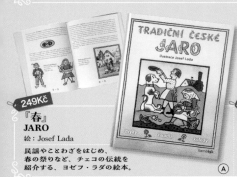

249Kč

『春』
JARO
絵：Josef Lada

民謡やことわざをはじめ、
春の祭りなど、チェコの伝統を
紹介する、ヨゼフ・ラダの絵本。 Ⓐ

中身CHECK

249Kč

『動物の音楽隊』
Zvířátka a jejich kapela
絵：Vojtěch Kubašta

音楽隊を結成した動物たち。ギターや
ベースを奏でるカエルなど、飛び出す
絵本で演奏風景が見える。 Ⓑ

229Kč

『猫の日記』
Z deníku kocoura Modroočka
絵：Helena Zmatlikova 文：Josef Kolář

助けたオスの仔猫と一緒に暮らす、
おじさんと仔猫の日常を描いた絵本。 Ⓐ

249Kč

『おとぎ話』
BAREVNÉ POHÁDKY
絵：Jiří Trnka
文：Alois Mikulka , Klára Trnková

イジー・トゥルンカがイラストを手がけた絵本。
著者が言葉を使って、さまざまなおとぎ話を解説する。 Ⓑ

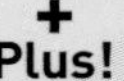

隠れ家ブックカフェ コーヒーやスイーツを味わいながら
ゆっくり読書ができる、ブックカフェも魅力的。

レトロな雰囲気が素敵
カヴァールナ・ジェホシュ・サムサ
●Kavárna Řehoř Samsa

カフカの小説に登場する虫の名前を店名にした、パッサージュ「ウ・ノヴァーク」内にある小さなブックカフェ。隠れ家のような佇まいで、ゆったりした時間を過ごせる。

新市街 **MAP:P17D4**

図ⓂA・C線Můstek駅から徒歩3分 住Vodickova 30 ⓣ9～21時(土曜は12時～) 休日曜

⬆パッサージュ「パラーツ・ルツェルナ」と繋がっている

⬇カフェ・ラテ67Kčとビスケット生地にホイップクリームをトッピングした伝統菓子、ラクヴィチェカ46Kč

旧市街でチェコみやげをまとめ買いするなら

ハヴェルスカー市場へ

Read me!

ハヴェルスカー通りに並ぶ屋台街「ハヴェルスカー市場」には、プラハならではの工芸雑貨がたくさん。観光の合間に立ち寄れる立地のよさと、掘り出し物の豊富さが魅力！

手頃でかわいい雑貨の宝庫

ハヴェルスカー市場

●Havelské tržiště

開設は1232年。当時は野菜や果物を扱う市場で、1ブロック先のリティールシスカー通りまで広がっていた。現在は木製人形や置物、アクセサリーなどチェコみやげが多い。

旧市街 MAP:P16C3

図Ⓜ A・B線Můstek駅から徒歩3分
住Havelské
⏱7〜19時(日曜は8時〜18時30分)
※店舗、季節により異なる 休なし

How to ショッピング

Q.どれくらい安い？

A.市内にあるみやげ物店と比べて特別安いわけではないが、まとめ買いすれば値段交渉も可能。

Q.クレジットカードは使える？袋に入れてくれる？

A.クレジットカードは使えないところが多いが、最低利用金額を設定して使用可能な店も一部あり。購入品は紙に包んでビニール袋に入れてくれるが、エコバッグ持参がおすすめ。

Q.お店の場所がわからない…

A.各店舗の上の部分に店番号看板が付いている。ただし、照明や商品に隠れていて見えにくいので、まずは一周してみるのもいい。

店舗番号の看板はこれ

店番号 8 木製おもちゃのお店

320Kč
お手ごろなマリオネット人形も。親切な店主が動かし方を見せてくれることも

100Kč
クルテクの子ども向けジグソーパズル

290Kč
みんな大好きクルテクの木製おもちゃ。童心に帰って遊ぼう

使うのがもったいないくらいかわいい!

250Kč
ネコ型キッチンスポンジ

店番号 9 雑貨も売っている青果店

140Kč
青果店の片隅で、お母さんの手作り鍋つかみを発見

300Kč
丈夫でかわいいショッピングバッグ

26Kč
50Kč
カレル橋や時計塔がデザインされたカラフルなコップ

各100Kč
ミツバチのブローチは黄色と白、どちらもかわいい！

ヨーグルトに混ぜても◎

130Kč
ナッツのハチミツ漬けはしっとりした食感でクセになるおいしさ

75Kč
ハチミツと天然ハーブ、ブドウのリキュール

店番号 21
スパイスと
木工品のお店
85Kč
カレル橋の塔が焼き付けられたチーズ用まな板
Praha
手ごろな調理具がたくさん！
90Kč
簡単に作れるホットワイン用スパイス
各65Kč
ユニークな形をした木ベラ
店番号 24
市庁舎の天文時計を
モチーフにしたお店
Praha
100Kč
天文時計が木製のマグネットに。扉を開けるとマルタ騎士団が出てくる
390Kč
天文時計は壁掛時計にもなる！　色もサイズも豊富に揃う
PRAHA
店番号 34
200Kč
お手ごろプライスなオパールのブレスレット
アクセサリーと
レースのお店
490Kč
大切に持ち帰りたい、繊細なアンティークのレース
観光客で賑わう旧市街の常設市場
店番号 13
チェコ産
ハチミツのお店
レースは民族衣装にも使われる伝統工芸
旧市街広場へ
ヴァーツラフ広場へ
Havelská
9
8
13
21
24
34
N
道化師カシュパーレックの木製人形だよ

チェコならではのグルメみやげをゲット♪

プチプラみやげはスーパーマーケットで

Read me!

手頃な値段でチェコらしい食材をおみやげにしたいなら、スーパーマーケットへ行ってみよう。チェコ発のウエハースに国民的清涼飲料水など、気になるものがいっぱい！

お菓子

各12.90Kč

チョコレートのウエハース Ⓐ

ココナッツ、ヘーゼルナッツなど4種類。スーパーに必ず売っている定番商品

14.90Kč

スパワッフル Ⓐ

温泉保養地として有名なカルロヴィ・ヴァリの特産品のワッフル

39.90Kč

クッキー Ⓐ

ココナッツとミルクチョコレートのクッキー。コーヒーのお供に

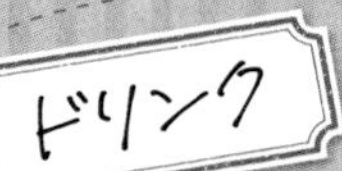

42.90Kč

チョコレート Ⓒ

1896年から続くOrionブランドの"猫の舌"という名のミルクチョコレート

59.90Kč

人気メーカー「ボヘミア」のソルトフレーバー

29.90Kč

ガーリックフレーバー。パッケージもかわいい

ポテトチップス Ⓑ

ジャガイモが主食のチェコではポテトチップスも種類豊富

ドリンク

ブルーベリーフレーバー

オリジナルフレーバー

各27.90Kč

コフォラ Ⓒ

1960年代に誕生した14種類のハーブで作るチェコ版コーラ。国民的ドリンク！

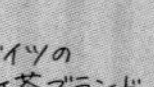

99.90Kč

ベヘロフカ Ⓒ

20種類以上のハーブとスパイスを配合したチェコの薬草リキュール

ドイツの紅茶ブランド

66.90Kč

紅茶 Ⓑ

チェコ人は紅茶好きも多い。スーパーには膨大な種類の紅茶が

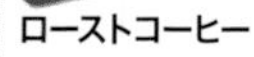

34.90Kč

ローストコーヒー Ⓒ

パッケージがおしゃれなドリップ用のブレンドコーヒー

SHOP LIST

Ⓐイギリス最大の大型スーパー

オススメ！

テスコ ●Tesco

5区の巨大ショッピングセンター「ノヴィ・スミーホフ」の地上階にある。おみやげにちょうどいい食料品はもちろん、コスメや雑貨などなんでも揃う。

郊外 **MAP:P14B4**

交ⓂB線Anděl駅から徒歩2分
住Radlická 1/b
☎257-284-371
⏲6～24時
休なし

Ⓑ中心部最大のモール内

定番

アルベルト ●Albert

大型ショッピングモール「パラディウム」の地下2階。チェコに300店舗以上展開する大手スーパーチェーン。地下鉄ムゼウム駅にも店舗があり、何かと便利。

新市街 **MAP:P17E1**

交ⓂB線Náměstí Republiky駅直結 住Nám. Republiky 1
☎800-402-402
⏲9～21時（木～土曜は～22時）
休なし

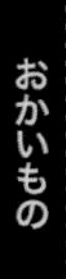

食品

クネドリーキ入りスープ

にんにく風味のスープ

各15.90Kč
インスタントスープ Ⓐ
お湯を入れるだけで簡単。1人前用のインスタントスープ

79.90Kč
ハチミツ Ⓐ
チェコと南米産ハチミツのミックス。クマのボトルがかわいい

スタンダードの練乳

カカオ味

各38.90Kč
コンデンスミルク Ⓒ
チェコの乳製品ブランド「Tatra」。レトロなパッケージデザインも◎

21.90Kč
タルタルソース Ⓒ
チェコのタルタルソースは酸味が少なく、食べやすい。チーズフライにぴったり

69.90Kč
ピーナッツ Ⓐ
ハーブとスパイスが効いたサクサク食感のローストピーナッツ。お酒のお供に

14.50Kč
クミン

14.50Kč
マジョラム

香辛料 Ⓑ
チェコ料理に欠かせない。クミンは肉料理に、マジョラムはスープから肉料理まで幅広く使える

19.90Kč
シリアル Ⓑ
ハート型のチョコレート入りシリアル。ビオブランドのアルベルトのもの

Ⓒチェコ版の便利なコンビニ
ジャブカ ●Žabka

ポーランド発のコンビニエンスストア。食料品から日用品まで幅広く販売。スーパーマーケットより割高だが、旧市街広場やハヴェルスカー市場近くなど立地の良さが魅力。

旧市街 MAP:P16C2
交Ⓜ A線Staroměstská駅から徒歩5分 住Železná 548
☎731-672-019
時6〜23時
休なし

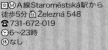

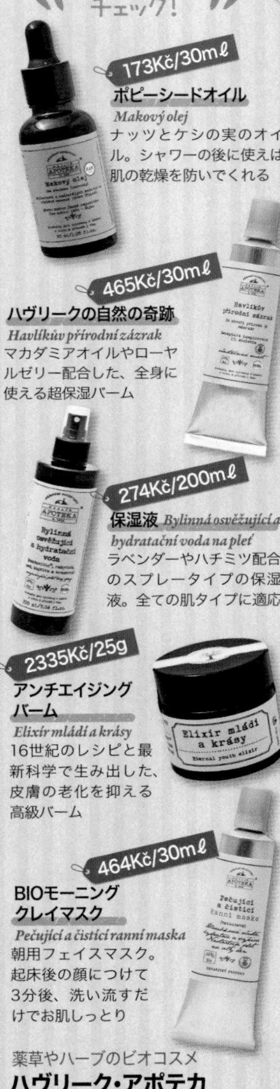

薬局コスメもチェック!

173Kč/30mℓ
ポピーシードオイル
Makový olej
ナッツとケシの実のオイル。シャワーの後に使えば肌の乾燥を防いでくれる

465Kč/30mℓ
ハヴリークの自然の奇跡
Havlíkův přírodní zázrak
マカダミアオイルやローヤルゼリー配合した、全身に使える超保湿バーム

274Kč/200mℓ
保湿液 *Bylinná osvěžující a hydratační voda na pleť*
ラベンダーやハチミツ配合のスプレータイプの保湿液。全ての肌タイプに適応

2335Kč/25g
アンチエイジングバーム
Elixír mládí a krásy
16世紀のレシピと最新科学で生み出した、皮膚の老化を抑える高級バーム

464Kč/30mℓ
BIOモーニングクレイマスク
Pečující a čisticí ranní maska
朝用フェイスマスク。起床後の顔につけて3分後、洗い流すだけでお肌しっとり

薬草やハーブのビオコスメ
ハヴリーク・アポテカ
●Havlíkova přírodní apotéka

ハーブや薬草などを用いたチェコの伝統レシピと、最新のバイオテクノロジーを合わせて開発したオーガニックコスメブランド。自然素材の力を生かした、肌の悩みにぴったりなコスメに出合える。

旧市街 MAP:P16C3
交Ⓜ A線Staroměstská駅から徒歩7分 住Jilská 1 ☎775-154-055
時9〜21時 休なし 英

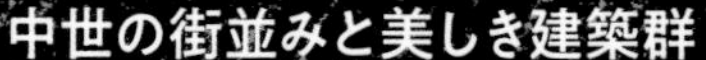

中世の街並みと美しき建築群

旧市街広場周辺

Staroměstské Náměstí

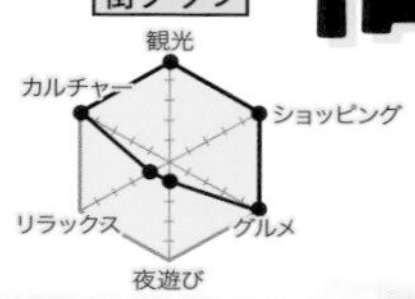

11世紀頃から商業の中心として賑わいをみせた旧市街。
観光の起点となる旧市街広場周辺には、
さまざまな建築様式の建物が残り、
歩くだけでも楽しめる。

↓番地制度がない18世紀までは、目印として戸口にレリーフを飾っていた

U BÍLÉ BOTY

U KAPRA

↑旧市庁舎の天文時計。毎正時に時計の仕掛けが動く

1.

1.旧市庁舎の展望塔から眺めるティーン教会　**2.**カルロヴァ通りを進むと正面に旧市街側の橋塔が見えてくる　**3.**旧市街広場にはチェコの英雄、ヤン・フス像が　**4.**旧市街側の橋塔から旧市街を眺める

2.

3.

4.

ACCESS

起点はⓂB線Náměstí Republiky駅(MAP:P17E2)。旧市街側の橋塔からスタートするならⓂA線Staroměstská駅が便利。

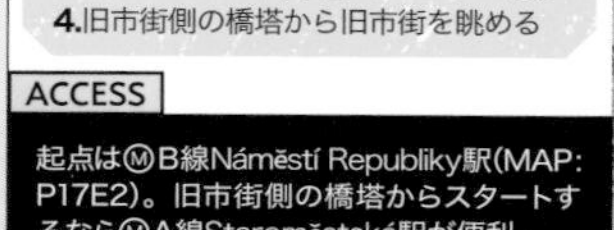

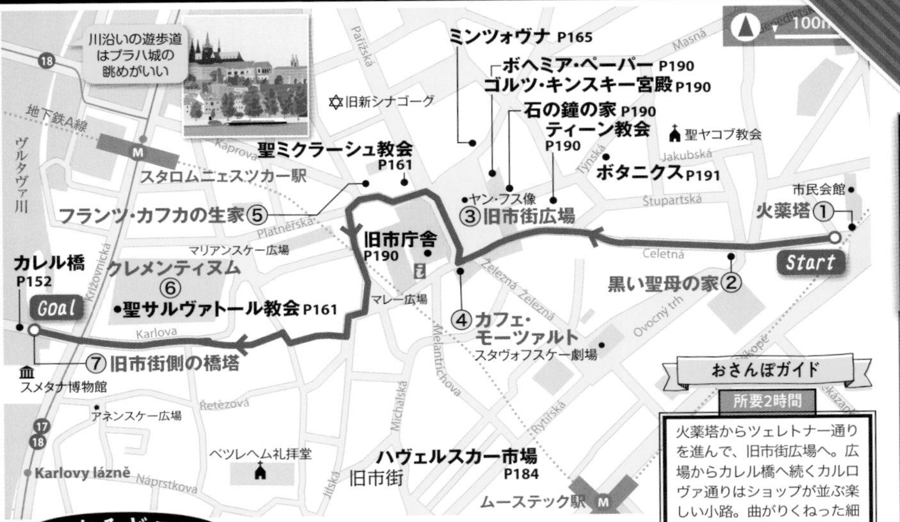

川沿いの遊歩道はプラハ城の眺めがいい

ミンツォヴナ P165
ボヘミア・ペーパー P190
ゴルツ・キンスキー宮殿 P190
石の鐘の家 P190
ティーン教会 P190
聖ヤコブ教会
旧新シナゴーグ
聖ミクラーシュ教会 P161
スタロムニェスツカー駅
ボタニクス P191
市民会館
ヤン・フス像
③旧市街広場
フランツ・カフカの生家⑤
火薬塔①
Start
旧市庁舎 P190
マリアンスケー広場
カレル橋 P152
クレメンティヌム⑥
黒い聖母の家②
Goal
●聖サルヴァトール教会 P161
マレー広場
④カフェ・モーツァルト
スタヴォフスケー劇場
⑦旧市街側の橋塔
スメタナ博物館
アネンスケー広場
ベツレヘム礼拝堂
Karlovy lázně
ハヴェルスカー市場 P184
旧市街
ムーステック駅
地下鉄A線
ヴルタヴァ川
Pařížská
Masná
Kaprova
Jakubská
Týnská
Štupartská
Celetná
Platnéřská
Křižovnická
Karlova
Železná
Ovocný trh
Melantrichova
Michalská
Řetězová
Rytířská
Jilská
Náprstkova
100m

おさんぽガイド

所要2時間

火薬塔からツェレトナー通りを進んで、旧市街広場へ。広場からカレル橋へ続くカルロヴァ通りはショップが並ぶ楽しい小路。曲がりくねった細い路が多く、迷いながら散策するのも旧市街ならでは。

主なみどころ

①火薬塔

●Prašná brána

15世紀後半に建てられたゴシック様式の塔。内部はギャラリーと展望台になっている。

旧市街
MAP:P17D2

図ⓂB線Náměstí Republiky駅から徒歩4分 住Na Příkopě ☎775-400-052 ⏰10～18時(6～8月は～21時、12月は～20時) 休なし 料150Kč

②黒い聖母の家

●Dům U Černé Matky Boží

キュビズム建築家のヨゼフ・ゴチャールが設計。元々ここにあった黒い聖母像が名前の由来。カフェやショップなどが入っている。

旧市街
MAP:P17D2

図Ⓜ B線Náměstí Republiky駅から徒歩3分 住Ovocný trh 19

③旧市街広場

●Staroměstské Náměstí

国家独立を要求する市民デモが行われた歴史的な広場。現在はレストランやショップ、屋台が集まる一大観光スポット。

旧市街 MAP:P16C2

図ⓂA線Staroměstská駅から徒歩4分

④カフェ・モーツァルト

●Café Mozart

旧市庁舎前に立つ。天文時計が見える2階の窓際席が人気。約10種類揃うケーキは85Kč～、チョコレートシェイク89Kčが人気。朝食セットもあり。

旧市街 MAP:P16C2

図ⓂA線Staroměstská駅から徒歩5分 住Staroměstské nám. 22 ☎221-632-522 ⏰7～22時 休なし

⑤フランツ・カフカの生家

●Kafkův dům

旧市街でユダヤ人家庭に生まれた作家、フランツ・カフカの生家。外観は改装されたが、門は当時の面影が残る。建物外にあるカフカの顔像が目印。

旧市街 MAP:P16C2

図ⓂA線Staroměstská駅から徒歩2分 住Náměsti Franze Kafky 5 ⏰休料外観のみ見学自由

⑥クレメンティヌム

●Klementinum

ドミニコ修道院を中心に教会や礼拝堂を加えた複合施設。現在は国会図書館として利用されているほか、クラシックコンサート(→P161)も開催。

旧市街 MAP:P16B2

図ⓂA線Staroměstská駅から徒歩5分 住Mariánské nám. 5 ☎221-714-714 ⏰10～17時 休なし 料300Kč

⑦旧市街側の橋塔

●Staroměstská monstecká věž

カレル4世統治期に建てられたゴシック様式の橋塔。塔の上は展望台になっていて、カレル橋とプラハ城の眺めが素晴らしい。

→P153

旧市街広場大解剖

11世紀頃に作られた旧市街広場。
その周りにはさまざまな年代の建物が並び
"建築の博物館"といわれる理由がよくわかる。必見スポットはこちら！

展望台はココ！
必見！塔南側の天文時計
仕掛け人形
毎正時、キリストの十二使徒の人形が顔を出す
カレンダー時計
12の月を象徴する獣と農作業風景が描かれている
天文時計
天動説に基づき、地球を中心とした天体の動きを示す

↑空襲で爆破された建物北側は再建せず、現在は公園になっている

プラハ名物の天文時計はここ！

旧市庁舎 ●Staroměstská Radnice

創建は11世紀。第二次世界大戦で建物はほぼ倒壊し、戦後修復された。高さ69mの時計塔に備わる展望台から旧市街やプラハ城が360度のパノラマで見渡せる。

旧市街 **MAP：P16C2**

図ⓂA線Staroměstská駅から徒歩5分 住Staroměstské náměsti 1/3 ☎236-002-629 ⏲9～19時（1～3月は10時～、月曜は11時～）休なし 料250Kč

↓展望台から望む旧市街とプラハ城

淡いピンクの装飾が印象的

ゴルツ・キンスキー宮殿 ●Palác Golz-Kinských

建築家A.ルラーゴが18世紀後半に完成させ、その後キンスキー公爵の所有となった宮殿。後期バロック様式の建物に、ロココ様式や新古典主義の装飾が施されている。2・3階は国立美術館。

↓カフカが通ったユダヤ人小学校があった

旧市街 **MAP：P16C2**

図ⓂA線Staroměstská駅から徒歩5分 住Staroměstská nám. 12 ☎ 220-397-211 国立美術館：⏲10～18時 休月曜 料250Kč

ショップに注目

ボヘミア・ペーパー ●Bohemia Paper

チェコの高級紙製品ブランド。品質の良い紙を使ったさまざまなデザインのカードがある。

☎775-150-466 ⏲10～18時（土・日曜は11～17時）休なし 英

→ミュシャやプラハの街を描いたメッセージカードは89Kč～

旧市街広場で最も古い建築様式

石の鐘の家 ●Dům U Kamenného Zvonu

13世紀後半の創建以降、時代それぞれの様式に増改築されてきた。1988年の改装時にゴシック様式のファザードが現れたため、すべて削って現在の姿になった。

↓建物の外に石の鐘がある

旧市街 **MAP：P16C2**

図ⓂA線Staroměstská駅から徒歩5分 住Staroměstská nám. 13 ☎ 224-828-245 ⏲10～20時 休月曜 料120Kč(展示内容により変動)

建物で塞がれたゴシック教会

ティーン教会 ●Chrám Matky Boži Před Týnem

14世紀半ば～16世紀にゴシック教会の跡地に建設され、宗教改革時はフス派の重要な拠点となった。80mもの高さを誇る2つの尖塔はプラハで最も装飾的で美しいとされる。

旧市街 **MAP：P16C2**

図ⓂA線Staroměstská駅から徒歩6分 住Staroměstská nám. 27a ☎222-318-186 ⏲10～13時、15～17時（日曜は10時30分～12時）※ミサ中は見学不可 休月曜 料なし（€1ほどの寄付が望ましい）

←内部にはプラハ最古のオルガンがある

↑宗教戦争でプロテスタントからカトリック教会に。これに抗議する市民が教会を建物で塞いだ

裏路地に迷い込む

商業の中心として発展した旧市街は、
石畳の入り組んだ細い小路で形成され、まるで迷路のよう。
裏路地を散策して、中世の時代にタイムトリップ！

1

迷路感たっぷり
2

3

渦巻き模様に注目

4

5

6

装飾が見事！

7

1 **ウンゲルト**
ティーン教会の裏ある広場「ウンゲルト=通行税」。商人が町に入るとき、ここで通行税を支払った

2 敵からプラハ城の侵入を防ぐため、見通しの悪い造りになっている

3 馬車の車輪が傷つかないように、建物の角に石の張り出しを付けている

4 **チェコ建国の祖・女帝リブシェ像**
農夫と結婚して王朝を築く夢を見たリブシェ。起きるとその農民が現れ、夢の通り結婚。後のプシェミスル朝という伝説が残る [カルロヴァ通り]

5 **金の指輪の家**
後期ゴシック様式の建物。現在は市営ギャラリー [ティーンスカ通り]

6 屋根の左右にある渦巻きレリーフは、ボヘミアバロック建築の特徴

7 **黄金の井戸亭**
建物内に井戸があった元薬局。正面にペストの守護聖人像を飾る[カルロヴァ通り]

紋章に注目

番地制度が導入される18世紀まで、戸口にある紋章が住所の役目を果たしていた。

←かつての靴屋。今はみやげ物店

→「金のヘビ」はプラハ最古のカフェがあった建物

散策ついでにショッピング

ボタニクス ●Botanicus

植物由来成分で作るコスメ&ケア用品やバスアイテムなどが揃う。敏感肌でも安心のナチュラル・フープ、フレーバー・オイルなどが人気。

旧市街 **MAP:P17D2**

図ⓂB線Náměsti Republiky駅から徒歩8分 住Týn 3（Týnský dvůr-Ungelt）☎234-767-446 ⏲10時～18時30分 休なし 英

→しっとり洗い上げるシアバター・ソープ139Kč

→バラのシャンプー425Kčは香りに癒やされる

←おみやげ探しにも◎

歴代王の居城と閑静な城下町

プラハ歴史地区

Malá Strana / Hradčany

街グラフ

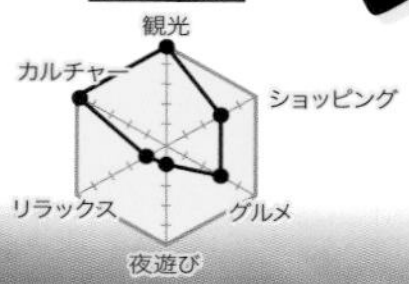

観光 ショッピング グルメ 夜遊び リラックス カルチャー

ヴルタヴァ川西岸はボヘミア王の居城、プラハ城を中心に広がるフラッチャニ地区と、貴族たちが暮らした城下町マラー・ストラナ(小地区)があり、17〜18世紀の街並みを今に残す。

↑住所替わりの紋章が残る。右はネルドヴァ通り47番地"2つの太陽"、左は49番地"ホワイトスワン"

1.マラー・ストラナ広場(MAP:P19D2)からプラハ城を望む 2.オレンジ色の屋根が連なる街の風景 3.ライトアップされたマラー・ストラナ側の橋塔 4.ストラホフ修道院は絶好のビュースポット 5.トラムが走るカルメリツカー通り

ACCESS

プラハ城周辺はⓂA線Malostranská駅、Ⓣ22・23番Pražský hrad。マラー・ストラナ地区はⓉ12・15・20・22・23番Malostranské náměstí。

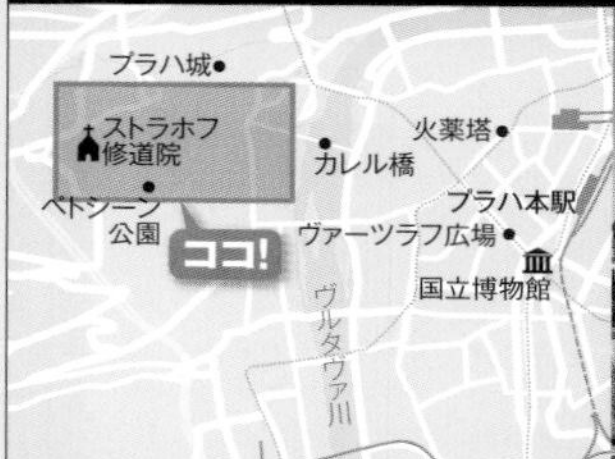

プラハ城
ストラホフ修道院
ペトシーン公園
ココ!
カレル橋
火薬塔
プラハ本駅
ヴァーツラフ広場
国立博物館
ヴルタヴァ川

おさんぽガイド

所要3時間

カレル橋たもとのマラー・ストラナ側の橋塔からスタート。ジョン・レノンの壁などマラー・ストラナ地区を巡り、ネルドヴァ通りを歩いてフラッチャニ地区のロレッタ、国立美術館へ。丘陵地帯なので眺めもいい。

Královský letohrádek
Mariánské hradby
Jelení
Pražský hrad
王宮庭園
地下鉄A線
Chotkova
Staré zámecké schody
Valdštejnská
Malostranská
マロストランスカー駅
プラハ城 P154
プラハ城正門近くにあるスターバックスは眺望抜群!
Goal
シュテルンベルク宮殿⑥
⑤ロレッタ
Keplerova
Pohořelec
Loretánské
Ke Hradu
Zámecké schody
Thunovská
Sněmovní
Tomášská
Úvoz
Nerudova
④聖ミクラーシュ教会
アルテェル P174
Malostranské náměstí
①マラー・ストラナ側の橋塔
Start
Cihelná
カレル橋 P153
ホスト・レストラン P195
フラチキ・ホウパツィー・クーニュ P180
プラグティーク P181
クラシュテルニ・ピヴォヴァル・ストラホフ P195
ストラホフ修道院 P194
勝利の聖母マリア教会③
Hellichova
②ジョン・レノンの壁
教会内のみやげ店では置物など幼子イエス像グッズを販売
ウ・モドレー・カフニチュキ P164
ヴルタヴァ川
Karmelitská
Strahovská
ペトシーン展望台タワー P195
ペトシーン公園
Újezd
Vsehrdova
Vaníčkova
Nebozízek
Petřín
Vítězná
ペトシーン公園の頂上付近までケーブルカーが運行。公共交通の乗車券でOK
200m

主なみどころ

プラハ城はP154をCheck!

①マラー・ストラナ側の橋塔
●Malostranské mostecká věž

2つの塔からなり、ゴシック様式の高い方は展望台になっている。マラー・ストラナ地区とカレル橋の眺めがいい。

→P153

②ジョン・レノンの壁
●Lennonova zeď

ジョン・レノンが凶弾に倒れた後、追悼のメッセージなどを描いたのが始まり。今では写真映えする人気スポットに。

マラー・ストラナ MAP:P19E3

図Ⓣ12・15・20・22・23番Malostranské náměstíから徒歩5分 住Velkopřevorské náměstí 時休見学自由

③勝利の聖母マリア教会
●Kostel Panny Marie Vítězné a Pražské Jezulátko

1611年建造のバロック建築の教会。聖なる幼子イエス像が有名で、奥には幼子イエスの博物館がある。

マラー・ストラナ MAP:P19D3

図Ⓣ12・15・20・22番Hellichovaから徒歩すぐ 住Karmelitská 9 ☎257-533-646 時8時30分～18時(日曜は～19時) 休なし 料無料

④聖ミクラーシュ教会
●Kostel sv. Mikuláše

バロック建築の教会。天井に音楽の守護神・聖シチリアのフレスコ画が描かれている。モーツァルトも演奏に訪れた。

マラー・ストラナ MAP:P19D2

図Ⓣ12・15・20・22・23番Malostranské náměstíから徒歩1分 住Malostranské náměstí ☎257-534-215 時9～17時(7・8月の日～木曜は～18時、冬期は時間短縮) 休なし 料100Kč

⑤ロレッタ
●Loreta

1626年から続く教会。聖マリア絵画や木製の聖母像、ダイヤモンドがはめ込まれた聖体顕示台などが有名。

プラハ城周辺 MAP:P18B2

図Ⓣ22・23番Pohořelecから徒歩7分 住Loretánské náměstí 7 ☎220-516-740 時10～17時 休なし 料210Kč

⑥シュテルンベルク宮殿
●Šternberský Palác

バロック建築の宮殿を利用した国立美術館。ルーベンスやデューラーなど有名画家の作品を展示。

プラハ城周辺 MAP:P18C2

図Ⓣ22・23番Pražský hradまたはBrusniceから徒歩7分 住Hradčanské náměstí 15 ☎233-350-068 時10～17時 休月曜 料180Kč

荘厳な図書館をもつストラホフ修道院

プラハ城正門から徒歩13分、ペトシーンの丘に立つストラホフ修道院は、
中世の図書室がみどころ。地ビールを味わえるホスポダも気になる！

必見
哲学の間

18世紀末建造。高さ32mもの部屋にクルミ材で造られた本棚が並ぶ。天井に描かれたフレスコ画は聖書がテーマ。

バロック様式の重厚な図書室。見学はどちらも入口からのみ

↓2つの間を結ぶ廊下は古書や海洋生物の標本などを展示

↑860～865年に書かれた貴重な本「ストラホフ福音書」

必見
神学の間

2万2000冊の神学書を収蔵。スタッコ細工の天井には修道士で画家のシアルド・ノセツキーが描いたフレスコ画が見える。

↑完成は17世紀。1990年代に修復・復元された

世界で最も美しいと称される図書館

ストラホフ修道院 ●Strahovský Klášter

12世紀半ばにプレモントレ会の僧院として建設。現在は歴史図書館として28万冊の蔵書を抱える。「哲学の間」と「神学の間」の天井画や壁を埋め尽くす蔵書は圧巻。敷地内にはモーツァルトがオルガンを演奏した聖母被昇天聖堂も。

プラハ城周辺 **MAP：P18A3**

図Ⓣ22・23番Pohořelecから徒歩5分 住Strahovské nádvoří 1/132 ☎233-107-704 ⏲9～12時、12時30分～17時 休なし 料150Kč、写真撮影50Kč

←白壁の外観が目を引く

←旧市街の眺望が良いビュースポット

↓禁書をしまう戸棚がある

↑ガードルブック（携帯用の本）を持った聖ヨハネ像

修道院見学後はグルメ三昧！

修道院の敷地内にはホスポダがあるので、地ビールを味わおう。
モダンなレストランでおしゃれランチもおすすめ。

修道院付属の醸造所

クラシュテルニ・ピヴォヴァル・ストラホフ

●Klášterní pivovar Strahov

中世の修道院ではビールやワイン造りが盛んに行われていた。ストラホフ修道院もそのひとつで、ここは600年以上続くビール醸造所。常時3種と季節限定2種の自家製ビールを用意。

プラハ城周辺 **MAP：P18A3**

図Ⓣ22・23番Pohořelecから徒歩2分 住Strahovské nádvoří 301 ☎233-353-155 ⏲10～22時 休なし 英 英

⬆2つの建物に分かれていて、300名収容可能

アンバー・ラガー **72Kč/400mℓ**
14世紀のレシピで造る。苦みと喉越しの良さが特徴

IPA **72Kč/400mℓ**
フルーティで飲みやすい。19世紀のレシピが元

ダーク・ラガー **72Kč/400mℓ**
南ドイツのビール製法。ホップの香りの良さとコクが◎

修道院を創建した聖ノルベルトにちなんだ地ビール「Sv. Norbert」

⬇ビール漬けスペアリブ390Kč、チーズとサラミの盛り合わせ190Kč

➡熟練の技術でビールを注ぐ

⬆窓の外にはペトシーン展望台などが望め、眺望もいい

⬇➡料理は季節によって変わる。前菜280Kč、メイン400Kč程度

隠れ家レストラン

ホスト・レストラン

●hOST Restaurant

「ホスト」とはチェコ語でお客さまのこと。落ち着いたインテリアでまとめられた店内で、美しく盛り付けられたモダンなチェコと西洋料理を楽しみに地元の人が集まる。

プラハ城周辺 **MAP：P18B2**

図Ⓣ22・23番Pohořelecから徒歩5分 住Loretánská 15 ☎606-123-449 ⏲12～22時(日曜は～21時) 休なし 英 英

⬇ロレターンスカー通りから階段路地を下る

Plus! 遊歩道から展望タワーへ

修道院南東は緑豊かなエリア。
遊歩道を歩いてビュースポットへ行ってみよう。

プラハ市内を一望！

ペトシーン展望台タワー

●Petřínská Rozhledna

小高い丘に広がるペトシーン公園にある高さ63.5mの小さな展望塔。299段の螺旋階段かエレベーターで最上階へ。

マラー・ストラナ **MAP：P18B4**

図Ⓣ9・12・15・20・22・23番Újezdからケーブルカーでpetřín下車、徒歩3分 住Petřínské sady 633 ⏲10～22時(3・10月は～20時、11～2月は～18時) 休なし 料220Kč(エレベーター別途150Kč)

➡標高318mの丘の上から見るプラハの街並み

➡パリのエッフェル塔がモデル。ストラホフ修道院から歩いて約11分

歴史と新しさが混在する繁華街

新市街

Nové Město

カレル4世の統治期に建設が始まった新市街は、ヴァーツラフ広場を中心に広がるプラハ最大の繁華街。美術館や劇場、デパートなどが多く、活気あるエリア。

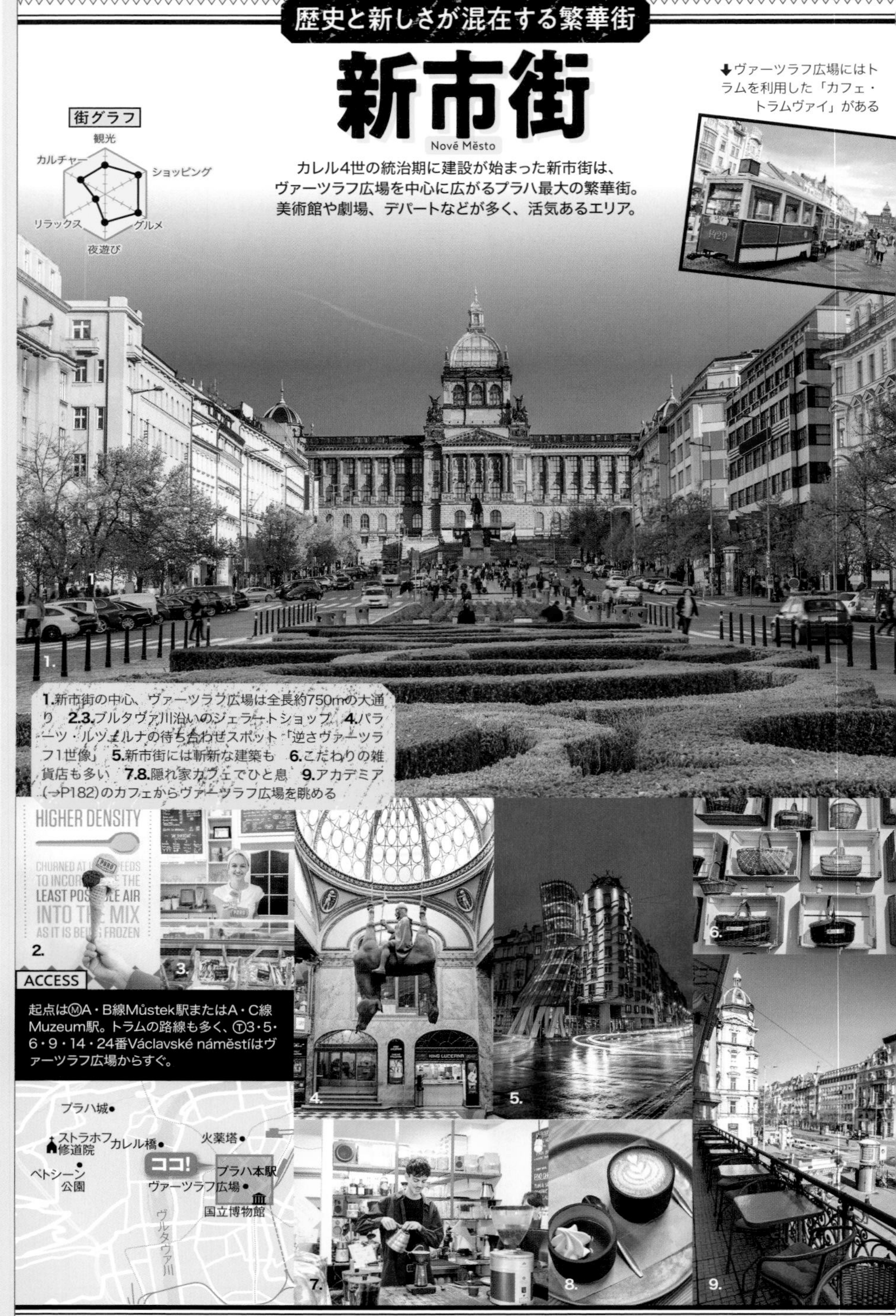

↓ヴァーツラフ広場にはトラムを利用した「カフェ・トラムヴァイ」がある

1.新市街の中心、ヴァーツラフ広場は全長約750mの大通り　2.3.ブルタヴァ川沿いのジェラートショップ　4.パラーツ・ルツェルナの待ち合わせスポット「逆さヴァーツラフ1世像」　5.新市街には斬新な建築も　6.こだわりの雑貨店も多い　7.8.隠れ家カフェでひと息　9.アカデミア(→P182)のカフェからヴァーツラフ広場を眺める

ACCESS

起点はⓂA・B線Můstek駅またはA・C線Muzeum駅。トラムの路線も多く、Ⓣ3・5・6・9・14・24番Václavské náměstíはヴァーツラフ広場からすぐ。

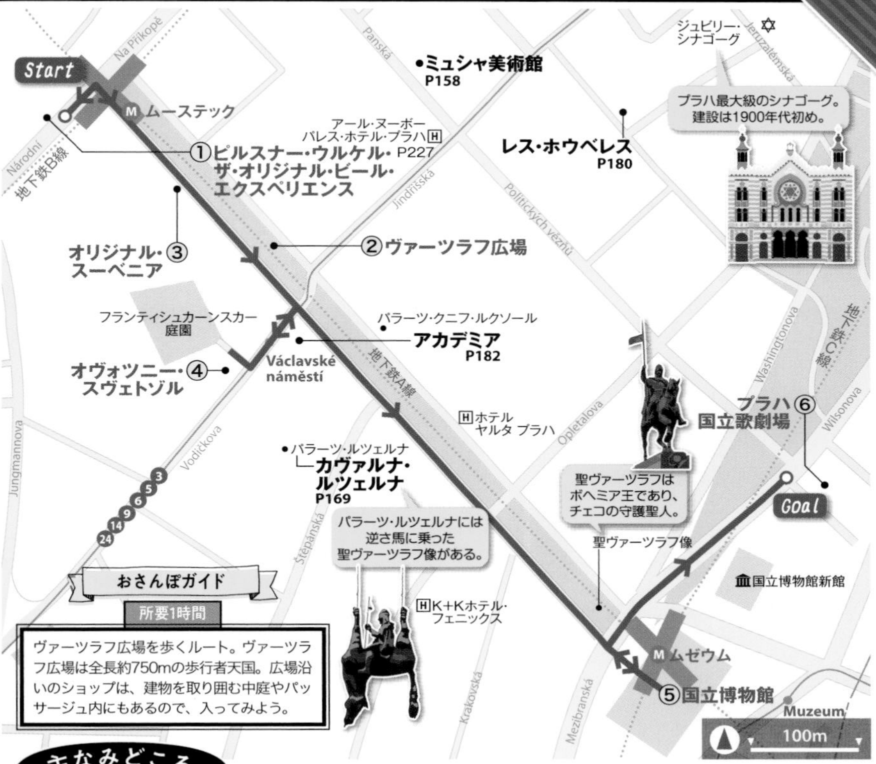

Start
ムーステック
地下鉄B線
Národní
Na Příkopě
Panská
●ミュシャ美術館
P158
ジュビリー・シナゴーグ
Jeruzalémská
プラハ最大級のシナゴーグ。建設は1900年代初め。
アール・ヌーボー パレス・ホテル・プラハ
①ピルスナー・ウルケル・ザ・オリジナル・ビール・エクスペリエンス P227
レス・ホウベレス
P180
Jindřišská
Politických vězňů
オリジナル・③スーベニア
②ヴァーツラフ広場
フランティシュカーンスカー庭園
パラーツ・クニフ・ルクソール
アカデミア
P182
オヴォツニー・④スヴェトゾル
Václavské náměstí
地下鉄A線
地下鉄C線
Washingtonova
Wilsonova
Opletalova
ホテル ヤルタ プラハ
プラハ国立歌劇場⑥
Jungmannova
Vodičkova
3 5 6 9 14 24
●パラーツ・ルツェルナ
カヴァルナ・ルツェルナ
P169
Štěpánská
聖ヴァーツラフはボヘミア王であり、チェコの守護聖人。
パラーツ・ルツェルナには逆さ馬に乗った聖ヴァーツラフ像がある。
聖ヴァーツラフ像
Goal
国立博物館新館
K+Kホテル・フェニックス
Krakovská
Mezibranská
ムゼウム
⑤国立博物館
Muzeum
100m

おさんぽガイド

所要1時間

ヴァーツラフ広場を歩くルート。ヴァーツラフ広場は全長約750mの歩行者天国。広場沿いのショップは、建物を取り囲む中庭やパッサージュ内にもあるので、入ってみよう。

主なみどころ

ミュシャ美術館はP158をCheck！

①ピルスナー・ウルケル・ザ・オリジナル・ビア・エクスペリエンス

●Pilsner Urquell: The Original Beer Experience

チェコを代表するビール、ピルスナー・ウルケルの醸造の見学やできたてビールの試飲などが楽しめる。

新市街 **MAP：P16C3**

図ⓂA・B線Můstek駅から徒歩1分 住28. října 377/13 ☎602-395-259 ⏲10時30分〜19時 休なし 料490Kč

©Pilsner Urquell

②ヴァーツラフ広場

●Václavské Náměstí

国立博物館から地下鉄ムーステック駅まで続く、長さ約750mの大通り。通りの両側にショップやカフェが並び、常に賑わっている。

新市街 **MAP：P17D3**

図ⓂA・B線Můstek駅からすぐ 住Václavské nám.

③オリジナル スーベニア

●Original Souvenir

カラフルなイースターエッグが60種類ほど揃っている。いずれもチェコの伝統的な模様を描いたオリジナルばかり。

新市街 **MAP：P17D3**

図ⓂA・B線Můstek駅から徒歩2分 住Václavské nám. 14 ☎224-215-803 ⏲10〜20時 休なし

④オヴォツニー・ソヴェトゾル

●Ovocný Svevtozor

市内に9店舗を展開するスイーツ店。ジェラートは常に約20種類の味が揃う。1スクープ25Kč〜。

新市街 **MAP：P17D3**

図ⓂA・B線Můstek駅から徒歩5分 住Vodičkova 791/39 ☎774-444-874 ⏲8〜20時（土曜は9時〜、日曜は10時〜）、夏期は延長あり 休なし 英

⑤国立博物館

●Národní Muzeum

チェコ最大の総合博物館で、歴史鉱物や動物標本など、さまざまな展示が魅力。新館と本館に分かれている。

新市街 **MAP：P17E4**

図ⓂA・C線Muzeum駅から徒歩すぐ 住Václavské nám. 68 ☎224-497-111 ⏲10〜18時 休なし 料250Kč 英

⑥プラハ国立歌劇場

●Státní Opera Praha

1888年に新ドイツ劇場として建設。19世紀後半に改修され、現在は世界各国のオペラやバレエを上演する。

新市街 **MAP：P17E5**

図ⓂA・C線Muzeum駅から徒歩5分 住Wilsonova 4 ☎224-901-448 ⏲チケットオフィス:10〜18時 休なし 料公演により異なる

注目のヴルタヴァ川沿いを歩く

ヴルタヴァ川沿いの新市街（1区と2区）は、
おしゃれ雑貨やカフェが集まるエリア。
ファーマーズマーケット（→P176）と合わせて訪れても◎。

ホットチョコレートとカプチーノ各60Kč

↑ブダペストの焙煎工場から取り寄せた良質なコーヒー豆を使用

カフェ

本格コーヒーの隠れ家カフェ

スーパー・トランプ・コーヒー

●Super Tramp Coffee

通りからは見えない古い建物の中庭を利用したカフェ。2015年のオープンから口コミで話題に。シンプルで落ち着いた雰囲気の店内には、手作りの素朴なスイーツが並ぶ。

新市街 **MAP：P16C4**

図Ⓜ B線Národní třída駅から徒歩3分 住Opatovická 160 ☎777-446-022 ⏲8～20時（日曜は10～17時）休土曜 英

↑入口はオパトヴィッカー通りのこの建物とスパーレナー通りから

↑天気がいい日はバルコニーでくつろぎたい

←店内ではコーヒー豆の販売も行う

→店内のディスプレイもおしゃれ

チェコ共和国の形をしたブルーオニオンのトレー1490Kč

テキスタイルデザイナー、アンナ・スウィッチャーのスカーフ3400Kč

雑貨

チェコ人デザイナーのおしゃれ雑貨

デーリヴェ・デザイン・ストア

●deelive design store

大御所から新進気鋭の若手まで、チェコの造形デザイナーの作品を展示販売する。日本でも人気のバッグパックブランド「BRAASI INDUSTRY」の作品がたくさんあるのもうれしい。

旧市街 **MAP：P19F4**

図Ⓣ17番Národní divadloから徒歩3分 住Smetanovo nábřeží 334/4 ☎222-263-526 ⏲10～19時（日曜は～18時）休なし 英

アパレルブランドPBGのミニポケットバッグ4600Kč

フラワーモチーフのピアス5000Kč

↑外観はシンプル

ラズベリー×パイナップル。自然な甘酸っぱさが◎

チョコレート×ケシの実。トッピングのワッフルは20Kč

いらっしゃいませ♪

➡ジェラート・ワールド・ツアーで金賞を獲得した実力店

ジェラート

こだわりの自然派ジェラート

プロ ●Puro

⬇赤い扉が目印

新鮮な牛乳とナチュラル素材で毎朝手作りするジェラート専門店。フレーバーは常時20種類以上あり、1Porce(シングル)60 Kč、2 Porce(ダブル)100 Kč。

新市街 **MAP:P14C4**

図Ⓣ2・3・7・17・21番Výtoňから徒歩すぐ 住Na Hrobci 1 ☎721-438-209 ⏲10～22時（土曜は9時～、日曜は～21時。冬期は時間短縮）休なし 英

カフェ＆ティー

コーヒーから日本茶まで！

ダルマ コーヒー&ティー

●Daruma Coffee&Tea

日本の古美術が好きなテサジョビィさん夫妻がオーナー。日本画や急須が飾られた不思議な空間で、ホームメイドのケーキと世界各国のお茶をいただける。

新市街 **MAP:P14C4**

図ⓂB線Karlovo náměstí駅から徒歩3分 住Dittrichova 5 ☎603-193-505 ⏲10～18時 休土曜 英

⬇店外の壁にもメニューの黒板が

はちみつケーキ62Kčとインド風チャイ99Kč

お茶は40種類ありますよ！

⬆メニューは店内の黒板でチェック

食事メニューはフライドチーズとポテトサラダ189Kčが人気

おすすめはアサイボウル149Kčとキャロットジュース99Kč

カフェ

体に優しいヘルシーカフェ

ハービヴォア

●Herbivore

ベジタリアン&ヴィーガンカフェ。新鮮な野菜やハーブ、豆類で作るヘルシーフードが食べられると健康志向のプラハっ子の定番アドレスに。店内奥では食材も販売している。

新市街 **MAP:P14C4**

図Ⓣ2・3・7・17・21番Výtoňから徒歩1分 住Rašínovo nábř. 34 ☎733-474-031 ⏲11～19時 休月・火曜 英 菜

⬆白を基調とした明るい店内。ソファ席もある

Český Krumlov

プラハから約165km

チェコで最も美しい街並み チェスキー・クルムロフ

チェスキー・クルムロフ城を中心に街並みが広がる様子は、まるで絵本の世界の中に入ったような美しさ。中世の趣がそのまま残る旧市街は、ユネスコの世界遺産に登録されている。

↑ヴルタヴァ川に囲まれた旧市街の街並み

チェスキー・クルムロフの街は、14〜16世紀にこの地を治めていたロージェンベルク家の振興策により、手工業と商業で栄えた。19世紀になると、鉄道路線から外れていた街は近代化の波に乗り遅れ衰退していった。さらに国の共産主義化で拍車がかかり、放置された街は無人状態に。しかし、1989年の自由化を機に歴史建造物の復興が進み、美しい中世の街並みが残る場所として、1992年にユネスコの世界文化遺産に登録された。

↑花が飾られたメルヘンチックな建物
→川沿いにはテラス席のあるカフェが多い

Access

プラハからStudent Agency社の直行バスが便利。プラハのⓂB線Andél駅にあるNa Knížecíバスターミナルから出発し、所要2時間50分〜。1時間に1本運行。チケットは駅構内の販売所またはインターネットで購入でき、片道€8.60〜9.50。チェスキー・クルムロフのバス停は2つあり、終点のČeský Krumov AN、またはその1つ手前のČeský Krumov Špičákで下車。

Check

ⓘ観光案内所
MAP:P200
Náměstí Svornosti 2
☎380-704-622 ⏲9〜18時(土・日曜の12〜13時は休み) ㊡なし

歩き方のPoint

小さな街なので、1日あれば十分に観光を楽しめる。チェスキー・クルムロフ城内はツアー見学のみなので、ツアー時間を考慮して街歩きの計画を立ててみよう。

プラハ城に次ぐ規模の古城

チェスキー・クルムロフ城

●Státníhrada Zámek Český Krumlov ★★

13世紀に豪族ヴィーテク家の屋敷として建てられ、16世紀にロージェンベルク家によってルネッサンス様式に改築。17世紀にはエッゲンベルク家の所有となり、6世紀にわたり増築された。5つの中庭と40もの建物、13世紀の塔、博物館、広大なバロック庭園で構成されている。中庭や庭園は自由に見学できるが、建物内の見学はガイドツアーに参加する。

MAP：P200

MAP：P200

㊋スヴォルノスティ広場から徒歩8分 ☎380-704-721

【城(ガイドツアー)】ルート1：⏲9～16時(6～8月は～17時) ㊡月曜、11～3月 ㊑240Kč ルート2：⏲9～17時(9月は～16時) ㊡月曜、10～5月 ㊑220Kč

※夏期は人気のためオンライン予約がおすすめ

URL www.zamek-ceskykrumlov.cz/en

【博物館・塔】⏲9～16時(11～3月は～15時、6～8月は～17時) ㊡月曜、12月22日～1月2日(4～10月は無休) ㊑180Kč

←城の塔からは街の眺望が素晴らしい

ペストや15世紀のフス戦争で亡くなった4万人もの遺体が埋葬されていた

所要 約1時間

城のハイライトを巡る! 城内見学ツアー

場内を見学できるツアーは2種類。16～17世紀に建設された部分をめぐるルート1、18～19世紀のルート2がある。ここでは場内のハイライトをめぐるルート1をご紹介。

1 教会

14世紀に造られ、のちにバロック様式に改築された城内にある。吹き抜けの高い天井や壁には美しい化粧漆喰が施されている。

➡祭壇画には聖母子が描かれている

2 回廊

ロージェンベルク家が改築した当時の部分がそのまま残されている貴重な一角。敷物のクマはイタリアの名門貴族オルシーニ家との友好のシンボル。

⬆ペトル・ヴォックの肖像画も当時のもの

3 ルネッサンスの間

16世紀のルネッサンス様式の装飾が見事な寝室。旧約聖書や古代の神々が描かれた壁画、木製の家具、当時の衣装などが保存されている。

⬆部屋は2階部分にあたり、当時は女性専用のフロアだった

4 エッゲンベルクの間

ロージェンベルク家のあとに城を所有したオーストリアの貴族エッゲンベルク家が、ローマ教皇に貢物を運ぶために、17世紀初めに造らせた黄金の馬車が展示されている。

⬇部屋にある調度品はすべて当時のもの

⬆馬車の制作を命じたヤン・アントニーの肖像画も飾られている

5 仮面大広間

音楽会などが開かれた18世紀のロココ様式の部屋。ウィーンの画家ヨゼフ・レデラーが手がけたカーニバルの風景が描かれている。

⬆現在も夏場はコンサートが行われる

➡だまし絵の技法を使って描かれている

こちらもCheck

⬅バロック様式の噴水が配された庭園

➡さまざまな貴族の家紋が残る。写真はシュワルツェンベルク家の紋章

城外のみどころ

城の外も中世の歴史を感じるスポットがたくさん。
エゴン・シーレゆかりの地でもあり、美術館も訪れたい場所のひとつ。

この地を愛した画家の足跡を辿る

エゴン・シーレ・アートセンター

●Egon Schiele Artcentrum ★

チェスキー・クルムロフはシーレの母の故郷で、シーレ自身もよく訪れていた。館内にはこの地の風景画や、シーレが自らデザインしアトリエで使っていた家具などが展示されている。

MAP:P200

図スヴォルノスティ広場から徒歩3分 住Široká 71
☎380-704-011 ⏲10〜18時 休なし 料200Kč

チェスキー・クルムロフの風景画は、どの場所から描いたかが地図で示されている

↑シーレの生い立ちが写真と共に紹介されている

↑絵画はレプリカが中心

➡ビール醸造所の建物を利用した美術館

⬅アンティーク調のカフェも併設

18〜19世紀にかけて造られた記念碑

旧市街の中心にある広場

スヴォルノスティ広場

●Náměstí Svornosti ★

16〜18世紀の建物に囲まれ、中央にはペスト終焉を記念して建てられた記念碑が立つ。東側にあるゴシック様式の町役場の隣には観光案内所があり無料マップが手に入る。

MAP:P200

図バス停Český Krumlov ANから徒歩8分 住Nam Svornosti

川沿いにたたずむ街のシンボル

聖ヴィート教会

●Kostel Svatého Vita ★

1400年頃に建設されたローマ・カトリック教会。その後改築を重ね、現在のネオ・ゴシック様式の姿になった。初期のバロック時代の祭壇、キリスト教が飾られたロココ調の説教台、18世紀の小さなパイプオルガンなどがみどころ。

MAP:P200

図スヴォルノスティ広場から徒歩3分 住Horní 156 ☎380-711-336 ⏲9〜17時(日曜は12時〜) 休12月24・25日 料無料

街のいたるところから見える尖塔が目印

ビュースポットはココ!

①地域博物館の展望台

地域博物館の中庭。誰でも入ることができる。川を挟んだ対岸のチェスキー・クルムロフ城が間近に見られる。

MAP:P200

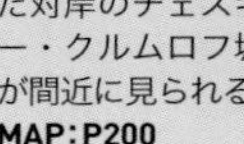

↑城をバックに記念撮影ができる

②チェスキー・クルムロフ城

オレンジ色の屋根の家が集まるチェスキー・クルムロフらしい景色を敷地内のいたるところで楽しめるが、第5の中庭近くにある展望台からの景色は絶景。→P201

↑崖の上にせり出すように作られている ⬅18世紀に造られた屋根付き橋

立ち寄りスポット

レストランやショップはスヴォルノスティ広場の周辺に集まる。
ヴルタヴァ川沿いには城の眺めがいいテラス席付きのカフェも。

Restaurant

ルネサンス風インテリアが雰囲気抜群

クルチマ・シャトラヴァ

●Krčma Šatlava

300年前の民家を利用した雰囲気のいいレストラン。大きなレンガ造りのグリルでボリューム満点の肉料理が焼きあがる様子は圧巻。チェスキー・クルムロフ名物、鱒のグリル255Kčも香ばしい。

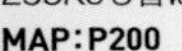

MAP：P200

図スヴォルノスティ広場から徒歩1分 住Horníč.p.157 ☎380-713-344 ⏲11～24時 休なし 英 英

↓グリル料理が自慢のレストラン

↑ビールなら黒ビールのドヴァル49Kč/500mℓがおすすめ

炭火で焼き上げたジューシーな鶏むね肉のグリル220Kč

Restaurant

サーロインを使った牛肉のクリームソース煮275Kč

チェコ料理をモダンな店内で

デポ

●Depo

ラトラーン通りの奥、突き当たりにあるチェコ料理店。春夏の花の季節は小川に面した裏庭のテラス席がおすすめ。ピルスナー・ウルケル52Kč/500mℓなどチェコビールもあり。

MAP：200

図スヴォルノスティ広場から徒歩６分 住Latrán 74 ☎777-200-733 ⏲11～22時 休冬期（不定休） 英 英

↑クリームをたっぷり添えた自家製アップルパイ95Kč

↑店内に130席、テラスは100席程度用意

Shop

デスクワークが楽しくなる文房具

コヒノール・ハートムット・トレード

●Koh-I-Noor Hardtmuth Trade a.s.

1790年に創業したチェコの老舗文具メーカーの直営店。おみやげに人気なのはマーブル柄の色エンピツやペン立て、消しゴム。温もりのあるかわいらしいデザインが揃う。

MAP：P200

図スヴォルノスティ広場から徒歩1分 住Kostelní 169 ☎731-627-867 ⏲9～17時（6～9月は～19時） 休1・2月の日曜 英

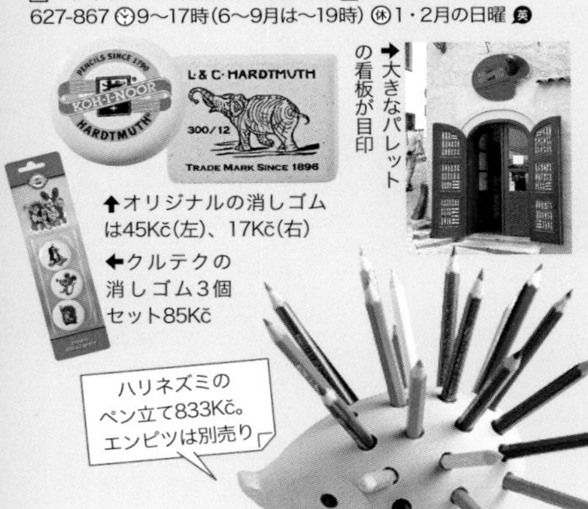

↑オリジナルの消しゴムは45Kč（左）、17Kč（右）

←クルテクの消しゴム３個セット85Kč

→大きなパレットの看板が目印

ハリネズミのペン立て833Kč。エンピツは別売り

Shop

チョウチョとハート型のジンジャークッキー各249Kč

↑→アプリコットとチェリーのジャム各169Kč

↑ジンジャークッキーは店内で手作りしている

チェコのグルメなみやげ店

チェスキー・ペルニーク

●Český Perík

チェスキー・クルムロフ城の門の目の前にあるショップ。チェコ伝統のジンジャークッキーやチェコ産フルーツで作る食後酒のシュナップス、ジャム、ハチミツなどを扱う。

MAP：P200

図スヴォルノスティ広場から徒歩5分 住Latrán 54 ☎777-607-576 ⏲10～18時（4～6月は～22時） 休なし 英

Kutná Hora

プラハから約70km

「王国の宝石」と称された世界遺産の町 クトナー・ホラ

プラハから東へ約65kmの場所にある中央ボヘミア州の小さな町。
中世には銀の採掘で栄え、王立の造幣局がある重要都市だった。
世界遺産に登録されている市街地を中心に歩いてみよう。

プラハ
チェコ
クトナー・ホラ
●チェスキー・クルムロフ

手前にはゴシック建築の聖バルバラ教会、奥に聖ヤコブ教会の塔が見える

13世紀後半にはヨーロッパ全体の3分の1を占める銀の採掘量を誇り、プラハ・グロシュ銀貨を鋳造する造幣局が造られ、プラハに次ぐ発展を遂げた歴史ある町。16世紀以降、銀の枯渇とともに町は衰退したが、今も当時の栄華を感じられる建物が点在し、不思議な魅力があふれる。観光の中心は、鉱夫のために造られた聖バルバラ教会がある旧市街と、人骨で装飾を施した納骨堂があるセドレツ地区。1995年には「聖バルバラ教会とセドレツの聖母マリア大聖堂のある歴史都市」が世界遺産に登録されている。

Access

プラハ本駅から、セドレツ地区のKutná Hora-Hlavní-Nádraží駅まで鉄道で所要50分〜、2時間に1・2便(直通とKolín駅で乗り換える便がある)、2等141Kč〜、1等183Kč〜。
セドレツ地区から聖バルバラ教会のある旧市街までは約2kmだが、Kutná Hora-Hlavní-Nádraží駅からKutná Hora Město駅まで鉄道利用も可能。所要約8分、1時間に1・2便、16Kč〜。

Check

観光案内所

セドレツ地区 MAP：P204
Zámecká 279 8時45分〜17時45分(11〜2月は〜15時45分) 休なし

旧市街 MAP：P204
Kollárova 589 9〜18時(11〜2月は〜17時、12時〜12時45分まで休み) 休なし

N
100m
後期ゴシック建築の民家。現在は博物館。
石の家
Kamenný dům
Česká
Václavské nám.
Kollárova
Libušina
Kutná Hora-Hlavní-Nádraží
クトナー・ホラ本駅、
聖母マリア大聖堂、セドレツ納骨堂へ
聖母マリア聖堂
Kostel Matky Boží Na Náměti
クトナー・ホラ・ムニェスト駅
Kutná Hora Město
Na Náměti
Bartolomějská
パラツキー広場
Palackého nám.
Nádražní
聖ネポムツキー教会
Kostel sv. Jana Nepomuckého
石の泉
Kamenná kašna
Havlíčkovo nám.
Roháčova
聖ヤコブ教会 P205
イタリアン・コート
Vlašský dvůr
かつて歴代王の居城と造幣所だった。
鉱山博物館
České muzeum stříbra
Žižkova brána
Čáslavská
Barborská
Vrchlice
中央ボヘミア地方美術館
Galerie Středočeského kraje, (GASK)
聖バルバラ教会 P205
クトナー・ホラ本駅
Kutná Hora-Hlavní-Nádraží
P205
セドレツ納骨堂
聖母マリア大聖堂 P205
クトナー・ホラ
KUTNÁ HORA
Kutná Hora-Sedlec
Kutná Hora Město
ココ!

歩き方のPoint

まずはクトナー・ホラ本駅から聖母マリア大聖堂、セドレツ納骨堂へ。駅に戻り鉄道で旧市街の最寄り駅、クトナー・ホラ・ムニェスト駅まで行こう。徒歩だと約30分。旧市街は石畳の路地を散策しながら聖ヤコブ教会、聖バルバラ教会へ。

世界遺産スポット

みどころはセドレツ地区と旧市街。どちらも世界遺産に登録されていて、ゴシック様式をはじめ、歴史深い教会や大聖堂が点在している。

人骨で装飾された神秘の空間

セドレツ納骨堂 ●Kostnice Kutná Hora - Sedlec ★★

14世紀に建てられた全聖人教会の地下礼拝堂にある納骨堂。19世紀に所有者となったシュヴァルツェンベルク家が、チェコの木彫師フランティシェク・リントに装飾を依頼し、巨大な人骨のシャンデリアや十字架、紋章などが造られた。

MAP：P204

図クトナー・ホラ本駅から徒歩15分 住Zámecká 279 ☎326-551-049 ⏲9〜18時(11〜2月は〜16時、3・10月は〜17時) 休なし 料160 Kč

↑元は1142年設立のシトー会修道院の墓地。聖地として知られ、多くの人がこの地への埋葬を望んだ

ペストや15世紀のフス戦争で亡くなった4万人もの遺体が埋葬されていた

資金難から1588年に一旦工事は終了。長い歴史を経て1905年に完成した

後期ゴシック様式の壮大な建物

聖バルバラ教会 ●Chrám svaté Barbory ★★

1388年、市民の資金で建設が始まった珍しい教会。建築はプラハの聖ヴィート大聖堂を手がけたペトル・パルレーシュの息子で建築家のヤン・パルレーシュ。聖バルバラとは鉱夫たちの守護聖人で、フレスコ画やモニュメントに鉱夫の姿が残されている。

↓当時の鉱夫の姿が壁画に描かれている

MAP：P204

図クトナー・ホラ・ムニェスト駅から徒歩18分 住Barborská ulice ☎327-515-796 ⏲9〜18時(3・11・12月は〜17時、1・2月は〜16時) 休12月24日 料180Kč 英

「光の教会」と称される

聖母マリア大聖堂 ●Katedrála Nanebevzetí Panny Marie ★

1320年、チェコ最古のシトー会の修道院に併設して建造。現存する当時の教会としては国内最大規模のもの。1709年に現在のバロック・ゴシック様式に改修された。宝物室では世界最古のゴシック様式の聖体顕示台が見られる。

MAP：P204

図クトナー・ホラ本駅から徒歩10分 住U Zastávky 280 ☎326-551-049 ⏲9〜18時(11〜2月は〜16時、3・10月は〜17時、日曜は11時〜) 休なし 料160Kč

↑大きくとられた窓から光が差し込む

高い塔をもつ石造りの教会

聖ヤコブ教会 ●Kostel svaté Jakuba ★

町のどこからでも見られる80mの鐘楼が目印。1330〜1420年にかけて、聖バルバラ教会と同じく市民の資金によって建築された。ゴシック様式の建物だが、内部ではバロック様式の祭壇が見られ、長い歴史を感じることができる。

↑当初は2つの高い塔が造られる予定だった

MAP：P204

図クトナー・ホラ・ムニェスト駅から徒歩10分 住Jakubská 284 ☎327-515-796 ⏲10〜17時(12時30分〜13時は昼休み) 休月〜木曜 料無料

世界がひろがる！
Column

＼チェコカルチャーを楽しもう！／
みんな大好き人形劇

物語の主人公、ドン・ジョヴァンニ

プラハのみやげ店をのぞくと、たくさんのマリオネット（操り人形）を見かける。街なかには人形劇を上演する劇場がいくつもあり、子どもから大人まで気軽に訪れて楽しんでいる。滞在中、一度は観劇してみよう！

モーツァルトによるオペラ『魔笛』も人形劇に

チェコでは古くから人形劇が行われていたが、16〜18世紀のオーストリアやドイツなど隣国による支配を受けていた時代、チェコ語の会話が禁止された。そのなかでも唯一使用が認められたのが人形劇。チェコ人にとって自国の文化を守る重要な伝統芸能として、今でも愛されている。

＼代表的な演目／
『ドン・ジョヴァンニ』

女好きの貴族ドン・ジョヴァンニの物語。美しい娘、ドンナ・アンナの寝室に押し入り、駆けつけた父親の騎士長を殺してしまう。その後も次々と女性を誘惑していくが、ある時、死んだ騎士長の石像が現れ…。

劇場はココ

人形劇と演劇を楽しめる
ミノール劇場 ●Divadlo Minor

2001年開業。作家によるオリジナル作品を中心に、人形劇と演劇を上演。チケットはウェブサイトと劇場内でも購入可能。劇場は2つあり小ホールが80人、大ホールは206人を収容。

↓上演スケジュールはウェブサイトでチェック

新市街 MAP：P16C4

交Ⓣ3·5·6·9·14·24番Vodičkovaから徒歩2分 住Vodičkova 674 ☎221-231-351 時演目により異なる 休不定休 料200Kč〜 URL www.minor.cz

←チケットは公式サイトから、または劇場内でも購入可能

定番キャラクターの専門劇場
シュペイブル&フルヴィーネク劇場
●Divadlo Spejbla a Hurvínka

チェコで大定番の父と息子の人形劇キャラクター『シュペイブルとフルヴィーネク』の専用劇場。上演スケジュールはウェブサイトでチェック。

郊外 MAP：P14B1

交ⓂA線Dejvická駅から徒歩7分 住Dejvická 38 ☎224-316-784 時演目により異なる 休不定休 料190Kč〜 URL www.spejbl-hurvinek.cz

おみやげにマリオネットが欲しい

フラチュキ・ウ・クルテチュカ
●Hračky U Krtečka

クルテクグッズを扱うショップだが、実はマリオネットの種類も豊富に揃う。656Kč〜。→P178

旧市街 MAP：P16C2

↑たくさんの種類の中からお気に入りを見つけよう

ポハートカ
●Pohádka

店名は"おとぎ話"。2フロアからなり、マリオネットや木製おもちゃ、クルテクグッズなどさまざま。→P178

旧市街 MAP：P17D2

↑フルヴィーネクとマニカのマリオネット各850Kč

BUDAPEST

Contents

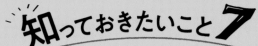

NEW

耳より

知っておきたいこと7

#ブダペスト編

ドナウ川を境にふたつの地区があるブダペスト。
エリアの特徴や市内交通まで、知っておきたいことはいろいろ。

01 耳より

エリアを把握しよう

ドナウ川左岸は、ブダペスト発祥のオーブダと王宮のあるブダ地区。右岸のペスト地区は比較的規模が大きく、中心地となる英雄広場周辺からアンドラーシ通りが斜めに貫き、南側はショップなどが集まり賑やか。

➡ローマ時代の遺跡が残るオーブダ地区

●ブダ地区

王の居城だった王宮が残る「王宮の丘」はブダペスト観光のハイライト。漁夫の砦やマーチャーシュ教会などみどころが多い。

●ゲッレールトの丘周辺

王宮の丘の南に広がる丘陵地。標高235mのゲッレールトの丘は市内きっての絶景スポット。麓には温泉もある。

●ペスト地区

政治や商業の中心地。国会議事堂やブダペスト随一の繁華街、ヴァーツィ通り、英雄広場まで続くアンドラーシ通りなど。

02 

観光にお得なブダペストカード

市内みどころの入場料が無料または割引、市内交通機関フリーパスが付いたツーリストカード。温泉やレストランなども対象になるのでお得。購入は観光案内所、オンラインなど。

ブダペストカード

URL www.budapestinfo.hu
料24時間9990Ft、48時間1万5400Ft、72時間1万9990Ft

オフィシャル・ツーリスト・インフォメーション

 MAP：P23E3

住Városháza park, Károly krt.
☎なし
⏲9〜19時
休なし

03 耳より

公共交通機関は共通チケット

地下鉄、トラム、バスは共通切符で利用可能。駅の窓口または券売機、街なかのキオスクなどで販売。

●地下鉄 Metro

4つの路線があり、市内観光ではアンドラーシ通りを走る1線、王宮の丘の最寄り駅がある2線が便利。1〜3線は市内中心部のデアーク・フェレンツ・テール駅で交差する。

●トラム Villamos

市内全域を網羅する。観光に便利なのはドナウ川沿いを走る2・2A番、ゲッレールトの丘を通る18番など。

●タクシー Taxi

黄色いサインとナンバープレートが正規タクシー。初乗りは1100Ft、その後1kmごと440Ft、待ち時間1分ごとに110Ft。

●バス Autobus

地下鉄2線のセール・カールマン広場駅から出る16・16A・116番は王宮の丘を走る便利なバス。

切符の種類

シングルチケット（乗り換え不可の1回券）	350Ft（バス車内購入は450Ft）
トランスファーチケット（1回乗り換え可能）	530Ft
フリーパス	24時間2500Ft、72時間5500Ft

04 NEW

市民公園内の新スポット

英雄広場の裏手に広がる市民公園に複合施設や博物館などが誕生している。

バルーンフライ
●BalloonFly

上空150mまで浮かび上がる気球。飛行時間約15分、ドナウ川対岸まで続く景色が一望できる。

ペスト地区 MAP:P22B2

交Ⓜ1線Széchenyi fürdő駅から徒歩5分
住Mimóza domb, Városliget
☎06-1-533-3444 ⏲10〜18時 休なし（天候により中止あり） 料8500Ft

©LIGET BUDAPEST_Palkó György

国立民族博物館
●Néprajzi Múzeum

国内外の民俗文化に関する膨大なコレクションを有する、1872年設立の博物館が市民公園に移転オープン。

 MAP:P22B3

交Ⓜ1線Hősök tere駅から徒歩5分
住Dózsa György út 35
☎06-1-474-2100 ⏲10〜18時
休月曜 料1700Ft

ハンガリー音楽の家
●Magyar Zene Háza

日本人建築家、藤本壮介氏による設計。コンサートホール、野外ステージ、展示室やライブラリーも併設。

ペスト地区 MAP:P22B2

交Ⓜ1線Hősök tere駅から徒歩10分
住Olof Palme sétány 3 ☎06-70-799-9449 ⏲10〜18時（金曜の展示は〜20時） 休月曜 料常設展示3400Ft

05 耳より

観光の拠点

ペスト地区の3つの地下鉄が交差するデアーク・フェレンツ・テール駅。すぐ近くには観光客で賑わうヴァーツィ通りもある。

06 

国会議事堂の見学

見学はガイドツアーのみで予約制。当日券も販売しているが定員数に達してしまうことも多いので、公式サイトで事前にオンライン予約をしておいた方が安心。当日はパスポートなど身分証明書が必要になる。

07 

持ち帰れないハンガリー名産品

ハンガリーの食べる国宝"マンガリッツァ豚"の加工品（生ハムやサラミなど）、フォアグラは、残念ながら日本に持ち帰ることはできないので要注意。現地のレストランで思う存分味わっておこう。

ブダペスト……テーマ別

モデルコース

みどころはドナウ川を挟んだブダとペスト地区に点在している。地下鉄やトラムを利用して効率よく回ろう。

↑完成まで約50年かかった聖イシュトヴァーン大聖堂

テーマ1 ブダペストのテッパンを制覇する2日間

王宮の丘から温泉まで必見スポットを完全網羅。夜はクルーズ船に乗ってブダペストの夜景鑑賞を楽しもう。

Day1

Start

10:30 ペスト地区からくさり橋を渡る

2023年5月現在改修工事中（2023年秋完成予定）。工事期間中は地下鉄やバスを利用。→P213

▼ 徒歩+ケーブルカーで10分

11:00 王宮の丘を散策

マーチャーシュ教会や漁夫の砦などみどころが集結。→P212

▼ 徒歩+バスで20分

14:00 エルシェー・ペシュティ・レーテシュハーズで遅めの昼食

伝統料理のレーテシュ専門店。食事系からスイーツ系まで揃う。→P219

▼ 徒歩10分

15:30 ヴァーツィ通りをそぞろ歩き

ショップやカフェ、レストランが立ち並ぶ繁華街。歩行者天国で歩きやすい。→MAP:P23E3・4

▼ 徒歩15分

16:00 お買い物は中央市場

レンガ造りの室内常設市場。1階は食料品、民芸品は2階に。→P221

▼ トラム+徒歩で10分

18:00 クルーズ船から夜景を楽しむ

ヴィガドー広場前の船着場から発着。ディナークルーズを堪能。→P215

↓クルーズ船ではライトアップされた国会議事堂の前を通る

Day2

10:00 国会議事堂の見学ツアーに参加

事前に予約しよう。戴冠式に使われた王冠などを展示。→P213

▼ トラムで8分

11:30 ドナウ川沿いをおさんぽ

くさり橋のたもとは王宮と橋を望むフォトスポット。→MAP:P23D3

▼ 徒歩10分

12:00 聖イシュトヴァーン大聖堂へ

初代国王を祭る大聖堂。ドームの展望台に上って街を見下ろそう。→P213

▼ 徒歩8分

11:30 ジェルボーで休憩

皇妃エリザベートも訪れた歴史あるカフェで休憩。スイーツのほか軽食も。→P222

▼ 地下鉄+徒歩で13分

14:00 英雄広場と市民公園へ

英雄が並ぶ建国1000年記念碑。市民公園にも行ってみよう。→P213

▼ 徒歩10分

16:00 セーチェニ温泉でリフレッシュへ

異なる浴槽が室内と屋外に15種類もある人気温泉施設。水着持参で。→P216

Goal

↓くさり橋と王宮のベストショット。ライトアップされた夜も眺めてみたい

➡壊滅、再建を繰り返したブダ王宮。美術館や博物館、

テーマ2 王宮の丘を半日でめぐる

「王宮の丘」を効率よくまわるコース。ケーブルカー乗り場のクラーク・アーダム広場からスタート！

10:00 歴代国王の居城・ブダ王宮
Start
現在はハンガリー美術を展示する国立美術館や博物館に。 (➡P212)

▼徒歩15分

11:00 ユディット・フォルクロールでお買い物
ハンガリーの伝統工芸品、カロチャ刺繍がかわいい！ (➡P221)

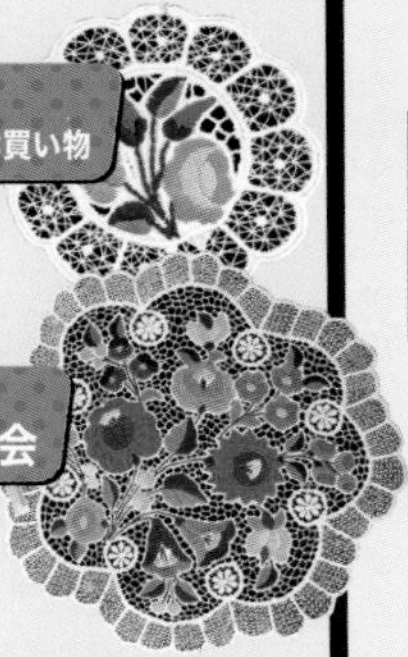

▼徒歩3分

11:30 モザイク屋根のマーチャーシュ教会
ゴシック様式の教会。ステンドグラスもきれい。 (➡P212)

▼徒歩すぐ

12:00 聖イシュトヴァーンの騎馬像へ
教会前の広場に立つイシュトヴァーンの銅像。漁夫の砦を背景に撮影。 (➡MAP:P22C2)

▼徒歩すぐ

12:15 眺望抜群！漁夫の砦
ネオ・ロマネスク様式の白い尖塔と回廊を歩く。絶好のビュースポット！ (➡P212)
Goal

⬆漁夫の砦から眺めるドナウ川と国会議事堂
⬆マーチャーシュ教会の屋根のタイルはジョルナイ製

➡地上約150mまで上昇して下降する市民公園内のバルーンフライ

テーマ3 温泉で癒やされる、至福の1日

世界有数の温泉都市・ブダペストでリラクゼーション体験。水着やタオル、ビーチサンダルを持参して温泉めぐりへ出かけよう。

9:30 緑溢れる市民公園へ
Start
広大な園内にはバルーンフライやハンガリー音楽の家などが点在。 (➡P209)

▼徒歩すぐ

11:00 セーチェニ温泉でまったり
屋外には流れる温泉プールも！湯温が低いので長時間温泉に浸かれる。 (➡P216)

▼地下鉄＋徒歩で11分

14:00 メンザでハンガリー料理
レトロな雰囲気のカフェレストラン。グヤーシュなどハンガリー料理を。 (➡P219)

▼徒歩すぐ

15:00 アンドラーシ通りを散策
高級ホテルやショップが立ち並ぶ大通り。ハンガリー国立歌劇場もある。 (➡MAP:P23F2〜E3)

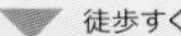

▼徒歩＋地下鉄で17分

17:00 美しいゲッレールト温泉へ
アール・ヌーヴォー様式のプール、タイルや彫刻を施した浴槽も。 (➡P217)
Goal

⬆1884年開館のハンガリー国立歌劇場

⬇オリエンタルな雰囲気漂うゲッレールト温泉の室内浴場

Must See Spots

ドナウの真珠と称される世界遺産の街

ブダペストの観光名所をめぐる

Read me!

ドナウ川の西側は王宮を中心に発展したブダ地区、東側は商業施設が立つペスト地区に分かれている。みどころはドナウに架かるくさり橋を中心とした半径約2kmに集中。

王宮の丘 必見スポット Best 3

ブダペスト観光のハイライト

王宮の丘 ●Várhegy ★★★

ハンガリー歴代国王の居城であったブダ王宮が立つ、南北約1.5km、ドナウ川を見下ろす小高い丘陵地帯に広がる。王宮のほか、ハプスブルク家ゆかりの教会や、眺望スポットなどみどころが多い。

ブダ地区 MAP：P23C・D2～3

図王宮ケーブルカー（片道1200Ft）、または Ⓜ2線Széll Kálmán tér駅前からバス16・16A・116番、Ⓜ1・2・3号線Deák Ferenc tér 駅前からバス16・16B番を利用

①モザイク屋根のカトリック教会

マーチャーシュ教会 ●Mátyás templom

13世紀、王宮の建設と同時に建てられた。ジョルナイ製のモザイク屋根や内部の壮麗なフレスコ画、ステンドグラスが美しい。

MAP：P22C2

図王宮ケーブルカー終点から徒歩10分 住Szentháromsag tér 2 ☎06-1-489-0716 ⏲9～17時（土曜は～12時、日曜は13時～）休なし 料2500Ft

←フランツ・ヨーゼフ1世がハンガリー国王として戴冠式を行った

②城壁を利用した展望スポット

漁夫の砦 ●Halászbástya

1899年から6年の歳月をかけて築かれた、ネオ・ロマネスク様式の砦群。市内有数の展望地でもある。

MAP：P22C2

図王宮ケーブルカー終点から徒歩12分 住Szentháromság tér ⏲休見学自由 料1200Ft（12月下旬～3月中旬の9～19時、6～9月の9～21時。その他の期間は無料）

↑城壁を守ったのが漁師だったことが名称の由来

③丘に立つ歴代国王の居城

ブダ王宮 ●Budavári Palota

1242年、ベーラ4世が砦を建造したのが始まり。約700年の間、崩壊・再建を繰り返し、現在の建物は1950年代に修復された。

MAP：P23D3

図王宮ケーブルカー終点から徒歩3分 住Szent Györgytér 2 ⏲休料施設により異なる

↑博物館や美術館として公開されている

壮麗な国の重要機関

国会議事堂 ●Országház ★★

17年の歳月をかけて1902年に完成。クラシック、ゴシック、ルネッサンス、バロックなど多彩な様式を組み込んだ独特の建物が特徴。なかでもロッツ・カーロイの天井画が美しい中央階段は必見だ。

ペスト地区 MAP:P23D2

図Ⓜ2線Kossuth Lajos tér駅から徒歩3分 住Kossuth Lajos tér 1-3 ☎06-1-441-4904 ⏲ガイドツアー(英語):8〜16時(4月の土・日曜、5〜10月は〜18時)※時間・催行回数は日によって異なる 休なし(儀式開催時を除く) 料1万Ft

↑長さ268m、高さ96m、27の門と29の階段をもつ

➡館内はガイドツアーでのみ入場・見学可能

⬅歴代王の戴冠式に使われた王冠、錫杖、剣を展示する

ブダペストの象徴ともいえる橋

くさり橋

●Széchenyi Lánchíd★★★

ブダ地区とペスト地区を結ぶブダペスト最古の橋。当時、権勢を振るっていた貴族セーチェニ伯の発案によって架設が始まり、1849年に完成。第二次世界大戦で破壊されたが1949年に復元、現在に至る。

ブダ・ペスト地区 MAP:P23D3

図Ⓜ1・2・3号線Deák Ferenc tér 駅から徒歩10分

➡2023年5月現在、改修工事のため通行禁止(一部開通)。完成は2023年秋の予定

⬇高さ35mの建国記念碑

ハンガリー建国の記念広場

英雄広場 ●Hősök Tere ★

マジャル人のハンガリー建国1000年を記念して1896年から造られ、1929年に完成。中央の建国記念碑は大天使ガブリエルを頂に、左右には歴代王や英雄の像14体が立つ。

ペスト地区 MAP:P22B3

図Ⓜ1線Hősök tere駅から徒歩1分 住Hősök Tere

↑向かって左端は初代国王の聖イシュトヴァーン像

ブダペスト最大規模の大聖堂

聖イシュトヴァーン大聖堂

●Szt. István Bazilika★

キリスト教を国教に定めた、初代国王イシュトヴァーンを祭る大聖堂。1851年から50年の歳月をかけて建設。聖堂内にはイシュトヴァーンの右手のミイラを展示。展望台からの眺めもいい。

ペスト地区 MAP:P23E3

図Ⓜ1線Bajcsy-Zsilinszky út駅から徒歩3分 住Szent István tér 1 ☎06-1-311-0839 ⏲大聖堂:9時〜17時45分(月曜は〜16時30分、日曜は13時〜17時45分)、宝物館・展望台:9時〜18時30分(時期により異なる) 休なし(展望台は11〜3月) 料大聖堂2000Ft、宝物館・展望台3200Ft

↑祭壇にイシュトヴァーンの大理石像を祭る ⬇英語読みでは「聖シュテファン大聖堂」

ヨーロッパ諸国の絵画が多数

西洋美術館 ●Szépművészeti Múzeum ★

ハンガリーの貴族、エスターハージ一家のコレクションが元。ドラクロアからモネ、ゴーギャンなどロマン主義からポスト印象派までの作品展示や、オランダのブリューゲルなど国別の展示も。

ペスト地区 MAP:P22B2〜3

図Ⓜ1線Hősök tere駅から徒歩3分 住Dózsa György út 41 ☎06-1-469-7100 ⏲10〜18時 休月曜 料4200Ft(企画展により異なる)

➡英雄広場に立つ、古代ギリシア神殿を模した建物

↑フランシスコ・ゴヤ『水を運ぶ女性』(1810年)

⬇ルーカス・クラナッハ『サロメと洗礼者ヨハネの首』(1510〜12年)

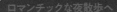

Night View

ロマンチックな夜散歩へ

きらめく夜景に酔いしれたい

Read me!

ドナウ川の両岸に点在する歴史的建造物は、夜にはライトアップされ輝きを放つ。ブダペストを象徴するくさり橋は、ペスト地区の川沿いや王宮の丘から眺めるといい。

くさり橋の先に見えるのはフォーシーズンズ・ホテルと聖イシュトヴァーン大聖堂

鑑賞のPoint

ブダ地区なら王宮の丘、ケーブルカー乗り場周辺から眺めるくさり橋は、重厚な建物が連なり素敵。

くさり橋の名を表す夜の光

くさり橋 Széchenyi Lánchíd ★★★

➡ペスト地区の川沿いからの眺めも美しい

ブダ地区とペスト地区を結ぶ橋のなかでもブダペストを代表する橋。ライトアップの光はまるで鎖のよう。→P213

鑑賞のPoint

ドナウ川に向かって立つ、ブダ王宮とオイゲン・ザヴォイ公の騎馬隊。威厳に満ちた佇まい。

⬆とんがり屋根が連なる漁夫の砦はドナウ川とペスト地区の夜景も必見　⬅王宮は中庭も歩いてみよう。マーチャーシュの噴水なども鑑賞したい

鑑賞スポットがたくさん

王宮の丘

Várhegy

歴代国王の居城をはじめ、漁夫の砦やマーチャーシュ教会など、観光スポットがライトアップ。お気に入りの夜景を探してみよう。→P212

ドナウ川沿いに威風堂々と立つ。クルーズ船からも見える

鑑賞のPoint
ブダ地区のⓂ2線Batthyány tér駅前は、国会議事堂が正面に見えるビュースポット。

英雄たちが並ぶ記念碑

国会議事堂 Országház

尖塔が連なる壮麗な国会議事堂。ブダ地区からと、正面入口のコシュート・ラヨシュ広場から見る姿はどちらも美しい。→P213

英雄たちが並ぶ記念碑

英雄広場 ●Hősök Tere ★★

中央に大天使ガブリエル、台座にマジャル7部族の長、左右に並ぶのは歴代王や独立戦争に貢献した貴族など14人の英雄像。→P213

鑑賞のPoint
昼間とは異なる幻想的な姿。広場の脇に立つ西洋美術館(→P213)のライトアップも忘れずに。

アンドラーシ通りの北端に立つ

クリスマス時期は屋台が並び、より輝きを増す

巨大ドームの大聖堂

聖イシュトヴァーン大聖堂 ●Szt. István Bazilika ★

鑑賞のPoint
広場へと続く、ズリーニ通りから眺める大聖堂。建物の間から見える姿も幻想的。

初代ハンガリー国王のイシュトヴァーンを冠した大聖堂。正面は広場になっていて、じっくり夜景鑑賞ができる。迫力も満点。→P213

標高235mのパノラマスポット

ゲッレールトの丘 ●Gellért-Hegy ★

王宮の丘の南東一帯に広がる。丘の頂上は要塞(ツィタデラ)としゅろの葉を掲げた女性像が立つ展望地。市内きっての眺望を誇るビュースポットだ。

ゲッレールトの丘周辺 **MAP:P23D4**

㊛Ⓜ4線Móricz Zsigmondkörtér からバス27 番でBúsulóJuhász(Citadella) 下車。山頂までは徒歩12分 ⏲ ㊡見学自由

山頂までの道は暗いので、スリやひったくりに注意が必要

鑑賞のPoint
ブダペストの全景が見える展望地。「ドナウの真珠」とはこのことと思える美景に出合える。

+Plus! **クルーズ船から夜景を楽しむ**

ドナウ川を船で行く観光クルーズに参加すれば、ひと味違った夜景を堪能できる。

暮れゆく街並みにうっとり

レゲンダ

●Legenda ★★★

ヴィガドー広場前の船着場から出航するクルーズ船。昼と夜どちらも運航しており、夜のクルーズ「ドナウ・レゲンダ」はマルギット橋からペトフィー橋まで約1時間のクルーズ。ディナークルーズは3コース€65、4コース€85。

ブダ地区 **MAP:P23E3**

㊓Ⓜ1線Vörösmarty tér駅から徒歩6分 ☎06-1-266-4190 ⏲コースにより異なる ㊡なし ㊕昼€13.50、夜€19 URL legenda.hu

↑クルーズ船ならではの眺望を満喫しよう ←予約は公式サイトから

温泉都市・ブダペストで湯浴み三昧！

魅惑の温泉で極楽気分♪

➡憩いの場として親しまれている

Read me!

世界有数の温泉大国ハンガリー。2000年ほど前にローマ人により発見され、首都ブダペストには100を越す源泉がある。市内の温泉施設から、代表的なスポットを紹介！

How to 温泉施設

＊持って行くものは？
水着、タオル、ビーチサンダルは必須。プールで泳ぐならスイミングキャップも必要。レンタルが可能な場合も(別料金)。

＊ロッカーとキャビンって？
どちらも脱衣所だが、ロッカーは日本の日帰り温泉施設と同様、キャビンは着替えができるロッカー付きの個室のこと。入浴料を支払うときに選ぶ。ちなみにロッカーはICチップ入りのリストバンドで管理している。

＊入浴時の注意点は？
ほとんどの施設は混浴なので、温泉、プールどちらも水着着用が原則。温泉に入る前には必ずシャワーを浴びよう。

➡夜の温泉プールも多くの人で賑わう。音楽イベントが開催されることも

ヨーロッパ最大規模の温泉施設

セーチェニ温泉

●Széchenyi Gyógyfürdő ★★★

1913年にオープンした市民公園内の温泉施設。屋外には28～38℃の3つのプール、屋内には20～36℃の12の浴槽がある。温泉というよりも、地元の人たちの社交場＆ツーリストのアミューズメント的な楽しい雰囲気が漂う。

ペスト地区 **MAP：P22B2**

図Ⓜ1線Széchenyi fürdő駅から徒歩2分 Állatkerti krt. 9-11 ☎06-1-363-3210 ⏲7～19時(土・日曜は9～20時。サウナやスチームなどは9～18時、土・日曜は10時～) ㊡なし ㊋ロッカー9400Ft(土・日曜は1万900Ft)、キャビン利用は+1000Ft

⬅一般利用者の入口は、市民公園内にあるサーカス場の向かい側

⬆屋外の温泉プールにあるチェス盤。湯に浸かりながらチェスを指すのがセーチェニの名物

➡神殿のような円柱が優美な室内プール。2階建ての吹き抜けになっている

アール・ヌーヴォー様式の美しいプール

ゲッレールト温泉

●Gellért Gyógyfürdő ★★

1918年に建てられたダヌビウス・ホテル・ゲッレールト（現在休館）併設の温泉施設。屋内外のプールや温泉浴室など合計13の浴槽のほか、スチームバスやフットマッサージなどが整う。

ゲッレールトの丘周辺 MAP：P23E4

図Ⓜ4線Szent Gellért tér駅から徒歩1分 住Kelenhegyi út 4 ☎06-1-466-6166 時9～19時（マッサージは異なる） 休なし 料ロッカー9400Ft（土・日曜は1万900Ft）、キャビン利用は＋1000Ft ※改装工事のため2023年12月で休業予定

➡屋内の浴場はジョルナイ工房によるタイルが使われている

⬆野外のメインプールは、夏期になると波の出るプールに

⬇八角形のトルコ式浴場。周りに湯温の異なる4つの小さな浴槽が備わる

エキゾチックなトルコ式温泉

ルダシュ温泉

●Rudas Gyógyfürdő ★

1550年にオスマン・トルコによって建てられた歴史ある温泉。サウナを備えた屋内プールやジャクジー、屋上露天風呂のウェルネスエリアとトルコ式浴場がある。トルコ式浴場は曜日によって男性専用・女性専用・混浴に。

ゲッレールトの丘周辺 MAP：P23D4

図Ⓣ19・41・56・56A番Rudas Gyógyfürdőから徒歩1分 住Döbrentei tér 9 ☎06-20-321-4568 時トルコ式浴場：［男性専用］月・水曜6～20時、木曜6時～12時45分、金曜6時～10時45分［女性専用］火曜6～20時［混浴（水着着用）木曜13～20時、金曜11～20時、土・日曜6～20時　ウェルネスエリア：6～20時（夜風呂は金・土曜22時～翌3時） 休なし 料トルコ式浴場＋ウェルネスエリア8600Ft（土・日曜は1万2200Ft）ウェルネスエリア5900Ft、夜風呂は1万2600Ft

⬆モダンなウェルネスエリアの室内浴槽

⬅ウェルネスエリアの屋上露天風呂

地元の人で連日賑わう

ルカーチ温泉

●Lukács Gyógyfürdő

古代ローマ時代から続く古い温泉で、治療目的で訪れる地元人が多い。混浴の室内浴場のほか、3つある屋外プールが人気。飲泉所もあり。

ブダ地区 MAP：P23D1

図Ⓣ17・19・41番Szent Lukács Gyógyfürdőから徒歩1分 住Frankel Leó u. 25-29 ☎06-1-326-1695 時7～19時 休なし 料ロッカー4400Ft（土・日曜は4800Ft）、キャビン利用は＋1000Ft

➡広々とした屋外の温泉プール。スパやマッサージも行う

＋Plus! エステ&マッサージの利用

ハンガリーの温泉では、さまざまなマッサージやエステが受けられる。入浴料金とは別料金になるが、温泉でリラックスしたところで施術を受ければ、日頃の疲れもスッキリ！施術を受ける場合は、窓口でメニューを選んで料金を支払い、マッサージ室に行ってスタッフの指示に従う。

⬆マッサージから全身エステにフェイシャル、フィットネス、アクアビクスまで、温泉とは思えないほどメニューは豊富

パプリカを使った郷土の味を堪能しよう!

ハンガリーの名物料理

Read me!

美食の街としても知られるブダペストには、伝統の味やアレンジを加えたものまで多彩なハンガリー料理店が揃う。内陸に位置するため牛・豚肉、淡水魚を使った料理が中心。

ハンガリー料理を知ろう!

特徴は？

一般的な香辛料はパプリカ。色は赤や黄、味は甘いものから辛いものまで、さまざまな種類のパプリカをペースト状や乾燥させて粉末にして使用する。この風味の効いた料理に合うのがハンガリーワイン。赤のエグリ・ビガヴェールEgri BikavérやヴィラニーVillány、白のバダチョニBadacsonyなどが定番。

⬆南米原産のパプリカはハンガリーで品質改良された

⬆ホルトバージ・パラチンタ（ひき肉のクレープ包み）のソースなどにも用いる

名産品は何がある？

農業大国ハンガリーは、ヨーロッパ諸国のなかでも質の高いフォアグラ（リバマーイLibamáj）を生産。そのほか、国宝豚「マンガリッツァ豚」のサラミや生ハム、ソーセージも有名。

⬅フォアグラのパテは口の中でふわふわとろける絶妙な食感

⬆自家製グヤーシュ2975Ftはスープを目の前でかけるスタイル

おすすめMenu

パプリカチキン ●Paprikás csirke

6300Ft

チキンをパプリカとサワークリームで煮込んだ伝統料理。ハンガリー版パスタのガルシュカを添えている

定番

ハンガリーを代表する名店

グンデル

●Gundel

1894年創業の由緒あるレストランで、故エリザベス女王など世界中の著名人が訪れる名店。伝統的なハンガリー料理にフレンチを取り入れた独創的な料理を提供していて、ハンガリー産の最高級ワインも多数用意する。

ペスト地区 MAP:P22B2

図Ⓜ1線Hősök tere駅から徒歩10分 住Gundel Károly út 4 ☎06-30-603-2480 ⏲11～22時 休なし 英 英 予

おすすめMenu

グンデル・パラチンタ ●Gundel palacsinta

2800Ft

ハンガリー版クルミ入りチョコレートクレープ。ハンガリーを代表するスイーツはこのレストランが発祥

⬆ショムロイガルーシュカ2800Ftはラム酒が効いたスポンジ生地とチョコレートソースのスイーツ

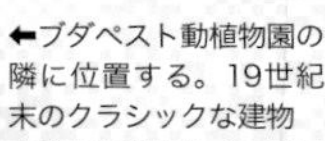

⬅ブダペスト動植物園の隣に位置する。19世紀末のクラシックな建物
➡店内は重厚なインテリアに囲まれ優雅な雰囲気

レトロおしゃれなカフェレストラン

メンザ ●Menza

レトロな学生食堂(メンザ)の雰囲気がおしゃれ。ハンガリー料理が中心のメニューは、ボリューム満点。種類も豊富に揃っていて値段も比較的リーズナブルなので、地元の人にも観光客にも人気。

オススメ!

ペスト地区 MAP:P23F2

図Ⓜ 1線Oktogon駅から徒歩3分 住List Ferenc tér 2 ☎06-30-145-4242 ⏲11～23時 休なし 英 予

↑1970年代をイメージしたインテリア。座席数が多く広々

←赤ワインでじっくり煮込んだビーフシチュー4390Ft

➡牛肉のうま味が詰まったビーフコンソメスープ2190Ft

おすすめMenu
グヤーシュ ●Gulyásleves
2190Ft
パプリカパウダーで煮込んだ牛肉のスープは、ハンガリーの代表料理としておなじみ

おすすめMenu
鯉のハラースレー
●Ponty halászlé
4200Ft
深いコクとうま味たっぷりのスープ。マッチのような形の細長いパスタが入っている

↑ドナウ川やバラトン湖の新鮮な魚を使った料理は地元でも評判

ハラースレーの有名店

ホルガースタニャ

●Horgásztanya

ブダの丘の麓に位置する、魚料理中心の一軒。鯉やナマズなどの淡水魚をブツ切りにしてパプリカで煮込む伝統料理、ハラースレーが有名。皿盛り、ポクラーチ(鍋)入りなど量も選択できる。

ブダ地区 MAP:P23D2

図Ⓜ2線Batthyány tér駅から徒歩2分 住Főutca 27 ☎06-1-212-3780 ⏲12～24時 休なし 予

↑店内は雰囲気のある内装

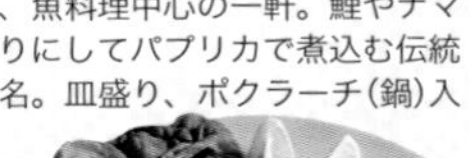

↑ナマズのフライ6400Ft。ナマズは鯉よりあっさり風味で軽い食感。タルタルソースとポテトもマッチ

種類豊富な絶品レーテシュ

エルシェー・ペシュティ・レーテシュハーズ

●Első Pesti Rétesház

小麦粉や卵などで作った生地を薄くのばし、具を幾層にも巻いてオーブンで焼く伝統料理のレーテシュ専門店。食事系、デザート系ともに豊富で常時約20種類揃う。カフェ利用もOK。

ペスト地区 MAP:P23E3

図Ⓜ3線Arany János utca駅から徒歩4分 住Október 6. utca 22 ☎06-1-428-0135 ⏲9～23時 休12月24・25日

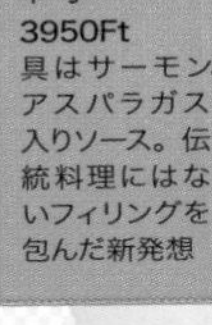

おすすめMenu
サーモンのレーテシュ
●Lazac réteskontösben spárgamártással
3950Ft
具はサーモン、アスパラガス入りソース。伝統料理にはないフィリングを包んだ新発想

⬇レーテシュ750Ft～はテイクアウトもできる

⬇ハンガリー初のレーテシュ専門レストラン

陶磁器から民芸品まで勢揃い

ブダペストみやげをセレクト!

Read me!

西洋と東洋の文化が交錯するハンガリーは、王室御用達の名窯に貴腐ワインからフォークロア雑貨までおみやげも多彩！まとめ買いならブダペスト最大級の中央市場へ。

2大陶磁器

王室御用達のヘレンドとアール・ヌーヴォーの発展に貢献したジョルナイは要チェック。

B 4万2680Ft～

シシィ・シリーズ コーヒーカップ&ソーサー

小花をあしらったエレガントなデザイン。シシィのイメージにぴったり

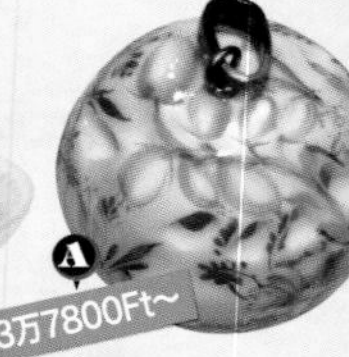

A 3万7800Ft～

ペンダントトップ

ウィーンの薔薇などデザインはさまざま

A 55万1600Ft

ウィーンの薔薇 カップ&ソーサーセット

ウィーン窯から引き継いだ、ハプスブルク家ゆかりのデザイン

B 6700Ft～

リップル・ローナイのカップ&ソーサー

ハンガリーの芸術家によるデザインをモチーフにした新しいシリーズ

A 6万4000Ft

ロスチャイルドシリーズのコーヒーカップ&ソーサー

名門ロスチャイルド家に収めた、ヘレンドを代表するデザイン

フード

ハンガリー料理に欠かせないパプリカは、特におすすめ！

F 800Ft～

粉末パプリカ

真ん中は辛口、左右は甘口。パッケージもかわいい

G 2309Ft～

マジパン入りチョコレート

砂糖とすり潰したアーモンドで作るマジパンも有名

F 400Ft～

チューブタイプのパプリカペースト

csemege（写真）が甘口、csípősは辛口。好みでチョイス

G 2899Ft

ナッツのハチミツ漬け

ハンガリーはハチミツもおいしい。くるみやアーモンド入り

Shop List

A 王室御用達の伝統磁器

ヘレンド

●Herendi Porcelán Palota

1826年創業。1842年にハンガリー王室御用達となった高級磁器ブランド、ヘレンドの直営店。人気は「ウィーンのバラ」シリーズ。

ペスト地区 MAP：P23E3

図Ⓜ1線Vörösmarty tér駅から徒歩3分 住József Nádor tér 11 ☎06-20-241-5736 ⏲10～18時（土曜は～14時）休日曜 英

B マジャル風のデザイン

ジョルナイ

●Zsolnay Márkabolt

1880年代に作り始めたセラミックタイルが、国内のアール・ヌーヴォー建築の装飾に使われたブランド、ジョルナイの直営店。

ペスト地区 MAP：P23F3

図Ⓜ2線Astoria駅から徒歩1分 住Rákóczi út 4-6 ☎06-20-418 3110 ⏲10～19時 休日曜

オススメ！

C 伝統蒸留酒の専門店

マジャール・パーリンカ・ハーザ

●A Magyar Palinka Haza

パーリンカの専門店。チェリー、リンゴ、バナナなど40種前後の蒸留酒が揃う。売れ筋はアプリコットとプラム味。

ペスト地区 MAP：P23F3

図Ⓜ2線Astoria駅から徒歩2分 住Rákóczi út 17 ☎06-30-421-5463 ⏲9～19時（土曜は～16時）休日曜 英

D 民芸品ならココ！

フォルクアート・ケーズムーヴェシュハーズ

●Folkart Kézmüvesház

刺繍の布、フェルトの小物、民族衣装、焼物など、各地方の伝統的な民芸品が集結。どれも素朴で愛らしい。

ペスト地区 MAP：P23E3

図Ⓜ3線Frenciek tere駅から徒歩3分 住Regiposta utca 12 ☎06-1-318-5143 ⏲10時～17時45分（土曜は～15時）休日曜 英

ワイン&酒類

世界的に有名なトカイ・ワインのほか、独特な風味の薬酒もぜひ。

C 4360Ft~
ミニパーリンカ3種入り
アプリコットやチェリー、梨などさまざま。フルーツの香りが豊か

C 1万900Ft
アンズのパーリンカ
ハンガリーで造る果物を使った蒸留酒。アルコール度数は40度

G 8509Ft~
トカイ・ワイン
世界三大貴腐ワインのひとつ。ラベルにある数字は甘さの度合い

G 2499F~
ウニクム
何種類ものハーブとスパイスを使った、ハンガリー伝統の薬酒

民芸品

カロチャ刺繍など各地方の民芸品・工芸品の数々は、どれも温もりを感じる。

D 小1190Ft 大1690Ft
針刺し
ハート型がキュートな針刺し。ドアや部屋に飾るのも◎

E 1万2000Ft(上) 5500Ft~(下)
カロチャ刺繍の敷物(上)、コースター(下)
カロチャという小さな町の特産品。ハンガリーみやげの代表格

D 各2900Ft~
小物入れ
フェルト製のほっこりデザイン。色違いで欲しくなる!

D 各2390Ft~
セラミックのマグネット
"Budapest" と描かれた素朴なデザインのマグネット

E 伝統みやげが充実
ユディット・フォルクロール
●Judit Folklór

刺繍品や民族衣装を着た人形、ビーズ細工のアクセサリーなど伝統工芸品を扱う店。刺繍を施したブラウスなどの品揃えが豊富。

ブダ地区 MAP:P22C3

図Ⓑ16・16A・116番Dísz térから徒歩1分 住Tárnok utca 8 ☎06-1-214-0542 ⏲9~18時 休なし 英

F 市内最大のマーケット
中央市場
●Nagyvásárcsarnok

約185軒の常設店と約95軒の屋台からなる屋内市場。1階は肉、野菜、果物、調味料などの食材、2階は工芸品が中心。

ペスト地区 MAP:P23E4

図Ⓜ4線Fővám tér駅から徒歩1分 住Vamhaz-krt.1-3 ☎06-1-366-3300 ⏲6~18時(月曜は~17時、土曜は~15時)※店舗により異なる 休日曜

G 便利なスーパーマーケット
プリーマ
●Príma

ハンガリー大手のスーパーマーケット。1階は食品、2階はワイン売り場があり、カフェも併設。王宮の丘、マーチャーシュ教会の近く。

ブダ地区 MAP:P23C2

図Ⓣ16・16A・116番Szentháromság térから徒歩1分 住Tárnok u. 22-24 ☎06-1-225-3284 ⏲7~20時(日曜は9~18時) 休なし

世界がひろがる!
Column

カフェ文化が華やぐ

ブダペストのカフェ案内

ウィーンと同様、100年以上にわたってカフェ文化が色濃く残るブダペスト。街なかには皇妃エリザベートが訪れたカフェなど歴史に彩られたカフェがある。

ゴージャスなメニューも! 24金をあしらったホットチョコレート4095Ft

19世紀後半のオーストリア=ハンガリー二重帝国時代にウィーンからカフェ文化が伝わり、それと同時にさまざまなカフェとスイーツが誕生した。当時のカフェは芸術家や画家など文化人が集まる社交場だった。

バロック様式の店内はまるで宮殿のよう!当時は作家や芸術家が集まっていた

最も美しいカフェと称される

ニューヨーク・カフェ

●New York Café

「世界一豪華なカフェ」の呼び声も高い、1894年のオープンからカフェ文化を牽引する老舗。天井に施された彫刻やフレスコ画、大理石の柱など豪華絢爛。

ペスト地区 **MAP:P23F3**

交Ⓜ2線Blaha Lujza tér駅から徒歩1分 住Erzsébet krt. 9-11 ☎06-1-886-6167 ⏲8～24時 休なし 英英

皇妃も愛した由緒ある老舗

ジェルボー ●Gerbeaud

1858年創業。皇妃エリザベートや作曲家のリストも通った歴史あるカフェ。ショーケースにずらり並ぶケーキは3390Ft～。コーヒー1450Ft～と一緒にいただこう。

ペスト地区 **MAP:P23E3**

交Ⓜ1号線Vörösmartytér駅から徒歩1分 住Vörösmarty tér 7 ☎06-1-429-9000 ⏲9～20時(金・土曜は～21時) 休なし 英英

↑ヴェレシュマルティ広場のシンボル的カフェ

↑ドボシュトルタはチョコレートクリームとスポンジを重ねたケーキ

↓チョコレートやマカロン、ボンボンなども販売

クラシカルなカフェ

ツェントラル ●Centrál

バロック様式の装飾がエレガントな雰囲気を演出する1887年創業のカフェ。食事メニューもあり、夜遅くまで利用できる。ケーキは15種類以上揃い1980Ft～。

ペスト地区 **MAP:P23E4**

交Ⓜ3号線Ferenciek tere駅から徒歩5分 住Károlyi Mihály u. 9 ☎06-30-945-8058 ⏲9～22時(木～土曜は～24時) 休なし 英英

↑1953年に閉店。2000年に当時の雰囲気を伝える姿で再開した

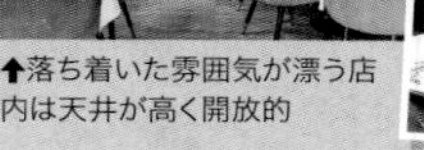

↑落ち着いた雰囲気が漂う店内は天井が高く開放的

↓見た目も華やかなケーキが揃う

HOTEL

ホテル

Contents

ゴージャスな空間にうっとり！

憧れの名門ホテルにステイ

Read me!

ウィーンに来たからには、伝統と歴史を受け継ぐ名門ホテルに滞在してみたい。洗練された内装に細やかなサービスなど、ラグジュアリーホテルならではの滞在を楽しもう。

スイートルームのひとつ「マダム・バタフライ・スイート」。書斎やキッチン、テラスが付く極上空間

©Hotel Sacher

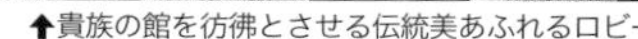

↑「マダム・バタフライ・スイート」に備わるクラシックな暖炉

↑貴族の館を彷彿とさせる伝統美あふれるロビー

ウィーンを代表するホテル

ザッハー・ウィーン

★★★★★

●Hotel Sacher Wien

ザッハートルテを初めて作ったフランツ・ザッハーの子息によって1876年に開業。格式高い館内には1000点にも及ぶ美術品を飾る。デラックスからスイートまで5つのカテゴリーを用意する客室は、モダンかつクラシック。上質な滞在を約束してくれる。

旧市街 MAP:P6C4

図Ⓤ1・2・4線Karlsplatz駅から徒歩5分
住 Philharmoniker Str. 4 ☎01-514560
客室数 152室 料 デラックス€657～
URL www.sacher.com

←旧市街観光の中心、ウィーン国立歌劇場の裏に立つ

↓レストラン「Grüne Bar」では伝統とモダンが融合したウィーン料理を提供

↓滞在中、カフェ・ザッハー(→P64)で名物のザッハートルテを味わいたい

ホテルのこだわり！

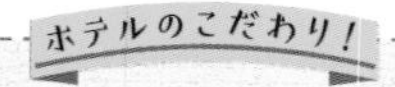

館内5階にあるスパ施設「ザッハー・ブティック・スパ」では、チョコレートを使った4種類のボディトリートメントを行っている。カカオの成分で肌はしっとり、香りにも癒やされる。60分€170～。

旅の拠点、どこにする?

ウィーンのホテルを検索!

観光に便利なのは、リンク内〜周辺に位置するホテル。旅の目的に合わせて滞在先を選ぼう。

★=ホテルのランク。1〜5ツ星まで5段階
○=あり　×=なし　△=一部あり

エリア	ホテル名	MAP	DATA	冷蔵庫	ドライヤー	セーフティボックス	バスタブ	日本語スタッフ	Wi-Fi	レストラン
旧市街	**ローズウッド・ウィーン** ★★★★★ ●Rosewood Vienna	P6C2	モーツァルトゆかりのアパートメントを含むラグジュアリーホテル。2022年開業。 住Petersplatz 7 ☎01-799-9888 客室数99室 料デラックス€650〜 URL www.rosewoodhotels.com/en/vienna	○	○	○	○	×	○	○
旧市街	**カイザリン・エリザベート** ★★★★ ●Hotel Kaiserin Elisabeth	P7D3	モーツァルトやメンデルも顧客リストに残る、1348年創業の老舗ホテル。 住Weihburggasse 3 ☎01-515260 客室数60室 料S€160〜 D€217〜 URL www.kaiserinelisabeth.at	○	○	○	△	×	○	×
旧市街	**ブリストル-ア・ラグジュアリー・コレクション** ★★★★★ ●Hotel Bristol, a Luxury Collection	P4C3	1892年創業。国立オペラ歌劇場に面した部屋は特に眺望がよく人気。 住Kärntner Ring 1 ☎01-515160 客室数150室 料クラシック€357〜 URL www.marriott.com/hotels/travel/vielc-hotel-bristol-a-luxury-collection-hotel-vienna	○	○	○	○	×	○	○
旧市街	**オーストリア・トレンド・ホテル・ヨーロッパ・ウィーン** ★★★★ ●Austria Trend Hotel Europa Vienna	P6C3	歴史のあるホテルを内外ともにモダンなスタイルに改装。ケルントナー通りの中ほどの好立地にある。 住Kärntner Str.18 ☎01-51594100 客室数160室 料S T€162〜 URL www.austria-trend.at/de/hotels/europa-wien	○	○	○	△	×	○	×
リンク周辺	**インペリアル・ラグジュアリー・コレクション・ホテル・ウィーン** ★★★★★ ●Hotel Imperial,a Luxury Collection Hotel Vienna	P4C4 ©Hotel Imperial	かつては迎賓館として使われていた豪奢な建物。上皇陛下も宿泊されたことがある。 住Kärntner Ring 16 ☎01-501100 客室数138室 料クラシック€460〜 URL www.imperialvienna.com	○	○	○	○	×	○	○
リンク周辺	**グランド・ホテル・ウィーン** ★★★★★ ●Grand Hotel Wien	P4C3	ウィーン国立歌劇場からすぐ。古きよき時代の豪華さを残しつつ、最新の設備も整えている。 住Kärntner Ring 9 ☎01-515800 客室数205室 料スーペリア€300〜 URL www.grandhotelwien.com	○	○	○	○	○	○	○
リンク周辺	**ザ・リッツ・カールトン・ウィーン** ★★★★★ ●The Ritz-Carlton Vienna	P5D3	19世紀建造の歴史ある宮殿を改装したラグジュアリーホテル。客室もモダンで洗練されている。 住Shubertring 5-7 ☎01-31188 客室数202室 料デラックス€488〜 URL www.ritzcarlton.com/jp/hotels/europe/vienna	○	○	○	△	×	○	○
リンク周辺	**ヒルトン・ウィーン・プラザ** ★★★★★ ●Hilton Vienna Plaza	P4B1	商業エリアの中心に位置する。シックなロビーやモダンな客室など、エレガントな雰囲気。 住Schottenring 11 ☎01-313900 客室数254室 料S T€192〜 URL www.hilton.com/en/hotels/viepwtw-hilton-vienna-plaza	○	○	○	△	×	○	×
リンク周辺	**アム・コンツェルトハウス・ウィーン・Mギャラリー** ★★★★ ●Hotel Am Konzerthaus Vienna Mgallery	P5D4	シンプルな外観だがクリムトの作品が飾られるアートホテル。朝食も充実している。 住Am Heumarkt 35-37 ☎01-716160 客室数211室 料スーペリア€184〜 URL all.accor.com	○	○	○	△	×	○	×
リンク周辺	**K+Kホテル・マリア・テレジア** ★★★★ ●K+K Hotel Maria Theresia	P8B2	ミュージアムクオーター・ウィーン近くにある黄色い外観のホテル。周辺にはおしゃれなレストランやバーも。 住Kirchberggasse 6 ☎01-52123 客室数132室 料S T€159〜 URL www.kkhotels.com/products/kk-hotel-maria-theresia-vienna/	○	○	○	○	×	○	○

王侯貴族気分で優雅にステイ！

プラハ近郊の古城ホテル

Read me!

チェコにはかつての城や貴族の邸宅を利用したホテルがある。クラシックな雰囲気を残しつつ、レストランやスパなど設備も充実。街から離れた静かな環境でゆっくり滞在できる。

森の中にたたずむ5つ星ホテル

シャトー・ムツェリ

★★★★★

●Chateau Mcely

プラハ中心部から車で約1時間。中央ボヘミア州のムツェリ村に位置する、1653年にトゥルン・タクシス侯爵が建てた邸宅。広大な敷地内には庭園やスパもあり、リゾート気分を満喫できる。

郊外 **MAP:P14B1外**

図ヴァーツラフ・ハヴェル・プラハ国際空港から車で約1時間10分
住Mcely 61, 289 36 Mcely
☎325-600-000 客室数24室
料スーペリア4300Kč～、デラックス9400Kč～
URL www.chateaumcely.cz/en

➡侯爵の邸宅を改築し、2006年に開業。5万㎡もの広大な敷地を有す

©Chateau Mcely

⬅庭園にはプールもある。デッキチェアでのんびりくつろぎたい

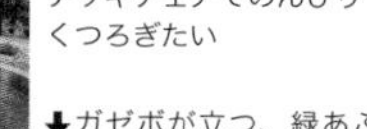

⬇ガゼボが立つ、緑あふれる英国風ガーデンではサイクリングやヨガ体験も実施

⬅天蓋付きベッドがロマンチックな「レジェンドスイート」。バルコニーから庭園を眺められる

➡屋根裏部屋をイメージしたスーペリアルーム。24の客室すべて異なるデザイン

⬇ハーブを使ったアロマセラピートリートメントを受けられるスパ「Mcely Bouquet Spa」

⬅オリジナルのオーガニックコスメも開発

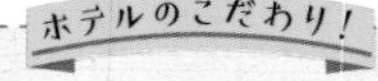

ホテルのこだわり！

トゥルン・タクシス侯爵家のレシピをもとに、地場食材で作るチェコの伝統料理レストラン「Piano Nobile」。国内のグルメレストランガイドでトップ10に選出された実力派。

旅の拠点、どこにする?

プラハのホテルを検索!

観光に便利なのは、新市街の中心部や旧市街に立つホテル。
歴史のある建物や内装にこだわりのあるホテルも多い。

★=ホテルのランク。1～5ツ星まで5段階
○=あり　×=なし　△=一部あり

エリア	ホテル名	MAP	DATA	冷蔵庫	ドライヤー	セーフティボックス	バスタブ	日本語スタッフ	Wi-Fi	レストラン
旧市街	グランド・ホテル・ボヘミア ★★★★★ ●Grand Hotel Bohemia	17D2	1968年の「プラハの春」で改革を率いたドプチェック が居を構えた歴史のあるホテル。 住Královodvorská 4 ☎234-608-111 客室数78室 料スーペリア€126～ URL www.grandhotelbohemia.cz/en/	○	○	○	○	×	○	○
旧市街	パリス ★★★ ●Hotel Paříž	17D2	アール・ヌーヴォー様式で統一された建物は国の文化財に指定されている。 住Obecního domu 1 ☎222-195-195 客室数86室 料デラックス€113～ URL www.hotel-paris.cz/cs/	○	○	○	○	×	○	○
マラー・ストラナ	マンダリン・オリエンタル ★★★★★ ●Mandarin Oriental Prague	P19D3	客室からの眺望がすばらしく、特にプラハ城が望める客室がおすすめ。 住Nebovidská ☎238-088-888 客室数99室 料スーペリア€280～ URL www.mandarinoriental.com/en/prague/mala-strana	○	○	○	○	×	○	○
プラハ城周辺	サヴォイ・プラハ ★★★★ ●Savoy Prague	18A2	客室は少なめだが、レストランやバーなどパブリックスペースが充実している。 住Keplerova 6 ☎224-302-430 客室数56室 料スーペリア€94～ URL www.savoyprague.cz	○	○	○	○	×	○	○
新市街	アール・デコ・インペリアル・プラハ ★★★★★ ●Art Deco Imperial Prague	P17E1	アール・デコ装飾に包まれた1914年創業のホテル。設備は近代的。旧市街まで徒歩10分。 住Na Poříčí 1072/15 ☎246-011-600 客室数120室 料デラックス€108～ URL www.hotel-imperial.cz/cz/	○	○	○	○	×	○	○
新市街	アール・ヌーボー・パレス ★★★★ ●Art Nouveau Palace Hotel Plaha	P17D3	アール・ヌーヴォー様式の建物が見事な、著名人のファンも多い老舗ホテル。 住Panská ☎224-093-111 客室数127室 料デラックス€183～ URL www.palacehotel.cz/jp/	○	○	○	○	×	○	○
新市街	ヒルトン・プラハ ★★★★ ●Hilton Prague	P15E2	ヴルタヴァ川畔に立ち、ガラス張りの外観が印象的。プールにサウナ、カジノも備える。 住Pobřežní 331/1 ☎224-841-111 客室数791室 料T€165～ URL www.hilton.com/en/hotels/prghitw-hilton-prague	○	○	○	○	×	○	○
新市街	アンバサダー・ズラター・フサ ★★★★ ●Ambassador Zlata Husa	P17D3	ヴァーツラフ広場に立つ。交通アクセスもよくプラハをめぐるのに便利なロケーション。 住Václavskěnám. 5-7 ☎224-193-876 客室数162室 料T€98～ URL www.ambassador.cz/cs/	○	○	○	○	×	○	○

旅の目的に合わせてチョイス

その他のエリアのホテルを検索！

ウィーンとプラハ以外の都市や町のホテルはここでチェック。
湖畔に立つホテルや温泉ホテルなど、エリアごとにロケーションや設備も異なるので、お気に入りの宿を探してみよう。

★＝ホテルのランク。1～5ツ星まで5段階
○＝あり　×＝なし　△＝一部あり

エリア	ホテル名	MAP	DATA	冷蔵庫	ドライヤー	セーフティボックス	バスタブ	日本語スタッフ	Wi-Fi	レストラン
ザルツブルク	ザッハー・ザルツブルク ★★★★★ ●Hotel Sacher Salzburg	P12C2	1866年創業の名門ホテル。川沿いの部屋からは旧市街が一望できる。客室も豪華なしつらえ。 住Schwartz Str. 5-7 ☎0662-8897700 客室数111室 料S T€459～ URL www.sacher.com/en/salzburg/	○	○	○	○	×	○	○
ザルツブルク	シュロス・メンヒシュタイン ★★★★★ ●Hotel Schloss Mönchstein	P12A1	メンヒスベルクの丘に立つ古城を改装。ガラス張りのパノラマレストランが人気。 住Mönchsberg Park 26 ☎0662-8485550 客室数24室 料S€430～ T€480～ URL www.monchstein.at/en/	○	○	○	△	×	○	○
ザルツブルク	ヴォルフ・ディートリッヒ ★★★★ ●Wolf Dietrich	P13D1	新市街に位置する。アフタヌーンティーや館内にあるスパ利用代が宿泊料金に含まれているのも魅力。 住Wolf Dietrich Str. 7 ☎0662-871275 客室数40室 料S T€177～ URL www.salzburg-hotel.at/en	○	○	○	△	×	○	×
ハルシュタット	ヘリテージ ★★★ ●Heritage Hotel Hallstatt	P144	湖畔にたたずむホテル。湖のすぐそばに立つ本館がおすすめ。街の玄関口であるボート乗り場からも近い。 住Landungsplatz 101 ☎06134-220-36 客室数54室 料T€173～ URL www.hotel-hallstatt.com/en/index.html/	○	○	○	△	×	○	×
ハルシュタット	ゼーホテル・グリュナー・バウム ★★★ ●Seehotel Grüner Baum	P144	皇妃エリザベートが泊まったことでも知られる由緒あるホテル。客室からの眺めもいい。 住Marktplatz 104 ☎06134-826-30 客室数30室 料S€169～ T€287～ URL www.gruener-baum.at/en/	○	○	○	○	×	○	○
チェスキー・クルムロフ	ルージェ ★★★★★ ●Hotel Růže	P200	16世紀創建の旧イエズス会の修道院を利用した歴史あるホテル。プールやマッサージなど設備も充実。 住Horní 154 ☎380-772-100 客室数71室 料S D€101～ URL www.hotelruze.cz	○	○	○	△	×	○	○

ホテル選びのヒント

❶ ホテルの立地で選ぶ
観光に便利なのは、ウィーンは旧市街やリンク周辺、プラハならヴァーツラフ広場や旧市街、ブダペストはペスト地区のドナウ河沿い。

❷ ホテルの階級も参考に
3国とも1〜5ツ星のランクが付けられている。星の数によって館内・客室設備が異なるのでホテル選びの参考にしよう。

❸ ハイシーズンは早めに予約を
音楽祭シーズン、イースター、年末年始、7・8月などの観光シーズンは混み合うので、早めに予約を。

エリア	ホテル名	MAP	DATA	冷蔵庫	ドライヤー	セーフティボックス	バスタブ	日本語スタッフ	Wi-Fi	レストラン
チェスキー・クルムロフ	ラトラーン ★★★★ ●Hotel Latrán	P200	チェスキー・クルムロフ城まで徒歩5分の好立地。客室ごとに異なるデザインで雰囲気もいい。 住 Latrán 75 ☎380-602-440 客室数 16室 料S€64〜 D€96〜 URL www.hotely-krumlov.cz/hotely/hotel-latran	○	○	○	△	×	○	○
ブダペスト	クラーク・ブダペスト ★★★★★ ●Hotel Clark Budapest	P23D3	王宮の丘ケーブルカー近くに位置するスタイリッシュなホテル。眺望抜群のルーフトップバーがある。 住 Clark Ádám tér 1 ☎06-1-610-4890 客室数 79室 料SD€225〜 URL hotelclarkbudapest.hu/en/	○	○	○	△	×	○	○
ブダペスト	ヒルトン・ブダペスト ★★★★★ ●Hilton Budapest	P23C2	王宮の丘にある市内有数の高級ホテル。ドナウ川とペストの街並みが望める客室が人気。住 Hess András tér 1-3 ☎06-1-889-6600 客室数 322室 料SD€200〜 URL www.hilton.com/en/hotels/budhitw-hilton-budapest/	○	○	○	△	×	○	○
ブダペスト	マメゾン・ホテル・アンドラーシ ★★★★ ●Mamaison Hotel Andrássy Budapest	P22B3	フランスのプロヴァンス様式で彩られた客室をはじめ、レストランやロビーもスタイリッシュ。 住 Andrássy út 111 ☎06-1-462-2100 客室数 68室 料SD€140〜 URL www.mamaisonandrassy.com	○	○	○	△	×	○	○
ブダペスト	メルキュール・ブダペスト・コロナ ★★★★ ●Mercure Budapest Korona	P23F4	客室設備充実の大型ホテル。地下鉄駅から近く、国立博物館まで徒歩すぐ。 住 Kecskeméti u. 14 ☎06-1-486-8800 客室数 420室 料SD€122〜 URL mercure.accor.com	○	○	○	○	×	○	○
ブダペスト	エンサナ・サーマル・マーガレット・アイランド ★★★★ ●Ensana Thermal Margaret Island	P22A2	スパの施設が近年リニューアルし、トリートメントや各種テラピーなど多彩なメニューが揃う。 住 Margitsziget ☎06-1-889-4700 客室数 267室 料SD€175〜 URL www.ensanahotels.com/en/hotels/thermal-margaret-island	○	○	○	△	×	○	○
ブダペスト	シティ・ホテル・リング ★★★ ●City Hotel Ring	P23E1	バロック様式のホテル。駅の近くに立地しているので主要スポットへのアクセスもいい。 住 Szent István Krt. 22 ☎06-20-450-0666 客室数 39室 料SD€85〜 URL www.cityhotel-ring.hu	○	○	○	×	×	○	×

世界がひろがる！
Column

静寂が心地いい！

修道院ホテルにステイ

プラハで宿泊先の候補に入れたいのが、かつての修道院を利用したホテル。
ここでは中心部から離れた静かな環境のお手頃ホテルと、歴史地区のラグジュアリーホテルを紹介。

ブレフノフ修道院はチェコ初の男性の修道院。現在の建物は1700年代のもの。敷地内には庭園もあるので、散策してみよう
修道院内にはビール醸造所もあり、見学ツアーも行っている

郊外でゆったり過ごす

アダルベルト

●Hotel Adalbert

ボヘミア王ボレスラフ二2世の時代に創建したブレフノフ修道院。その一部、1668年築の歴史ある建物をホテルとして改装。客室はシングルからトリプルまであり、無料Wi-Fiやドライヤーなど設備も十分。修道院見学ツアーなども開催しているので、ゆっくり滞在を楽しみたい。

郊外 MAP：P14A1

交Ⓣ22・25番Břevnovský klášterから徒歩3分 住Markétská 28/1
☎220-406-170
客室数23室 料Ⓢ€75～Ⓓ€105～
URL www.hoteladalbert.cz

客室はいたってシンプル。朝食付きでこの宿泊料金はリーズナブル

眺望も設備も最高級

マンダリン・オリエンタル

●Mandarin Oriental Prague

14世紀に修道院として使われていた歴史ある建物をリノベーションしたラグジュアリーホテル。マラー・ストラナの街並みやプラハ城が望める客室がおすすめ。かつての礼拝堂を利用したスパも人気。→P227

マラー・ストラナ MAP：P19D3

←白亜の柱が並ぶ回廊はラウンジとして使われている

マラー・ストラナの小路にひっそりと佇む。建物は修道院らしく質素だが、内部はスタイリッシュ

TRAVEL INFORMATION

旅のきほん

Contents

旅のきほん①

直行便はウィーンのみ
日本から中欧へ

日本と中欧3都市の直行便は成田国際空港とウィーン国際空港間のみ。
プラハとブダペストから旅をスタートする場合は、乗り継ぎが必要。

入国条件 出発前に、パスポートとビザを確認しよう。

重要 出発前にチェック！

パスポートの残存有効期限
シェンゲン協定(P233)加盟国出国予定日から3カ月以上必要。10年以内に発効されたパスポートであること。

ビザ
観光目的で、シェンゲン協定加盟国での滞在日数の合計(過去180日に遡る)が90日以内であればビザ不要。
※2024年からETIASを取得する必要がある(予定)。

渡航認証制度ETIASとは？
2024年からオーストリア、チェコ、ハンガリーを含むヨーロッパ諸国に渡航する際、欧州渡航認証システム「ETIAS(エティアス)」の申請が必要になる予定。一度の渡航につき最長90日以内の滞在が認められる。
対象国：日本を含む60カ国以上
申請費用：€7(予定)※18歳未満は免除
申請方法：オンライン
URL travel-europe.europa.eu/etias_en

機内持ち込みと預け入れ荷物 航空会社ごとにルールが異なるので事前確認を。

航空会社で違いあり!

機内持ち込み手荷物のサイズと重量制限
機内に持ち込めるのは、キャリケースなどの手荷物1個とハンドバッグなどの身の回り品1個。持ち込める手荷物のサイズや重量は航空会社によって条件が異なるので、事前に確認を。

無料のサイズも違いあり!

預け入れ荷物
利用する航空会社によって預け入れが可能な荷物の大きさや重さ、個数の制限が異なるので、事前に公式サイトなどで確認を。制限を超えると追加料金が発生する。

主な航空会社のサイズ・重量は一覧を見てね

機内持ち込みNG
- **オイルライター**
- **ハサミ、ナイフ、カッターなどの刃物**
- **100mℓ以上の液体物**

100mℓ以下の液体ならジッパーの付いた1ℓ以下の透明プラスチック製袋に入れ、手荷物検査時にチェックを受ければ、持ち込みOK。詳細は国土交通省のWebサイト参照。
URL www.mlit.go.jp/koku/koku_fr2_000007.html

袋は1ℓ以下　1人1袋のみ　容器は100mℓ以下

- プラスチック製袋は縦横合計40cm以内が目安
- 液体物は100mℓ以下の個々の容器に入っていること
- 1人1袋のみ。手荷物検査の際に検査員に提示する

手荷物制限(直行便)

		機内持ち込み手荷物			機内預け入れ手荷物		
航空会社	略号	サイズ	個数	重要	サイズ	個数	重量
全日本空輸(ANA)	NH	3辺の和が115cm以内 W55cm×H40cm×D25cm以内	1個	10kgまで	3辺の和が最大158cm。 キャスターと持ち手を含む	2個	各23kgまで
オーストリア航空	OA	W55cm×H40cm×D23cm以内	1個	8kgまで	3辺の和が最大158cm。 キャスターと持ち手を含む	1個	各23kgまで

※機内持ち込み手荷物は身の回り品を除く　※エコノミークラスの場合。他社運航便(コードシェア便)の場合は、原則、運航航空会社の規定に従う。詳細は利用する航空会社へ問合せを。

フライトスケジュール

航空会社	略号	出発空港	運行日	出発日本時間	到着現地時間	所要時間
全日本空輸	NH	成田国際空港	週5便*	11:10	18:25	14時間15分
オーストリア航空	OS	成田国際空港	週5便	11:10	18:25	14時間15分

※2023年5月現在のフライトスケジュール。＊オーストリア航空のコードシェア便

中欧入国の流れ

1 到着
Arrival

飛行機を降りたら「Arrival」の表示に従い、入国審査へと進む。日本からの直行便はオーストリアのウィーン国際空港に到着。

↓

2 入国審査
Immigration

EU諸国外旅行者用の「All passports」と書かれたカウンターに並ぶ。順番が来たらパスポートを審査官に提示。パスポートに入国のスタンプが押され、入国審査終了。
※シェンゲン協定加盟国で乗り継ぐ場合、入国審査は最初の空港で、非シェンゲン協定加盟国だと最終目的地に入国する際、行われる。

↓

3 荷物受取所
Baggage Claim

入国審査後、自分が乗ってきた飛行機の便名が表示されたターンテーブルで日本出国時に預けた荷物を受け取る。万が一、荷物が出てこなかったり、破損していた場合は、ロスト・バゲージのオフィス(遺失物相談所Lost Baggege)でクレーム・タグ(荷物引換証Claim Tag。搭乗券の裏に貼られていることが多い)を提示して探してもらう。

↓

4 税関
Custom

免税範囲内なら、ゲートを通過して外へ出る。免税範囲を超える場合は、機内で配布される税関申告書に必要事項を記入し、申告ありのゲートへ行き、所定の金額を支払う。

↓

5 到着
Arrivals Level

到着ロビーには観光案内所や両替所などがある。夕方以降の到着便で両替をしたい人は空港でやっておくのも手。

市内への交通は P236・238

シェンゲン協定とは

ヨーロッパの一部の国家間で締結された検問廃止協定のこと。シェンゲン協定加盟国間の移動は、国境の通行が自由化されている。これにより、日本など協定加盟国以外から入国する場合は、最初に到着した協定加盟国の空港でのみ入国手続きを行う。また帰国の際は、最後に出国する協定加盟国で出国審査を受ける。

シェンゲン協定加盟国 (2023年5月現在)

アイスランド、イタリア、エストニア、オーストリア、オランダ、ギリシア、クロアチア、スイス、スウェーデン、スペイン、スロヴァキア、スロベニア、チェコ、デンマーク、ドイツ、ノルウェー、ハンガリー、フィンランド、フランス、ベルギー、ポーランド、ポルトガル、マルタ、ラトビア、リトアニア、リヒテンシュタイン、ルクセンブルク

入国時の免税範囲

主なものは下記(成人1人あたり)。免税範囲を超える時は申告を。

オーストリア入国時の主な免税範囲(成人1人当たり)

品名	数量または価格
酒類	22度以下の酒類2ℓ、または22度を超える酒類1ℓ、発泡ワイン2ℓ、非発泡ワイン4ℓ、ビール16ℓ ※17歳以上
タバコ	紙巻200本、葉巻50本、細巻100本、またはきざみタバコ250g。以上の数種類にまたがる場合は総重量250g以下 ※17歳以上
そのほか物品	€430相当まで(空路の場合) ※15歳未満は€150

チェコ入国時の主な免税範囲(成人1人当たり)

品名	数量または価格
酒類	22度以上の酒類1ℓ、または22度以下の酒類2ℓ、ワイン4ℓ、ビール16ℓ ※17歳以上
タバコ	紙巻200本、葉巻50本、細葉巻100本、そのほかのタバコ250gのいずれか ※17歳以上
そのほか物品	€430相当まで(空路の場合) ※15歳未満は€200

ハンガリー入国時の主な免税範囲(成人1人当たり)

品名	数量または価格
酒類	22度以上の酒類1ℓ、または22度以下の酒類2ℓ、ワイン4ℓ、ビール16ℓ ※17歳以上
タバコ	紙巻200本、葉巻50本、細葉巻100本(1本当たり3g未満)、刻みタバコ250g ※17歳以上
そのほか物品	€430相当まで(空路の場合) ※15歳未満は€150

主な持ち込み禁止品

□偽ブランド品
□牛乳、乳製品
□肉製品(加工食品も含む)
□特定の果物

免税手続きを忘れずに！ 中欧から日本へ

空港へは出発予定時刻の2〜3時間前までの到着を。特に出発便が集中する時間帯や免税手続きをする場合は時間に余裕をもって空港へ向かおう。

免税手続きについて

それぞれの国で購入する商品に付加価値税が課せられている（オーストリア10〜20%、チェコ10〜21%、ハンガリー5〜27%）。一定の条件を満たした旅行者であれば、購入した商品を国外に持ち出す場合、手続きすれば還付が受けられる。EU圏で乗り継ぎの場合、最後に立ち寄るEU加盟国で手続きを行う。

付加価値税の還付が受けられる主な条件

●オーストリア

EU圏外の居住者で18歳以上。TAX FREE加盟店で同じ日に同じ店で買った商品の合計金額が€75.01以上の買物をした場合、出国時に未使用であること。還元率は購入金額の最大13%。

●チェコ

EU圏外居住者で、1店舗で2001Kč以上を購入、出国時に未使用であること。還元率は購入金額の最大14%。

●ハンガリー

EU圏外居住者で、1店舗で7万4001Ft以上を購入、出国時に未使用であること。還元率は購入金額の最大18%。

還付の手順

●お店で

TAX FREE 加盟店で買い物をする際、パスポートを提示して、免税手続きを申し出る。必要事項を記入し、免税書類を受け取る。

●ウィーン国際空港で

ターミナル1・3の出発ロビーにあるデジタル検証所（Digital Export Validation。通称DEV）にて手続きを行う。チェックイン前にDEVエリアに行き、手持ちのスマートフォンでDEV WiFiに接続、または自動端末機でパスポートなどの情報を読み取らせると、購入商品がリストアップされる。受託手荷物の免税品にチェックを付け、免税認証を完了させる。このとき、返金はクレジットカードか現金を選べる。現金の場合すぐそばにあるグローバルブルーのカウンターで受け取る（手数料がかかる）。クレジットカードの場合は、グローバルブルーやプラネットの免税業者のポストへ投函。機内持ち込み手荷物の場合は出国審査通過後、出国ゲート近くにあるDEVエリア、もしくはDEVカウンターで手続きする。

●ヴァーツラフ・ハヴェル・プラハ国際空港、リスト・フェレンツ国際空港で

税関で免税書類、パスポート、航空券を提示してスタンプをもらい、搭乗エリアにある「Tax Free Refunds」の看板がある両替所で現金を受け取る。手荷物で申請する場合は出国審査後の税関で行う（商品をスーツケースに入れる場合は預け入れ前に税関でスタンプをもらう）。

再両替はどうする？

街なかや空港の両替所でできる。ただし、紙幣のみなので、小銭は帰国前の買物で使い切ろう。日本の銀行や両替所で再両替できるのはユーロのみ。

プラハの街なかの両替所

中欧出国の流れ

1 免税手続き Tax Refund

付加価値税の払い戻しを行う場合はチェックイン前に行う。方法は3国により異なるので左記を参照。

2 搭乗手続き Check-in

利用する航空会社のチェックイン・カウンターで、航空券（e チケット控え）とパスポートを提示。機内持込み以外の荷物はここで預け、クレーム・タグ（荷物引換証）と搭乗券を受け取る。

3 手荷物検査 Security Check

機内に持込む手荷物のX 線検査とボディチェックを行う。日本出国時と同様、液体物や危険物の持込み制限があるので注意。

4 出国審査 Immigration

外国人用の出国審査ブースに並び、審査官にパスポートと搭乗券を提示する。質問されることはほとんどない。シェンゲン協定加盟国を出国する際にパスポートにスタンプが押されることもない。

5 搭乗ゲート Bording Gate

搭乗券に書かれた番号の搭乗ゲートへ。自分が乗る便の搭乗ゲートの位置を確認し、搭乗予定時刻に余裕をもってゲートに向かおう。

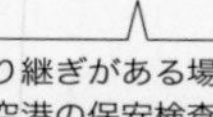

乗り継ぎがある場合、その空港の保安検査で液体物持ち込み制限が適用されることがあるので、免税品の購入は最終乗り継ぎの空港の免税エリアで購入しよう。

6 機内で On Board

携帯品・別送品申告書をもらって記入する。もらい忘れても、到着する空港に置いてある。税関電子申告も可能（Visit Japan Web）。

携帯品・送別品申告書の書き方

申告の有無に関わらず、日本の税関に提出する必要がある。家族旅行なら1家族で1枚。

A面…搭乗機や出発地、氏名、現住所、電話、職業、生年月日、旅券番号を記入、質問内容も正しく答える。署名も忘れずに

（A面）

日本国税関
税関様式C第5360号

携帯品・別送品申告書

下記及び裏面の事項について記入し、税関職員へ提出してください。
家族が同時に検査を受ける場合は、代表者が1枚提出してください。

搭乗機（船）名	AB123	出発地	ウィーン
入国日	2023年00月00日		
氏名	フリガナ セカイ ハナコ 世界 花子		
現住所（日本での滞在先）	東京都江東区豊洲5-6-36		
電話	090（1234）5678		
職業	会社員		
生年月日	1990年07月20日		
パスポート番号 旅券番号	SE12345678		
同伴家族	20歳以上 0名	6歳以上20歳未満 0名	6歳未満 0名

※ 以下の質問について、該当する□に"✓"でチェックしてください。

1. 下記に掲げるものを持っていますか？	はい	いいえ
① 日本への持込みが禁止又は制限されているもの（B面1. 及び2. を参照）	□	✓
② 免税範囲（B面3. を参照）を超える購入品・お土産品・贈答品・金地金など	□	✓
③ 商業貨物・商品サンプル	□	✓
④ 他人から預かったもの	□	✓

＊上記のいずれかで「はい」を選択した方は、B面に入国時に携帯して持ち込むものを記入してください。

2. 100万円相当額を超える現金、有価証券又は1kg以上の金地金などを持っていますか？	はい	いいえ
	□	✓

＊「はい」を選択した方は、別途「支払手段等の携帯輸出・輸入申告書」を提出してください。

3. 別送品　入国の際に携帯せず、郵送などの方法により別に送った荷物（引越荷物を含む。）がありますか？

□ はい（　　個）　✓ いいえ

＊「はい」を選択した方は、入国時に携帯して持ち込むものをB面に記載したこの申告書を2部、税関に提出して、税関の確認を受けてください。（入国後6か月以内に輸入するものに限る。）
税関の確認を受けた申告書は、別送品を通関する際に必要となります。

《注意事項》
海外又は到着時免税店で購入したもの、預かってきたものなど日本に持ち込む携帯品・別送品については、法令に基づき、税関に申告し、必要な検査を受ける必要があります。申告漏れ、偽りの申告などの不正な行為がありますと、処罰されることがありますので注意してください。

この申告書に記載したとおりである旨申告します。
署名 世界 花子

B面…A面で「はい」と答えた場合、ここに記載する

（B面）

※入国時に携帯して持ち込むものについて、下記の表に記入してください。（A面の1. 及び3. ですべて「いいえ」を選択した方は記入する必要はありません。）

（注）「その他の品名」欄は、個人的使用に供する購入品等に限り、1品目毎の海外市価の合計額が1万円以下のものは記入不要です。
また、別送した荷物の詳細についても記入不要です。

酒類			本	＊税関記入欄
たばこ	紙巻		本	
	葉巻		本	
	その他		グラム	
香水			オンス	

その他の品名	数量	価格

＊税関記入欄　円

1. 日本への持込みが禁止されている主なもの

① 麻薬、向精神薬、大麻、あへん、覚醒剤、MDMA、指定薬物など
② 拳銃等の銃砲、これらの銃砲弾や拳銃部品
③ 爆発物、火薬類、化学兵器原材料、炭疽菌等の病原体など
④ 貨幣・紙幣・有価証券・クレジットカードなどの偽造品など
⑤ わいせつ雑誌、わいせつDVD、児童ポルノなど
⑥ 偽ブランド品、海賊版などの知的財産侵害物品

2. 日本への持込みが制限されている主なもの

① 猟銃、空気銃及び日本刀などの刀剣類
② ワシントン条約により輸入が制限されている動植物及びその製品（ワニ・ヘビ・リクガメ・象牙・じゃ香・サボテンなど）
③ 事前に検疫確認が必要な生きた動植物、肉製品（ソーセージ・ジャーキー類を含む。）、野菜、果物、米など
＊ 事前に動物・植物検疫カウンターでの確認が必要です。

3. 免税範囲（乗組員を除く）

・酒類3本（760mlを1本と換算する。）
・紙巻たばこ。外国製及び日本製各200本
（非居住者の方の場合は、それぞれ2倍となります。）
＊ 20歳未満の方は酒類とたばこの免税範囲はありません。
・香水2オンス（1オンスは約28ml）
・海外市価の合計額が20万円の範囲に納まる品物
（入国者の個人的使用に供するものに限る。）
＊ 海外市価とは、外国における通常の小売価格（購入価格）です。
＊ 1個で20万円を超える品物の場合は、その全額に課税されます。
＊ 6歳未満のお子様は、おもちゃなど子供本人が使用するもの以外は免税になりません。

日本に入国（帰国）されるすべての方は、法令に基づき、この申告書を税関に提出していただく必要があります。

日本帰国時の免税範囲（成人1人当たり）

20歳未満の場合は酒、タバコが免税範囲外となる。

品名	数量または価格
酒類	3本（1本760mℓのもの）
タバコ	紙巻タバコ200本、葉巻タバコ50本。加熱式タバコのみの場合、個装等10個。2種以上の場合は総量250gまで
香水	2オンス（1オンスは約28mℓ）。オーデコロン、オードトワレは含まない
その他	1品目ごとの海外市価の合計額が1万円以下のもの全量。その他は海外市価の合計額20万円まで（1個で20万円を超える品物は全額課税）

オンラインサービス Visit Japan Web

Visit Japan Web
ログイン
メールアドレス
パスワード
ログイン
新規アカウント作成

スムーズな税関手続きのため、「Visit Japan Web」を利用した電子申請を推奨している。アカウント作成・ログイン後、パスポートなど利用者情報や入国・帰国予定、携帯品・別送品申告書に必要な情報を登録すると、QRコードが発行される。このQRコードを税関検査場にある電子申告端末で読み取りを行う。一度アカウント作成すれば、あらたに登録する必要はない。

日本への持ち込み禁止と規制品

禁止	麻薬、大麻、覚せい剤、爆発物や火薬、貨幣・紙幣または有価証券の偽造・変造・模造品、わいせつ物、偽ブランド品など
規制品	ワシントン条約に該当する物品。対象物を原料とした漢方薬、毛皮・敷物などの加工品も同様。ワニ、ヘビなどの皮革製品、象牙、はく製、ラン、サボテンなどは特に注意 土付きの植物、果実、切花、野菜、ソーセージといった肉類、生乳や乳製品などは要検疫 医薬品・化粧品などは、個人が自ら使用するものでも数量制限がある。医薬品（毒薬、劇薬及び処方せん薬以外）は2カ月分以内（外用剤は1品目24個以内）。化粧品は1品目24個以内 ※詳細は税関 URL www.customs.go.jp/を参照

・生ハム
・フォアグラ
・生鮮果物・野菜

空の玄関口と市内交通を確認！ ウィーンの空港と交通

ウィーンの南東約20km地点に位置するウィーン国際空港。
空港から市内中心部への主な移動手段は4つ。市内交通も覚えよう。

ウィーン国際空港のターミナル3

ウィーン国際空港 Vienna International Airport

LCCを含む50以上の航空会社が就航する。ターミナルは1、1A、2、3があり、日本からの直行便が発着する、全日本空輸(ANA)とオーストリア航空(OS)はターミナル3。

☎01-70070 URL www.viennaairport.com

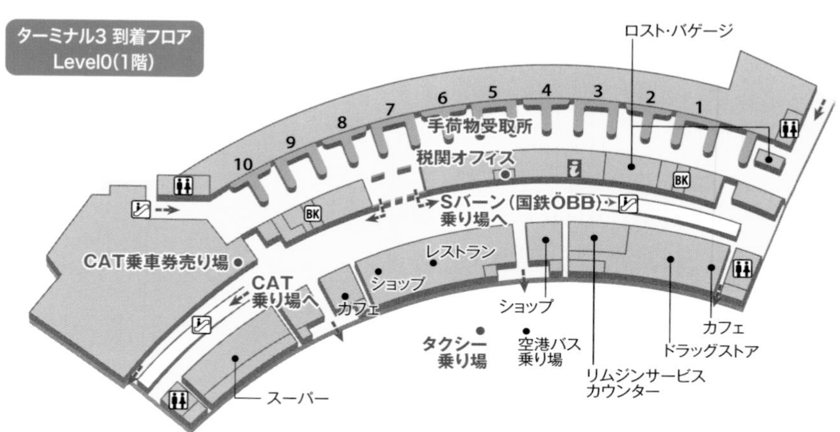

空港からウィーン市内へ

節約派は鉄道や空港バス、大きな荷物があったり、複数で利用するならタクシーが便利。

	交通機関	特徴	行き先	運行時間	所要時間	料金(片道)
早い	シティ・エアポート・トレイン(CAT) City Airport Train(CAT)	空港駅のFlughafen Wien駅と市内のWien Mitte駅を直結。乗り場は空港地下にある。	Wien Mitte駅	5時37分～23時38分、30分間隔	16分	€14.90(往復は€24.90)
安い	Sバーン(国鉄) S-bahn(郊外電車)	国鉄ÖBBのSバーン7号線がFlughafen Wien駅から市内駅へ向かう。乗り場はCATと同じ空港地下。乗車券は券売機で購入する。大きな荷物を持っている場合、少々不便。	Wien Mitte駅、Praterstern駅	5時19分～翌1時19分、30分間隔	30分	片道2等席€4.30～
安い	ウィーン・エアポート・ライン Vienna Airport Lines	空港バス。路線(VAL)は3つある。乗車券は荷物受取所や到着ロビー、車内で購入できる。	VAL1:Wien Hauptbahnhof駅経由、Wien Westbahnhof駅／VAL2:旧市街のモルツィン広場(MAP:P7D1)／VAL3:ドナウツェントルム(MAP:P3F2)	VAL1:3時30分～翌2時30分、30分間隔／VAL2:5～翌4時、60分間隔／VAL3:5時58分～18時58分、1日7便	VAL1:Wien Westbahnhof駅まで約40分／VAL2:モルツィン広場まで約22分／VAL3:ドナウツェントルムまで約42分	€9.50(往復は€16)
24時間	タクシー Taxi	荷物が多い時や、深夜に到着した場合に便利。支払いの際は料金の10%前後のチップが必要。	市内目的地まで	24時間	30分程度	€36～

●Wien Mitteウィーン・ミッテ駅(MAP:P5E3) ●Pratersternプラーターシュテルン駅(MAP:P5F1) ●Wien Westbahnhofウィーン西駅(MAP:P2C4) ●Wien Hauptbahnhof ウィーン中央駅(MAP:P3D4)

市内交通

地下鉄(Uバーン) U-Bahn

路線は全部で5つ（U1、U2、U3、U4、U6）あり、路線ごとに色分けされているので利用しやすい。運行時間は5時～24時30分頃、運行間隔は3～7分。早朝と深夜は本数が少なくなる。

地下鉄の乗り方

❶ 駅を見つける
乗り場は青地に白で大きく書かれたUマークが目印。

❷ きっぷを買う
券売機はホームに下りる階段の近くにある。1回券のほかフリーパスも購入可能。

❸ 改札を通る
1回券やフリーパスなど刻印が必要なチケットの場合、改札の青い刻印機に差し込む。

❹ ホームへ向かう
路線番号や進行方向の終着駅名が表示された案内板を確認しながら向かおう。

❺ 乗車・下車
列車のドアは自動ではないので、ボタンを押す(新型車両)か、ハンドルを回して(旧型車両)開ける。発車の際は自動で閉まる。降車時も同じ。

便利な系統

U2線:Karlsplatz駅からリンクを半周してウィーン北部へ走る。市庁舎やウィーン国立歌劇場のアクセスに便利。
U3線:市内中心部を東西に横断。美術史博物館、シュテファン寺院へのアクセスに便利。
※U5線新設に伴い、U2線の一部の駅は2028年まで閉鎖予定。この期間はトラムや代替輸送バスを利用しよう

タクシー Taxi

街なかのタクシースタンドで待つか、ホテルやレストランで呼んでもらうのが一般的。流しのタクシーなら、屋根の「TAXI」表示ランプが点灯していたら空車なので、手を挙げて停めよう。

基本料金 €3.80（夜間、日曜、祝日は割増料金）。チップはメーターに表示された料金の10%が目安。

タクシー会社

・TAXI40100 ☎01-40100
・TAXI31300 ☎01-31300

きっぷの種類

公共交通機関(地下鉄、トラム、バス)のきっぷは共通。滞在日数と利用頻度を考慮して購入しよう。

1回乗車券 Einzelfahrschein 料金 **€2.40**

同一方向なら60分以内の乗換えができる。他の交通機関への乗換えも可能。トラムやバスの車内で購入する場合は€2.60

フリーパス Netzkarte 24/72 Studen
料金 **24時間€8、48時間€14.10、72時間€17.10**

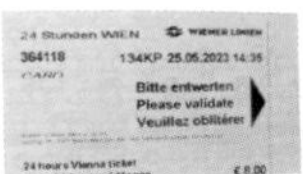

有効期間内なら市内の交通機関に乗り放題。ほかの人に貸すこともできる。使用開始時に刻印する必要がある

8日間パス 8-Tage-karte 料金 **€40.80**

有効期間内なら市内の交通機関に乗り放題。ほかの人に貸すこともできる。使用開始時に刻印が必要

トラム(市電) Strassenbahn

28の系統が走る路面電車。運行は5～24時頃（日曜、祝日は運行しない系統も）、5～10分間隔で運行する。

トラムの乗り方

❶ 停留所を見つける
停留所には右マークの看板がある。標識の上に停留所名、下は走行する路線番号。

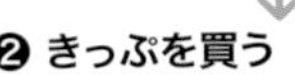

❷ きっぷを買う
きっぷを持っていない場合は車内の発券機で1回券を購入(硬貨のみ、手数料が加算される)。

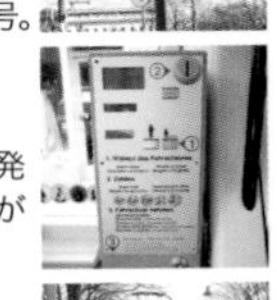

❸ 乗車・下車
開閉はドア横のボタンを押す。乗車券を初めて使う際は、車内の刻印機で打刻。

便利な系統

1番:Ⓤ1・4線Schwedenplatz駅、市庁舎、ウィーン国立歌劇場などリンク通りの西側から南へ抜ける。
2番:市内西側から王宮、Ⓤ1・4線Schwedenplatz駅などリンク通りを半周して市内北へ抜ける。
D番:ウィーン中央駅からベルヴェデーレ宮殿沿いを通り、リンク通り西側を半周してウィーンの森まで走る。

バス Autobus

131の路線が市内を走行する。運行は5～24時頃（リンク内を走るバスは6～20時頃）。ナイトバスもある。

バスの乗り方

「AUTOBUS HALTESTELLE」と書かれた標識が目印。乗車はどこからでもOK。きっぷの刻印はトラムと同じ。降車する停留所の前になったら、赤い降車ボタンを押す。

空港ターミナルは2つ

プラハの空港と交通

全ての国際線が発着するヴァーツラフ・ハヴェル・プラハ国際空港は、プラハ中心部から西へ約17km先にある。市内交通は地下鉄とトラムが便利。

ヴァーツラフ・ハヴェル・プラハ国際空港 Václava Havla Airport

チェコ最大の国際空港。ターミナルは1と2があり、シェンゲン協定加盟国からの便はターミナル2、非加盟国はターミナル1に離発着。両ターミナルは通路で繋がっている。

☎220-111-888 URL www.prg.aero

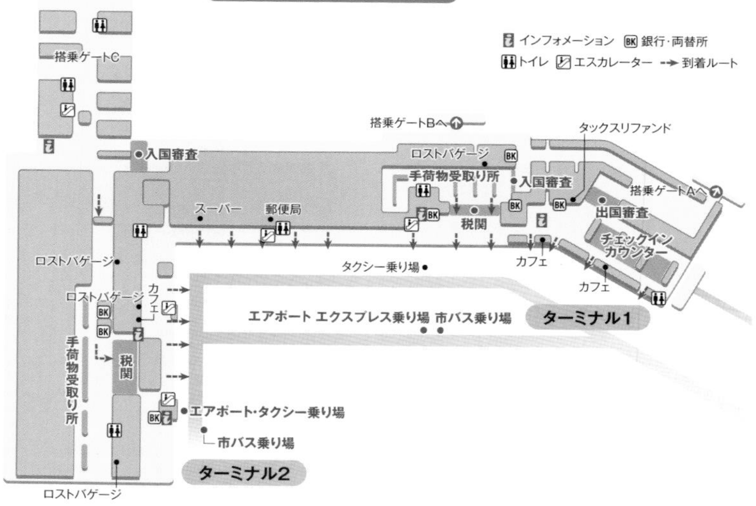

空港からプラハ市内へ

市内への交通機関はバスまたタクシー、送迎車の4つ。安く済ませたいなら市バスで。

	交通機関	特徴	行き先	運行時間	所要時間	料金(片道)
安い	市バス(110番、119番、191番)	乗車券は空港の切符売り場か、バス乗り場の自動券売機、運転手から購入できる。早朝・夜・土日の運行本数が減る便もあるので注意。	100番:ⓂB線Zličín 駅、119番:ⓂA線Nádraží Veleslavín駅、191番:ⓂA線Petřiny駅、ⓂB線Anděl 駅	100番:4時23分～23時42分、10～30分間隔 119番:5時41分～23時36分、5～20分間隔 191番:4時57分～23時30分、30分間隔	100番:約16分 119番:約17分 191番:Petřiny駅まで約24分、Anděl 駅まで約48分	32～40Kč
安い	エアポート エクスプレス Airport Express (Linka AE)	ターミナル1から直通でプラハ本駅まで行く、乗合い空港バス。乗車券は車内で運転手から購入。	Praha-Hlavní Nádraží駅	5時30分～22時30分の30分間隔	約40分	100Kč
早い	エアポート・タクシー Airport Taxi	空港指定のタクシーは2社。乗り場は到着ロビーを出てすぐ。白い車体が目印。	市内どこでも	24時間	旧市街中心部まで約30分	650Kč～
早い	プラハ・エアポート・トランスファー Prague Airport Transfers	定額制の空港送迎サービス。予約はWEBまたは電話で。URL www.puraha.jp	市内どこでも	24時間	旧市街中心部まで約30分	混在送迎1人450Kč～、2人570Kč～、プライベート送迎1人750Kč～、2人990Kč～

●市バス、エアポート エクスプレスの行き先(地下鉄駅)はプラハ路線図(P20)で確認。

市内交通

地下鉄 Metro

A、B、Cの3路線があり、路線図や駅の入口の看板が色分けされているのでわかりやすい。5～24時の間、5～10分間隔で運行。

地下鉄の乗り方

❶ 駅を見つける

矢印のマークが目印。A 線は緑、B 線は黄、C 線は赤に色分けされているので目印に。切符売り場へと向かう。

❷ きっぷを買う

券売機はホームに下りる階段の近くにある。1回券のほかフリーパスも購入可能。

❸ 改札を通る

切符を矢印の方向に従って、改札に備わる黄色の刻印機に差し込む。

❹ ホームへ向かう

降車駅方面の終点駅名が書かれたホームへ進み、電車を待つ。

❺ 乗車、下車

ドアは手動なのでボタンを押して開ける。車内では掲示板で降車駅を確認しよう。降りる際もドアのボタンを押す。

路線の種類

A線:新市街、旧市街、マラー・ストラナと、主要な観光エリアを通る便利な路線。
B線:新市街や旧市街からフローレンツ・バスターミナルなどに行く際に利用する。
C線:ⓂMuzeum駅やⓂFlorenc駅でほかの路線と接続する。

タクシー Taxi

狭い道が多いので、かえって時間がかかってしまうこともある。ぼったくりも多いのでホテルなどで呼び出してもらおう。

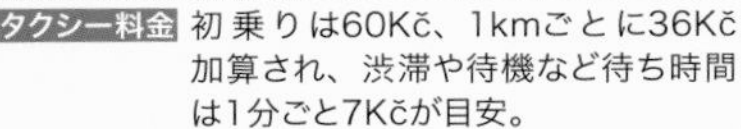

タクシー料金 初乗りは60Kč、1kmごとに36Kč加算され、渋滞や待機など待ち時間は1分ごと7Kčが目安。

タクシー会社

・AAA Taxi ☎222-333-222
・City tax ☎257-257-257

きっぷの種類

地下鉄、トラム、バスなど市内交通のきっぷはすべて共通。購入は駅や停留所にある発券機などで。

1回券(トランスファーチケット)
Krátkodobá(30分)/Základní(90分)

料金 30分30Kč、90分40Kč

きっぷの刻印から有効時間内であれば地下鉄、トラム、バスなどの乗換えが可能。スーツケースなど大きな荷物は別途20Kčのチケットが必要

フリーパス券
Jízdenka 24hodin(24時間)、3dny(3日間)

料金 24時間120Kč、3日券330Kč

きっぷの刻印は最初の乗車のみ。有効期間内であれば地下鉄、トラム、バスなど全交通機関使用可能。きっぷは有効期間が過ぎるまで携帯しておくこと

トラム Tramvaj

市内全域を走っている。運行時間は5～24時、主要路線は5～20分間隔で運行。

トラムの乗り方

❶ 停留所を探す

細長く赤い看板が目印。停留所名、路線番号、路線図、時刻表が掲示されている。

❷ 乗車する

刻印されていないきっぷを持っている場合は、車内の黄色い刻印機に通す。

❸ 降車する

アナウンスはチェコ語のみ。目的地の手前で「STOP」ボタンを押す。ドアの開閉はドア横のボタンを押す。

便利な路線

9番:プラハ本駅、ヴァーツラフ広場、国民劇場、ペトシーン公園のケーブルカー乗り場近くを通り、5区へ行く。
22・23番:新市街、マラー・ストラナ、プラハ城、さらにストラホフ修道院まで行く、観光客にも便利な路線。

バス Autobus

プラハ郊外へ向かうものが多く、観光での利用にはあまり適していない。車体の正面に示された路線番号と行き先を確認してから乗車しよう。

移動の時間と距離も把握！
中欧移動のコツ

陸続きのヨーロッパは移動も簡単で、主な移動手段は飛行機、鉄道、バス。旅行プランと予算に合わせて選ぼう。

各都市を結ぶアクセス早読み表

ウィーンとブダペスト、ウィーンとプラハ間は交通の便がいい。

	ウィーンまで	プラハまで	ブダペストまで
ウィーンから	**ウィーンの交通の起点** 飛行機…ウィーン国際空港(→P236) 鉄道…ウィーン中央駅(MAP:P3D4) バス…ウィーン国際バスターミナル(MAP:P3E4)	飛行機：1日3便 所要約50分 料€218〜 ※オーストリア航空 鉄道：1日11便 所要約4時間〜 料€38.10〜 バス：1日4便 所要約4時間15分 料€23.90〜 ※ユーロラインズ	飛行機：1日3便 所要約45分 料€256〜 ※オーストリア航空 鉄道：1日14便 所要約2時間35分 料€50.50 バス：1日2便 所要約4時間 料€13.90〜 ※ユーロラインズ
プラハから	飛行機：1日3便 所要約50分 料€218〜 ※オーストリア航空 鉄道：1日6便 所要約4時間〜 料819Kč〜 ※チェコ鉄道 バス：1日4便 所要約4時間15分 料€23.90〜 ※ユーロラインズ	**プラハの交通の起点** 飛行機…ヴァーツラフ・ハヴェル・プラハ国際空港(→P238) 鉄道…プラハ本駅(MAP：P17F3) バス…フローレンツ・バスターミナル(MAP:P15E2)	飛行機：週1・2便 所要約1時間 料€72.27〜 ※ライアンエアー(LCC) 鉄道：1日6便 所要約7時間 料771Kč〜※チェコ鉄道 バス：1日1便 所要約7時間 料€35 ※ユーロラインズ
ブダペストから	飛行機：1日3便 所要約45分 料€256〜 ※オーストリア航空 鉄道：1日11便 所要約2時間35分 料1万2540Ft〜 バス：1日30便 所要約4時間 料€19〜 ※フリックス・バス	飛行機：週1・2便 所要約1時間10分 料€72.27〜 ※ライアンエアー(LCC) 鉄道：1日6便 所要約7時間 料1万1780Ft バス：1日30便 所要約7時間20分 料€39.99〜 ※フリックス・バス	**ブダペストの交通の起点** 飛行機…リスト・フェレンツ国際空港(→P240) 鉄道…東駅(MAP:P22B3)、西駅(MAP:P23E2)、南駅(MAP:P22C3) バス…ネープリゲト長距離バスターミナル(MAP:P22B4外)

※料金はすべて片道、2023年5月のもの。

飛行機

短期間で2、3都市をめぐる場合、一番便利な交通手段。フラッグキャリアのオーストリア航空をはじめ、ライアンエアーなど格安航空会社のローコストキャリア（LCC）も多いが、LCCの場合、予約はインターネットのみ。

オーストリア航空 Austrian Airlines	URL www.austrian.com
ライアンエアー Ryanair	URL www.ryanair.com

ブダペストの空港

リスト・フェレンツ国際空港
Liszt Ferenc Nemzetközi Repülőtér

ブダペスト中心部から約20km南東にあるハンガリーの空の玄関口。ターミナルは定期旅客便は第2ターミナルで、シェンゲン協定加盟国経由便はターミナル2A、非シェンゲン加盟国やLCCだと2Bに発着する。空港から市内は市バス＆鉄道、エアポートシャトル、エアポート・タクシーで。

☎1-296-7000 URL www.bud.hu

鉄道

ヨーロッパ各都市を結んでいて利用しやすい。乗車前にホームにある車両編成表、車両にある行き先表示板を確認すること。チケットは駅や各鉄道会社のサイトで購入できる。運賃は早割も設定されているので、日程が決まれば早めに予約するのもおすすめ。また、各国の移動にはユーレイルが販売する、フレキシブルに利用できるレイルパスがお得。

オーストリア鉄道(ÖBB)	URL www.oebb.at/
チェコ鉄道(CD)	URL www.cd.cz/
レギオジェット(Regiojet チェコの私鉄)	URL www.regiojet.com
ハンガリー鉄道(MÁV)	URL www.mavcsoport.hu

レイルパスの料金

ユーレイルグローバルパス
ヨーロッパ33カ国の鉄道が乗り放題。使用日数と有効期限を選べる。ユース(12～27歳)、シニア(60歳以上)向けの割引料金のパスもある。
使用日数5日間、有効期限1カ月：€223
使用日数7日間、有効期間1カ月：€264
使用日数15日間、有効期間2カ月€389
ユーレイル
URL www.eurail.com/jp

←アール・ヌーヴォー建築のプラハ本駅。1階の吹き抜けホールは特に美しい

国際列車の種類

EuroCity(EC) ユーロシティ…ヨーロッパ主要都市を結ぶ国際特急列車
Railjet(RJ)レイルジェット…ÖBBが運行する国内・国際高速列車。ウィーン～プラハ、ブダペスト間を走る。
Railjet Express(RJX)レイルジェットエクスプレス…RJより早いヨーロッパ都市間特急。最高速度230km/h

➡プラハ～ウィーン間を走る、レギオジェットの1等車内

バス

欧州各国の主要都市を結ぶ長距離バスは老舗のユーロラインズをはじめ、格安高速バスのフリックス・バスなど複数ある。飛行機や鉄道と比べると移動時間は長くなるが経済的。バカンス時期などは混雑するので事前に予約を忘れずに。チケットは各都市にある営業所かサイトで購入する。

ユーロラインズ Eurolines	URL www.eurolines.de
フリックス・バス Flix Bus	URL global.flixbus.com
レギオジェット Regiojet	URL www.regiojet.com

オプショナルツアーでらくらく周遊&観光

申し込み マイバス社 URL mybus-europe.jp

限られた滞在期間で効率よく各都市を観光できるのが、現地発着のオプショナルツアー。
安心の日本語ガイドで旅がもっと楽しくなる♪

中欧周遊 ウィーン・ブダペスト・プラチスラバ・プラハ7日間

中世の美しい街並みが残る中欧4カ国を周遊。チェスキー・クルムロフにも立ち寄る。
出発地／到着地 ウィーン／プラハ
催行日 月曜
料金 €776～

ザルツブルクコンビ(市内散策観光&ザルツカンマーグート) ツアー(公認ガイド) ※2023年10月31日までの催行

ザルツブルクの市内観光と、湖水地方のザルツカンマーグートを巡る。ザルツブルク発着。
出発／到着 11時50分／18時頃
催行日 月～金曜 料金 €120～

チェスキー・クルムロフ1日観光

専用車でプラハから日帰り。ガイド付きとフリータイムの2コースを用意。ランチ付き。
出発／到着 8時50分／18時頃
催行日 日本語ガイド：毎日／ガイドなし：火～金曜 [料金]日本語ガイド：€420／ガイドなし：€240

クトナー・ホラ プライベート1日観光

聖バルボラ教会、聖母マリア大聖堂、セドレツ納骨堂へ入場。日本語公認ガイドと専用車付。プラハ発着。
出発／到着 8時55分／16時頃
催行日 毎日(除外日あり)
料金 1人€330(2名参加時)

【プライベート】ウィーンのベストスポットを巡る1日観光

日本語公認ガイドと専用車でシェーンブルン宮殿やシュテファン寺院など名所を回る。
出発／到着 8時55分／16時30分頃
催行日 火～金曜(除外日あり)
料金 1人€525(2名参加時)

【日本語ガイド&専用車付】プラハ半日プライベート観光

プラハ歴史地区を徒歩でめぐる街歩きツアー。日本語ガイドがトラムの乗車方法などもお伝え。
出発／到着 8時55分／12時頃
催行日 月～土曜(除外日あり)
料金 1人€175(2名参加時)

オプショナルツアーは2023年のもの。一部の祝日は不催行のツアーもある。料金に含まれるもの、キャンセル料、集合場所などの詳細は申込時に確認を。

通貨から物価のことまで
お金のこと

通貨や両替、お金事情に物価の目安など、オーストリア、チェコ、ハンガリーのお金にまつわる情報をここでチェックしよう。

オーストリアの通貨とレート

通貨単位はユーロ(€)

通貨単位は欧州統一通貨ユーロ(€)を使用。€100、€200は2019年から新デザイン紙幣が流通している。

€1=約155円

(2023年6月現在)

紙幣は€5〜200の6種(€500紙幣は廃止)、硬貨は€1、€2と補助単位のユーロセント(¢。ドイツ語でツェント)で€1=100¢。

紙幣

€5　€10　€20　€50　€100　€200

硬貨

1¢　2¢　5¢　10¢　20¢　€1　50¢　€2

チェコの通貨とレート

通貨単位はコルナ(Kč)

チェコの通貨単位はコルナ(Kč)。補助通貨はなく、紙幣、硬貨ともに6種類。※EU加盟国なので、ホテルや観光名所、スーパーマーケットなどではユーロも使用可能(ただし、お釣りはコルナ)

1Kč=約6.50円

(2023年6月現在)

紙幣

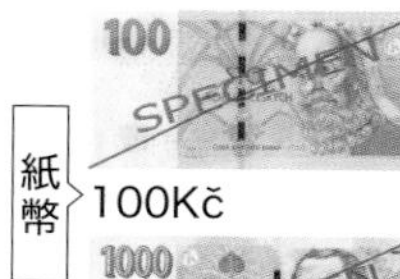

100Kč　200Kč　500Kč　1000Kč　2000Kč　5000Kč

硬貨

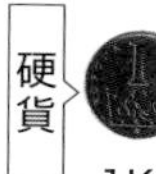

1Kč　2Kč　5Kč　10Kč　20Kč　50Kč

ハンガリーの通貨とレート

通貨単位はフォリント(Ft)

ハンガリーの通貨単位はフォリント(Ft)。補助通貨はなく、紙幣、硬貨ともに6種類。※EU加盟国なので、ホテルや観光名所、スーパーマーケットなどではユーロも使用可能(ただし、お釣りはフォリント)

1Ft=約0.40円

(2023年6月現在)

紙幣

500Ft　1000Ft　2000Ft　5000Ft　1万Ft　2万Ft

硬貨

5Ft　10Ft　20Ft　50Ft　100Ft　200Ft

両替はどうする？ 現地通貨の入手法はさまざま。レートの良し悪しも気にしたいところ。

空港	街なかの両替所	ホテル	ATM
安全＆便利 到着フロアに両替所があるが、一般的に両替レートはあまりよくなく、手数料もかかるので、当面必要な分のみにしたい。	散策中に活用 観光客が集まる場所に多い。両替レートは店によって異なり、手数料もかかるのでまずは店頭の掲示を見て確認しよう。	いつでも可能 両替レートはよくないが、フロントでできるので安心安全。ただし、小規模ホテルなどでは両替不可なところも。	見つけやすい いたるところにある。提携カードは機械の表示で確認。安全面を考慮して、日中、銀行内にあるATMを使いたい。

両替のオキテ

！ユーロは日本のほうが両替レートがよいことも。コルナとフォリントは現地で両替する方がレートはいい。

！多額の現金を持ち歩くのは危険なので、クレジットカードや国際キャッシュカードとの併用がベスト。

！基本的に両替は手数料がかかる。両替所によって異なるが、両替回数を減らしたほうが経済的。

！外貨から日本円の再両替は紙幣のみ。帰国前の買物で硬貨を使おう。不足分はクレジットカードで。

ATMの使い方

3都市には英語対応のATMが設置されている。まず、持参したカードが使えるか、ATM画面やATM周辺のマークで確認後、カードを挿入する。「ENTER PIN（暗証番号入力）」、取引内容「WITHDRAWAL(引き出す）」、クレジットカードの場合「CREDIT」を押して、引き出したい現地通貨を選択。※ATMによって異なる

➡ウィーンの地下鉄駅などに設置されたATM

知っておきたい3都市のお金事情

- キャッシュレス化が進んでいるので、クレジットカードの利用率が高く、多くの場所で使用できる。
- 蚤の市や小さな個人商店では現金払いが基本。小銭を用意しておこう。

※一定額以上でクレジットカードが使える店もあり

チップの目安

チップは義務ではないので、ケースバイケースで。満足いくサービスを受けたとき、感謝の気持ちとして渡したい。

支払い先	チップの目安		
	ウィーン	プラハ	ブダペスト
レストラン	10%程度	10%程度	10～15%
ホテル（ポーター）	荷物1つにつき€1程度	荷物1つにつき10～20Kč	200Ft程度。荷物が多ければ500Ft程度
ホテル（ハウスキーピング）	€1程度	20～30Kč	200Ft程度
ホテル（ルームサービス）	€1程度	20～30Kč	200Ft程度
タクシー	10%程度。荷物が多い、重い場合は多めに	10%程度。荷物が多い、重い場合は多めに	10%程度。荷物が多い、重い場合は多めに

物価の目安

食品は品目によって、日本の物価とほぼ変わらないものもあれば、高いものも。

ミネラルウォーター（500ml）
ウィーン €0.55
プラハ 25Kč
ブダペスト 180Ft

ビール（グラス1杯）
ウィーン €4.52～
プラハ 55Kč～
ブダペスト 800Ft～

スターバックスコーヒーのブレンドコーヒー（T）
ウィーン €4.10
プラハ 99Kč
ブダペスト 1090Ft

タクシー初乗り料金
ウィーン €3.80～
プラハ 60Kč～
ブダペスト 1100Ft～

出発前にも、現地でもチェック！

知っておきたい旅のあれこれ

飲料水、トイレ、Wi-Fi事情に飲酒、喫煙マナーなど中欧旅行で気になるあれこれをまとめて解決。けが・病気、盗難などのトラブル対処法もチェック！

基本のローカルルール

しっかりチェックしておきたいのは喫煙・飲酒・交通など法律に関わるルール。飲酒の際にはパスポートを確認されることも。

電圧・電源

3国は電圧220～230V、周波数50Hz。日本の電化製品を使用するには基本的に変圧器が必要となる。プラグの形はCタイプが一般的で、一部SEタイプも。

喫　煙

3国とも乗物内（駅、空港を含む）、建物内はすべて禁煙。ウィーンのカフェやレストランのテラス席は喫煙可、プラハは店により異なる。ブダペストは原則禁止。

飲用水

オーストリアの水道水はアルプスの湧き水を使っているので飲用可能。チェコとハンガリーは硬水なので体調を壊す恐れもあるのでミネラルウォーターが無難。

飲　酒

ウィーンでの飲酒は16歳以上、プラハとブダペストは18歳以上。プラハの歴史地区（1・2区）では公共の場での飲酒は禁止。

交通ルール

3国とも自動車と自転車は右側通行。ウィーンでは歩道と自転車専用レーンがある。エスカレーターは右に立ち、急ぐ人は左を歩く。公共交通機関のきっぷは必ず刻印すること。

治　安

治安は比較的良好だが、観光客を狙ったスリやひったくりは多発している。特に注意したいのは、混雑している観光名所、ウィーンは西駅、プラハはプラハ本駅周辺、ブダペストは東駅。

トイレ

駅やバスターミナルなど、公衆トイレは基本的に有料。ウィーン€0.50程度、プラハ10～20Kc、ブダペスト200Ftくらい。レストランや美術館では無料で使えるところが多い。

マナー

教会では肌を露出した服装は禁止。ミサが行われているときは見学を控えること。美術館や博物館で撮影可能でもフラッシュや三脚は禁止されているところが多いので注意。

ビジネスアワー

観光名所やレストラン、ショップは定休日のほかに、祝祭日は基本的に休業。3国とも日曜が定休日の店が多く、博物館や美術館は月曜休館が多いので計画的に動こう。

インターネット接続

3国のホテルではWi-Fiの接続サービスがあり、ほとんどが無料。チェックイン時にWi-FiのIDとパスワードを確認しよう。街なかのカフェやファストフード店も無料で使えるところが多い。接続IDとパスワードが必要な場合はスタッフに確認を。スマートフォンやタブレットで常時インターネット接続を希望する場合は、日本で海外用Wi-Fiをレンタルする、海外でも使えるデータプランに加入する、現地対応のSIMカードを購入するなどの対策が必要。

郵便・宅配便の出し方

ウィーン

切手は郵便局、主要ホテルなどで購入可能。ポストに投函して1週間程度で日本に到着する。ハガキ、封書は20gまで€1.90、75gまで€2.90、A4サイズの厚さ3cm、2kgまで€11。小包（長さ×幅×高さの合計が90cmで一辺の最長50cm）は2kgまで€21.80、小包（100cm×60cm×60cm）は1kgまで€22.26、2kgまで€31.51。

郵便局 URL www.post.at

プラハ

切手は郵便局や主要ホテルなどで購入可能。ポストに投函して日本に到着するまで5～10日。プライオリティ（優先郵便）だと4～7日。ハガキ、封書は50gまで45Kč（プライオリティ112Kč）、小包は1kgまで528Kč（プライオリティ661Kč）。

郵便局 URL www.ceskaposta.cz

お役立ちアプリ

Google翻訳
カメラを向けるだけで画像内のテキストを翻訳可能

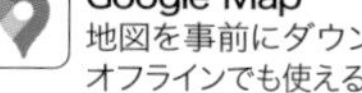

Google Map
地図を事前にダウンロードすればオフラインでも使える

Currency
160以上の通貨と国の為替レートが換算できる

WienMobil
ウィーン交通局の公式アプリ。切符購入も可能

Uber
言葉の心配なくタクシーの配車依頼ができる

ケガ・病気

ツアー参会者は、すぐに添乗員に連絡を。個人旅行の場合は、海外旅行保険のサポートデスクなどに連絡して、日本語対応可能な病院の案内を受けよう。海外の医療費は高額になるため、保険には必ず入っておこう。

トラブルに遭遇したら

まずは警察署に届け出る。交通事故で必要であれば救急車も。盗難にあったときは警察で盗難や紛失の証明書を発行してもらう。詳細は下記参照。

海外旅行保険は必須

万一のけがや病気に備えて、海外旅行保険には入っておきたい。多数の保険会社がインターネットで受付を行っているので、ホームページで確認しよう。また、空港のカウンターや自動販売機でも加入できる。

- ジェイアイ傷害火災 t@biho たびほ
  URL tabiho.jp
- 東京海上日動 旅これッ!
  URL www.tabikore.jp
- 三井住友海上
  URL www.ms-ins.com
- AIG損保 URL travel.aig.co.jp/ota

電話のかけ方

ホテルからかける場合は、外線番号を押した後、相手先の電話番号をダイヤル。携帯電話は会社によって料金形態が異なるので確認を。

3国から日本への国際電話

直通ダイヤルの場合

00	▶	81	▶	相手先の電話番号
国際電話識別番号		日本の国番号		最初の0はとる

東京03-1234-5678にかける場合00-81-3-1234-5678となる

日本から各国への国際電話

※1 NTTコミュニケーションズ…0033、ソフトバンク…0061
※マイライン(2024年1月終了予定)に登録していない場合は、電話会社の識別番号(NTTコミュニケーションズ…0033、ソフトバンク…0061など)を最初につける

アプリを利用して無料電話!

LINE:自分と相手がどちらもインストールしてあれば、国内同様無料通話が可能。日本と変わらないトークや写真のやり取りもできる。

Messenger:お互いにインストールしてあれば利用可能。メッセンジャーはもちろん、通話も無料。さらにテレビ電話も利用できる。

盗難・紛失

多額の現金や貴重品は持ち歩かず、セーフティボックスなどを活用したい。
万が一、盗難にあったり紛失した場合でも、冷静に下記の手順を。

クレジットカード

不正使用を防ぐため、すぐカード会社に連絡して無効手続きを行う。カード番号や有効期限が必要となるので事前に控えておくといい。

問合先

- VISA グローバル・カスタマー・アシスタント・サービス
  ☎+1-303-967-1090(コレクトコール)
- Mastercard グローバル・サービス(トールフリー)
  オーストリア☎0800-07-06-138
  チェコ☎800-142-494
  ハンガリー☎06800-12517
- JCB
  オーストリア、チェコ
  ☎81-422-40-8122(コレクトコール)
  ハンガリー☎06-800-11956(トールフリー)

現金・貴重品

警察に届け、盗難(紛失)届受理証明書を発行してもらう。ホテル内で盗難・紛失にあった場合は、フロントを通じて警察に連絡する。貴重品については帰国後、海外旅行傷害保険に加入した保険会社に連絡し、申請を行う。現金は基本的に保険対象外。

パスポート

盗難・紛失の際は、現地日本国大使館で「帰国のための渡航書」の発給を申請する。この場合、顔写真や戸籍謄本などが必要になる。詳細は現地の日本国大使館のサイトで確認を
URL www.mofa.go.jp/mofaj/toko/passport/

帰国のための渡航書の申請

警察署で盗難(紛失)届受理証明書を発行してもらう
▼
現地の日本国大使館にてパスポートの失効手続きをする
▼
現地の日本国大使館にて必要書類を提出し帰国のための渡航書を申請

緊急時には!

EU共通緊急通報☎112

オーストリア

在オーストリア(ウィーン)日本国大使館
☎01-531920 MAP:P4B1
警察☎133
救急☎144

チェコ

在チェコ共和国日本国大使館
☎257-533546 MAP:P19D3
警察☎158
救急☎155

ハンガリー

在ハンガリー日本国大使館
☎06-1-398-3100
MAP:P22A3
警察☎107
救急☎104
ツーリスト・ポリス
☎1-438-8080

見たい、食べたい、行きたい場所がすぐわかる♪

せかたび的 ウィーン・プラハ まとめ。

「せかたびウィーン・プラハ」に掲載の物件を
4都市ごとに一覧できる便利なインデックス。
観光スポットにレストラン、ショップまで
行きたいところをチェック！

- ウィーン ……エリア名
- 絶景スポット ……ジャンル名
- P000 ……本誌掲載ページ
- aa ……MAP掲載ページ
- ★★★ ……各都市の魅力あふれる、絶対に行きたい場所
- ★★ ……滞在中、時間に余裕があれば行ってみたい場所
- ★ ……「知りたい」「やってみたい」と興味があれば楽しめる場所
- 定番！ ……各都市を代表する超有名店。一度は足を運んでみよう
- オススメ！ ……編集部のオススメ店。ぜひチエックしてみて

ウィーン

見る

	店・スポット名	星評価	ジャンル名	データ	掲載ページ	MAP
あ	アウグスティナー教会	★	教会	⏰7時30分～17時30分(火・木曜は～19時15分、土・日曜は9時～19時30分) ㊡なし	P57	P6B3
	ウィーナー・アイストラウム	★	スケートリンク	⏰1月下旬～3月中旬の10～22時 ㊡期間中なし	P117	P4B2
	ヴォティーフ教会		教会	⏰11～17時(土曜は～19時、日曜は9～13時) ㊡月曜	−	P4B1
	MQリベッレ	★	展望地	⏰10～22時 ㊡火曜、11～3月(悪天候時は飲食店休み)	P123	P8C2
	演劇博物館		博物館	⏰10～18時 ㊡火曜	−	P6B4
	王宮庭園	★	庭園	⏰6～22時(11～3月は7時～17時30分) ㊡なし	P57	P6A4
	王宮宝物館	★★	博物館	⏰9時～17時30分 ㊡火曜	P57	P6A3
か	家具博物館	★	博物館	⏰10～17時 ㊡月曜	P102	P2C3
	カールス教会	★	教会	⏰9～18時(日曜、祝日は12～19時) ㊡なし	P123	P4C4
	カーレンベルクの丘	★	展望地	⏰㊡見学自由	P127	P3E1
	カプツィナー教会	★	教会	⏰10～18時(木曜は9時～、納骨堂は11～13時) ㊡なし	P119	P6C3
	旧王宮	★★★	王宮	⏰9～17時 ㊡なし	P58	P6A3
	銀器コレクション	★	博物館	⏰9～17時 ㊡なし	P58	P6A3
	皇室馬車博物館	★	博物館	⏰9～17時(1月中旬～3月中旬は10～16時) ㊡なし	P53	P2B4
	国立図書館(プルンクザール)	★	図書館	⏰10～18時(木曜は～21時) ㊡10～5月の月曜	P57	P6B3
	国会議事堂	★	国会議事堂	⏰9～19時(水曜は～17時)※ガイドツアーは要予約 ㊡日曜、祝日	P124	P4B2
	コールマルクト通り	★	通り	⏰㊡見学自由	P119	P6B2
さ	シェーンブルン宮殿	★★★	宮殿	⏰8時～17時30分(11～3月は～17時) ㊡なし	P52	P2B4
	自然史博物館	★	博物館	⏰9～18時(水曜は～20時) ㊡火曜	P124	P8C1
	市庁舎	★	名所	⏰ドイツ語ガイドツアー：月・水・金曜の13時～ ㊡火・木・土・日曜	P125	P4A2
	シュテファン寺院	★★★	教会	⏰6～22時(日曜、祝日は7時～)、有料エリアは場所により異なる ㊡なし	P60	P7D2
	新王宮	★	王宮	⏰10～18時(施設により異なる) ㊡月曜または水曜(施設により異なる)	P57	P6A4
	スペイン乗馬学校		馬術鑑賞	⏰9～16時 ㊡月曜、2月1・2日	−	P6B3
は	ハイリゲンシュテッター公園	★	公園	⏰㊡見学自由	P127	P2C1
	ハウス・デア・ムジーク		博物館	⏰10～22時 ㊡なし	−	P7D4
	フォルクス庭園	★	庭園	⏰6～22時(11～3月は7時～17時30分) ㊡なし	P102	P4B2
	プラットフォーム-ナイン	★	アクティビティ	⏰14～20時 ㊡月～金曜	P49	P5F1
	ブルク劇場	★	劇場	⏰日本語ガイドツアー：木・金曜15時～、土・日曜、祝日11時～ ㊡月曜	P125	P4B2
	ペーター教会	★	教会	⏰7～20時(土・日曜、祝日は9～21時、冬期は変動あり) ㊡なし	P119	P6C2

ホーフブルク(王宮)敷地内。伝統の古典乗馬が鑑賞できる

	店・スポット名	星評価	ジャンル名	データ	掲載ページ	MAP
	ベートーヴェンの散歩道	★	遊歩道	⏰㊡見学自由	P127	P2C1
	ベートーヴェン博物館	★	博物館	⏰10～13時、14～18時 ㊡月曜	P127	P2C1
	ペスト記念柱	★	記念柱	⏰㊡見学自由	P119	P6C2
ま	マリア・テレジア広場	★	広場	⏰㊡見学自由	P124	P9D1
	ミュージアムクォーター・ウィーン	★	複合施設	⏰㊡施設により異なる	P123	P8C2
ら	レオポルツベルク	★	展望地	⏰㊡見学自由	P127	P3E1
カフェタイム か	カフェ・クンストハウス・ウィーン	オススメ!	カフェ	⏰10～18時 ㊡なし	P71	P5F2
	カフェ・ザッハー	定番!	カフェ	⏰8～20時 ㊡なし	P64	P6C4
	カフェKHM	定番!	カフェ	⏰10時～17時30分（木曜は～20時30分）㊡なし（9～5月は月曜）	P70	P9D1
	ゲルストナー	定番!	カフェ	⏰10～23時 ㊡なし	P68	P6C4
さ	サロンプラフォン・イム・マック		レストラン	⏰10～24時 ㊡なし	P71	P7F3
	シュペルル	定番!	カフェ	⏰7～22時（日曜は10～20時）㊡7・8月の日曜	P66	P9D3
た	ツェスニェフスキー	定番!	軽食スタンド	⏰8時30分～19時30分（土曜は9～18時、日曜は10～17時）㊡なし	P69	P6C2
	ツェントラル	オススメ!	カフェ	⏰8～21時（日曜、祝日は10時～）㊡なし	P66	P6A1
	ツム・シュヴァルツェン・カメール	オススメ!	デリカテッセン&レストラン	⏰8～24時（デリカテッセンは～20時）㊡なし	P69	P6B2
	デメル	オススメ!	カフェ	⏰10～19時 ㊡なし	P65	P6B2
は	ハイナー	オススメ!	カフェ	⏰9～19時（日曜、祝日は10時～）㊡なし	P68	P7D2
	ハヴェルカ		カフェ	⏰8～24時（金・土曜は～翌1時、日曜は9～20時）㊡なし	P67	P6C3
	パルメンハウス		カフェ	⏰10～23時（土・日曜は9時～）㊡1・2月の月・火曜	P119	P6B4
ま	モーツァルト		カフェ	⏰8～23時 ㊡なし	P67	P6C4
アート あ	アメリカン・バー	★	建築	⏰12時～翌4時 ㊡なし	P77	P6C3
	アルベルティーナ近代美術館	★	美術館	⏰10～18時 ㊡なし	P123	P4C4
	アルベルティーナ美術館	★	美術館	⏰10～18時（水・金曜は～21時）㊡なし	P57	P6B4
	アンカー時計	★	建築	⏰㊡見学自由	P77	P7D1
	エンゲル薬局	★	建築	⏰㊡見学自由（外観のみ）	P77	P6B1
	オットー・ヴァグナー・パヴィリオン・カールスプラッツ	★★	建築	⏰10～13時、14～18時 ㊡11月～3月中旬	P77	P4C4
	オーストリア応用美術博物館	★	博物館	⏰10～18時（火曜は～21時）㊡月曜	P123	P5D2
か	クンストハウス・ウィーン	★★★	美術館	⏰10～18時 ㊡なし	P79	P5F2
さ	シュピッテラウ焼却場	★	建築	⏰㊡見学自由（外観のみ）	P78	P2C2
た	ドナウ運河のパビリオン	★	建築	⏰㊡見学自由	P78	P5F2
は	ハイディ・ホーテン・コレクション	★	美術館	⏰11～19時（木曜は～21時）㊡火曜	―	P6B4
	美術史博物館	★★★	美術館	⏰10～18時（木曜は～21時）㊡9～5月の月曜	P74	P9D1
	フンデルトヴァッサー・ヴィレッジ	★	建築	⏰9～18時 ㊡なし	P79	P5F2
	フンデルトヴァッサーハウス	★★	建築	⏰㊡見学自由（外観のみ）	P78	P5F2
	分離派会館	★★★	美術館	⏰10～18時 ㊡月曜	P76	P9E3
	ベルヴェデーレ上宮	★★★	美術館	⏰9～18時（金曜は～21時）㊡なし	P72	P3D4
ま	メダイヨン・マンション&マヨリカハウス	★	建築	⏰㊡見学自由（外観のみ）	P77	P8C4
や	郵便貯金局	★	建築	⏰13～18時（木曜は～20時）㊡土・日曜、祝日	P77	P7F2
ら	レオポルト・ミュージアム	★	美術館	⏰10～18時 ㊡火曜	P72	P8C2
	ロースハウス	★	建築	⏰㊡見学自由（外観のみ）	P77	P6B2
音楽 あ	ウィーン国立歌劇場	★★★	劇場	⏰㊡演目により異なる	P80	P4C3
	王宮礼拝堂	★	礼拝堂	⏰10～14時（金曜は～13時）※ミサは夏休み期間を除く日曜朝 ㊡水・木・土・日曜	P132	P6A3
か	楽友協会	★★★	コンサートホール	⏰㊡演目により異なる	P82	P4C4
	コンツェルトハウス	★★	コンサートホール	⏰㊡演目により異なる	P83	P5D4
さ	ザンクト・マルクス墓地	★	墓地	⏰6時30分～20時（10～3月は～18時30分）㊡なし	P85	P3E4
	シェーンブルン宮殿オランジェリー	★	コンサート場	⏰20時30分～ ㊡なし	P83	P2B4
	市立公園	★	公園	⏰㊡見学自由	P85	P7F4

ュージ
ム内に
開 放
抜 群
カフェ
併設

	店・スポット名	星評価	ジャンル名	データ	掲載ページ	MAP
た	中央墓地	★★★	墓地	7～19時(時期により異なる) ㊡なし	P84	P3F1
は	フォルクスオーパー	★	劇場	㊡演目により異なる	P81	P2C2
ま	モーツァルト伝説	★★	アート施設	10～20時(土・日曜、祝日は～18時) ㊡なし	P85	P6C3
	モーツァルトハウス・ウィーン	★	博物館	10～18時 ㊡月曜	P85	P7D2

おいしいもの

	店・スポット名	星評価	ジャンル名	データ	掲載ページ	MAP
あ	アイス・グライスラー		ジェラテリア	8～18時 ㊡冬期	P97	P7D1
	アマリングバイスル	オススメ!	バイスル	17時～翌2時(土・日曜、祝日は12時～) ㊡なし	P88	P8B2
	アンカー	定番!	ベーカリー	5～19時 ㊡なし	P95	P7E1
	ヴァイン・ウント・コー	オススメ!	レストラン&ワインバー	9～22時(木・金曜は～24時、土曜は10～24時、祝日は11～20時) ㊡日曜	P98	P6C2
	ヴィガニスタ・アイス	オススメ!	ジェラテリア	14～18時(金～日曜は12～22時) ㊡なし	P96	P4A3
	ヴィトヴェ・ボルテ		バイスル	17時30分～22時30分(土・日曜は12時～) ㊡なし	P88	P8B2
	ヴォルフ		ホイリゲ	11時30分～24 時 ㊡11～3月の平日(クリスマスは営業)	P129	P2A1
	エスターハージーケラー	定番!	ワインケラー	16～22時LO(土・日曜、祝日は11時～) ㊡月曜	P98	P6B2
	オーフェンロッホ		ウィーン料理	11時30分～23時 ㊡日曜	P86	P6C1
か	ギゲル	オススメ!	シュタットホイリゲ	15～24時 ㊡日曜	P99	P7D3
	グラーシュ・ウント・ゼーネ		ウィーン料理	8～24時 ㊡なし	P87	P5D3
	グリーヒェンバイスル	定番!	バイスル	11時～22時LO ㊡なし	P89	P7E1
	クリオ	オススメ!	カフェ&バー	9～23時(木～土曜は～24時) ㊡なし	P101	P5E2
さ	ザノーニ・ザノーニ	定番!	ジェラテリア	7～24時 ㊡1月~2月中旬	P96	P7D2
た	ダス・ロフト		レストラン	6時30分～10時30分、16時～翌1時(曜日により異なる) ㊡なし	P100	P5D2
	ツア・アイゼネン・ツァイト		バイスル	8～23時 ㊡日曜	P91	P9E4
	ツヴェルフ・アポステルケラー	定番!	ワインケラー	11～24時 ㊡12月24日	P99	P7E2
	ツム・ヴァイセン・ラオホファングケーラー		ウィーン料理	12～24時 ㊡なし	P86	P7D3
	ツム・マルティン・セップ		ホイリゲ	12～23時 ㊡1月1～13日	P128	P2C1
	デリ		インターナショナル	7～23時(日曜は10～21時) ㊡なし	P91	P9D4
	トゥフラウベン・アイス		ジェラテリア	10時～23時30分(日曜は11時～) ㊡なし	P97	P4C3
	ドクター・ファラフェル		ファラフェル	8～18時 ㊡日曜	P91	P9D4
	トルム		回転式レストラン	11時30分～15時LO、18時～22時30分LO ㊡なし	P101	P3F1
な	ナッシュマルクト		市場	6～21時(土曜は～18時、レストランは～23時頃)、店舗により異なる ㊡なし	P90	P9D4~E3
	ノルトゼー		ファストフード	10～21時(日曜は10～18時) ㊡なし	P93	P6B2
は	パラチンケンクーフル		ウィーン料理	11～22時LO ㊡なし	P89	P7E1
	ビッツィンガー	定番!	ソーセージスタンド	8時～翌4時(月・火曜は～翌3時) ㊡なし	P92	P6B4
	フアガッスル・フーバー		ホイリゲ	14～23時(金・土曜は～24時、日曜、祝日は12～22時) ㊡なし	P129	P2A1
	フィグルミュラー	定番!	ウィーン料理	11時～21時30分LO ㊡なし	P86	P7D2
	プラフッタ	オススメ!	ウィーン料理	11時30分～23時LO ㊡なし	P87	P7F3
	ベッカライ・アルトゥア・グリム		ベーカリー	7～18時(土曜は8～13時) ㊡日曜	P95	P6C1
	ホルツオーフェンベッカライ・グラッガー&シー	オススメ!	ベーカリー	8～18時 ㊡日曜	P94	P6B3
ま	マイヤー・アム・プファールプラッツ		ホイリゲ	3～10月12～23時、11～4月16～23時(日曜、祝日は12～23時) ㊡なし	P129	P2C1
	ミュラーバイスル		バイスル	10時～23時30分LO ㊡なし	P89	P7D4
	モットー・アム・フルス	定番!	カフェ&バー	8～24時 ㊡なし	P100	P7E1
や	ヨーゼフ・ブロート		ベーカリー	7～19時(土曜は8～18時) ㊡日曜	P95	P6B2
ら	ルドルフスホーフ		ホイリゲ	9～24時 ㊡11～3月	P128	P2C1

地上170m、ドナウタワーの回転レストラン

ソーセージのお供に、アルムドゥードゥラー€2.30を

おかいもの

	店・スポット名	星評価	ジャンル名	データ	掲載ページ	MAP
あ	A.E.ケッヒェルト		ジュエリー	10～18時(土曜は～17時) ㊡日曜	P107	P6C3
	アウガルテン	オススメ!	陶磁器	10～18時 ㊡日曜	P107	P6C3
	アレス・サイフェ		石けん	12～18時(土曜は9～17時) ㊡日曜	P91	P9E3
	アルトマン&キューネ		チョコレート	9時～18時30分(土曜は10～17時) ㊡日曜	P108	P6C2
	ウィーナー・ザイフェ		石けん	10～18時 ㊡日曜	P121	P6A2
	ウィーナー・ショコラーデ・ケーニッヒ・レシャンツ	オススメ!	チョコレート	10～18時 ㊡日曜	P109	P6C2

ースリン ブドウ品 のビネガ €20/ 0ml

エハー の詰め わせ 5.49

	店・スポット名	星評価	ジャンル名	データ	掲載ページ	MAP
	MQポイント		ミュージアムショップ	⏲10～19時 ㊡なし	P104	P8C1
か	カーラ		リサイクルセンター	⏲9～18時（土曜は～15時）㊡木・日曜	P115	P2C4
	カールス広場の手工芸マーケット		クリスマス市	⏲11月中旬～12月23日の12～20時 ㊡期間中なし	P117	P4C4
	カレ		雑貨	⏲9時30分～19時（木・金曜は～19時30分、土曜は～18時）㊡日曜	P123	P8C3
	旧王宮ミュージアムショップ	定番！	ミュージアムショップ	⏲9～17時 ㊡なし	P103	P6A3
	グラーフ&グレーフィン・フォン・ライムントホーフ		雑貨	⏲11～18時 ㊡日曜	P104	P8B3
	グリューネ・エアデ	オススメ！	コスメ	⏲10～19時（土曜は～18時）㊡日曜	P105	P8C3
	ゲーゲンバウアー		ビネガー	⏲10～18時（土曜は8～17時）㊡日曜	P91	P9E3
さ	ザッハー・コンフィセリー・ヴィエナ	定番！	チョコレート	⏲10～22時 ㊡なし	P109	P6C4
	シェーンブルン宮殿前のクリスマス&ニューイヤーマーケット		クリスマス市	⏲11月中旬～1月上旬の10～21時（12月24日は～16時、12月25日～1月4日は～18時）㊡期間中なし	P117	P2B4
	市庁舎前広場のクリスマスマーケット	定番！	クリスマス市	⏲11月中旬～12月26日の10時～21時30分（時短あり）㊡期間中なし	P116	P4B2
	シュパー・グルメ	定番！	スーパーマーケット	⏲7時30分～20時（土曜は8時30分～18時）㊡日曜	P111	P4C3
	ショコカンパニー		チョコレート	⏲10～18時（4～10月は9時30分～21時、土曜は9時～）㊡日曜	P91	P9E4
	スワロフスキー		クリスタルガラス	⏲ 9～19時（土曜は～18時）㊡日曜	P121	P6C4
	セント・チャールズ・ストア・ヴィエナ		コスメ	⏲10時～18時30分（土曜は～18時）㊡日曜	P120	P6A2
た	ツア・シュヴェービッシェン・ユングフラウ		リネン	⏲10～18時（土曜は～17時）㊡日曜	P106	P6C2
	デーエム	オススメ！	ドラッグストア	⏲8～19時（土曜は～17時）㊡日曜	P111	P4C3
な	ナッシュマルクトの蚤の市	定番！	蚤の市	⏲土曜6時30分～15時（12月14・31日は～12時）㊡日～金曜、12月25・26日、1月1・6日	P114	P8C4
は	ベルヴェデーレ宮殿前のクリスマスマーケット		クリスマス市	⏲11月中旬～12月31日の11～21時（時短あり）㊡期間中なし	P117	P5D4
	ヘルツィライン・パペテリー		紙製品	⏲10～19時（土曜は～18時）㊡日曜	P120	P7E2
	ベルンドルフ		カトラリー	⏲10時～18時30分（土曜は～17時）㊡日曜	P106	P7E2
ま	マリア・シュトランスキー		プチポワン	⏲11～17時 ㊡土～水曜	P107	P6A3
	マンナー	定番！	菓子	⏲10～21時 ㊡なし	P104	P7D2
	ミュールバウアー		帽子	⏲10時～18時30分（土曜は～18時）㊡日曜	P121	P6C3
や	ユリウス・マインル	定番！	スーパーマーケット	⏲8時～19時30分（土曜は9～18時）㊡日曜	P110	P6B2
ら	ロブマイヤー		クリスタルガラス	⏲10～18時 ㊡日曜	P106	P6C4
あ	アム・コンツェルトハウス・ウィーン・Mギャラリー		高級	[客室数]211室 (料)スーペリア€184～	P225	P5D4
	インペリアル・ラグジュアリー・コレクション・ホテル・ウィーン		最高級	[客室数]138室 (料)クラシック€460～	P225	P4C4
	オーストリア・トレンド・ホテル・ヨーロッパ・ウィーン		高級	[客室数]160室 (料)ⓈⓉ€162～	P225	P6C3
か	カイザリン・エリザベート		高級	[客室数]60室 (料)Ⓢ€160～Ⓓ€217～	P225	P7D3
	グランド・ホテル・ウィーン		高級	[客室数]205室 (料)スーペリア€300～	P225	P4C3
	K+Kホテル・マリア・テレジア		高級	[客室数]132室 (料)ⓈⓉ€159～	P225	P8B2
さ	ザッハー・ウィーン		最高級	[客室数]152室 (料)デラックス€657～	P224	P6C4
	ザ・リッツ・カールトン・ウィーン		最高級	[客室数]202室 (料)デラックス€488～	P225	P5D3
は	ヒルトン・ウィーン・プラザ		高級	[客室数]254室 (料)ⓈⓉ€192～	P225	P4B1
	ブリストル-ア・ラグジュアリー・コレクション		最高級	[客室数]150室 (料)クラシック€357～	P225	P4C3
ら	ローズウッド・ウィーン		最高級	[客室数]99室 (料)デラックス€650～	P225	P6C2
か	クーエリンガー城跡	★	城跡	⏲㊡見学自由	P131	P131
た	デュルンシュタイン修道院	★	修道院	⏲9～17時（日曜、祝日は10時～、7～9月の土曜は～20時）㊡11～3月	P131	P131
ま	メルク修道院	★	修道院	⏲9時～17時30分（11月上旬～3月は変動あり。一部によりガイドツアーのみ）㊡なし	P130	P130

ホテル

少し遠くへ

ザルツブルク

見る

	店・スポット名	星評価	ジャンル名	データ	掲載ページ	MAP
か	ゲトライデ通り	★★	通り	⏲㊡見学自由	P139	P12B・C2
さ	ザンクト・ペーター修道院教会	★★★	修道院	⏲8～20時 ㊡なし	P139	P12C3
	祝祭劇場	★	劇場	⏲ガイドツアー14時（7・8月は9時、14時）㊡12月24～26日	P139	P12B3
た	大聖堂	★★	大聖堂	⏲8～18時（1・2・11月は～17時、日曜、祝日は通年13時～）㊡なし	P138	P13D3

カテゴリ		店・スポット名	星評価	ジャンル名	データ	掲載ページ	MAP
	は	ホーエンザルツブルク城	★★★	城	⏲8時30分～20時(10～4月は9時30分～17時) ㊡なし	P140	P13D4
	ま	ミラベル宮殿	★★★	宮殿	⏲8～16時(火・金曜は13時～、庭園は6時～日没) ㊡なし	P141	P13E1
		メンヒスベルクの丘	★	展望地	⏲エレベーター:8～21時(月曜は～19時) ㊡なし	P146	P12A2
		モーツァルトの住居	★	名所	⏲9時～17時30分 ㊡なし	P139	P12C1
		モーツァルトの生家	★	名所	⏲9時～17時30分 ㊡なし	P138	P12C2
		モーツァルト広場	★	広場	⏲㊡見学自由	P138	P13D3
	ら	レジデンツ&レジデンツギャラリー	★★★	宮殿	⏲10～17時 ㊡9～6月の火曜	P141	P12C3
おいしいもの	さ	ザンクト・ペーター・シュティフツケラー	オススメ!	レストラン	⏲12～22時 ㊡なし	P142	P12C4
		シュティーグルケラー		レストラン	⏲11～23時 ㊡なし	P142	P13D4
	た	トマセリ	定番!	カフェ	⏲7～19時(日曜、祝日は8時～) ㊡なし	P142	P12C3
おかいもの	あ	アツヴァンガー	オススメ!	名産品	⏲11～18時(土・日曜は～17時) ㊡1～6月、9～11月の日曜	P143	P12C2
	か	ゲシェンケ・アウス・デン・シュタットアルカーデン		ドライフラワー	⏲10～18時(日曜は～17時、12月は～19時30分) ㊡1・2月の日曜	P143	P12C2
	た	ドーム広場とレジデンツ広場のクリスマス市	★	クリスマスマーケット	⏲11月下旬～12月26日10時～20時30分(曜日により異なる。12月25・26日は11～18時) ㊡期間中なし	P143	P12C3/13D3
	は	フュルスト	定番!	スイーツ	⏲9～19時(日曜は10～17時) ㊡なし	P143	P12C3
ホテル	あ	ヴォルフ・ディートリッヒ		高級	[客室数]40室 (料)Ⓢ①€177～	P228	P13D1
	さ	ザッハー・ザルツブルク		高級	[客室数]111室 (料)ⓈⓉ€459～	P228	P12C2
		シュロス・メンヒシュタイン		古城ホテル	[客室数]24室 (料)Ⓢ€430～、Ⓣ€480～	P228	P12A1
少し遠くへ	か	カトリック教会	★	教会	⏲9～18時頃(土・日曜は～17時頃、冬期は～15時30分頃) ㊡なし	P145	P144
	さ	ザルツコントール		名産品	⏲10～17時(7・8月は～18時) ㊡なし	P145	P144
		ゼーホテル・グリュナー・バウム		中級ホテル	[客室数]30室 (料)Ⓢ€169～Ⓣ€287～	P228	P144
	は	ハルシュタット塩坑	★	名所	⏲9時30分～16時(11～3月は～14時30分) ㊡なし	P145	P144
		ヘリテージ		中級ホテル	[客室数]54室 (料)Ⓣ€173～	P228	P144
	ま	マルクト広場	★	広場	⏲㊡見学自由	P145	P144

プラハ

カテゴリ		店・スポット名	星評価	ジャンル名	データ	掲載ページ	MAP
見る	あ	石の鐘の家	★	名所	⏲10～20時 ㊡月曜	P190	P16C2
		ヴァーツラフ広場	★	広場	⏲㊡見学自由	P197	P17D3
		黄金の小路	★★★	雑貨ストリート	⏲9～17時(11～3月は～16時) ㊡なし	P157	P19D1
	か	壁の中の聖マルティン教会	★	教会	コンサート:⏲土曜の17時～(季節により異なる)	P161	P16C3
		火薬塔	★	名所	⏲10～18時(6～8月は～21時、12月は～20時) ㊡なし	P189	P17D2
		カレル橋	★★★	橋	⏲㊡見学自由	P152	P16A2
		旧王宮	★	王宮	⏲9～17時(11～3月は～16時) ㊡10月28日、12月24日	P157	P19D2
		旧市街側の橋塔	★	橋塔	⏲10～18時(4・5・9月は～19時、6～8月は～21時、12月は～20時) ㊡なし	P153	P16B2
		旧市街広場	★	広場	⏲㊡見学自由	P189	P16C2
		旧市庁舎	★★★	名所	⏲9～19時(1～3月は10時～、月曜は11時～) ㊡なし	P190	P16C2
		クレメンティヌム	★	名所	⏲10～17時 ㊡なし	P189	P16B2
		黒い聖母の家	★	名所	⏲㊡見学自由	P189	P17D2
		ゴルツ・キンスキー宮殿	★	宮殿	⏲国立美術館:10～18時 ㊡月曜	P190	P16C2
		国民劇場	★	劇場	⏲㊡公演により異なる	P162	P16B4
		国立博物館	★	博物館	⏲10～18時 ㊡なし	P197	P17E4
	さ	市民会館	★★	コンサートホール	⏲10～19時(見学ツアーは不定期開催) ㊡不定休	P159	P17D2
		シュテルンベルク宮殿	★	美術館	⏲10～17時 ㊡月曜	P193	P18C2
		シュペイブル&フルヴィーネク劇場	★	劇場	⏲演目によって異なる ㊡不定休	P206	P14B1
		ジョン・レノンの壁	★	名所	⏲㊡見学自由	P193	P19E3
		勝利の聖母マリア教会	★	教会	⏲8時30分～18時(日曜は～19時) ㊡なし	P193	P19D3
		ストラホフ修道院	★	修道院	⏲9～12時、12時30分～17時 ㊡なし	P194	P18A3

建物の外壁には名前の由来となった黒い聖母像がある

	店・スポット名	星評価	ジャンル名	データ	掲載ページ	MAP
	スメタナ博物館	★	博物館	🕒10～17時 ㊡火曜	－	P16B2
	スメタナホール	★★★	コンサートホール	🕒㊡公演により異なる	P160	P17D2
	聖イジー教会	★★★	教会	🕒9～17時(11～3月は～16時、日曜は12時～) ㊡12月24日	P156	P19D2
	聖ヴィート大聖堂	★★★	大聖堂	🕒9～17時(11～3月は～16時、日曜は12時～)※ミサの時は閉館の場合あり ㊡12月24日	P156	P18C2
	聖サルヴァトール教会	★★★	教会	コンサート:🕒18時～、20時～(季節により異なる) ㊡なし	P161	P16B2
	聖ミクラーシュ教会(旧市街広場)	★★	教会	🕒10～16時(日曜は12時～) ※日・水曜は入場不可な時間帯あり ㊡なし	P161	P16C2
	聖ミクラーシュ教会(マラー・ストラナ)	★	教会	🕒9～17時(7・8月の日～木曜は～18時、冬期は時間短縮) ㊡なし	P193	P19D2
た	ティーン教会	★	教会	🕒10～13時、15～17時(日曜は10時30分～12時)※ミサ中は見学不可 ㊡月曜	P190	P16C2
	ドヴォルザーク・ホール	★	コンサートホール	🕒㊡公演により異なる	P160	P16B1
は	ピルスナー・ウルケル・ザ・オリジナル・ビア・エクスペリエンス	★	体験施設	🕒10時30分～19時 ㊡なし	P197	P16C3
	プラハ国立歌劇場	★	劇場	🕒㊡公演により異なる	P197	P17E4
	プラハ城	★★★	城	🕒6～22時(施設内入場は11～3月は9～16時、4～10月は9～17時) ㊡12月24日	P154	P19D2
	フランツ・カフカの生家	★	名所	🕒㊡見学自由(外観のみ)	P189	P16C2
	フランツ・カフカ博物館	★	博物館	🕒10～18時 ㊡なし	－	P19E2
	ペトシーン展望台タワー	★	名所	🕒10～22時(3・10月は～20時、11～2月は～18時) ㊡なし	P195	P18B4
ま	マラー・ストラナ側の橋塔	★★	橋塔	🕒10～18時(4・5・9月は～19時、6～8月は～21時、12月は～20時) ㊡なし	P153	P19E3
	ミノール劇場	★	劇場	🕒演目により異なる ㊡不定休	P206	P16C4
	ミュシャ美術館	★★★	美術館	🕒10～18時 ㊡なし	P158	P17D3
ら	ロブコヴィッツ宮殿	★★	宮殿	🕒10～18時 ㊡なし	P157	P19D1
	ロレッタ	★	教会	🕒10～17時 ㊡なし	P193	P18B2
あ	イーデルナ・スヴェトゾル	定番!	食堂	🕒9～15時 ㊡日曜	P170	P17D3
	インペリアル	定番!	カフェ	🕒7～23時 ㊡なし	P168	P17E1
	ウ・カリハ	定番!	ピヴニツェ	🕒11～23時 ㊡なし	P166	P15D4
	ウ・フレクー	オススメ!	ピヴニツェ	🕒10～23時 ㊡なし	P166	P16B4
	ウ・メドヴィードゥクー		ピヴニツェ	🕒11～23時(日曜は11時30分～22時) ㊡なし	P167	P16C3
	ウ・モドレー・カフニチュキ	定番!	チェコ料理	🕒12～23時 ㊡なし	P164	P19D3
	オヴォツニー・スヴェトゾル		ジェラート	🕒8～20時(土曜は9時～、日曜は10時～)、夏期は延長あり ㊡なし	P197	P17D3
か	カヴァールナ・スラヴィア		カフェ	🕒8～24時(土・日曜は9時～) ㊡なし	P168	P16B3
	カヴァールナ・ジェホジュ・サムサ		ブックカフェ	🕒9～21時(土曜は12時～) ㊡日曜	P183	P17D4
	カヴァールナ・ルツェルナ		カフェ	🕒10～24時 ㊡なし	P169	P17D3
	カフェ・モーツァルト		カフェ	🕒7～22時 ㊡なし	P189	P16C2
	カントリー・ライフ		ビュッフェ	🕒10時30分～18時(金曜は～15時、日曜は11～15時) ㊡土曜	P170	P16C2
	クラシュテルニ・ピヴォヴァル・ストラホフ		醸造所・レストラン	🕒10～22時 ㊡なし	P195	P18A3
	グランド・カフェ・オリエント	オススメ!	カフェ	🕒9～22時(土・日曜は10時～) ㊡なし	P169	P17D2
	コリブカ		カフェ&ホスポダ	🕒17～23時 ㊡なし	P167	P16C4
	コルコフナ・ツェルニッツェ	オススメ!	ピヴニッツェ	🕒11～24時 ㊡なし	P165	P17E2
さ	シスターズ・ビストロ		オープンサンド	🕒8～18時(土・日曜は9時～) ㊡なし	P171	P16C4
	スーパー・トランプ・コーヒー		カフェ	🕒8～20時(日曜は10～17時) ㊡土曜	P198	P16C4
た	ダルマ コーヒー&ティー		カフェ&ティーハウス	🕒10～18時 ㊡土曜	P199	P14C4
	2002 ビヤー&キッチン		ピヴニッツェ	🕒10時30分～23時30分 ㊡なし	P165	P17E2
	ドゥハバ・ビーズ		ビュッフェ	🕒11～20時(土・日曜は12～19時) ㊡なし	P171	P16C3
な	ナシェ・マソ	オススメ!	ハンバーガー	🕒11～22時(金・土曜は10時～) ㊡日曜	P171	P17D1
は	ハービヴォア		カフェ	🕒11～19時 ㊡月・火曜	P199	P14C4
	プロ		ジェラート	🕒10～22時(土曜は9時～、日曜は～21時。冬期は時間短縮) ㊡なし	P199	P14C4
	ホスト・レストラン		レストラン	🕒12～22時(日曜は～21時) ㊡なし	P195	P18B2
ま	ミンツォヴナ		チェコ料理	🕒11～23時 ㊡なし	P165	P16C2
ら	ルーヴル		カフェ	🕒8時～23時30分(土・日曜は9時～) ㊡なし	P169	P16C3

メタナが用したピノや指揮を展示

学時代当像写や直筆稿を展

おいしいもの

ヨーケーにはスイツも並ぶ

	店・スポット名	星評価	ジャンル名	データ	掲載ページ	MAP
おかいもの						
あ	アカデミア	定番！	書店	⊙8時30分～20時（土曜は9時30分～19時、日曜は9時30分～18時）㊡なし	P182	P17D3
	アルテェル		ボヘミアンクリスタル	⊙10～18時 ㊡火曜	P174	P19E3
	アルベルト	定番！	スーパーマーケット	⊙9～21時（木～土曜は～22時）㊡なし	P186	P17E1
	アンデェルのファーマーズマーケット		ファーマーズマーケット	⊙金曜8～20時 ㊡土～木曜、冬季	P177	P14C4
	イジャーク・ファーマーズマーケット		ファーマーズマーケット	⊙9～18時（土曜は～14時）㊡日～火曜	P177	P15F3
	エルペット		ボヘミアングラス	⊙10～23時 ㊡なし	P174	P16C2
	オリジナル スーベニア		おみやげ	⊙10～20時 ㊡なし	P197	P17D3
か	クビスタ	オススメ！	キュビズムグッズ	⊙10時～18時30分 ㊡なし	P175	P17D2
	コルベノヴァ蚤の市		蚤の市	⊙土・日曜6～14時 ㊡月～金曜	P177	P14B1
さ	ジャブカ		コンビニ	⊙6～23時 ㊡なし	P187	P16C2
	スター・ビーズ		チェコビーズ	⊙11～19時（土曜は13～18時）㊡日曜	P181	P16B3
た	チェスキー・ポルツェラン・ドゥビ		陶器	⊙9～18時（土・日曜は～13時）㊡なし	P175	P16C3
	テスコ	オススメ！	スーパーマーケット	⊙6～24時 ㊡なし	P186	P14B4
	デーリヴェ・デザイン・ストア		デザイン雑貨	⊙10～19時（日曜は～18時）㊡なし	P198	P19F4
	ドゥム・ポルツェラーヌ		陶器	⊙9～17時（土曜は～14時）㊡日曜	P175	P15E4
な	ナープラフカ・ファーマーズマーケット	定番！	ファーマーズマーケット	⊙土曜8～14時 ㊡日～金曜	P176	P14C4
は	ハヴェルスカー市場	定番！	市場	⊙7～19時（日曜は8時～18時30分）※店舗、季節により異なる ㊡なし	P184	P16C3
	ハヴリーク・アポテカ		ビオコスメ	⊙9～21時 ㊡なし	P187	P16C3
	プラグディーク	オススメ！	雑貨	⊙10～20時 ㊡なし	P181	P19D3
	フラチキ・ホウパツィー・クーニュ		おもちゃ	⊙12～18時（木・日曜は11時～）㊡なし	P180	P18B2
	フラチュキ・ウ・クルテチュカ	オススメ！	おもちゃ	⊙9～18時（土曜は10～16時、日曜は11～17時）㊡なし	P178	P16C2
	フルトカ・スタイル	定番！	アンティーク雑貨	⊙10 時～17時45分 ㊡土・日曜	P181	P16B4
	ボタニクス		自然派コスメ	⊙10時～18時30分 ㊡なし	P191	P17D2
	ボハートカ	定番！	おもちゃ	⊙9～19時 ㊡なし	P178	P17D2
	ボヘミア・ペーパー		紙製品	⊙10～18時（土・日曜は11～17時）㊡なし	P190	P16C2
	ポルタール	オススメ！	書店	⊙9～18時 ㊡土・日曜	P182	P17E3
ま	マニファクトゥラ	定番！	雑貨・コスメ	⊙10～19時（土曜は～20時）㊡なし	P181	P16C2
	モーゼル	定番！	ボヘミアングラス	⊙10～21時（短縮営業あり）㊡祝日	P174	P17D2
ら	レス・ホウベレス	オススメ！	雑貨	⊙9～18時 ㊡土・日曜	P180	P17E3
ホテル						
あ	アダルベルト		修道院ホテル	[客室数]23室 ㊕Ⓢ€75～Ⓓ€105～	P230	P14A1
	アール・デコ・インペリアル・プラハ		高級	[客室数]120室 ㊕デラックス€108～	P227	P17E1
	アール・ヌーボー・パレス		高級	[客室数]127室 ㊕デラックス€183～	P227	P17D3
	アンバサダー・ズラター・フサ		高級	[客室数]162室 ㊕Ⓣ€98～	P227	P17D3
か	グランド・ホテル・ボヘミア		高級	[客室数]78室 ㊕スーペリア€126～	P227	P17D2
さ	サヴォイ・プラハ		高級	[客室数]56室 ㊕スーペリア€94～	P227	P18A2
	シャトー・ムツェリ		古城ホテル	[客室数]24室 ㊕スーペリア4300Kč～、デラックス9400Kč～	P226	P14B1外
は	パリス		中級	[客室数]86室 ㊕デラックス€113～	P227	P17D2
	ヒルトン・プラハ		高級	[客室数]791室 ㊕Ⓣ€165～	P227	P15E2
ま	マンダリン・オリエンタル		高級	[客室数]99室 ㊕スーペリア€280～	P227	P19D3
少し遠くへ						
あ	エゴン・シーレ・アートセンター	★	美術館	⊙10～18時 ㊡なし	P202	P200
か	コヒノール・ハートムット・トレード		ステーショナリー	⊙9～17時（6～9月は～19時）㊡1・2月の日曜	P203	P200
	クルチマ・シャトラヴァ		チェコ料理	⊙11～24時 ㊡なし	P203	P200
さ	スヴォルノスティ広場	★	広場	⊙㊡見学自由	P202	P200
	聖ヴィート教会	★	教会	⊙9～17時（日曜は12時～）㊡12月24・25日	P202	P200
	聖バルバラ教会	★★	教会	⊙9～18時（3・11・12月は～17時、1・2月は～16時）㊡12月24日	P205	P204
	聖母マリア大聖堂	★	教会	⊙9～18時（11～2月は～16時、3・10月は～17時、日曜は11時～）㊡なし	P205	P204
	聖ヤコブ教会	★	教会	⊙10～17時（12時30分～13時は昼休み）㊡月～木曜	P205	P204

ゴーレムがプリントされたマグカップ355Kč

おみやげにぴったりなミュシャのメッセージカード

	店・スポット名	星評価	ジャンル名	データ	掲載ページ	MAP
	セドレツ納骨堂	★★	礼拝堂	⏲9～18時(11～2月は～16時、3・10月は～17時) ㊡なし	P205	P204
た	チェスキー・クルムロフ城	★★	城	⏲城ガイドツアールート1:9～16時(6～8月は～17時)ほか ㊡11～3月の月曜、12月22日～1月2日	P201	P200
	チェスキー・ペルニーク		名産品	⏲10～18時(4～6月は～22時) ㊡なし	P203	P200
	デポ		チェコ料理	⏲11～22時 ㊡冬期(不定休)	P203	P200
ら	ラトラーン		高級ホテル	客室数16室 (料)Ⓢ€64～Ⓓ€96～	P229	P200
	ルージェ		修道院ホテル	客室数71室 (料)ⓈⒹ€101～	P228	P200

ブダペスト

		店・スポット名	星評価	ジャンル名	データ	掲載ページ	MAP
見る	あ	王宮の丘	★★★	名所	⏲㊡施設により異なる	P212	P23C・D2～3
		英雄広場	★	広場	⏲㊡見学自由	P213	P22B3
	か	漁夫の砦	★	名所	⏲㊡見学自由	P212	P22C2
		くさり橋	★★★	橋	⏲㊡見学自由	P213	P23D3
		ゲッレールトの丘	★	名所	⏲㊡見学自由	P215	P23D4
		ゲッレールト温泉	★★	温泉	⏲9～19時(マッサージは異なる) ㊡なし	P217	P23E4
		国立民族博物館	★	博物館	⏲10～18時 ㊡月曜	P209	P22B3
		国会議事堂	★★	国会議事堂	⏲ガイドツアー8～16時(4月の土・日曜、5～10月は～18時) ㊡なし(儀式開催時を除く)	P213	P23D2
	さ	聖イシュトヴァーン大聖堂	★	大聖堂	⏲9時～17時45分(日・月曜は異なる。宝物館・展望台は～18時30分。時期により異なる) ㊡展望台のみ11～3月	P213	P23E3
		西洋美術館	★	美術館	⏲10～18時 ㊡月曜	P213	P22B2～3
		セーチェニ温泉	★★★	温泉	⏲7～19時(土・日曜は9～20時) ㊡なし	P216	P22B2
	は	バルーンフライ	★	アクティビティ	⏲10～18時 ㊡なし(天候により中止あり)	P209	P22B2
		ハンガリー音楽の家	★	複合施設	⏲10～18時(金曜の展示は～20時) ㊡月曜	P209	P22B2
		ブダ王宮	★	王宮	⏲㊡施設により異なる	P212	P23D3
	ま	マーチャーシュ教会	★	教会	⏲9～17時(土曜は～12時、日曜は13時～) ㊡なし	P212	P22C2
	ら	ルカーチ温泉	★	温泉	⏲7～19時 ㊡なし	P217	P23D1
		ルダシュ温泉	★	温泉	⏲6～20時(男性・女性・混浴、営業時間は曜日により異なる) ㊡なし	P217	P23D4
		レゲンダ	★★★	クルーズ船	⏲コースにより異なる ㊡なし	P215	P23E3
おいしいもの	あ	エルシェー・ベシュティ・レーテシュハーズ		ハンガリー料理	⏲9～23時 ㊡12月24・25日	P219	P23E3
	か	グンデル	定番!	ハンガリー料理	⏲11～22時 ㊡なし	P218	P22B2
	さ	ジェルボー		カフェ	⏲9～20時(金・土曜は～21時) ㊡なし	P222	P23E3
	た	ツェントラル		カフェ	⏲9～22時(木～土曜は～24時) ㊡なし	P222	P23E4
	な	ニューヨーク・カフェ		カフェ	⏲8～24時 ㊡なし	P222	P23F3
	は	ホルガースタニャ		ハンガリー料理	⏲12～24時 ㊡なし	P219	P23D2
	ま	メンザ	オススメ!	ハンガリー料理	⏲11～23時 ㊡なし	P219	P23F2
おかいもの	さ	ジョルナイ	オススメ!	陶磁器	⏲10～19時 ㊡日曜	P220	P23F3
	た	中央市場	定番!	市場	⏲6～18時(月曜は～17時、土曜は～15時)※店舗により異なる ㊡日曜	P221	P23E4
	は	フォルクアート・ケーズムーヴェシュハーズ		民芸品	⏲10時～17時45分(土曜は～15時) ㊡日曜	P220	P23E3
		プリーマ		スーパーマーケット	⏲7～20時(日曜は9～18時) ㊡なし	P221	P23C2
		ヘレンド	定番!	陶磁器	⏲10～18時(土曜は～14時) ㊡日曜	P220	P23E3
	ま	マジャール・パーリンカ・ハーザ		パーリンカ	⏲9～19時(土曜は～16時) ㊡日曜	P220	P23F3
	や	ユディット・フォルクロール		民芸品	⏲9～18時 ㊡なし	P221	P22C3
ホテル	あ	エンサナ・サーマル・マーガレット・アイランド		高級	客室数267室 (料)ⓈⒹ€175～	P229	P22A2
	か	クラーク・ブダペスト		高級	客室数79室 (料)ⓈⒹ€225～	P229	P23D3
	さ	シティ・ホテル・リング		中級	客室数39室 (料)ⓈⒹ€85～	P229	P23E1
	は	ヒルトン・ブダペスト		高級	客室数322室 (料)ⓈⒹ€200～	P229	P23C2
	ま	マメゾン・ホテル・アンドラーシ		高級	客室数68室 (料)ⓈⒹ€140～	P229	P22B3
		メルキュール・ブダペスト・コロナ		高級	客室数420室 (料)ⓈⒹ€122～	P229	P23F4

シーン別！ お役立ち！ 旅の会話帳

● ドイツ語（オーストリア）
● チェコ語
● ハンガリー語

観光シーン

店の開店、閉店時間が知りたいとき

営業時間（開館時間）は何時から何時までですか？

- **Wie sind die Öffnungszeiten**
  ヴィー ジント ディー エフヌングスツァイテン？
- **Prosím jaká je otevírací doba?**
  プロスィーム ヤカー イェ オテヴィーラツィー ドバ？
- **Mi a nyitvatartási idő?**
  ミ ア ニィティヴァタルターシ イデー？

入場・入館料金を知りたいとき

入場（入館）料金はいくらですか？

- **Wie viel kostet der Eintritt?**
  ヴィー フィール コステット デア アイントリット？
- **Kolik stojí vstupné?**
  コリック ストイー フストゥプネー？
- **Mennyibe kerül a belépődíj?**
  メンニベ ケリュル ア ベレーペーディー？

写真の許可がほしいとき

ここで写真を撮ってもいいですか？

- **Darf man hier Fotos machen?**
  ダーフ マン ヒア フォトス マッヘン？
- **Můžu tady vyfotit?**
  ムジュ タディ ヴィフォティット？
- **Itt szabad fényképezni?**
  イット サバド フェーニィケーペズニ？

観光案内所の場所を知りたいとき

観光案内所はどこですか？

- **Wo ist die Touristeninformation?**
  ヴォー イスト ディー トゥーリステンインフォマツィオン？
- **Kde je turistické informace?**
  グデ イェ トゥリスティツケー インフォルマツェ？
- **Hol van a turista információ?**
  ホル ヴァン ア トゥリスタ インフォルマーチオー？

移動シーン

切符売り場の場所を知りたいとき

地下鉄の切符売り場はどこですか？

- **Wo kann man Fahrscheine für die U-Bahn kaufen?**
  ヴォー カン マン ファーシャイネ フュー ディー ウーバーン カウフェン？
- **Kde koupit jízdenku?**
  グデ コウピット イーズデンク？
- **Hol van a metró jegypénztár?**
  ホル ヴァン ア メトロー イェジペーンツタール？

地下鉄で出口がどこか聞きたいとき

○○への出口はどれですか？

- **Wo ist der Ausgang zu ○○ ?**
  ヴォー イスト デア アウスガング ツー ○○？
- **Jaký je výstup do ○○ ?**
  ヤキー イェ ヴィーストゥップ ド ○○？
- **Melyik kijárat ○○ felé?**
  メイク キヤーラト ○○ フェレー？

タクシーでメモを見せながら、行き先を伝えるとき

この住所へ行ってください

- **Bitte bringen Sie mich zu dieser Adresse.**
  ビッテ ブリンゲン ジー ミッヒ ツー ディーザー アドレッセ
- **Chci jet na tuto adresu.**
  フツィ イェット ナ トゥト アドレス
- **Kérem, vigyen el erre a címre.**
  ケーレム ヴィジェン エル エッレ ア チームレ

タクシーで降りたいとき

ここで止めてください

- **Bitte halten Sie hier an.**
  ビッテ ハルテン ジー ヒア アン
- **Tady zastavte.**
  タディ ザスタフテ
- **Itt álljon meg.**
  イット アールヨン メグ

グルメシーン

メニューをもらいたいとき

メニューを見せてください

- **Die Speisekarte, bitte.**
  ディ シュパイゼ カルテ ビッテ
- **Jídelní lístek, prosím.**
  イーデルニー リーステック プロスィーム
- **Láthatnám az étlapot.**
  ラートハトナーム アズ エートラポト

おすすめの料理を知りたいとき

何がおすすめですか？

- **Was ist Ihre Empfehlung?**
  ヴァス イスト イーレ エンプフェールング？
- **Co mi můžete doporučit?**
  ツォ ミ ムジェテ ドポルチット？
- **Mit ajánlana?**
  ミット アヤーンラナ？

お会計をしたいとき

お勘定をお願いします

- **Zahlen, Bitte.**
  ツァーレン ビッテ
- **Platit, prosim.**
  プラティット プロスィーム
- **Kérem a szamlat.**
  ケーレム ア サームラート

感謝の言葉を伝えたいとき

おいしかったです

- **Es hat ausgezeichnet geschmeckt.**
  エス ハット アウスゲツァイヒネット ゲシュメックト
- **Bylo to dobré.**
  ビロ ト ドブレー
- **Finom volt.**
  フィノム ヴォルト

ショッピングシーン

店員に何か探しているか聞かれたとき
見ているだけです

- **Ich schaue nur.**
  イッヒ シャウエ ヌア
- **Jen se podívám.**
  イェン　セ　ポディーヴァーム
- **Csak nézelődöm.**
  チャク・ネーゼレーデム

値段がわからないとき
いくらですか？

- **Wie viel kostet das?**
  ヴィー フィール コステット ダス？
- **Kolik to stojí?**
  コリック　ト　ストイー？
- **Mennyibe kerül?**
  メンニベ・ケリュル？

試着したいとき
試着してもいいですか？

- **Darf ich das anprobieren?**
  ダーフ イッヒ ダス アンプロビーレン？
- **Můžu si to zkusit?**
  ムジュ　スィ　ト　スクスィット？
- **Felpróbálhatnám ezt?**
  フェルプローバールハトナーム・エスト？

ほしいものを買いたいとき
これをください

- **Ich nehme das.**
  イッヒ ネーメ ダス
- **Toto, prosím.**
  トト　プロスィーム
- **Ezt kérem.**
  エスト ケーレム

ホテルシーン

チェックインしたいとき
予約した○○です。

- **Ich habe auf den Namen ○○ reserviert.**
  イッヒ ハーベ アウフ デン ナーメン ○○ レザヴィアト
- **Mám rezervaci na jméno ○○.**
  マーム　レゼルヴァツィ　ナ　イメーノ　○○
- **○○ névre foglaltam szobát.**
  ○○ ネーブレ フォグラルタム ソバート

荷物を預けたいとき
荷物を預かってもらえますか？

- **Kann ich mein Gepäck hier lassen?**
  カン イッヒ マイン ゲペック ヒア ラッセン？
- **Můžu si zavazadlo nechat?**
  ムジュ　スィ　ザヴァザドゥロ　ネハット？
- **Itt hagyhatom a poggyászomat?**
  イット ハジハトム ア ポッジャーソマット

トラブルシーン

助けが必要なとき
助けてください！

- **Hilfe!**
  ヒルフェ
- **Pomoc!**
  ポモツ
- **Segístég!**
  シェギチェーグ

盗難に遭ったとき
財布を盗まれました

- **Meine Geldbörse wurde gestohlen.**
  マイネ ゲルトビュルゼ ヴルデ ゲシュトーレン
- **Ukradli mi peněženku.**
  ウクラドゥリ ミ ペニェジェンク
- **Ellopták a pénztárcámat.**
  エルロプターク ア ペーンツタールチャーマト

日本語	ドイツ語（オーストリア）	チェコ語	ハンガリー語
こんにちは	Grüß Gott. グリュース ゴット	Dobrý den. ドブリー デン	Jó napot. ヨー ナポトゥ
ありがとう	Danke. ダンケ	Děkuji. デェクイ	Köszönöm. ケセネム
さようなら	Auf Wiedersehen. アウフ ヴィーダーゼーエン	Nashledanou. ナスフレダノウ	A viszontlatásra. ア ヴィソントゥラーターシュラ
すみません（呼びかけ）	Entschuldigung. エントシュルディグング	Promiňte Prosim. プロミンテ プロスィーム	Kérem. ケーレム

	ドイツ語（オーストリア）	チェコ語	ハンガリー語
1	eins アインス	jeden/jedna/jedno イェデン	egy エジ
2	zwei ツヴァイ	dva/dvé ドヴァ	kettö ケェットゥー
3	drei ドライ	tři トゥシ	három ハーロム
4	vier フィア	čtyři チティジ	négy ネージ
5	fünf フュンフ	pět ピェット	öt オト

	ドイツ語（オーストリア）	チェコ語	ハンガリー語
6	sechs ゼックス	šest シェスト	hat ハト
7	sieben ジーペン	sedm セドゥム	hét ヘート
8	acht アハト	osm オスム	nyolc ニョルツ
9	neun ノイン	devět デヴェット	kilenc キレェンツ
10	zehn ツェーン	deset デセット	tíz ティーズ

初版印刷　2023年7月15日
初版発行　2023年8月1日

編集人　福本由美香
発行人　盛崎宏行
発行所　JTBパブリッシング
〒135-8165
東京都江東区豊洲5-6-36
豊洲プライムスクエア11階

企画・編集　情報メディア編集部
中村佳納
取材・執筆・撮影　editorial team Flone（木村秋子）／yoko／御影実／田中二葉
表紙デザイン　中嶋デザイン事務所
デザイン　中嶋デザイン事務所／扇谷正昭／山﨑デザイン室（山﨑剛）
橋本有希子／BUXUS（佐々木恵里）／office鐡／BEAM
アトムスタジオ／村上祥基／池内綾乃
表紙イラスト　MASAMI
本文イラスト　MASAMI／テライ アリサ
編集・写真協力　editorial team Flone（山田裕子）、NATOMICS（関いつこ）
山下あつこ／杉原紗矢／鈴木文恵／寺崎和美／Regina Kato／山田美恵
PIXTA／gettyimages／123RF
地図　アトリエプラン
印刷所　凸版印刷

編集内容や、乱丁、落丁のお問合せはこちら
JTBパブリッシング お問合せ
https://jtbpublishing.co.jp/contact/service/

©JTB Publishing 2023
Printed in Japan
234594　762190
ISBN978-4-533-15532-1 C2026
無断転載・複製禁止

本誌掲載の記事やデータは、特記のない限り2023年5月現在のものです。その後の移転、閉店、料金改定などにより、記載の内容が変更になることや、臨時休業等で利用できない場合があります。各種データを含めた掲載内容の正確性には万全を期しておりますが、お出かけの際には電話などで事前に確認・予約されることをおすすめいたします。また、各種料金には別途サービス税などが加算される場合があります。なお、本書に掲載された内容による損害等は、弊社では補償致しかねますので、あらかじめご了承くださいますようお願いいたします。